# 乡村建设与乡村文化多维研究

李守江　王秀荣　房文双　著

全国百佳图书出版单位|吉林出版集团股份有限公司

**图书在版编目（CIP）数据**

乡村建设与乡村文化多维研究 / 李守江，王秀荣，房文双著．-- 长春：吉林出版集团股份有限公司，2020.7

ISBN 978-7-5581-8956-2

Ⅰ．①乡… Ⅱ．①李… ②王… ③房… Ⅲ．①农村-社会主义建设-研究-中国②农村文化-文化研究-中国 Ⅳ．①F320.3②G127

中国版本图书馆 CIP 数据核字（2020）第 132712 号

XIANGCUN JIANSHE YU XIANGCUN WENHUA DUOWEI YANJIU

# 乡村建设与乡村文化多维研究

著：李守江 王秀荣 房文双
责任编辑：于 超 朱 玲
封面设计：王 艳
开 本：787mm×1092mm 1/16
字 数：380 千字
印 张：17
版 次：2020 年 7 月第 1 版
印 次：2022 年10月第 2 次印刷

出 版：吉林出版集团股份有限公司
发 行：吉林出版集团外语教育有限公司
地 址：长春市福祉大路 5788 号龙腾国际大厦 B 座 7 层
电 话：总编办：0431-81629929
印 刷：廊坊市印艺阁数字科技有限公司

ISBN 978-7-5581-8956-2 定 价：58.00 元

# 前言

对于我国来说，乡村人口众多，是一个农业大国，乡村也一直是人类最古老的劳动活动场所。在促进经济发展和社会进步的过程中，乡村所发挥的作用自不待言，并且在其发展过程中，也形成了独特的乡村文化，可以说，一部中华文明史就是一部农业文明史。

在古代，各朝各代都非常重视农业生产，当时所推崇的是“农为本”的理念，近代以来，乡村建设也逐步成了人们所关注的焦点，开展乡村建设是深入贯彻落实十九大精神，建设美丽中国，实现乡村振兴的重大举措。

在乡村建设中，经济建设的重要性都已经得到了大家的重视，但是要想真正实现乡村的现代化，还需要关注文化建设的重要作用。在当代社会，无论是对于国家还是民族而言，文化都是十分重要的组成部分，乡村文化是乡村民众群体生活智慧的结晶，作为一种社会意识，乡村文化对乡村发展产生了深远而持久的影响。

乡村文化能为人们提供稳定的文化氛围，并且能够使乡村在一种比较平稳的环境中运行与发展。通过建设乡村文化，能够更新村民的生活观念，从而促进乡村治理现代化的发展。

本书主要对乡村建设与乡村文化进行了深入研究。论述了乡村建设的时代意涵及理论基础；分析了乡村建设与现代化、乡村建设与信息化、乡村建设中的生态环境问题以及扶贫攻坚与乡村振兴等方面的内容；引入了乡村建设的重要内容——乡村文化，分析了乡村文化建设的理论基础、乡村文化的文化供给与需求、当前乡村文化建设的现状以及现代乡村文化的建设对策；论述了乡村学校文化建设、乡村公共文化建设、乡村文化遗产保护以及乡土文化复兴等方面的内容。

与已有的同类研究成果相比，本书主要具有以下四大特色：

一是层次性。本书可分为两大部分，第一部分（第一章至第五章）侧重对乡村建设进行深入分析，第二部分（第六章至第十一章）则对乡村文化进行了深入解读。本书框架鲜明、逻辑清晰，能够让读者快速抓住作者的写作思路。

二是全面性。本书从多种维度出发对乡村建设与乡村文化进行了深入解读，内容比较全面、信息量比较丰富，以期给新时代的读者更全面、更综合的知识。

三是理论与实践的结合。本书在写作时既注重理论知识的介绍，又注重与实践的结合，做到了理论与实践的并重。

四是实用性。本书论述了经济发展与生态和谐发展的路径分析、现代乡村文化建设的策略、乡村学校教育环境的优化对策、乡村公共文化服务人才建设策略、乡村文化产业的发展与创新、乡土文化推进乡村文化建设的机制等方面的内容，能够在一定程度上指导实践，具有一定的实用性。

需要说明的是，乡村建设与乡村文化并不止于本书的内容，尤其是其中的某些改善的技巧与方法，还需要建设者们结合自身实际，灵活运用，唯有如此，才能百尺竿头更进一步！

本书在写作过程中得到了相关领导的支持和鼓励，同时参考和借鉴了有关专家、学者的研究成果，在此表示诚挚的感谢！由于时间及能力有限，书中难免存在疏漏与不妥之处，欢迎广大读者给予批评指正！

# 目　录

# 第一章 乡村建设概述

习近平总书记多次提到，实现好、维护好、发展好最广大人民根本利益是发展的根本目的，必须把增进人民福祉、促进人的全面发展作为发展的出发点和落脚点。到2020年全面建成小康社会，是我们党确定的“两个一百年”奋斗目标的第一个百年奋斗目标，也是我们党做出的庄严承诺。党的十八届五中全会对全面建成小康社会决胜阶段目标任务做出了全面部署，提出了新的要求。当前，距离实现“第一个百年目标”的时间节点只有五年时间。这意味着，“十三五”期间，就是冲刺收官阶段。当前，改善民生、增进人民福祉，有很多的事情要做，大力加强乡村建设就是一个紧迫的任务。本章在阐述乡村建设时代意涵的基础上，总结了乡村建设的理论基础体系。

## 第一节 乡村建设的时代意涵

### 一、中国乡村建设的动态轨迹

#### （一）近代中国的乡村建设运动

1908年的《城镇乡地方自治章程》在现代中国城市化历史上具有里程碑意义。它从政策上和观念上都试图把城市（府城、县城）和镇、乡、村从原有的社会肌理和空间脉络中划离出来，使县、镇、乡处于空间和资源交换的中心位置。《城镇乡地方自治章程》被认为标志着近现代中国城乡二元格局的开端。20世纪二三十年代，一面是近代工业和近代意义上城市制度的发展，另一面是乡村经济文化的滞后，中国传统的城乡关系逐渐失衡，乡村走向弱势甚至衰败。

面对这种状况，自20世纪10年代起，中国大地上逐渐掀起了一场波及面广影响深远的乡村建设运动，到30年代中期达到高潮时，已在山东、山西、河北、河南、江苏等东部和中部地区的10余省、几十个县和成千个乡、村展开。参加的团体达600余个，实验点达1000余处。一批有社会责任感和历史使命感的知识分子，抱着“振兴农业”“拯救农村”的强烈愿望，认真思考如何解决农村的问题，甚至走出“象牙塔”，离开大城市，走进乡村，展开乡村建设实验，以晏阳初梁漱溟、黄炎培、卢作孚、陶行知等最具代表性。其中梁漱溟在1931年正式使用“乡村建设”一词，并出版《乡村建设》旬刊，此后不断在理论和实践上对“乡村建设”进行阐释。在当时，比较著名的乡村建设实验包括：1904年，米氏父子的“翟城实验”；1905年，张謇的南通县（现今为南通市）一级乡建实验；1926年，黄炎培等与在昆山徐公桥镇的“乡村改进实验”（徐公桥模式）；梁漱溟与山东乡村建设研究院于1929—1937年间在邹平、菏泽和济宁的乡建运动（邹平模式）；1927年，黄展云的福建营前模范村；1929年，高践四的无锡民众教育实验区；1929年，晏阳初在河北定县、湖南衡山的乡村平民教育实验（定县模式）；1920年至20世纪40年代，卢作孚等在四川北碚的乡村建设实验（北碚模式），等等。

20世纪二三十年代的乡建运动，更多是在局部地区展开的散点式乡村改良实验，为挽救乡村和应对传统农耕秩序向近现代社会秩序的转型，提供了不同模式的改良主张和对乡村问题的思考，涉及乡村内部的乡村自治、村民教育等问题，并且跳出乡村，开始讨论土地—资本、工业—农业以及城乡的关系。

### （二）计划经济时期的乡村建设（1949年—20世纪80年代）

中华人民共和国成立初期的30年间，中国处于计划经济时期，严格的“城乡”二元格局明确而稳定。20世纪50年代开始进行“乡村社会主义改造”，建立合作社；1958年开始在农村推行“民公社”运动，实行土地和乡村生产生活的集体制。

1978年12月，十一届三中全会宣布中国开始实施“对内搞活、对外开放”的政策，从此，改革开放成为中国的一项基本国策。

改革首先从农村开始。“家庭联产承包责任制”始于1978年并跨越到20世纪80年代的一次乡村建设改革运动，由安徽小岗村率先实验。将土地产权分为所有权和经营权，所有权仍归集体所有，经营权则由集体经济组织按户均分包给农户自主经营，农民的身份变为既是生产者，也是经营者，极大调动了农民的积极性。20世纪80年代农村生产和经济发展迅速，温饱问题得以解决，乡村基础设施和居住环境改变巨大。这一时期的“乡村建设”一词更多被赋予“建筑活动”含义，“在乡村广大区域中进行的为生产和生活服务的各项建筑活动，通称为乡村建设”①。

### （三）市场经济时期的乡村建设（20世纪90年代—至今）

1992年10月，中国共产党第十四次人大召开。这次会议明确了建立社会主义市场经济体制的目标模式，拉开了中国社会主义市场经济的序幕，自此以后中国从传统意义上的农村经济开始转入现代市场经济的运行轨道并迅速发展，尤其在邓小平南方谈话之后，农村经济和城市建设都掀起了新高潮。

1990年，上海浦东新区建立并对外开放。1999年，国家提出了西部大开发的战略，住房改革和房地产业的兴起……。在一系列的改革措施中，中国的经济建设驶入快行道，城镇化速度逐渐加快，城市本身成为重要的经济和文化中心，发展迅猛；但客观上，城乡差距也在加大。20世纪90年代中期，“三农”问题被作为个概念提出来，得到政府的重视。

1. 新农村建设

2005年，12月29日第十届全国人大常委会第十九次会议通过《关于废止中华人民共

① 肖唐镖．转型中的中国乡村建设［M］．西安：西北大学出版社，2003：6.

和国农业税条例的决定》。农业税条例被依法废止，宣告了这个在中国延续两千多年的税种的终结。

2005 年，中国共产党十六届五中全会通过《十一五规划纲要建议》，提出要按照“生产发展、生活富裕、乡风文明、容整洁、管理民主”的要求，扎实推进社会主义新农村建设，最终实现把农村建设成为经济繁荣、设施完善、环境优美、文明和谐的社会主义新农村的目标。这是根据当时中国整体经济已经进入以工促农、以城带乡的发展阶段制定的乡村建设发展方针。

2. 转型时期的美丽乡村建设

2008 年经济危机，全球经济状况低迷，造成中国商品国际市场萎缩。在这种情况下，中国城乡关系进入新一轮的调整——在生产商品国际竞争力的同时加大城乡空间的吞吐交换和消费能力。空间的生产将从原先以生产为主导转向以消费为主导。同时，在快速推进城镇化的过程中，中国农村正面临着传统农业逐渐衰弱、农村逐渐边缘化和空心化、真正从事农业生产的农民数量逐渐减少、农村生态环境逐渐没落等问题。为此，党的十八大第一次提出了生态文明和“美丽中国”的全新概念，强调必须树立尊重自然、顺应自然、保护自然的生态文明理念。

在 2013 年中央第一次提出了要建设“美丽乡村”的奋斗目标，要“推进农村生态文明建设”。同年，中华人民共和国农业农村部启动了“美丽乡村”创建活动，11 月确定了全国 1000 个“美丽乡村”创建试点乡村。2014 年 2 月，中华人民共和国农业农村部对外发布美丽乡村建设十大模式，分别为产业发展型、生态保护型、城郊集约型、社会综治型、文化传承型、渔业开发型、草原牧场型、环境整治型、休闲旅游型、高效农业型。浙江省各地区都开展了美丽乡村建设，确定了美丽乡村建设的地区目标，并形成了适合当地的特有模式，例如“安吉模式”“临安模式”“衢州模式”等。美丽乡村建设涵盖了农村生产生活、生态等方方面面的内容。

3. 转型时期的新型城镇化

在“十二五”期间，新型城镇化成为一项国家发展政策。新型城镇化是指以城乡统筹、城乡一体、产业互动节约集约、生态宜居、和谐发展为基本特征的城镇化，是大中小城市、小城镇、新型农村社区协调发展互促共进的城镇化。这一政策的提出和实施过程对中国的城乡空间结构起到一定的调整作用。新型城镇化的最主要目的是优化城乡空间资源的配置，深化劳动分工，降低交易成本和提高交易效率，提高中国空间的竞争力。转型时期的“新型城镇化”与乡村建设息息相关，强调的是城镇与乡村的共同发展，城镇与乡村就像一枚硬币的两面。下面这段话对二者关系做了很好的表述：“即使将来城镇化达到70%以上，还有四五亿人在农村。农村绝不能成为荒芜的农村、留守的农村、记忆中的故园。城镇化要发展，农业现代化和新农村建设也要发展，网步发展才能相得益彰，要推进城乡一体化发展”①。

4. 乡村振兴战略的提出与实施

（1）乡村振兴战略的提出

乡村振兴战略是在历届领导人的关于乡村建设的理论和实践的基础上提出和丰富起来

① 钟毅．五彩田园：乡村建设与城乡统筹发展实践［M］．南宁：广西科学技术出版社，2016：91.

的，是习近平总书记经过长期思考、分析和实践所提出来的，他在基层工作时就十分重视乡村发展。习近平一直认为“三农”工作是国家工作和发展的重点，在河北、福建、浙江等地工作期间，针对各地“三农”的实际情况和农民群众的需要，带领当地乡民积极探索发展乡村的新办法，提出了一系列乡村发展的新思想、思路和新措施。习近平“三农”思想就是在基层工作时通过不断的实践形成的。习近平认为，首先，要明确“三农”的定位，农民群众在国家革命和建设发展的历程中起着重大的作用，我们要始终把农民群众放在心中。“农业强则中国强，农村美则中国美，农民富则中国富”，“三农”工作不仅关系到农村的发展，还关系到社会的稳定和国家目标的实现。其次，党要引导农村发展和建设，不断深化农村改革，为“三农”的健康发展提供政治保障。加强农村基层党组织的培训和人才的管理，提高对“三农”工作能力和水平，重视农业的生产和政策改革，把粮食安全的主动权掌握在自己手中，完善农业供给侧结构性改革，促进农业农村现代化的发展。

习近平总书记立足于乡村、城市经济发展水平和城乡居民收入现状，针对城乡之间不平衡的发展关系提出了城乡协调发展、统筹发展、一体化发展和融合发展等一系列的城乡发展思想；习近平总书记还提出了扶贫攻坚的思想，扶贫攻坚不仅是要在经济上进行扶贫，还要通过发展乡村教育事业对乡村居民的思想进行扶贫，制定一些具体措施来确保扶贫攻坚计划的实施，做到不仅发展经济，还要解放思想。同时习近平总书记还十分重视生态文明建设，针对国家建设中出现的生态环境问题，习近平提出了著名的两山理论，告诉我们在发展中要处理好生态保护和经济发展之间的关系，做到既要绿水青山，也要金山银山，对乡村生态文明建设提出了自己的意见和看法，这些都为乡村振兴战略的提出奠定了坚实的基石出。

2017 年 10 月，习近平总书记在中共第十九大报告中第一次明确提出了乡村振兴战略。乡村振兴战略的实施，现在已经上升到国家战略的高度，并且把乡村振兴战略写进党章。这是习总书记为核心的党中央领导集体从国家事业的全局考虑，着眼当前国家奋斗的目标、在认识和把握我国发展的阶段性特征的基础上、为了我国农民的美好生活的向往做出的重大决策，并且成为全国各地区人民群众的共同愿望和行动指南。

（2）乡村振兴战略的科学内涵

我党在“社会主义乡村建设”的基础上提出了“乡村振兴战略”，它们都是国家针对当时国内的实际情况提出的发展战略。乡村振兴战略的出台是时代发展的必然要求，标志着我国乡村发展将进入一个崭新的发展阶段，也预示着一个以乡村振兴战略为基础的新时代即将到来。党的十九大以来，习近平总书记针对为什么要振兴乡村、怎样振兴乡村等一系列问题做出了科学的表述，为实施乡村振兴战略指明了前进的方向、提供了根本遵循。我们要深入学习领会习近平关于实施乡村振兴战略的重要论述，吃透精神实质，把握核心要义，进一步增强推进乡村振兴的责任感和紧迫感。农业丰则基础强，农民富则国家盛，农村稳则社会安。

乡村振兴不是单一方面或几个方面的振兴，而是立体安全性战略，它包括经济、生态、文化、社会治理等多方面全方位的振兴。乡村振兴战略是对过去农村战略的升华，是全面振兴的综合理念。因此，我们要从以下几个方面来理解乡村振兴战略。

第一，坚持农业农村优先发展的政策导向。农村的发展是一个国家发展的基础，农村的快速发展反映了一个国家的发展水平。首先，要抓好粮食生产。对于我们这样一个有着近 14 亿人口的大国来说，如果粮食安全出现问题，其他一切发展就失去了根基。我们要围绕高质量的发展要求，坚定不移地深化农业供给结构性改革，稳定粮食的生产，确保全国口粮的绝对安全。其次，要坚持“优”字当先、质量第一。我们不能单纯追求规模和速度，而应该在新发展理念下寻求一种可持续的高质量发展。最后，注意要突出重点、因地制宜地发展。不同地区发展水平差异较大。要在尊重农业农村发展的差异性、多样性和区域性的特点，还必须把农民群众反映最强烈、需求最迫切的问题解决好，要做到分类实施、因地制宜、避免出现“一刀切”。农业农村优先发展要求能否落到实处，关系着农业农村现代化目标的实现，关系到国家现代化的实现。

第二，明确乡村振兴战略的总要求。乡村振兴是乡村建设的升级版。党的一系列方针政策都有着政策的连续性。十六届五中全会对建设社会主义新农村与十九大报告提出的总要求是一脉相承，从生产发展到产业兴旺，从村容整洁到生态宜居，从管理民主到治理有效，从生活宽裕到生活富裕。虽然同样是五个方面 20 个字，但除“乡风文明”外有四句话不一样，这四个方面已经根据新情况进行了调整，在内容、内涵上都有所提升和改变。根据我国农业农村发展到新阶段设定的一个新目标，提出的新的更高要求，这个战略的实施将有力地推进我国农业农村的发展。

第三，产业振兴是乡村振兴的重点和关键环节。习近平总书记强调，要想推动乡村产业的兴盛，必须要发展现代农业，促进一二三产业融合发展，构建乡村产业体系。这为推动乡村产业振兴指明了方向和途径，在乡村振兴当中起着基础、支撑作用。当前和今后一个时期，我们要坚持质量兴农、绿色兴农，以农业供给侧结构性改革为主线，加快构建现代农业产业体系、生产体系、经营体系，实现一二三产业融合发展，做好乡村产业振兴这篇文章。

第四，乡村振兴需要全面深化农村改革。无论是“三农”的发展还是乡村振兴都需要改革，通过改革激发活力。要发展和提升农业的质量和竞争力，就要进一步调整和优化农业结构，推定农村的一、二、三产业融合发展。十九大报告中指出，深化农村改革要全面推进，要不断完善农村基本经营制度深化农村土地制度改革，完善承包地“三权分置”制度。要保持土地承包关系稳定并长久不变，第二轮土地承包到期后再延长 30 年。① 我国幅员辽阔，南北的发展水平和产业都存在着差异。要深化农村的改革，必须要遵从本地的实际、立足于本地的资源和战略定位进行农村改革。

（3）乡村振兴战略与美丽乡村建设的关系

美丽乡村建设会因为乡村振兴战略的提出而恰逢其时，在全面贯彻落实其总要求、总部署的同时，会在不同层面上与之互为犄角，而在基层建设实践中融为一体，进而得到更大发展、发挥更大作用。

第一，乡村振兴战略与美丽乡村建设一脉相承，共同构成新时代“三农”发展的基本架构。“美丽乡村”发端于习近平同志 2003 年在浙江实施的“千村示范万村整治”行动，于 2013 年由农业部率先推向全国；乡村振兴战略则是以习近平总书记为核心的新一届中央领导集体着眼于乡村发展的瓶颈问题、着眼于农民群众的殷切期盼、着眼于美丽中

---

① 程勤．新时代中国经济大趋势［M］．北京：东方出版社，2018：158.

国的宏伟蓝图而做出的战略部署。因此，二者同根、同源。随着乡村振兴战略的提出，新时代的“三农”发展架构基本形成。

第二，乡村振兴战略是一定时期的战略性安排，美丽乡村建设则几乎是永恒的话题。乡村振兴战略是中国特色社会主义进入新时代做好“三农”工作的总抓手，主要从当前影响到乡村发展的体制、机制、政策入手，确立目标、提出要求、设定步骤，该改革的改革、该完善的完善、该废除的废除，其内涵与内容将会相对明确。美丽乡村的建设内容则随着建设所处的不同阶段、面对的不同问题、发展的不同需要而会有所不同。“美丽”没有尽头。

第三，乡村振兴战略是战略层面的部署，美丽乡村建设则是措施层面的抓手。两者在不同层面上形成很好的互补、搭配关系。围绕乡村振兴战略，下一步将会出台一系列具体政策、实际举措，这些政策与举措将进一步丰富美丽乡村的建设内容，推动、打造美丽乡村的升级版、未来版。二者的共同目标都是让农业成为有奔头的产业，让从事农业生产成为有吸引力的职业，让农村成为安居乐业的美丽家园。

第四，乡村振兴战略是自上而下的行政动员，美丽乡村建设则是自下而上与自上而下相结合的创造性探索。乡村振兴战略体现出的是政府的意志，主要运用的是行政的手段，通过制度性改革、政策性调剂、行政性干预，以解决那些市场不能解决、基层难以解决、群众盼望解决的深层次瓶颈问题，调动各方面积极性形成促进乡村发展的良好环境、支持体系。美丽乡村的创建发轫于基层的创新创造，而后逐级得到认可，最后形成社会共识、中央号召、全国政策，使乡村振兴战略在基层得到贯彻实施，从而推动乡村社会的进步。

第五，美丽乡村建设服从于乡村振兴战略的总体安排，乡村振兴战略落地的关键抓手是美丽乡村建设。乡村振兴战略是中央针对农业农村发展到新阶段推出的重大部署，是21世纪中叶之前的一项重大任务，因此将会成为我们党优先发展农业农村、推动一二三产业融合、尽快实现城乡一体化的一个重要安排。今后的美丽乡村建设，必须服从于这个安排，以新的20字要求为方针，主动换挡提质升级。诚如是，美丽乡村建设就是乡村振兴战略落地的重要内容、主要载体和关键抓手。

改革开放以来的40多年是中国经济、社会与文化突飞猛进的时期。中国经济与全球经济紧密联系在一起，中国的乡村也已是全球化的一部分。面对充满不确定性的经济全球化的复杂形势，综合而言，只有将乡村纳入整体生产与再生产的大循环中，通过加大中国城乡之间的互相依存和互惠反哺能力，实现“城乡一体化”，打破几十年来的二元结构，努力在保持自身文化特色的前提下实现发展。

掌握着现代规划、设计与建造技能的建筑师、规划师或许已经阔步走在这条中国“美丽乡村”的道路上了但同时必须强调的是，建造一个“美丽”的乡村建筑乃至建设一片美丽的乡村环境，还远远没有达成乡村复兴的目标，以乡村经济模式的振兴为乡村的未来发展提供造血机制，从而留住乡村人口，同时引入知识和文化，复兴乡村曾经的社会结构和文化共同体，才是乡村复兴的真意。今天的乡村建设实践，只是在这个方向上的一种有益的尝试和努力。

## 二、乡村政治建设有利于推动乡村政治制度的完善与推进，推动中国乡村治理模式的创新

乡村建设进一步打破了城乡壁垒，而城乡壁垒的破除加快了城乡融合的进程，以往封闭的乡村逐渐走向开放。乡村之外的资本、人员和要素涌入乡村，改变了传统乡村的社会结构，推动了乡村社会向现代社会转型，同时也给乡村政治建设和治理提出了新的要求。乡村建设过程中的政治建设既要坚持党的一元化领导，发挥党在基层引领发展的核心作用；也要以村民自治为基础，尊重自治组织的地位和作用，培育和壮大自治组织，充分发挥自治组织在社区建设和实行自治组织成员自律上的优势，正确处理基层党和政府组织、非政府组织与乡村自治组织之间在乡村治理上的关系，做到各司其职、各尽其责、相互监督、共商发展，为乡村社会的稳定和可持续发展奠定基础。

### （一）有利于更准确地规范基层政府的公共权力

明晰农村民主管理制度概念，确保农村民主管理制度的良性运转，可以促使国家与农村社会的良性互动，我国现代化后发外生的特征及赶超战略的选择，决定了国家在推进现代化与法治国家建设的同时，必然以对农村社会的深度介入为基础①。要实现国家与农村社会的良性互动必然要以农村社会民主管理制度日益健全和完善为前提。但是在过渡转型期，国家必然要保持对农村社会的约束与强制能力，为此国家必然通过乡镇一级公共权力来实现对农村社会的管理，乡镇行政就成为推进国家在农村社会意志的基层公共权力代言人。中华人民共和国成立后，国家尤其强化对农村社会的整合，并在20世纪50年代中后期逐步确立了公社、生产大队和生产队的三级管理体制，并由党的各级委员会来实现领导，导致“曾经在国家政权和普通民众之间架起沟通和交流作用的地方精英或职业性精英阶层消失了，有地方精英维护的社会自治领域也一同消失了”②。20世纪80年代初，人民公社和生产大队政社合一的管理体制取消，实行政社分开，乡镇政权遂成为国家权力延伸至农村社会的末梢，在乡镇之下，逐步确立了村民委员会是作为国家基层群众性自治组织的正式法律地位，其特征主要表现为在农村民主管理过程中通过依法自治的途径实现广大农民群众对各项村级公共事务的自我管理、在此基础上实现自我教育、从而发展起自我服务的民主管理意识，这也标志着在我国广大农村地区“乡政村治”格局逐步确立与形成。

但是，农村民主管理制度在四个民主方面的核心内容范畴的强化与发展必然要求在国家与农村社会之间划定一个界限，以维护农村社会民主管理领域的相对独立性，从而抑制国家对农村社会领域的不适当入侵，为实现这一目标，虽然国家现行的基本法律《村委会组织法》从法律层面对国家与农村社会的边界进行了相应的规定，即国家在农村地区所设置的乡级政权机关对于相关法律规定的属于村民自治范围之内的事项不得实施干预，其职责只是对农村地区各村民委员会等自治组织所开展的工作进行相应的支持、指导。

① 贺雪峰．乡村治理与秩序［M］．武汉：华中师范大学出版社，2003：248.

② 董炯．国家、公民与行政法——一个国家社会的角度［M］．北京：北京大学出版社，2001：163.

我国较长时间实行全能政府治理模式，导致国家与农村社会几乎没有边界，作为国家基层公共权力代表的各乡级政府机关在农村地区常常对属于农村自治范畴的民主管理事务通过各种形式进行过多干预，如乡镇政府非法干预农村民主管理事务中的人事、财务及生产经营等自主性管理权力。基于此，在乡村建设中必须要改革与完善政治制度，要从宪政的角度更加准确地规范基层政府的公共权力，从而确保国家与农村社会的良性互动。

### （二）有利于更全面地保障村民的合法权益

在国家大力发展基层民主的过程中，必须要最大限度地减少，甚者杜绝社会中各种不和谐因素的产生，从而实现社会和谐因素的存量发展。农村民主管理制度更应充分体现这一精神实质，但是由于学术界对农村民主管理制度的概念理解的不确定性，尤其是对农村民主管理制度概念从法理层面分析的缺失，导致农村民主管理制度在保障村民合法权益方面离理想状态还要较大差距，法治国家建设中的宪政这一概念主要包括三个要素，即民主、法治和人权，民主是宪政的基础，法治是它的重要条件，人权保障则是它的目的。①

现代法治国家建设的视野实际上体现了一种民主政治发展中人权与法治的紧密结合，据此笔者认为，从法理的角度来分析农村民主管理制度的概念，则有利于更加全面地保障村民的合法权益。

首先，更加重视将农村民主管理制度建设在“四个民主”层面上，更加强调农村民主管理在实施民主决策、民主选举、民主管理以及民主监督这四个方面的相互渗透、衔接以及相互融合、促进。同时更要强调在农民民主权利基础上的参与机制平台的建设，确保在关乎村民利益的许多重要问题上可以做到村民的全员广泛参与，确保在农村民主管理过程中多数人与少数人的意见都能够得到充分的尊重与详尽的表达。

其次，更强调从法治的角度来保障村民的合法权益，加强以保护农民合法利益为核心的农村民主管理制度建设，不仅有利于有关农村民主管理的各种法律知识在农村地区的普及与应用，而且也有利于在广大农民对相关法律实施监督的基础上进一步完善农村民主管理法律体系。

再次，更注重村民自治权的建设和保障。农村民主管理制度建设的核心是村民自治，将村民自治定位为农村民主管理制度建设的组织形式。在农民全面参与农村民主管理的过程中，保障村民自治权利有利于提高广大农村的政治、经济及文化水平。

### （三）有利于更扎实地贯彻、落实党在农村的基本政策

加强农村民主管理制度建设，不仅是农村法治建设的重要内容，也是宪政在农村法治建设中的必然要求。

随着西方宪政文化思想的渗透，虽然宪政概念和意识逐步确立，但宪政文化的精神理念还未深入到中国的法治建设中，尤其是在农村法治建设中，宪政法律秩序的建设更是尤为迫切。在这个过渡期和转型时期，农村民主管理制度无疑在农村法治建设中起到非常重要的桥梁和载体作用，加强农村民主管理制度体系建设，有利于党在农村的基本政策更扎实、有效地贯彻、落实。这主要是基于以下情况：一是党的农村政策在推动农村改革、发

---

① 张文显，李步云．法理学论丛（第1卷）［M］．北京：法律出版社，1999：589.

展和稳定中发挥重大作用，应当说，我国农村过去很多改革主要是通过农村民主管理制度予以推动和实现的。二是健全完善农村民主管理制度有利于弥补政策在治理农业和农村问题时的固有缺陷。由于政策具有原则性强、变动不居性及弱法律制裁性等缺点，单纯依靠政策难以改变在治理农业和农村过程中无规则和规则不力的状态。于此背景下，农村民主管理制度具有其他社会规范所不具有或者不完全具有的特性，正好弥补了政策的缺陷。三是有助于党转变农村工作的方式。党对农村社会工作的领导，不仅要靠政策、法律，而且还要依靠农村民主管理制度，不断建立健全规范，同时辅之以相应的农业和农村政策，有利于构建由政策、法律及农村民主管理制度共同协作治理乡村的新格局，有利于构建更加和谐的国家—农村基层社会关系。

（四）有利于更有效地促进农村基层民主政治建设

农村民主管理制度不仅是农村社会管理体制的变革与创新，而且也是国家在农村基层政权建设中的一项重要的基础工程，其有利于实现农村社会民主在更深程度上的实现与发展，有利于理顺农村基层各政治组织关系，有利于农村基层权力运行机制向法治层面转变。

首先，加强农村民主管理制度研究，有利于启蒙村民民主意识，进而提高其民主参政能力，发展基层社会民主，扩大社会权力，强化社会力量对国家基层公共权力的监督和制约，有利于从社会民主和外部环境层面为农村基层民主政治的健康发展奠定良好的基础性条件。其次，有利于调节农村社会基层组织关系，合理配置农村基层权力资源，重构农村基层民主政治权力结构。加强农村民主管理制度建设，有助于农村基层社会组织关系的改善和调节①。传统农村基层社会组织在结构上具有较强的宗法性、结构的单一性及职能分工的模糊性，通过加强农村民主管理制度建设，高度重视村民自主选择权力的充分行使，强调村民在农村公共事务管理方面权益与义务的结合，始终坚持农村民主管理中“四个民主”环节的落实，有助于转变农村基层社会组织的形式、结构和功能，使农村基层社会组织关系由简单向系统，由松散到严密，由习俗到契约化方向发展。在此基础上，以农村基层社会组织权力资源的合理配置为契机，不断促使农村基层国家公共权力机构转变职能，提高工作效率，从而实现农村基层社会组织与国家关系一定程度上的“二元分离”。通过扩大民意基础，不断强化农村基层社会组织的权力机构——“村民代表会议”，并逐步地实现其与国家基层权力机构“人民代表大会”的连接与沟通，以此不断丰富和完善农村基层民主政治的权力结构体系。

习近平总书记指出，党的工作最坚实的力量支撑在基层，经济社会发展和民生最突出的矛盾和问题也在基层，必须把抓基层打基础作为长远之计和固本之策，丝毫不能放松。② 农村基层党组织的治理能力如何，是否真正理解执政为了谁，执政依靠谁，直接关系到乡村建设能否得到有力贯彻和实施。农业要成为有奔头的产业，乡村要成为美丽的乡村，党和国家的强农惠农富农政策要落到实处，一个拥有优秀治理能力的基层党组织是重要保障。当前，我国仍有一些党的农村基层组织软弱涣散，不作为，甚至乱作为，严重影

① 王颉，樊平，陈光金，王晓毅．多维视角下的农民问题［M］．南京：江苏人民出版社，2007：182.
② 陈锦晓．中国乡村建设道路探索研究［M］．郑州：黄河水利出版社，2009：108.

响了党组织领导核心地位，损害了党和人民群众的密切联系。实施乡村建设，达到治理有效的目标要求，必须践行人民群众主体地位的根本政治理念，健全自治、法治、德治相结合的乡村治理体系，进一步加强农村基层党组织建设，提高基层党组织为群众服务意识和服务能力，培养和造就一支懂农业、爱农村、爱农民的“三农”工作队伍。

## 三、乡村建设有利于发展乡村旅游的发展，拉动乡村经济

### （一）乡村建设对乡村旅游发展的促进

乡村中优美的田园风光、浓厚的乡土文化和质朴的生活状态已经成为一种新的旅游资源，生活和工作的压力让人们渴望回归自然、重返乡村，由此引发了乡村旅游热。乡村旅游对保护乡村生态环境、推动乡村经济发展，以及挖掘地域特色文化等方面均具有极大的促进作用，也因此成为乡村建设的关注点。

乡村建设以建设生态文明为前提，以打造农业强、农村美、农民富、城乡和谐发展的乡村目标。可以说，乡村建设与开展乡村旅游两者是相辅相成、和谐共荣的。

1. 乡村旅游促进乡村建设

旅游活动实际上可视为一种相当程度上的文化活动。在旅游过程中，一定地域的风土人情等旅游资源对旅游者具有较大的吸引力。不断追求和体验不同地域风土特征的差异性，是旅游活动得以进行的原动力。乡村旅游的实质是城镇居民暂时离开城镇生活，以乡村为旅游目的地，体验乡村生活和乡土文化。乡村的传统文化资源，包括建筑、院落、街巷等物质文化资源和节事活动、饮食文化、民间故事、手工艺等非物质文化资源，组成了乡村旅游的主要吸引物，能够满足游客出游求新、求异，追求不同文化体验的心理诉求。因此，开展乡村旅游有利于传承和强调特色乡土文化，并且能够发现和提炼被忽视的部分。

除了特色文化，乡村的自然生态环境和村内景观环境同样也吸引着广大城镇游客。旅游的适度开展可以提高村民的保护意识。同时，由于增加了休闲服务功能，乡村还需要提升基础设施建设和公共服务设施建设水平。

基于乡村优势资源所开展的旅游产业将农业和休闲旅游业有机结合在了一起，改变了固有的单一产业形式。转化乡村资源为旅游资源，包括将原有的民居转化为农家乐、农副产品转化为特色旅游商品、传统节庆活动转化为游客参与体验旅游活动等，将资源优势转化为持续的产业优势，从而促进农村经济的可持续发展。在这个过程中，村民们获得了充足的就业机会，其也成为旅游产品的生产者和服务者。他们不用离乡进城，在自己的乡村中就享受到城镇化的文明成果，这在一定程度上解决了农村剩余劳动力的出路问题，减少或避免“空心村”现象的发生。这样，农村的传统种养业和手工业就有了生存基础，能够得到恢复和发展，并且保持好传统的生产和生活场景，乡村建设就有了产业基础。

2. 乡村通过旅游为游客带来美丽心情

乡村的生态系统是自我完善、自然循环、生物相丰富的生态系统。在这个生态系统中，山、水、树、动物是环绕基质，田是重要板块，路是连接廊道，人是活动于各个成分中的活化因子。

乡村的自然生态环境是城镇所不能比拟的，它强调天然、绿色和野趣的氛围，突出田

园生态文化特色，可以为游客提供放松心情、释放压力的场所，带来“原生态”的旅游体验。不同乡村由于地理环境、气候条件、文化信仰、社会组织形态、家庭结构条件的不同可形成独特的景观，如具有特色的聚落空间结构、传统民居、历史建筑、耕作景观、民间活动等，这些不同的景观是各乡村区别于城镇或其他乡村的鲜活名片。近些年，很多乡村所倡导和实行的“一村一品”就是发挥各村既有优势树立乡村特色形象和吸引力，从而吸引游客前往。

### （二）乡村建设与乡村旅游融合发展

乡村旅游与乡村建设融合发展，绝不意味着旅游是乡村发展的唯一目标，更不能将旅游产业的经济收益作为衡量乡村建设成功与否的标准。乡村的主人是村民，乡村是他们居住和生活的场所，旅游的开展要以不破坏村民生活为度，景观改造建设也应融入既有环境和村民日常生活与生产的综合体系之中。只有这样，乡村建设方可回归到乡村真实的本原与地方性的生产和生活之中，从而带给乡村健康、持续的发展。

无论是对景观元素的改造还是新建都要采取最小介入的改造策略，与乡村原有的生态环境、文化氛围和历史传统相协调。改造后的建筑和庭院不能独树一帜、风格迥异。新旧景观在聚落形态、空间结构等方面应做到良好衔接。完成改造的乡村虽在景观品质与基础设施建设等方面有显著提升，但仍要保持本原的乡土本色。建筑材料以乡土材料为主，色彩、体量应在传统风格的基础上加以提升。农田采用统一经营和管理的方式，使用现代农业设施提高常规农业的生产效率。农田景观营造的方法包括增加景观构筑物、与水景结合、划分小的区块设计成体验农园，以及对大面积的农田做大地艺术处理等。

旅游导向型乡村建设，需要考虑乡村中较高等级的风景资源品质、良好的生态环境、便利的交通可达性、具备一定规模的旅游接待能力、旅游收入占当地居民收入的比重、当地居民在乡村旅游发展中的角色等6个方面的因素。一般情况下，旅游导向型乡村景观可划分为田园风光型、生态产业型、景区依托型、历史古村型、多元文化型、乡村美食型和新农村改造型等7个类型。研究表明，旅游导向型乡村景观建设模式的关键问题表现为：一是构建生态保护体系，合理利用自然能源，科学处理生活垃圾，做好游客的引导和管理工作，保护重要的森林、河流等自然景观；二是乡村景观优化，合理规划设计乡村景观的总体布局、功能分区以及“点、线、面”的景观效果；三是乡村经济产业的合理布局，挖掘特色，发挥传统产业优势，结合旅游，增加农产品的附加价值；四是乡村文化在保护中的发展与传承。①

值得注意的是，目前多数乡村整体特色尚显不足，村庄建设与周边环境协调性不足，生活污水、餐厨垃圾处理不彻底，建筑形式单一化，建筑材料、能源消耗品种等缺乏地方特色，光热、水、土地等资源利用并不合理。在未来的规划建设中，需要深入挖掘乡土文化特征，确定旅游产业导向并通过旅游的发展带动景观的完善和提升，达到形式与功能的和谐共存，从集约规划布局和适宜住宅设计、生态景观建设、生活污染防治、资源高效利用、绿色庭院建设以及村庄环境整治等方面来营造美丽乡村的整体形象，最终达到乡村建设与旅游发展和谐共荣。

---

① 温铁军，潘家恩．中国乡村建设百年图录［M］．重庆：西南师范大学出版社，2018：59.

## 第二节 乡村建设的理论基础

### 一、经济学理论基础

#### （一）农业是国民经济发展的基础，工业主导经济发展的方向

农业是国民经济的基础，工业是国民经济的主导，工农业协调发展是农业国向工业化国家发展的一条重要经济规律，也是发展中国家向发达转变的普遍经济规律。尽管在经济全球化条件下，工农业的协调发展会有个性、有特点，例如，某国农业不是国民经济发展的基础，而石油或某种矿产业是国民经济发展的基础，是该国的基础产业；或者某国缺乏农业基础而靠某种特有的产业（如瑞士仪表业）或自然资源的优势港口（旅游业）进入发达国家的行列，但从全球经济总体看，农业仍然是经济发展的基础。那是因为农业（大农业）始终是人类生存和发展的基本生活资料来源，没有农业提供足够的农产品（粮食、天然纤维、木材、水产品等等），人类就无法生存；农业为工业的发展提供原料，提供劳动力，提供市场；特别是轻工业，没有农业，就没有轻纺工业的存在和发展，而工业化往往是从轻工业开始的，轻工业为重工业积累资金、提供市场，没有轻工业一定程度的发展，也就没有重化工业。至于交通运输业、商业、信息产业和其他服务业，历来就是以农业为基础的，没有农业提供基本生活资料和产品，这些人员怎么生活，这些行业经营什么？不仅在农业国向工业国转变的历史时期，农业是国民经济的基础，就是在实现工业化以后，农业的基础作用也不容忽视，特别是在强调发展绿色产业，循环经济，进行生态建设，保护和美化环境，实现经济社会可持续发展的今天，农业的基础作用又具有了新的意义。

但是，经济发展的方向却不是取决于农业，而是取决于工业。工业是国民经济主导，工业决定一国经济发展的方向、特点和优势，特别是在从农业国向工业国转型的过程中，一国能否实现工业化、现代化，建设什么特色的工业化、现代化国家，不是取决于一国的农业发展状况，而是取决于一国的工业化道路和主导产业、优势产业、特色产业的发展状况。工业与农业不同，工业的资金来源、原材料供应、设备的提供、产品的销售以及科技人员和管理人员不一定都来自国内、依靠国内，而主要是伸向国外、面向国外、来自国外：封闭的一个国家很难实现工业化，更不可能实现现代化。

但是，在工业化和现代化过程中，必须重视工业和农业的协调发展，先进的工业和落后的农业并存是不可能实现现代化的，即使实现了工业化，也是片面的工业化、数字上的工业化（即工业在国民经济中占绝大比重），而不可能称为工业化国家、现代化国家、先进的国家、发达的国家，而只能是先进工业与落后农业、发达的城市与落后的乡村并存的二元经济社会结构的国家。这样的二元结构国家是难以实现可持续发展的。所以，工农业必须协调发展。

农业是国民经济的基础，“仓廪实，民心聚；农业稳，天下稳”。但是，农业作为一个产业从性质上却属于弱质产业，再加上我国特殊的国情，决定了农业仍然是我国国民经济的薄弱环节，农产品生产受到耕地减少、水资源短缺和生态环境恶化等因素的严重制约，增产的困难很大。而随着人口增加和经济发展，对农产品的需求将呈刚性增长。如果农业提升的速度慢，就不能保证食物的有效供给，整个国民经济发展的基础会因此受到损害，甚至动摇整个国民经济的发展。因此在工业化达到相当水平以后，适时实行工业反哺农业、城市支持农村的政策，有利于加快农业的发展，稳固农业的基础性地位，从而也有利于实现我国的工业化、现代化和经济社会的可持续性发展。

改革开放以来，广大农村地区，虽然生产生活条件有了明显改善，但城乡、工农业发展的不平衡状况依然存在：农民收入增长缓慢，与城市居民收入的差距不断扩大，在教育、医疗、社会保障等方面的差距则更大。这种差距的存在破坏了社会公平，使城乡居民同工不同酬，可能会加剧社会矛盾，甚至会引起社会动荡和倒退。改变这种状况，就要实行工业反哺农业，让现代工业以各种方式、各种途径加大对农业的支持力度，实现城乡统筹发展，根本改善农村面貌，有效缓解城乡差距进一步扩大的矛盾，逐步消除发达的工业与落后的农业二元经济结构的局面，消除发达的城市与落后的农村并存的二元社会结构的局面，实现社会公平和全面进步。

如何实现工农业之间、城乡之间的协调发展，使我国实现工业化和现代化的历史任务？

中外历史表明，一个国家向现代化迈进的过程，就是从传统农业国家演变为现代工业国家的过程，也同时是农民获得转换身份自由，不断从农业生产领域转移出去的过程。在这个过程中，始终贯穿着农业人口不断向非农业领域、从农村向城镇转移的现象，也就是农民的非农化过程，即离开土地的农民能够实现充分的非农化就业；与此同时，农业在国民经济中所占的比重不断缩小，工业所占的比重不断扩大。农民充分就业，是现代化社会变迁中最为壮观、最具历史意义的步伐。当今西方发达国家已经完成了从农业国到工业国转变的艰巨任务，农民的非农化充分就业比较成功，而广大发展中国家还在这一艰难的征途上跋涉。

我们不能回避农村中严峻的事实——两个主要矛盾：一是人地关系高度紧张；二是城乡分割、对立的二元社会经济结构。① 这是造成乡村建设主要问题的症结所在。“地少人多”和“城乡分割”的矛盾相互交织在一起，剪不断，理还乱。地少人多的状况希望种地的人要少一点，而偏偏城乡分割体制却把农民牢牢地拴在一起，固定在微薄的土地上。

解决工农业协调发展和城乡协调发展的根本途径就是在实现农民非农化的同时，建立现代农业的创新体系，推进农业的现代化和农村的城镇化。

### （二）生产力和生产关系的辩证关系以及其对乡村建设的指导意义

人类社会的发展取决于生产方式的变革，不同社会的性质取决于生产方式的性质。从低级社会向高级社会晋升，实际上是落后的、过时的生产方式转变为先进的、适时的生产方式。整个社会是如此，社会生产的某一局部的变革也是如此。因此研究社会发展，必须

① 王娟．统筹城乡文化建设基本途径研究综述［J］．山东行政学院学报，2011（3）．

研究社会的生产方式、组成及其变化的规律。生产力决定生产关系，而生产关系一定要适应生产力的性质和发展水平，这就构成了生产方式演变的基本规律。生产力发展了，必然要求生产关系相应变革。

先进生产力在本质上是集中体现科学技术发展水平并以此为标志的社会生产力。先进生产力的基本特征是：第一，从其构成要素上看，先进生产力中的劳动力是掌握了当时先进科学技术和具有较高知识文化水平、较高劳动技能和较高素质以及能力的人；先进生产力中的劳动资料，特别是劳动工具比较先进，是当时先进科学技术的凝结和物化；先进生产力中的劳动对象是需要具有较高科学文化水平的劳动者才能认识和把握并加以改造的复杂事物和对象。第二，从其基本要素的构成和结合方式上看，先进生产力是由具有较高技能和素质的劳动者运用先进的科学技术将自身与劳动资料以及劳动对象有机结合起来，形成具有科学合理的结构并能够发挥最大效能的生产力系统。①

人类历史就是先进生产力不断取代落后生产力的过程，在生产力发展的某一种历史形态的不同阶段中，也存在着相对先进的生产力不断取代落后生产力的过程。生产力是最活跃、最革命的因素，是推动社会发展的最终决定力量。中国共产党必须始终代表先进生产力的发展要求，这就是要使我们的理论、路线、纲领、方针、政策符合生产发展的规律，体现不断推动社会生产力的解放和发展的要求，尤其体现先进生产力的发展要求。无论是革命、建设还是改革，我们党的根本目的都是为了解放和发展生产力。

生产力和生产关系之间相互作用与矛盾运动，构成了生产力和生产关系的内在的、本质的联系，历史唯物主义称之为生产力决定生产关系，而生产关系一定要适合生产力发展要求的规律。基本内容是：生产力决定生产关系，决定生产关系的性质及其发展变化的方向；生产关系对生产力具有反作用，先进的生产关系能促进生产力的发展，落后的生产关系则阻碍生产力的发展，阻碍经济社会进步。这一规律表明，在人类社会的发展过程中，特别是在生产方式的矛盾运动中，生产力始终是决定因素；生产关系的性质和发展变化，生产关系的变革及其变革的方向和形式，归根到底取决于生产力的状况和要求。② 生产关系一定要适合生产力发展状况的规律，是人类社会发展的基本规律、普遍规律，也是我国经济体制改革的理论基础。只有运用这一规律我们才能够深刻地认识我国进行经济体制改革的必然性和必要性。

第一，我国经济体制改革是生产力与生产关系矛盾运动的必然结果。我国的社会主义生产关系是基本适合我国生产力状况的，因而推动了生产力的发展。但是，我国的社会主义生产关系还存在着不适合生产力发展状况的某些因素和环节。因此，随着生产力的不断发展，必须对现阶段我国的社会主义生产关系，特别是经济体制中不适合生产力的方面和环节进行深入的改革，以充分发挥社会主义生产关系的优越性，解放和发展生产力。建设社会主义新农村的实质就是遵循生产力与生产关系相互作用的原理，调整和完善我国农村的生产方式，通过调整农村的生产关系、经济体制和经济制度的某些环节，解放生产力，推动农村生产力的发展，在生产力与生产关系的相互作用中，实现农业现代化、农村工业化和农民的富裕、文明、民主生活方式的建设。

① 张晓春．最美乡村当代中国乡村建设实践［M］．桂林：广西师范大学出版社，2018：82.

② 刘重来．卢作孚与民国乡村建设研究［M］．北京：人民出版社，2007：58.

第二，生产关系一定要适合生产力发展状况的规律是我国经济体制改革和建立社会主义初级阶段经济体制的理论依据。从总体上看我国生产力水平和生产社会化程度仍然不高，经济发展很不平衡，生产力发展水平和社会化程度参差不齐。我国社会生产力的这种低水平、多层次和不平衡的特点将长期存在。这种多层次的生产力，不同的生产社会化程度就决定了我国的生产关系具有多种层次和多种形式。自改革开放以来，我们党认真总结以往在脱离生产力盲目变革生产关系问题上的经验教训，对我国的生产关系进行改革。在所有制结构上，实行了以公有制为主体、多种经济成分共同发展的基本经济制度；在分配制度上，实行了以按劳分配为主体、多种分配方式并存的分配制度；在经济体制上实现了由计划经济向社会主义市场经济的转变。我国经济体制改革的实践已经充分证明，坚持与生产力状况和所有制结构相适应，发挥市场在国家宏观调控下对资源配置的基础性作用，有利于我国经济优化结构和生产力的快速发展。

加强乡村建设是变革生产方式、解决生产力与生产关系相互矛盾、推动现代化进程的重点，也是现代化过程中的难点。依据生产方式变革的规律进行乡村建设就要在农村进行以农业现代化为核心的经济建设、以乡风文明建设为中心的社会建设、以提高农民素质为主要内容的文化建设、以发展绿色产业为核心的生态建设和以民主意识为核心的农村基层政权建设，通过这五大建设，实现农村生产方式和生活方式的变革。

## 二、社会学理论基础

乡村建设的主体是农村居民，乡村建设应涵盖经济领域，也应涵盖社会领域、文化领域。因此，必须探讨它的社会学理论，进行社会学分析。

### （一）乡村建设社会学分析的意义

前面对乡村建设进行了经济学分析，这种分析是基于现实表现层面的结果，但是社会是人的集合体，经济活动的各种现象及结果是其背后有思想的各个个体行为的表现和结果，并且经济活动是社会活动的一个最重要方面，所以还有必要进行社会学分析。

1. 社会学学科体系及其理论意义

社会学研究宗旨是解决如何实现社会良性协调运行问题，其内容涉及许多相关学科。社会学大师费孝通把社会学研究的理论框架设计为：社会及其发展的条件、个人的社会化、初级社会群体、社会组织、社会结构（规则、组织、功能）、社会制度（经济制度、婚姻和家庭制度、政治制度、法律制度、文化制度）、社会变迁与社会流动、社区、社会问题（人口、就业、青少年犯罪问题、道德缺失）、社会控制形式（政权法纪、风俗、道德、宗教、舆论、自我控制、集体意识）、社会现代化、社会工作等内容。[①] 在现在的学科规划中社会学作为法学学科门类下的与法学、政治学、国际政治、民族学一样的一级学科，它下设四个二级学科：社会学、人口学、人类学和民俗学。由于社会学的包容性和渗透性，社会学延伸出很多分支，如社会经济学、教育社会学、社会心理学、环境社会学、体育社会学、发展社会学、金融社会学、农村社会学、政治社会学等。可见社会学涉及领域之宽广。

---

① 张培，刘娅茜．社会学新编［M］．昆明：云南大学出版社，2018：15.

中国文化实际上就是农民文化，中国的现代化进程归根结底是农民社会改造过程，这一过程不仅是变农业人口为城市人口，更重要的是改造农民文化、农民心态与农民人格。融洽的邻里关系和社会秩序是个体生存进步的必要社会环境，也是新思想、新制度和新生产方式得以产生和贯彻的社会基础。改造传统农民的人格特征这一社会学课题，也需要从社会学角度分析问题产生的原因并寻找答案。由于中国农民比重特别大、农村经济薄弱落后，加上近年来城乡差距持续扩大，农村问题越发得到社会各界重视，农村社会学研究也逐渐兴起，但是这一学科体系和研究内容基本上依照社会学概论的内容体系进行具体化展开，还缺乏自身特色，因此在乡村建设的过程中有意识地研究、发展社会学具有重要意义。

社会问题与经济民生问题高度相关。经济建设都是在既定的价值观念、伦理道德、文化传统等社会环境中进行的，乡村建设也不例外。既然经济关系是社会关系的主要成分和基础，对乡村建设进行社会学分析也就很自然地要继续谈到很多经济学内容，但同时也离不开社会学的相关内容。

从社会学角度进行研究，有利于在乡村建设的过程中，正确理解、引导农村主体——农民的行为，处理农民的社会关系和经济关系，不至于把农民理想化；避免空想，扎扎实实地推进乡村建设。

2. 对乡村建设进行社会学分析的现实意义

解决由于政府管理职能滞后和社会工作缺失而形成的农村社会问题，是我们对乡村建设进行社会学分析的现实需要。

（1）构建社会和谐，尚需进一步协调农村社会生产力与生产关系的矛盾

改革开放以来我国发生了翻天覆地的变化，大部分城市的信息化、现代化建设取得巨大进展，实现了旧貌换新颜，但是与城镇相比，农村面貌变化相对较小。

当前农村在科技、教育、生产工具、生产方法、分配制度等方面都比较落后，体现在农业生产力主体的农民身上，反映出部分人的文化素养低、思想观念落后。农业生产方式决定了农民的人格特征，这种人格特征反过来又束缚了农业生产的发展，如此积重难返。社会学把家庭作为个人社会化的第一步，家庭教育是个人出生后接触的第一份教育；农村社区基本单位的村镇是一个人迈出家门后接触的第一个社会领域。由于农业效益低下，一些青壮年农民和许多农村一早辍学的孩子走人了城市，但却发现自己的知识技能不能满足就业的需要，没有稳定的工作却又不愿意回到农村，就在城市挣扎，一些年轻的打工者抱着匆匆过客的心态，有时对自己的行为不负责任，于是他们与怀着对社会不满和有失落感的城市下岗人员拉帮结派，伺机做起偷盗、抢劫、黄、赌等的事情来。这些问题，归根结底是由农村社会生产力和生产关系的矛盾所引发的。

一方面，农业产业化、市场化和现代化有了一定程度的发展，另一方面，以家庭联产承包制为基础的农村基本经济制度以及由此所决定的土地制度、教育制度、分配制度等相对落后，不能够很好地适应农村社会生产力发展的要求，阻碍了生产力的发展，制约了农业生产方式的进步与更新。这对构建农村社会和谐进而对全面建设小康社会将会产生较为严重的不利影响。①

---

① 唐珂，闵庆文，窦鹏辉．美丽乡村建设理论与实践［M］．北京：中国环境出版社，2015：131.

（2）和谐村镇是和谐社会和国家治理的基本载体

村镇是我国农村社会的基本单元。农业生产方式直接决定着农村的社会方式和人际关系的基本类型。生产方式是生产力和生产关系的统一。生产力包括劳动者、劳动资料（主要是生产工具）、劳动对象；生产关系包括生产资料归谁所有、人们在生产中的地位和相互关系如何、生产产品如何分配三个方面。生产力和生产关系的辩证关系，从根本上说生产力决定生产关系，有什么样的生产力就要求有什么样的生产关系与其相适应；生产关系不是被动地适应生产力的发展，它对生产力的发展具有反作用，当生产关系适应生产力的发展时就会对生产力的发展起促进作用，当生产关系不适应生产力的发展时就会起阻碍作用。① 当前家庭联产承包责任制在极大地解放农村社会生产力的同时也暴露出一定的弊端，在某种程度上，制约了农民的集体主义观念，甚至也弱化了基层政权的领导力。今天的工人阶级在数量、构成、阶级特征等方面发生了很大变化，而且它和其他社会阶层的联系方式也发生了根本的变化。由于社会经济体制转型所带来的价值观多元化及其冲突，引发道德缺失、信仰危机、精神空虚，因而在社会主义乡村建设过程中有目的地对农村的社会现状、农民的社会人格进行社会学方面的分析并有针对性地解决社会流动急速、农村社会控制不足与失范以及人们在和谐社会关系、精神生活上的不足等问题是大有裨益的。占全国人口65%的村镇人口的安居稳定是整个国家社会稳定的保障，加强和谐村镇建设是构建农村和谐社会的基础。

在新的历史条件下，党要始终成为全国人民可以信赖的主心骨、成为经济建设和对外开放的坚强领导核心，始终得到最广大人民群众的支持，从根本上说必须加强党自身的执政能力建设，必须让广大人民，尤其是广大农民普遍享有发展的成果。作为执政党必须面对转型期农村出现的新情况新矛盾，强化执政党的社会整合功能，将各种利益冲突化解在制度范围内，以避免出现制度外冲突所造成社会分裂，畅通社情民意反映渠道，培育健康向上的民间力量。因此，理性地合法地调处各社会主体之间的利益关系，实现乡村的有效管治，是农村各级党组织和基层政权的重要使命。②

（3）一些不和谐的农村社会问题影响了国家社会管理政策的效果

政府进行社会管理需要研究社会活动主体行为，在社会管理、国民经济管理过程中，在政策科学制定和实施过程中也不能回避人性问题，也要考虑政策实施对目标对象的心理影响。

当前，农业和农村中一些不和谐的社会问题主要是：农业生产组织化程度较低，农户生产失去了邻里分工协作，处于单枪匹马、单打独斗的状况；农业商品化、产业化、规模化经营困难，农村资本不足与家家重复购置农机具的状况并存，在市场竞争中谈判地位和博弈能力大打折扣；农村精神文明建设的组织化程度较低，精神文明建设的内容尚需充实提高；农村社会治安不力导致乡里不安；农村司法救助体系薄弱，上访事件增多；还有城市化进程中的农民工问题等。这些不和谐因素都可能影响到国家社会管理政策的效果。

### （二）农村社会现状的社会学分析

随着社会生活实践的发展变化，不可避免地出现了许多新情况、新问题，我们在分析

① 甘肃省党员教育中心．美丽乡村建设［M］．兰州：甘肃教育出版社，2016：112-113.

② 李长滨．大数据与美丽乡村建设［M］．长沙：湖南大学出版社，2018：86.

过程中不拘泥于以前的社会学分析框架，而尽可能地把改革开放过程中出现的新情况、新问题融入我们的分析之中。

1. 农村社区家庭关系

家和万事兴，这种环境氛围影响夫妻、老小感情的健康发展，影响子女教育和健康成长，影响家庭生产经营决策效率。构建和谐村镇是构建和谐农村进而构建社会主义和谐社会的基本单位和载体，而家庭作为村镇的细胞单位和初级社会群体，它的内部关系状况怎样很值得关注，也是对整个农村社会进行社会学分析的人口。

今天农村一部分家庭内部关系仍然存在一些问题。主要是缺乏和谐沟通，从而引起内部成员之间的矛盾。

2. 农村社会群体关系

分析农村社会，分析社会群体关系尤其是血缘关系十分重要。因为一方面城市人口来源分散，工作时间紧凑，同一楼道的几户人都可能不认识，并且房子的流动性较强，关系单一；农村各家世世代代居住在一起，上下代际间关系好坏有传递的可能性，所以农村邻里关系相对更复杂一些，另一方面农村社会关系主要还是亲缘关系，不是所有农村矛盾冲突都可以放在法律的框架内求解的。

法治之外，情感和理性因素仍然是构筑农村和谐社会关系不可或缺的力量。[①] 农民至今依然主要是通过血缘或地域的自然纽带依附于群体。与这种自然纽带相对应的是宗法观念和以忠孝为核心的伦理观念，这些伦理观念虽然体现着农村经济自然经济社会形态的浓重色彩和带有经济市场化的不彻底性。但也正是由于经济市场化改革进程中的这种不彻底性使残留下来的宗法观念和以忠孝为核心的伦理观念支撑着脆弱的农村养老保障体系。

当然，血缘关系稳固也有它消极的一面，一些强势群体通过认同宗、认干亲，拜把子等形式把其他人融入"差序格局"范围内，铺张成一张巨大的关系网。这些关系网在农村发挥着非正式组织的作用，它所形成的利益集团在农村社会时而发挥着非正当控制和操纵等消极影响。

3. 农村社会结构分析

工业化、城市化、信息化如今不仅深刻地影响着城市市民的生活节奏，而且越来越深入、广泛、迅速地冲击着农村生活，使之发生着深刻的变化。在市场经济优胜劣汰的铁的规律的巨大冲击下，农村社会内部结构急剧分化、分层重组，其中有些新苗头、迹象，很值得高度警惕和研讨。

人类社会进入到资本主义社会以后，随着生产的社会化，农民阶级趋于分化解体，少数上升为农业资本家，大多数破产成了农业工人或转入工业无产阶级，但仍有少数个体农民。中华人民共和国成立前在商品经济的影响下，农民阶级分化为富农、中农、贫农、雇农，其中富农是农村资产阶级，雇农是农村无产阶级，贫农是农村半无产阶级，中农是农村小资产阶级。农民主要指贫农和中农，他们是无产阶级可靠的同盟军。

今天随着社会急剧转型，农村农民群体内部阶层分化严重，针对农村现状，我们可以把农村居民分成下述几大群体：基层管理者、从事传统农业生产的农民、在城市工作生活并以此获得全部收入来源但仍未放弃土地承包权的准市民、主要在城市工作生活但土地转

---

① 宣朝庆．泰州学派：儒家精神与乡村建设［M］．南京：江苏人民出版社，2018：72.

给亲朋经营或承包出去获得部分转让收入的半市民、在城市打工后仍回归故里的农民工、进城从业积累一定资本回乡创业者、耕地被建设占用的失地农民。社会转型期也是农村居民分化期。其中回乡创业者是农村中较富裕的农民与居民，严格讲他们已失去农民身份，而成为农村非农产业的创业者；其次是进城打工但仍具农民身份的农民工；第三个层次是传统农民；最低层次的是"务农无地、上班无岗、低保无份"的失地农民。

中国加速中的城市化进程目前正形成巨大的利益驱动力量。一是农业用地和非农用地存在巨大的价差；二是一个市民的消费等于三个农民的消费；三是每转移一个农村劳动力的收入相当于增加 12 亩耕地。[①] 但目前土地城市化的速度大大快于人口城市化的速度，出现了大量无地无业农民。在目前快速的工业化和城市化过程中，失地农民的境况已经成为一个严重的社会问题。中国的农民问题主要涉及种地农民、失地农民、农民工。其中，失地农民问题最为严重，已成为影响农村社会稳定的第一位问题。而农民工主要是权益保护问题，种地农民主要是增加农业收入问题。

4. 农村基层政权社会控制能力弱化

农民对乡村基层政权社会控制能力弱化普遍感到担忧。农村自然形成的势力结构，如暴富农民、家族势力、宗派势力、帮派势力、从农村走出的"中用人"迅速形成农村的强势阶层，对农村社会生活影响巨大。他们在一定程度上影响到基层政权的控制力。加上基层政权组织本身不够健全，力量不够强大，导致基层政权影响力和控制力下降。

上述从社会学的角度对农村的某些社会现象进行的分析，只限于农村农民中存在的问题和一些不和谐因素，而非农村的全貌。尽管在经济的快速发展和社会转型期，有这些问题与不和谐的现象存在，但从农村全貌看，总体上正气在上升，和谐因素随着乡村建设的推进在增长，文明的社会风气正随着农村精神文明建设的推进。

① 廖彩荣，陈美球．乡村振兴战略的理论逻辑、科学内涵与实现路径［J］．农林经济管理学报，2017（6）．

# 第二章　乡村建设与现代化

在城市化建设体系的不断完善下，国家也将发展重心向乡村转移，以加快社会主体现代化发展的脚步。党的十九大会议中明确提出加快推进农业现代化，通过科技手段落实农民食品安全，促进乡村振兴，实现增强文化自信和道路自信，走中国特色社会主义道路。

## 第一节　乡村现代化道路分析

### 一、乡村现代化道路的科学内涵及重要意义

#### （一）乡村现代化道路的科学内涵

1. 城乡融合发展之路。统筹城乡发展势要坚持以工补农、以城带乡，加快乡村农业发展为重点。要在干部配备、要素配置、公共财政投入和公共服务等方面加大支持力度，加快形成工农互促、城乡互补、全面融合、共同繁荣的新型工农城乡关系。

2. 共同富裕之路。社会主义的本质是共同富裕，全面建成小康社会的短板在乡村。党的十九大报告提出第二轮土地承包到期后再延长三十年，给广大农民吃了一颗定心丸，增进了农民的生产积极性，增强了农民对未来生产的信心。

3. 质量兴农之路。乡村振兴就要产业兴旺，产业兴旺就需深化农业供给侧结构性改革，农业供给侧结构性改革就是要在确保国家粮食安全的基础上，通过优化产业结构、推行绿色生产方式、壮大新产业新业态、强化科技创新驱动、补齐农业短板、加大乡村改革力度。强调农业生产在注重数量的同时更要注重质量，加快构建现代农业体系，实现由农业大国向农业强国的转变。

4. 乡村绿色发展之路。乡村绿色发展之路，要深刻认识可持续发展的重要意义，树立牢固的可持续发展理念，同时要以绿色发展引领生态振兴，加强乡村突出环境问题综合治理，建立市场化多元化生态补偿机制，增加农业生态产品和服务供给。

5. 乡村文化兴盛之路。乡村文化兴盛，一方面要完善乡村公共文化服务体系，另一方面要加大优质文化产品和服务供给。要传承发展提升乡村优秀传统文化，弘扬和践行社会主义核心价值观，加大乡村思想道德建设和精神文明建设。

6. 乡村善治之路。加强和改善党对“三农”工作的领导，提高新时代党领导乡村工

作的能力和水平。要加强乡村基层党组织建设，坚决清除老百姓身边的苍蝇。要健全自治、法治、德治相结合的乡村治理体系，最终实现乡村善治的美好愿景。①

（二）建设乡村现代化道路的重要意义

1. 乡村振兴是解决我国社会主要矛盾迫切要求。目前最大的不平衡是城乡之间发展的不平衡和乡村内部发展的不平衡，最大的不充分是“三农”发展的不充分，破解这一新的社会主要矛盾就必须实施乡村振兴战略。

2. 乡村振兴是建设现代化强国的必然要求。没有乡村振兴和现代化，就不会有社会主义国家的现代化。实现现代化强国就必须振兴乡村，推进乡村农业的现代化。

3. 乡村振兴是新时代乡村发展新动力。乡村振兴战略不同于过去以城市和工业的发展反哺乡村的政策，是把乡村放在了与城市平等的地位上，立足于乡村的产业、生态、文化等资源，注重发挥乡村的主动性，来激发乡村发展活力，建立更加可持续的内生增长机制。这是一种思路的根本转变，确立了全新的城乡关系，为新时代乡村振兴注入新的动力。

## 二、乡村现代化道路的演进

（一）以土地私有、家庭经营与市场经济融合为主要特征的农业现代化道路（1949—1953）

中华人民共和国建立初期，按照新民主主义的发展道路设想，确定了“三步走”的农业现代化道路。第一步以主要力量发展农业与轻工业，“以发展农业和轻工业为重心”，初步改善人民生活水平；第二步以更大力量（“集中最大的资金和力量”）发展重工业；第三步，在重工业基础上，大大发展轻工业，并使农业生产机器化，大大提高人民生活水平。确立优先发展农业的方针，当时的认识是“因为只有农业的发展，才能供给工业以足够的原料和粮食，并为工业的发展扩大市场。”在农业和轻工业优先发展的基础上，“可以把劳动人民迫切需要提高的十分低下的生活水平提高一步，这对于改进人民的健康状况，在政治上进一步团结全体人民，也是非常需要的。”②

优先发展农业的关键在于土地改革，最大程度激活农民的生产积极性。以“耕者有其田”为导向的土地改革，在中华人民共和国成立初年得到顺利推进，这对推动当时的农业现代化产生了重要影响。第一，建立了以土地所有权与经营权均归属于农户为特征的家庭经营制度，解放乡村生产力，使得农民爆发出空前的生产积极性。邓子恢总结了这种制度的三大好处：可以最大可能调动农户全家的劳动积极性；农民会有高度的责任心，一点都不会马虎；为了提高农活质量，农民会积极主动尽量钻研技术③。第二，通过土地改革而发达农业，能够创造一个广阔的国内市场，大大扩充工业化所需要的原料供应、粮食供应、资金供给、劳力供给和工业品的市场消费，从而为工业化开辟道路。土地改革以

① 程正治．深入贯彻党的十九大精神走好乡村振兴道路实现乡村现代化［J］．环渤海经济瞭望，2018（03）．

② 刘少奇．国家的工业化和人民生活水平的提高［A］．建国以来重要文献选编（第一册）［Z］．北京：中央文献出版社，1992：528．

③ 邓子恢．关于农业问题的报告［A］．邓子恢自述［M］．北京：人民出版社，2007：436．

后，中国农业发展就走上了以土地产权私有、家庭经营与市场经济高度结合为特征的现代化道路。第三，中华人民共和国建立初期，由于农业劳动力的过剩和城市高收入的吸引，大量农民进城寻找工作。土地改革以后，农民有了更多的劳动自由，愈来愈多的乡村劳动力涌入城市寻找工作机会，推动了城镇化的发展，城镇人口进入一个快速增长时期。这一时期的农业现代化道路，使得农民的生产积极性被空前激发，农产品产量、品种、农民消费水平、城镇与乡村吃商品粮人口迅速增加。

但是，这一农业现代化道路，为什么在“土地改革激发的生产者积极性没有得到充分展现”① 时就被人为改变了。首先，因为这是一条新民主主义农业现代化道路。新民主主义农业现代化道路在1953年以后被逐步终止了，开始了向以单一集体所有制、单一集体经营、单一计划经济为主要内涵的社会主义农业现代化道路过渡的新时期。“毛主席1952年就开始提出向社会主义过渡，1953年正式提出党在过渡时期的总路线。”② 其次，这条农业现代化道路，如果缺乏制度链的配合，的确会导致贫富分化。陈锡文等指出，土地改革完成后，由人民政府发给土地所有证，并承认一切土地所有制自由经营、买卖及出租其土地的权利。这显然是受到了自秦汉以来私有土地一直都可以自由买卖的制度和习俗的深刻影响，但却没能充分考虑到允许土地自由买卖与出现兼并现象之间的必然联系③。邓子恢总结了这一农业现代化道路所依托的制度有四个缺点：劳力少、劳力弱、生产搞不好的人，收入少，生活也差，甚至无法生存；对自然灾害的抵抗力很差；产生贫富分化；受市场价格操纵，生产有盲目性④。第一个缺点的出现是因为缺乏社会保障制度的配套；第二个缺点的出现是因为国家对乡村的公共基础设施管理与投资建设制度没有建立；第三个缺点的出现是因为缺乏消解贫富过于分化的税收制度与再分配制度；第四个缺点，现在看来，并非缺点，而恰恰说明市场经济制度的作用得到有效发挥。但当时的观念是，要克服土地私有制度、家庭经营制度与市场经济制度三者的缺失，要迅速推进以苏联援助的156项工程为重点的工业化建设，就必须坚决消灭以家庭经营为基本内涵的小农经济制度，坚决向土地集体所有、集体经营为根本制度的社会主义道路迈进。

### （二）以合作化、工业化与计划经济初步融合为主要特征的农业现代化道路（1953—1956）

1953—1956年，中国农业发展进入合作化主导的农业现代化新阶段。这一阶段的合作化强调自愿、平等、互利，仍然有一定的市场经济因素发挥作用，但只是通向集体化的一种过渡形式，开始了与工业化、计划经济体制的初步结合。这一阶段的合作化，主要形式为互助组与初级农业生产合作社，不同于1956年以后的高级农业生产合作社，不同于1958年以后的人民公社，不同于1978年以后的合作化，也不同于西方的合作化。与1956年以后的集体化比较，互助组之中，农民的土地与生产生活资料仍然是私有的，可以自由支配，只是劳力自由开始有了限制。初级社之中，土地、生活资料、部分生产资料仍然是私有的，但开始集体经营、集体劳动、集体分配，部分生产资料开始公有，公积金公益金

---

① 杜润生．杜润生自述：中国农村体制变革重大决策纪实［M］．北京：人民出版社，2005：23.
② 薄一波．若干重大决策与事件的回顾（上）［M］．北京：中共党史出版社，2008：44.
③ 陈锡文，罗丹，张征．中国农村改革40年［M］．北京：人民出版社，2018：22.
④ 邓子恢．关于农业问题的报告［A］．邓子恢自述［M］．北京：人民出版社，2007：437.

开始积累。高级社则主要生产资料集体所有、集体经营、集体投资、集体劳动、集体分配。人民公社则由小集体所有制进一步向大集体所有制迈进，由生产资料集体所有制进一步向生活资料集体所有制迈进，一度出现了公共食堂这样的集体消费。与合作化比较，互助组与初级社的土地都是私有的，也没有双层经营机制，而合作化则是建立在土地集体所有家庭承包经营基础上的另一种经营机制，而且开始立足于市场经济之中。与西方的合作化比较，中国的合作化处于计划经济体制的框架之中，而且与工业化牢固结合。

这条农业现代化道路的确有它的合理性，由于一开始遵循自愿互利平等合作的原则，农业现代化有了一个良好的基础。合作化与计划经济的结合，使得国家可以有力地指挥农业生产，及时满足国家工业化的急迫需求。合作化与工业化的结合，则工业化所需要的原料、粮食、劳力、资金、市场均可以得到很好的解决。

这条农业现代化道路并不是长期的一种发展道路，而只是一种通向农业集体化的过渡性道路，是合作化、工业化与计划经济的初步融合。接下来的农业现代化道路，则是集体化、工业化与计划经济的高度融合。合作化与集体化虽然同属统一经营管理、集体劳动、统一投资、统一分配，但其根本差异在于，前者以土地私有与生产资料私有为基础，以市场经济为主要驱动力，大体遵循自愿互利平等合作的原则，农民有退出合作的自由，后者则是以土地与生产资料集体所有为基础，完全以计划经济为农业发展的手段，农民已经失去了退出合作的自主性。

### （三）以集体化、工业化与计划经济高度融合为主要特征的农业现代化道路（1956—1978）

1956—1978 年，中国农业走的是以集体化、工业化与计划经济高度融合为主要特征的农业现代化道路。这一时期的集体化大体包括三个时期：1956—1958 年是高级农业生产合作社时期，1958—1962 年，是人民公社体制的急剧变动与反复调整时期（主要围绕核算单位的调整），1962—1978 年，是人民公社体制的大体稳定时期（确立生产队为基本核算单位）。1978—1983 年，进入人民公社体制的消解时期。1956 年从初级社向高级社的急剧跃进，意味着合作化向集体化的过渡，当时称之为由“半社会主义”向“全社会主义”的过渡。“高级农业合作社与苏联的集体农庄有许多类似的特征。例如两者都取消了重要生产资料的私人所有，都实行按劳分配，生产要素退出了分配领域，组织形式和管理机构也大体相同。”① 向集体化过渡，不仅是向社会主义过渡的需要，也与我们对集体经济优越性的认识密切相关，当时认为集体经济有六大优越性：生产资料可以综合利用，因而可以因地制宜；生产资金可以积累，因而可以不断扩大再生产；可以扩大多种经营；可以使社员各尽所长；统一分配，可以有公积金、公益金；贫富差距缩小②。

相对苏联而言，集体化在中国的推进还是较为顺利的，集体化的成功推进，为计划经济体制的完全建立提供了制度支持，也为重工业优先发展的大规模工业化奠定了基础，大规模工业化所需要的资源、劳力、资金、市场有了较为可靠的保证，国家的工业化得以在一段时期迅速推进。本来预期在第四个五年计划期间，重点实施农业现代化，但由于三线

---

① 罗平汉．农业合作化运动史［M］．福州：福建人民出版社，2004：375.

② 邓子恢．关于农业问题的报告［A］．邓子恢自述［M］．北京：人民出版社，2007：438—439.

建设的实施而被迫中断。

集体化的一个最大的试验就是人民公社体制。人民公社的最初设想，并不是民粹派式的，避开工业化问题；也不同于以私有经济为基础的西方合作模式；更有别于第二国际先资本主义、再社会主义的主张；不是严格的先社会主义、后共产主义的模式，不走一般工业化、城市化的道路，而是想试验一下中国大同世界的理想①。但集体化过程存在的重大失误在于“组织形式变化太快、管理过于集中、形式过于单一，导致了‘吃大锅饭’的体制”②。集体化体制的主要缺点是，经营管理没有搞好，没有建立一套集体经济经营管理制度，最大的问题是集体经济成员的生产积极性不高，干活质量差，抢工分，打冲锋，对农活不负责任，分工合作搞得不好③。

就集体化对农业现代化的促进而言，土地公有确实有利于对土地的统一管理与利用，为农业现代化加速提供基础条件；统一经营确实有利于统一调配资源，因地制宜，合理利用劳力，从而提高劳动效率；集体劳动确实有利于统一调配劳力，发挥群众的合力，集中力量进行乡村农业基础设施建设；集体积累确实有利于最大限度筹集生产发展所需要的资金，并为工业化积累资金；统一投资确实有利于增强资金的投资力度与投资效果，特别有利于对社队工业和国家工业化的投资支持；统一分配确实有利于快速提升并最大程度保证社会公平。但集体化体制的最大问题在于群众根本丧失了农业生产的积极性，而这一切又根源于抹杀利益驱动的经营管理与分配机制。因此，集体化总体上对农业现代化的推进很有限。当然集体化的最大贡献是，独立自主的工业化体系与国民经济体系基本上建立起来了。

### （四）以家庭承包经营、乡镇企业发展、农民流动为主要特征的农业现代化道路（1978—2003）

1978年以来，伴随改革开放的启动，经济建设成为党和国家的工作重心，现代化成为最大的政治，农业现代化走上了新的发展道路。改革开放首先在乡村农业领域得以取得重大突破，有力地推进了农业现代化的发展。这一重大突破就是家庭承包经营制度的出现，这一制度最突出的创新特征就是破除了多年来困扰中国农业发展的“大锅饭”体制，让农业现代化有了持续不断的发展动力，农户家庭成员的积极性得以空前爆发，温饱问题得以在20世纪80年代迅速解决。1982年中央1号文件指出，生产责任制不但克服了集体经济中长期存在的“吃大锅饭”的弊病，而且通过劳动组织、计酬方法等环节的改进，带动了生产关系的部分调整，纠正了长期存在的管理过分集中、经营方式过于单一的缺点［17］。1983年中央1号文件指出，联产承包制采取了统一经营与分散经营相结合的原则，使集体优越性和个人积极性同时得到发挥④。以家庭承包经营为基础的双层经营机制得以逐步确立起来。

1978年以来中国经济现代化道路最明显的特征是市场化取向的确立，市场配置资源

---

① 杜润生．杜润生自述：中国农村体制变革重大决策纪实［M］．北京：人民出版社，2005：78.

② 陈锡文，罗丹，张征．中国农村改革40年［M］．北京：人民出版社，2018：11.

③ 邓子恢．关于农业问题的报告［A］．邓子恢自述［M］．北京：人民出版社，2007：436.

④ 当前农村经济政策的若干问题［A］．中共中央国务院关于“三农”工作的一号文件汇编［M］．北京：人民出版社，2010：20.

的作用从20世纪80年代以来的辅助性作用，1992年以来的基础性作用，最终发展为2013年以来的决定性作用。农业现代化道路也是如此，市场化取向的经济改革首先就是从农业领域开始的，主要表现就是取消1953年以来形成的统购统销制度，农业领域由此首先开始了由计划经济体制向市场经济体制的过渡。1985年中央1号文件规定："除个别品种外，国家不再向农民下达农产品统购派购任务"①。90年代初期，粮食自由交易市场制度建立，粮票制度最终在中国消失。农业领域市场经济制度的率先确立，为经济现代化积累了丰富的经验，为农业现代化开辟了一条市场主导的新的发展道路。

农业领域家庭承包经营制度与市场经济制度的确立，为乡镇企业的大发展铺平了道路。乡镇企业是中国乡村现代化的一条重要路径，是20世纪八九十年代乡村现代化的重要标志。乡镇企业是以集体经济组织或农民为投资主体，设在乡镇，承担支援农业义务的各类企业。乡镇企业为我国乡村克服耕地有限、劳力过多、资金短缺的困难，为建立新的城乡关系，找到了一条有效的途径②。

就乡镇企业对农业现代化的贡献而言，乡镇企业的发展成为农民增收的重要来源，成为乡村劳动力转移的重要途径，成为中国经济高速增长、乡村工业化、乡村城镇化、人口城镇化的重要推动力量。乡镇企业的发展也提高了社会资源的配置效率，丰富了市场产品供给，促进了经济体制改革，增加了国家财政收入。

### （五）以土地产权流转、三大产业融合发展、人口城镇化为主要特征的农业现代化道路（2003-现在）

2003年以来社会主义市场经济体制进入完善与深化阶段。破解农业领域市场经济制度完善深化与农业现代化的深层次障碍，日益聚焦在土地产权流转（主导方面是农民的承包经营权流转）问题上。一条以土地产权流转为基础、以乡村振兴为目标、以发挥市场经济决定性作用为手段、以三大产业融合发展与人口城镇化为路径的农业现代化新道路开始破土而出。20世纪80—90年代，家庭承包经营制度深入发展，统分结合的双层经营制度"'分'的层面分得彻底、激励充分，但'统'的层面统得不够、明显滞后。"③乡村的多种经营虽然存在，但三大产业融合的程度却远远不足。随着人口的城镇化的加快，农民的土地产权流转问题日益凸显。2003年10月14日，中共十六届三中全会通过《中共中央关于完善社会主义市场经济体制若干问题的决定》，正式提出土地承包经营权的流转问题：农户在承包期内可依法、自愿、有偿流转土地承包经营权，逐步发展适度规模经营④。2005年中央1号文件要求承包经营权流转和发展适度规模经营，必须在农户自愿、

---

① 中共中央国务院关于进一步活跃农村经济的十项政策［A］．中共中央国务院关于"三农"工作的一号文件汇编［M］．北京：人民出版社，2010：56.

② 中共中央国务院关于1986年农村工作部署［A］．中共中央国务院关于"三农"工作的一号文件汇编［M］．北京：人民出版社，2010：73.

③ 唐仁建．农业供给侧结构性改革怎么看怎么干［A］．中共中央国务院关于深入推进农业供给侧结构性改革加快培育农业农村发展新动能的若干意见［M］．北京：人民出版社，2017：43.

④ 中共中央关于完善社会主义市场经济体制若干问题的决定［A］．十一届三中全会以来党和国家重要文献选编（1978-2014）［M］．北京：中共中央党校出版社，2015：347.

有偿的前提下依法进行，防止片面追求土地集中①。2009 年中央 1 号文件提出建立健全土地承包经营权流转市场，鼓励有条件的地方发展流转服务组织，为流转双方提供信息沟通、法规咨询、价格评估、合同签订、纠纷调处等服务②。2010 年中央 1 号文件提出加强土地承包经营权流转管理与服务，健全流转市场，在依法自愿有偿流转的基础上发展多种形式的适度规模经营③。2015 年中央 1 号文件提出引导土地经营权规范有序流转，创新土地流转和规模经营方式，积极发展多种形式适度规模经营④。2016 年中央 1 号文件提出放活土地经营权，完善“三权分置”办法⑤。2018 年中央 1 号文件提出完善乡村承包地“三权分置”制度，在依法保护集体土地所有权和农户承包权前提下，平等保护土地经营权。乡村承包土地经营权可以依法向金融机构融资担保、入股从事农业产业化经营⑥。如此密集的中央 1 号文件，均聚焦土地产权流转这一问题，说明土地产权流转问题，是破解新时期农业现代化、完善市场经济体制的关键一环。但这次土地产权流转与 1953—1956 年的合作化、1956—1978 年的集体化最大的不同是，完全是在市场经济发挥决定性作用的环境下进行，完全遵循农民的意愿，完全保护农民的土地承包经营权，“促进土地流转最有效的方法应该是培育土地使用权市场，通过私人之间土地使用权的自愿转让，来实现农户经营规模的扩大。政府的作用主要体现在健全土地法规，界定土地产权和制定土地流转的规则上，而不是用行政命令手段，采取搞运动的方式去推进土地规模经营的发展。”⑦只有尊重土地产权的市场自由流转，三大产业的融合发展才能顺利推进，农业的产业化才能得以加速和深入，人口城镇化才能免除后顾之忧，才有持续不断的动力。

农业现代化与工业化、信息化、城镇化是密切联动的。可以说，三大产业的深度融合发展，将使工业化、信息化、城镇化与农业现代化融为一体。只有进一步破除城乡二元制度，建构城乡一体制度，市场经济制度的完善与深化才能落到实处。2003 年《中共中央关于完善社会主义市场经济体制若干问题的决定》启动的正是这种制度改革。进一步取消对农民进城就业的限制性规定，逐步统一城乡劳动力市场，形成城乡劳动者平等就业的制度。加快城镇化进程，在城市有稳定职业和住所的农业人口，可按当地规定在就业地或居住地登记户籍，并依法享有当地居民应有的权利，承担应有的义务⑧。

这一时期，中央正式确立了农业现代化战略，这个战略就是以乡村振兴战略为核心的关于农业现代化的理念、目标、任务、方法、阶段、重点、关键、保障、基础、根本、前

① 中共中央国务院关于进一步加强农村工作提高农业综合生产能力若干政策的意见 [M]. 北京：人民出版社，2010：99.

② 中共中央国务院关于 2009 年促进农业稳定发展农民持续增收的若干意见 [A]. 中共中央国务院关于“三农”工作的一号文件汇编 [M]. 北京：人民出版社，2010：191.

③ 中共中央国务院关于加大统筹城乡发展力度进一步夯实农业农村发展基础的若干意见 [A]. 中共中央国务院关于“三农”工作的一号文件汇编 [M]. 北京：人民出版社，2010：212.

④ 中共中央国务院关于加大改革创新力度加快农业现代化建设的若干意见 [M]. 北京：人民出版社，2015：17.

⑤ 中共中央国务院关于落实发展新理念加快农业现代化实现全面小康目标的若干意见 [M]. 北京：人民出版社，2016：30—31.

⑥ 中共中央国务院关于实施乡村振兴战略的意见 [M]. 北京：人民出版社，2018：32.

⑦ 韩俊. 中国经济改革 30 年：农村经济卷 [M]. 重庆：重庆大学出版社，2008：57.

⑧ 中共中央关于完善社会主义市场经济体制若干问题的决定 [A]. 十一届三中全会以来党和国家重要文献选编(1978-2014) [M]. 北京：中共中央党校出版社，2015：347—348.

提等方面的一系列战略构想。其一，牢固树立乡村优先发展的理念。2019 年中央 1 号文件提出牢固树立乡村优先发展政策导向。提出“四个优先”：优先考虑“三农”干部配备，优先满足“三农”发展要素配置，优先保障“三农”资金投入，优先安排乡村公共服务①。其二，提出农业装备现代化，农业科技现代化，农业产业体系现代化，农业生产体系现代化，农业经营体系现代化，农业发展理念现代化，农民现代化，农业水利化、机械化、信息化、人口城镇化等一系列农业现代化的任务。2007 年中央 1 号文件提出“要用现代物质条件装备农业，用现代科学技术改造农业，用现代产业体系提升农业，用现代经营方式推进农业，用现代发展理念引领农业，用培养现代化农民发展农业，提高农业水利化、机械化、信息化水平，提高土地产出率、资源利用率和农业劳动生产率，提高农业素质、效益和竞争力。”② 2016 年中央 1 号文件提出大力推进农业现代化，必须着力强化物质装备和技术支持，着力构建现代农业产业体系、生产体系、经营体系，走产出高效、产品安全、资源节约、环境友好的农业现代化道路，推动新型城镇化与乡村建设双轮驱动、互促共进，让广大农民平等参与现代化进程、共同分享现代化成果。其三，提出乡村现代化的系统规划：乡村振兴战略。这个战略以产业兴旺为重点；以生态宜居为关键；以乡风文明为保障；以治理有效为基础；以生活富裕为根本；以摆脱贫困为前提。确立农业现代化的时间表。《乡村振兴战略规划（2018—2022 年）》提出乡村农业现代化三步走的发展阶段与目标规划。到 2022 年，现代农业体系初步构建，乡村三大产业融合发展格局初步形成，城乡统一的社保制度体系基本建立，城乡融合发展体制机制初步建立，农民精神文化生活需求基本得到满足，现代乡村治理体系初步构建，探索形成一批各具特色的乡村振兴模式和经验。到 2035 年，乡村振兴取得决定性进展，乡村现代化基本实现。到 2050 年，乡村全面振兴③。

## 三、乡村现代化道路的发展方向——实施创新驱动

### （一）乡村振兴根本上要依靠科技创新

世界经验表明，科技创新是推进乡村现代化的根本动力。发挥科技创新在乡村振兴战略中的支撑作用是党中央提出的明确要求，也是践行习近平总书记“三农”重要论述的必然要求。

实现农业现代化，必然要求科技创新推动农业全面升级。习近平总书记强调，农业出路在现代化，农业现代化关键在科技进步。世界农业发展的历程清晰表明，在农业技术、制造技术、信息技术、生物技术等现代科技推动下，农业劳动生产率和土地产出率实现了革命性的提升。

实现乡村现代化，必然要求科技创新推动乡村全面进步。现代科学技术的应用和普

---

① 中共中央国务院关于坚持农业农村优先发展做好“三农”工作的若干意见［M］. 北京：人民出版社，2019：25—26.

② 中共中央国务院关于积极发展现代农业扎实推进社会主义乡村建设的若干意见［A］. 中共中央国务院关于“三农”工作的一号文件汇编［M］. 北京：人民出版社，2010：136.

③ 中共中央国务院. 乡村振兴战略规划［M］. 北京：人民出版社，2018：13—17.

及，极大地提升了乡村生活的便利度和舒适度。重大工程技术难题的创新突破，打通了乡村孤岛融入现代经济的通道，让偏远乡村同外部世界实现了历史性的互联互通。信息技术、现代物流等技术手段，有效拉近城乡之间的距离，现代医疗技术不断提升农民健康水平，新一代生物技术、新材料等的发展，为乡村真正实现绿色可持续发展提供了技术保障。

使农民从传统意义上的农民转变为现代化的农民，必然要求科技创新推动农民全面发展。没有农民的现代化转变，就不可能真正实现乡村现代化。只有用现代科学知识和技术武装农民，实现人的认识、观念、技能、素质协同全面发展，才能为发展现代农业、建设美丽乡村提供扎实的能力保障。新中国成立以来，我国加强乡村基础教育，开展科技下乡等活动，但总体上讲，我国农民的科学文化素质与世界农业强国还存在较大差距。

科技创新服务乡村现代化，必然要求以人才为核心的创新要素向乡村汇聚。习近平总书记强调，乡村振兴要靠人才、靠资源；创新驱动的本质是人才驱动。人才是重中之重，要让各类创新创业人才到乡村的舞台上施展才华，通过人才带动技术、资本等资源向乡村流动聚集，充分发挥创新要素的系统性集成性作用，整体性带动农民的升级发展。21世纪以来，我国开创性地建立科技特派员等相关制度，以人才为牵引带动技术、信息、资金、管理等创新要素集成下乡，为促进乡村现代化注入“新鲜血液”。

### （二）坚决走创新驱动乡村振兴发展道路

党中央提出实施乡村振兴战略，明确乡村振兴“产业兴旺、生态宜居、乡风文明、治理有效、生活富裕”的总要求。紧紧围绕这五大要求，科技创新要发挥好支撑引领作用，推动乡村实现创新驱动发展。

科技创新为农业产业兴旺培育新动能。产业兴旺关键在质量兴农、绿色兴农，要深化农业供给侧结构性改革，推动农业由增产导向转向提质导向，根本上就是要依靠科技创新转变发展方式、转换增长动力，提高农业创新力、竞争力和全要素生产率，加速我国由农业大国向农业强国的转变。加强农业创新体系建设，统筹建设农业科技创新基地，夯实农业的创新能力基础。加强高质量农业科技供给，提升农产品质量技术标准，生产更多高品质农产品，为实施质量兴农战略提供科技支撑。鼓励开展农业科技创新和商业模式创新，实现新技术、新模式、新业态下乡，发展乡村共享经济、创意农业、特色产业，构建乡村一二三产业融合发展体系。

科技创新为乡村生态宜居提供新方案。生态宜居就是要尊重自然、顺应自然、保护自然，确保乡村良好生态环境这一乡村最大优势和宝贵财富。加强乡村自然资源保护、应对乡村突出环境问题、合理开发农业生态资源，需要科学的指引、技术的支撑和创新的推动，加快乡村自然资本增值，实现百姓富、生态美的统一。统筹山水林田湖草系统治理，应对农业面源污染等突出环境问题，增加农业生态产品和服务供给，都需要运用现代科技和管理手段，促进生态和经济良性循环。

科技创新为乡村乡风文明引领新风尚。乡风文明就是培育文明乡风、良好家风、淳朴民风，不断提升乡村社会文明程度。当前，我国一些乡村存在的迷信、恶俗、陋习等不文明现象，核心原因就是农民科学文化素质有待提高。不断提高农民科学文化素质是提升乡村文明水平的关键一招。加强乡村科学文化普及，用科学武装头脑，用文化滋润心田，引领形成卫生、文明、科学的生活风尚。扎实推进科技惠民，以科技创新带来的实在收益和获得感，激发农民对新知识和新科技的内在需求和渴望。利用移动互联网、“两微一端”等新科技手段，深度开展中国特色社会主义、中国梦和社会主义核心价值观等宣传教育，打造健康文明生活方式。

科技创新为乡村治理有效构建新模式。治理有效关键就是建立健全党委领导、政府负责、社会协同、公众参与、法治保障的现代社会治理体制。现代化技术手段应用不足是制约当前乡村治理体系和治理能力现代化的一块短板。要充分利用远程教育等现代科技工具，强化基层党组织建设，加强上级党组织对乡村基层党组织的领导。要充分利用大数据、人工智能等技术打造乡村治理和服务系统，为平安乡村、村民自治、乡村法治德治等方面提供重要技术保障。要充分利用互联网、移动通信、智能终端等信息技术和产品，实现村民有效知情、有效参与、有效监督。

科技创新为农民生活富裕拓展增收新空间。实现生活富裕的基础就是要稳步提高农民收入水平，提升乡村民生保障水平。科技创新作为现代化经济体系的战略支撑，是农民增收创富的强大引擎，在脱贫攻坚、健康医疗等方面具有重要支撑作用，推动乡村基础设施提档升级，加速弥合城乡数字鸿沟。要以农业现代化延长农业产业链、提升价值链、完善利益链，以科技服务平台支持农民开展创新创业，推动农民高质量就业，带动农民增产增收。要把科技创新提供的智力支撑和技术体系作为脱贫攻坚的两只翅膀，助力精准扶贫加速起飞。要加快技术创新和产品换代步伐，全面提升乡村医疗卫生、教育等民生保障水平。要加强乡村新一代移动互联网等现代化基础设施建设，为农民增收打造信息化服务平台。①

## 第二节　现代农业体系的建设

现代农业体系是促进我国农业发展的关键组成部分，同时也是帮助农民了解更多农业知识与技术的有效渠道，在具体落实中以农民为推广中心，从而更好地满足农民实际需求，促进其生活质量水平的提高。基于现代农业体系中，通过信息传递帮助农民更加了解农业相关知识与技术，值得注意的是现代农业体系的落实应在高等院校、涉农科研单位、民间协会组织、涉农企业、农村专业合作社、技术人员的共同参与下方可顺利完成。

### 一、现代农业体系中存在的问题

目前来看该体系的落实还存在诸多问题，主要表现在：未对农业推广工作引起重视、农业体系机制缺乏完善、农业体系中队伍建设相对滞后、农业体系缺乏经费保障等方面，详情如下。

---

① 王志刚．走创新驱动乡村振兴发展道路［J］．农家书屋，2018（11）．

### （一）未对农业推广工作引起重视

目前我国政府部门在农业发展中发挥着重要的推动作用，陆续推出了一系列有效文件，并设置了农业技术推广站，然而政府部门在人才引进中技术人员占比较少，仅仅开展了人才培训工作，未从农民角度来执行推广工作，在这种情况下农民难以掌握先进的生产技术。从另一方面来看，新技术应用风险相对较大，为新技术的推广起到阻碍作用，不利于农业事业的有效发展。

### （二）农业体系机制缺乏完善

农业推广工作具有一定复杂性，为确保该工作的有效落实，应对农业推广体系予以完善。最近几年我国从事农业生产的企业逐渐增加，然而许多企业的运营监管机制缺乏完善，过于重视企业的利益，未对地区经济发展做出贡献。从地形来看，农户居住过于分散，这一点对农业技术的推广十分不利。

### （三）农业体系中队伍建设相对滞后

从实际情况来看，农业技术人员素质水平参差不齐，农业技术人员队伍建设存在滞后性，无法对农业的推广发挥自身作用。从另一方面来看我国对农业技术人员的培训力度不够，导致技术人员无法掌握新型农业技术，在这种情况下现代农业发展需求难以被满足，对我国农业事业可持续发展造成不良影响。

### （四）农业体系缺乏经费保障

农业推广属于公益性事业，其推广经费源于财政专项财政拨款，但由于资金不足对农业推广工作的开展造成阻碍，致使农业推广工作举步维艰，在经费保障的缺乏下，农业技术人员参与培训的机会相对较少，无法提升农业技术人员的综合素质。①

## 二、建设现代农业市场体系的重点内容

农业市场体系建设的重点是：建设和整合、完善布局合理的现货市场，改善市场的基础设施条件；逐步推行产品分级分类和规格化包装、电子统一结算、代理制，发展现代物流配送和期货市场，组织开展拍卖制和电子商务的试点；加快建立质量安全快速检测站（点），对上市农产品普遍实行质量安全市场准入制度；建立健全市场信息系统，强化面向生产者、营销商的市场信息服务；培育、壮大运销商、中间批发商和经纪人队伍，以市场为依托建立一批大型营销企业集团，积极参与国际市场竞争；整顿市场秩序，规范市场运作。

### （一）加快农产品市场和农资市场改造步伐

#### 1. 在农产品批发市场组织实施升级拓展工程

重点推进十个方面的基础设施建设，即市场地面硬化、水电道路系统改造、交易厅棚

---

① 黎宾．基于乡村振兴背景下的现代农业体系建设［J］．现代农业研究，2019（02）．

改扩建、储藏保鲜设施、加工分选及包装设施、客户生活服务设施、市场信息收集发布系统、市场管理信息化系统、质量安全检测系统、卫生保洁设施。拓展十个方面的业务功能，即实行场地挂钩、开展加工配送、监管质量安全、推进规范包装、强化信息服务、发展现代流通、壮大市场主体、开拓对外贸易、维护安全交易、完善公共服务。

2. 积极改造农贸市场

3. 实行退路进厅，取消马路市场

建设场所相对固定的大厅式交易市场，完善场地、道路、水电、垃圾处理等必要设施。继续在有条件的地方积极推行“农改超”，提升市场档次。大力发展社区便利店，建立新型农产品零售网络。

#### （二）发展农产品现代流通方式

1. 发展农产品连锁经营

引导农业产业化龙头企业、批发市场和大型农产品流通企业发展农产品连锁经营，建立新型、高效的农产品营销网络。支持建立一批跨区域的大型农产品物流配送中心，提高农产品集中采购、统一配送的能力。鼓励农民专业合作经济组织在城市建立农产品品牌直销连锁店。

2. 发展农产品电子商务

培育大型农业网站，强化农产品市场信息收集发布。积极创造条件建立网上交易平台，探索开展农产品电子商务。完善农业网上展厅，扩大农产品网上宣传、推介力度。

3. 发展农产品期货市场

稳步推动农产品期货市场发展，选择条件成熟的品种及时组织上市交易，增加农产品期货交易品种。加强期货市场资源的开发利用，扩大影响面，延伸服务范围，使更多农产品生产、加工、贸易企业和农民能够参与期货市场的活动，维护自身利益。

#### （三）培育壮大市场主体

积极培育、壮大农产品经纪人队伍，围绕农产品流通政策、运销贮藏加工技术、质量安全知识与法规、农业科技等内容开展农产品经纪人培训，向农产品经纪人提供市场信息服务，帮助他们提高素质，增强市场开拓能力。积极引导农民营销合作组织发展，鼓励运销大户、农产品加工和流通企业领办营销合作组织，提高农民参与农产品流通的组织化程度，增强市场竞争力。

## 三、加强中国现代农业体系建设的对策

#### （一）完善农业市场体系建设

继续加强农产品批发市场的升级改造，努力建立设施完善、功能全面、管理科学的现代化市场。重点加强基础设施建设的完善工作，扶持市场的供水、供电、场地硬化、交易和冷藏设施、通讯和信息系统、电子结算系统、质量检验检测系统等公益性基础设施建设。加强对农业部定点批发市场基础设施建设的监管工作，在保证硬件设施基本完善的前提下，进一步加强软件的管理。包括推进产品标准化流通、对市场内的经销商建立诚信档

案、推广电子计量和统一结算的交易模式，有步骤地探索拍卖、电子商务及期货交易等先进交易手段的应用。

加快发展农产品期货市场。使其具备更加完善的避险及价格发现功能。增加农产品期货交易品种，选择条件成熟的品种及时组织上市交易；改革农产品期货市场监管体制，完善期货市场规则及交易制度，优化期货市场运行环境，增进期货市场功能发挥。加强农业信息体系建设。要将农业信息体系建设作为农业基础设施建设的重点，进一步加大投入，农业信息资源整合力度，拓宽农业信息传播渠道。

### （二）提高政府宏观调控能力

加强对大宗农产品、重点企业及重点市场的监测分析，确立运用进出口、储备等对国内农产品和农业生产资料市场进行调控的手段，提高应对突发事件及市场异常波动的能力和水平。维护全国市场的统一性，认真清理和废止各种阻碍农产品、农业生产资料和农民日用消费品在全国范围内顺畅流通的地方性法规、规章和规范性文件，打破行业垄断和地区封锁。加快商务信用建设，倡导诚信经营，强化信用意识和契约意识。充分发挥消费者、新闻媒体及其他社会各界的监督作用。

### （三）积极培育农业市场主体

1. 鼓励发展农民专业合作社

加大对农民专业合作社的扶持力度，积极引导合作社依法完善内部组织结构，健全规章制度，真正办成民办、民管、民受益的合作经济组织，提高合作社在农产品营销过程中的科学性、规范性及创新性，引导有条件的合作社创立和注册自有品牌，统一包装，加大宣传力度，并加强对合作社保护自有品牌知识的培训。

2. 加快发展规范的农村经纪人队伍

应制定一系列专门的优惠政策和鼓励政策为农村经纪人的活动创造宽松的环境，对于诚实守信的经纪人政府有关部门可以给予办理守信证书，在农村经纪人中大力开展诚信经营活动，提高其信誉程度，并对其实施信用分类监管；同时严厉打击无照经纪人和利用虚假信息坑害农民的违法行为。要加强培训，提高农村经纪人素质。

3. 积极培育农业龙头企业

为它们提供更加优越的发展环境，使之不断增加数量，壮大规模，带动更多的基地，创建更多的品牌，外销更多的产品。

### （四）加快发展农产品物流体系建设

1. 积极推进农产品物流体系建设

完善以批发市场为中心，以集贸市场、连锁超市、便利店、单体零售经营门店为基础，布局合理、辐射力强的全国农产品流通网络，逐步建立产区与销区、国内与国际市场一体化的农产品流通体系。

2. 继续推进农资连锁经营

政府部门应对建立连锁经营企业加以扶持，特别是在工商、税务以及资金方面。另外，要加大对无证经营的打击力度，坚决查处经营假冒伪劣农资的行为，维护农资市场秩序。

3. 加快探索与发展农产品冷链物流

应充分发挥政府的宏观调控作用，建立政府、行业协会和龙头企业联动机制，制定全国农产品冷链物流发展规划。选择重点品种、重点区域进行试点。积极推进各具特色的区域农产品冷链物流体系建设，选择重要品种（高价值量农产品，如热带水果；易腐败产品，如肉类等）建立冷链通道试点。加大政府建设投入，政府引导资金支持的对象包括大型批发市场和配送中心、提供社会公共服务的第三方物流中心以及产地加工企业等。支持的重点内容主要是硬件设施建设、分析检测设备、标准的制定与人员培训等。

## 第三节　现代化农民的培养

农业现代化需要具有科学文化素质、掌握现代农业生产技能、具备一定经营管理能力的现代化农民去实现，培养现代化农民是农业现代化的关键一环。

当前，我国社会主义发展进程不断加快，农业的重要性也获得相应凸显，这是由于一旦农业发展过于滞后，就无法在粮食的提供上进行保障。众所周知，粮食是人类生命获得延续的最基本食物，与国家及社会的稳定发展息息相关，是经济发展及国家安全不可或缺的重要资源。我国是人口大国，粮食保障问题更是重中之重。从某种意义上来说，如果没有粮食方面的保障，也就谈不上国家的发展及社会的进步。在过去一段时间，我国依靠农业基本上能够确保国民能过上自给自足的生活。然而，随着我国工业现代化的向前发展和城镇化建设的不断推进，可利用的耕地面积越来越少，同时，近几年来环境保护的效果并不明显，土地流失、荒漠化严重，造成了耕地质量的大幅下降，因此，通过国内自身粮食生产来满足人民的粮食需求已经越来越有心无力。在这种情况下，走农业深化改革之路则成了必然，即提倡发展新型农业化，对农业产业结构进行调整、提高农业生产技术，来确保关系到国计民生、国家长治久安、社会可持续发展的粮食供给问题不受动摇。因此，发展新型农业化是社会及国家获得稳定及健康发展的前提，具有非常重要的意义。①

### 一、现代化农民培养存在的问题

不可否认，相对来说，我国农民在综合业务能力上有所提升。在经济发展水平不断提升背景下，农民通过学习及借鉴相应的农业知识及经验等，加上在农业技术的支撑下，其综合业务能力有所提升。然而，由于新型农业现代化的要求较高，融合先进科学理念，导致在现阶段农民无法完善适应新型农业现代化的发展需要，即在落实新型农业现代化的过程中，仍然存在较为明显的不适应问题。

---

① 梁晓．基于新型农业现代化发展培养现代化农民策略研究［J］．吉林农业科技学院学报，2016（01）.

### （一）农民的文化水平及科技素质普遍较低

我国在落实改革开放政策之后，就积极推进扫盲工作，农民的文化素质有所提升，然而，这与农业现代化的要求显然还有较大的差距。而在这方面，就目前来说，我国农民较为缺乏，导致其无法适应农业现代化的要求。从这个层面上来说，需要培养有相应的现代化农民①，除了在知识教育方面有所加强之外，还要注重转变其思想和文化观念。

目前，我国农民受传统行业思想的影响比较大，缺乏对科学技术的研究，在潜意识里认为不需要具备相应的科技素质，甚至认为只需要与上一代人进行学习即可从事农业活动，认为农业生产没有技术含量。目前我国农民参与技能认证和职业教育的人相对较少，在这方面所占的比重非常低。然而，对于农民而言，想要真正适应新型农业现代化的发展需要②，这就需要在这方面所有提升，要具备相应的科学技术，才能够熟练掌握一项到多项从事农业或相关产业生产的技能，只有这样，才能真正适应新型农业现代化的发展需要。

### （二）农民经营管理意识及法律意识较为薄弱

在经济发展的影响下，农民经济水平逐步提升，对价格、质量和成本意识表现出较高的水平及认知能力。不过，相对来说，我国农民在经营意识和创新意识方面比较薄弱，农产品的销售渠道狭窄，进行农业生产的市场导向仍需加强。显然，这些方面的能力储备无法达到现代化农民的要求，现代化农民必须具备一定的适应市场经济发展的能力，能够合理配置各种资源，在开展生产和参与市场经营活动中获得较高的经济效益。在法律意识方面，我国农民的现状与现代化农民的要求也有很大的差距，而且对农业法、森林法、土地管理法和农业技术推广法等与农业生产密切关联的法律法规表示不了解的比例较高。

### （三）思想与身体素质仍需提升

对于现代化农民而言，一定要有较高的思想道德和良好的身体素质，但是现阶段的农民思想意识比较薄弱。同时，身体素质是各项活动的有力保障，尤其对于农民这个职业，对身体素质方面的要求更是较高。然而在实际生活中，我国农民在身体健康方面经常面临各种疾病的困扰，在这方面无法与新型农业现代化的要求相匹配。③

## 二、现代化农民的培养对策

现代化农民的培育，是一项具有长期性、系统性的工程，也并非单纯是教育部门的工作。要培育符合社会主义乡村建设需要的现代化农民，不仅需要着眼于正规的知识教育，更应考虑到全面覆盖各年龄段、各不同层次的农民需求，建立一套全方位、多渠道、多层次的现代化农民培育体系，即“社会教育”与“知识教育”并重，培育乡村建设需要的

① 吕莉敏．基于新型农业现代化发展培养现代化农民［J］．中国职业技术教育，2013（30）．

② 沈红梅，霍有光，张国献．现代化农民培育机制研究——基于农业现代化视阈［J］．现代经济探讨，2014（01）．

③ 梁晓．基于新型农业现代化发展培养现代化农民策略研究［J］．吉林农业科技学院学报，2016（01）．

现代化农民。

具体来说，包括以下建设内容：

### （一）创新职业农民培训形式

新形势下面向乡村开展职业教育，要突出职业性与实用性的双重特征，基于乡村建设的客观要求，适应市场经济环境与农民发展需要，妥善安排教育方法和形式。

（1）农业生产活动大部分需要在田间地头完成，职业教育也不能局限于课堂范围内，而是要走出课堂，组织“田间教育”模式，在田间现场传授先进的农业技术，指导一线劳动人民。（2）通过课堂理论教学与现场参观、实践体验相结合的方式，提高现代化农民的实践操作能力，通过一边学习、一边实践的方式，体现乡村职业教育的独特之处，真正做到学有所长，学有所用。（3）加强与企事业单位、政府部门的合作关系，多方建设农民教育实践基地，如通过乡村科普示范基地、农业科技园区、农业种植示范园等多重渠道渗透农业知识，推广农业教育，让农业走进学校，走进生活。（4）我国乡村职业教育要多参照国内外成功案例，在课堂教学中引入更多有价值的教育内容及教育案例，积极开阔农民视野与开拓思想，集思广益，为新型城镇化打好基础。（5）考虑乡村职业教育的实际需求，可组织函授教学、夜大、脱产与半脱产相结合教学、送教下乡等多种形式的教育活动，更好地满足现代化农民的个性化需求。①

### （二）加强“社会教育”体系建设

在现有的以升学为目标的知识教育体系之外，从职业培训、社区教育、协同教育等各方面，构建一套“社会教育”体系，全方位覆盖义务教育阶段之外的农民。结合现有的各种“乡村试验”中总结的经验，因地制宜，与乡村社会生活和实践相结合，与社会主义乡村建设的实际发展需要相结合。

具体来说，在职业培训方面，根据当地农业生产经营所需要的各种知识和技能，制定相应的课程内容和考核指标体系，完善已有的“绿色证书”培育体系，培养出适应现代农业要求的职业农民；在社区教育方面，结合当地村庄文化，动员社区资源，以社区农民喜闻乐见的方式，丰富其文化社会生活，促进乡村精神文明建设；在协同教育方面，与地方高校、农业大学等教育机构合作，通过定向培养、委托培养等方式培育乡村青年，使其在接受相应教育之后回到乡村参与建设，同时对引入乡村的“大学生村官”“回乡创业者”等人才进行本地化培训，使他们更快地融入村庄社区。

### （三）加强乡村公共服务，为乡村留住人力资本

乡村教育体系的完善，是培育现代化农民，为新农场建设积累人力资本的重要手段，但仅有教育手段还远远不够，培育人才、留住人才，更重要的还是要让他们能够在乡村土地上“有所为”“有所得”。

所谓“有所为”“有所得”，即能在乡村发挥作用，实现自我价值。目前乡村无法留住人力资源，一个重要原因就在于人才的“用不上”，乡村资源的短缺、环境的约束、政

---

① 焦倩．培养现代化农民为重点，发展农村现代化职业教育的实践探索［J］．现代职业教育，2018（16）．

策的不足，使得他们无法施展身手，不得不离开乡村前往城市。因此，需要改善乡村的软硬件环境，以公共服务的等值化为目标，使当地人对于留在乡村、建设乡村的未来有更好的预期，才能真正让他们乐于接受相关教育，留在乡村，成为“现代化农民”。

## 第四节 乡村治理现代化

### 一、乡村治理现代化概述

经过几十年的建设，我国乡村仍存在发展水平低，发展不平衡的问题，人民一些乡村甚至一定程度上出现了“主体缺失”，走向“终结”与“异化”的极端①。为此，党中央根据国家发展需要，提出“推进国家治理体系和治理能力现代化”，为乡村治理现代化提供了政策依据。学者们认为加强乡村治理现代化是“实现乡村振兴战略的基石”②，有助于“实现国家规划秩序对基层社会自然秩序的替代”③推动社会转型，实现“善治”④，可见实施乡村治理现代化改革，提升乡村治理水平，已经成为乡村进一步发展的必然步骤。

乡村治理，“是指乡镇政府、权威机构、村民自治组织以及村民等主体通过形式多样的交流，对乡村经济、政治、文化相关的公共事务进行调节和控制，以达到推动乡村发展、实现乡村管理的有序、科学、和谐的目标。”⑤与国家治理现代化一致，乡村治理也包含两个方面：即治理能力和治理体系的现代化，“治理制度的现代化是根本性、全局性和长远性的，即要实现各项事务治理的制度化、规范化、程序化；治理能力现代化则是指制度执行力、治理能力适应要求、实现制度的目标。”⑥可以认为，乡村治理现代化，既是制度的现代化，也是能力的现代化。

乡村治理现代化的提出为实现乡村振兴提供了一种政策与转型的可能。但城乡二元结构和乡政村治的格局，早已奠定了今日乡村治理的基本思路并形成了约束：行政化、户籍制度、土地制度的“双向拉扯”⑦；资源匮乏、结构固化、公共产品供给不足、人才缺失；乡村组织发展不完善⑧。虽然学者提出各种建议，如基于现代化经验的柔性治理⑨，基于

---

① 朱霞，周阳月，单卓然．中国乡村转型与复兴的策略及路径——基于乡村主体性视角［J］．城市发展研究，2015（08）．

② 蔡文成．基层党组织与乡村治理现代化：基于乡村振兴战略的分析［J］．理论与改革，2018（03）．

③ 桂华．面对社会重组的乡村治理现代化［J］．政治学研究，2018（05）．

④ 吴家庆，苏海新．论我国乡村治理结构的现代化［J］．湘潭大学学报，2015（03）．

⑤ 石伟伟．乡村治理现代化面临的问题、原因及路径探析［J］．城乡建设与发展，2018（11）．

⑥ 人民日报评论员：准确把握国家治理现代化［N］．人民日报，2014-02-20（01）．

⑦ 周少来．乡村治理：制度性纠结何在［J］．人民论坛，2019（1下）．

⑧ 朱新山．中国乡村治理体系现代化研究［J］．毛泽东邓小平理论研究，2018（04）．

⑨ 陈昭．现代化视角下乡村治理的柔性路径——基于江宁的观察［J］．城市规划，2017（12）．

行动的原则和集体行动①，自治、德治与法治相结合②，但乡村治理现代化仍面临很多问题，这要求我们必须加强乡村治理现代化的目标定位、价值取向研究，深入探讨乡村治理现代化的行动策略。

## 二、乡村治理现代化面临的多重困境

党和政府一贯高度重视乡村建设，随着国家治理现代化的提出，乡村治理现代化也提到议事日程。但是，当前我国乡村治理面临诸多现实困境，制约了乡村治理现代化的发展。

### （一）当前乡村治理主体单一化

“多元”主体参与乡村治理是合理的治理格局，也是大势所趋。但是，就我国乡村治理的主体发展程度来看，“多元”格局的实现仍需时日。当前，乡村社会的基层党政组织虽然正在转变职能、合理放权，但相比其他主体的治理效度来讲，仍是“一家独大”。乡村政府还习惯于掌控乡村社会的各项管理工作，突出表现就是把村委会当成下级，对乡村过度行政控制和公共产品资源调配。村委会干部受制于乡镇政府，即使不情愿也不得不配合乡镇工作，分权体制失调使乡镇政府角色混乱，职能定位不清，没有履行好自身应尽职责，干涉村委会正常工作运行，消耗大量社会资源；基层党组织在完善乡村治理的工作中肩负着重要职责与担当，发挥其在乡村治理中的作用是党实现对乡村社会领导的必然要求。但村“两委”矛盾问题依旧突出，如果不从体制上理顺，不从制度上解决，乡村党组织权威性难以得到保证；村委会既是村民自治的运行载体，又是国家政策、方针在乡村的具体实施者，这种双重代理人的角色，导致村委会并不能始终都维护普通村民的权益。由于村民缺少利益代言人，其利益诉求时常出现梗阻，村民自治无法达到理想状态，影响了村民参与治理的积极性。其他治理主体力量更是薄弱。由于社会组织经费、项目资源要依靠自身解决，其自身发展又处于不成熟阶段，加之乡镇政府给予的扶植力度也有限，使得乡村社会组织发育不足，参与治理的能力较弱；乡贤作为乡村社会的“内部精英”，有知识有文化，对乡村社会情况非常了解，深受村民尊重和爱戴、有着广泛的群众基础。然而，在目前乡村治理中，没有给予其足够的重视，发挥空间小，使其游离在治理主体之外，没能发挥其自身应有的价值。

### （二）制度体制机制运行不统一

乡村治理制度是指要求乡村社会成员共同遵守的办事规程或行动准则，即一系列正式和强制性的规范体系；乡村治理体制是指乡村治理制度的执行模式和办事程序等具体运作方式；乡村治理机制是指乡村治理系统中，各部分之间相互作用的过程和方式，即乡村治理的运作逻辑。在乡村治理中，基本制度、体制和机制三者应该是相互作用、互相促进、

① 赵泽鸿，成华威．现代化冲击视阈下的乡村治理路径探讨——以治理 A 村的“二元”环境为例．西北农林科技大学学报［J］．2010（01）．

② 吕德文．乡村治理 70 年：国家治理现代化的视角．南京农业大学学报（社会科学版）［J］．2019（04）．

有机统一的整体，密不可分①。制度具有相对稳定性，乡村治理必须置于基本制度框架内进行合理分析。制度是基础，体制和机制的运行都要服从基本制度；机制作为具体的运行方式，受制于基本制度和体制。完善乡村治理体系，必须要依靠制度作为保障，同时，发挥机制的相应作用。乡村治理水平的提升需要依靠特定的运行机制，而运行机制的构造和选择，必须符合基本社会制度。现代化的乡村治理需要构建和完善多元的治理机制，这些机制与基本制度和体制相互配合，形成有机现代治理体系。但目前我国乡村治理由于制度的路径依赖，使得各项机制在运行中仍然存在较多问题。如，资金和精英回流机制的缺失、公共产品供给机制的不到位、群众利益表达回应机制的不完善、政务信息公开机制的落实不足和民主监督检查机制的不健全等，使得这些机制并未发挥应有的作用，也未与基本制度和体制很好地衔接，制约了基本制度和体制的运行效果，进而影响了乡村治理整体水平的提高。因此，乡村治理必须完善各项运行机制，使基本制度、体制与机制三者有机统一，共同推进乡村治理体系现代化的不断发展。

### （三）乡村社会治理能力弱化

乡村社会治理能力首先表现为主体“人”的治理能力。但部分领导干部素质不高，导致其治理乡村的能力弱化。同时，基层政府引导村民的致富能力、文化教育建设能力、生态环境保护能力等均存在一定程度的不足，影响了乡村社会整体治理能力的提高。一是个别乡村干部学历低、素质较差、独断专横、为民服务的意识不足；拥有政治资源者滥用资源、谋取私利；官僚主义、形式主义作风，将主观意志强加在百姓头上，违背依法行政原则，严重影响乡村治理能力的提高。二是基层政府引导村民致富的能力不足，发展乡村经济的作用有限。乡村集贸市场环境“脏、乱、差”，既不利于交易的有序进行，又阻碍了交通秩序；种子化肥等假冒伪劣产品层出不穷，影响了农民生产；很多村民缺乏网络知识，乡镇政府也缺少鼓励措施，引导村民进行网上贸易的能力不足；大多数乡镇政府在引导农民工返乡创业、“建设家园”的工作力度不够，只停留在文件上，缺少具体实施方案。三是基层党政组织有责任宣传乡风文明、有义务引导乡村教育发展，他是培育先进文化、提升村民素质的主要组织者，但其在丰富村民文化生活和提高教育水平方面发挥作用有限，村民对提升自身文化教育意识也不够强烈，导致乡村社会文化和教育相对落后。传统乡风文明中敬老爱幼、和睦相处、邻里守望的良好传统在部分乡村淡化。迷信盛行、赌博屡禁不止、拜金主义、邻里纠纷频发；乡村缺少优质教育资源，村民受教育水平普遍偏低，影响其自治能力发挥。四是随着农业生产技术和乡镇企业的迅猛发展，忽视了排污治理和环境保护，造成化肥、农药等严重污染；人居环境也有恶化趋势，村民生活水平的提升使得生活垃圾逐渐增多，缺少对其规划处理，严重影响村庄环境，与建设美丽乡村的要求相差甚远。②

## 三、推进乡村治理现代化的路径探讨

乡村治理作为国家治理体系的重要组成部分，是国家治理的重要基础，也是国家治理

---

① 耿永志．试析农村社会治理的整体性研究思路［J］．农业经济，2015（09）．

② 孙玉娟，佟雪莹．推进我国乡村治理现代化的路径选择［J］．知与行，2018（01）．

现代化的薄弱环节。新时代背景下，要在国家治理体系和现代化建设的总体框架下，立足乡村基层治理特征，主动改革创新，积极适应乡村发展新趋势，在推进乡村治理现代化上有新的作为。

### （一）推进乡村体制机制改革

通过改革形成权责一致、运转高效，条块结合、以块为主，运作顺畅、方便群众的基层治理体系，有效解决“乡政”职能与“村治”需求的矛盾。这是推进乡村治理现代化的前提和保障。

一要调整组织架构。按照责权利相统一、人财事相配套的原则，理顺乡镇与县级部门关系，依法赋予乡镇必要的行政职权。按照“管用、有效、简单”的原则，扎实推进乡镇机构改革，增强大治理、大服务、大协调功能，促使乡镇职能由“管理型”向“服务型”转变。

二要扩大镇级权力。下放部分行政审批权，采用委托下放和派驻延伸下放的形式，赋予乡镇部分县级行政审批和管理服务权限。下放部分行政执法权，将县级综合行政执法权和市场监管执法权下放乡镇，承接县级综合行政执法局延伸的集镇管理、规划管理、土地资源管理、安全生产管理以及环境保护等方面的行政处罚权，承担工商行政管理和食品药品监管职能及其行政执法权。下放部分人事管理权限，由乡镇对县直部门派驻乡镇机构干部进行日常管理和考核，县直部门派驻乡镇机构负责人的任免要征求乡镇意见。

三要创新工作机制。建立健全平安综治、市场监管、综合执法和便民服务等工作平台，推进基层平安建设，拓展服务功能，提高办事服务效率。同时，配套建立平台协调、行政运转、信息共享、执法配合和网格管理等配套机制。

### （二）精准发力，着力加强乡村基层党组织建设

推动基层党组织全面过硬、基层政权全面稳固，是推进乡村治理现代化的根本路径。

一要加强党组织对各类基层组织的领导地位，理顺党组织与村委会、村监会、经济合作社以及团、妇、兵等的关系，强化政治引领作用，加强对基层各类组织的统一领导，做好教育引导群众工作，提升服务效能。

二要加强以村党支部书记和村主要干部为重点的基层带头人队伍建设，着力提高村“两委”班子成员交叉兼职比例，加强村（居）民代表、村（居）民小组长、社区工作者队伍建设，注重村级组织后备人才培养，推动回村创业优秀大学生进入村“两委”班子，同时定期开展基层干部教育培训。

三要加强对村干部的日常管理和监督考核，建立奖优罚劣的工作导向，选派优秀干部担任软弱落后村第一书记，滚动开展整顿转化，全面提升村组织创造力、凝聚力和战斗力。

四要加强农民合作社、专业协会、农业企业、农业社会化服务组织和电子商务机构等乡村新型经营主体的党组织建设力度，确保党建工作在城中村、城乡接合部和外来流动人口集聚地等领域的全覆盖，积极引导“两新”组织更好地履行社会责任。严格党内组织生活，全面推行党组织每月固定活动日制度，丰富“三会一课”内容，开展党员志愿服务、党员大会和上党课等活动。

五要加大对基层发展的扶持力度，全面落实村级组织运转经费、活动阵地、村干部报酬和服务群众专项经费等“四项保障”，并逐步提高村主职干部报酬。

### （三）健全基层民主制度

基层民主制度作为村民参与乡村治理、充分发挥自治主体作用的一项根本性制度，是群众推进乡村治理现代化的重要举措。

一要保障群众参与。坚持以基层党组织为主导，以群众为主体，加快发展完善村民自治制度，稳步提高村委会直选比例，拓宽村民参加治理的范围和途径，丰富村民参加治理的内容和形式。例如，民情恳谈、听证、论坛和评议等①，让村民能够依法办理自己的事情，促进政府治理和村民治理良性互动。

二要强化制度执行。把落实民主制度与完善配套制度相结合，严格执行村级重大事项民主决策制度，全面实施党务村务财务公开，不断健全相关配套制度，促使其规范运行，保障群众的参与权、知情权和监督权。

三要加强议事能力。干部群众参政议事能力的高低决定着基层民主制度实施效果的好坏。因此，要把扩大基层民主与增强议事能力相结合，加大教育引导力度，使农民群众真正以主人翁的心态和高度的社会责任感建言献策，着力解决乡村治理中存在的突出问题。同时，要教育干部群众注重交流表达方式，心平气和地商讨问题，提出解决办法，避免无谓争论，对事不对人，真正站在公正立场提出各自的意见。

# 第五节　建设现代化乡村经济体系

## 一、乡村治理现代化指标体系的构建

乡村治理现代化的指标应从治理主体多元化、经济建设市场化、权力运行透明化、村庄治理法治化、公共服务便民化五个方面予以描述。

### （一）治理主体多元化

随着社会发展的多元化，多元共治也成为治理现代化的一个重要标志，是乡村治理的大势所趋。当前乡村治理主体主要由乡级治理主体和村级治理主体两级构成，其中乡级治理主体包括乡级党组织、乡人大、乡镇政府；村级治理主体包括村党支部、村民委员会、专门委员会、农民合作组织、村民小组、村民个人。除了这些传统意义上的治理主体外，近年来非政府组织、企业等社会组织也越来越积极地参与乡村管理，构成了多元化的乡村治理主体。乡村治理多元化不仅能有效地避免乡镇政府“一家独大”的管理模式，更能

---

① 伍春杰，郭学德．乡村治理现代化的现实问题与化解路径［J］．领导科学，2019（08）．

调动各方资源，充分激发乡村治理的内生动力，更有效地解决乡村振兴过程中面临的诸多困境。[①] 因此，治理主体多元化是乡村治理现代化的核心要素。

### （二）经济建设市场化

在传统的社会治理模式中，政府成为唯一的国家和社会治理主体，行政力量对经济建设的掌握，在发挥优势的同时也呈现出效率不高、权力失控、政府负担过重等弊端。进入到国家治理现代化阶段，治理主体呈现出多元化的状态，市场、社会等力量参与进来，几种力量各尽其责，各显其能。要紧跟国家经济体制改革的步伐，使经济建设市场化，充分发挥市场在资源配置中的决定性作用，既可提高效率，降低成本，减轻政府管理负担，使政府充分发挥整体调控作用，有更多的精力专注于行政性职能；又能激发乡村社会内部的自主性和活力，提升市场能力，节约社会成本。因此，经济建设市场化是乡村治理现代化的物质基础。

### （三）权力运行透明化

基层社会治理想要达到“善治”的目标，取得村民的理解、认同和支持，必须进一步加大权力运行的透明化程度，最大限度地做到让权利在阳光下运行。

首先，把治理透明化作为核心理念，维护村民的知情权。应树立“开放政府”的理念，乡镇在政务公开的过程中，应转变过去被动、应付检查式的做法，形成主动担当的责任理念，进一步完善的政务公开体制机制，对于与村民切身利益相关的事务，应在第一时间主动公布、主动解释，接受民众监督，切实保障村民的知情权。

其次，扩大信息公开范围。将《中华人民共和国政府信息公开条例》在乡村治理过程中落到实处，进一步采取各种有效措施全面推行乡镇政务、村务公开，扩大信息公开范围，提升公共权力运行信息公开的“质”和“量”。使村民们对乡村治理公共事务不仅知其然，而且知其所以然，只有这样，村民们才能消除心中困惑，维护自身合法权益，主动承担责任，同时也能防止腐败的滋生。因此，权力运行透明化是乡村治理现代化的必要前提。

## 二、建设现代化经济体系的政策举措和行动

一是要大力发展实体经济，筑牢现代化经济体系的坚实基础。实体经济是一国经济的立身之本，是财富创造的根本源泉，是国家强盛的重要支柱。要深化供给侧结构性改革，加快发展先进制造业，推动互联网、大数据、人工智能同实体经济深度融合，推动资源要素向实体经济集聚、政策措施向实体经济倾斜、工作力量向实体经济加强，营造脚踏实地、勤劳创业、实业致富的发展环境和社会氛围。

二是要加快实施创新驱动发展战略，强化现代化经济体系的战略支撑，加强国家创新体系建设，强化战略科技力量，推动科技创新和经济社会发展深度融合，塑造更多依靠创新驱动、更多发挥先发优势的引领型发展。

---

① 杨嵘均．论正式制度与非正式制度在乡村治理中的互动关系［J］．江海学刊，2014（01）．

三是要积极推动城乡区域协调发展，优化现代化经济体系的空间布局，实施好区域协调发展战略，推动京津冀协同发展和长江经济带发展，同时协调推进粤港澳大湾区发展。乡村振兴是一盘大棋，要把这盘大棋走好。

四是要着力发展开放型经济，提高现代化经济体系的国际竞争力，更好利用全球资源和市场，继续积极推进“一带一路”框架下的国际交流合作。

五是要深化经济体制改革，完善现代化经济体系的制度保障，加快完善社会主义市场经济体制，坚决破除各方面体制机制弊端，激发全社会创新创业活力。①

## 三、现代化经济体系下乡村振兴的发展路径

习近平同志在党的十九大报告中明确提出两大改变：一是我国经济已由高速增长阶段转向高质量发展阶段，正处在转变发展方式、优化经济结构、转换增长动力的攻关期。二是我国社会主要矛盾已经转化为人民日益增长的美好生活需要和不平衡不充分的发展之间的矛盾。建设现代化经济体系是适应经济发展方式的内在要求，是解决我国新的社会主要矛盾的重要手段。现代化经济体系包含供给侧结构性改革、创新驱动发展、乡村振兴战略、区域协调发展、社会主义市场经济体制、推动全面开放等六大要素，构建现代化经济体系是新时代发展中国特色社会主义的必然要求，是全面建成小康社会进程中的必经之路，是完善和发展中国特色社会主义经济的重大决策。在现代化经济体系构建过程中，乡村振兴战略不容忽视。

### （一）乡村振兴战略在构建现代化经济体系中的作用

随着中国特色社会主义经济的不断发展，乡村经济的重要性日益显现。与此同时，农民对物质文化和美好生活的需要也在日益增长。因此，推动乡村经济发展，逐渐满足农民日益增长的物质文化需要和对美好生活的需要，对改善我国经济发展模式、解决新阶段的社会主义主要矛盾有着重要意义。乡村振兴战略在构建现代化经济体系中意义重大，在解决“三农”问题上效果显著。

1. 加快推进乡村现代化，助推乡村经济发展

乡村现代化是时代的必然要求，也是完善中国特色社会主义建设的重要步骤。农业现代化，一方面体现了对传统农业技术的革新，对生产设备的完善，对劳动力的合理分配和利用；另一方面，也充分体现了机械化、高技术、高效率的农业生产模式的形成和发展，让懂农业、会农业、爱农业的技术性人才充分融入现代农业中，以创造更高的社会效益。乡村现代化全面结合城市的发展模式，从乡村的教育、医疗、养老、住房、文化、娱乐等各方面进一步改善和优化，不断形成中国特色社会主义现代化乡村。乡村农业现代化体现了科技的整合性、分配的公正性、资源配置的充分性与合理性，同时也倡导了乡村经济体系的网格化、现代化、一体化的有机融合，让乡村经济紧跟时代的步伐和社会发展的脚步，不断向全面小康迈进。

2. 完善农业模式，促进农业科技进步

传统农业偏重于经验农业，生产模式较为单一，生产设备较为落后，生产管理欠缺系

---

① 习近平．走好乡村振兴大棋建设现代化经济体系［J］．中国老区建设，2018（03）．

统性，往往会造成较大环境污染和资源浪费。乡村振兴战略倡导完善农业模式，构建现代化经济体系背景下要求坚持创新和供给侧结构性改革，充分利用现代技术，将农业融合新时代的云计算、大数据、物联网等，建立新型智慧农业，改善农业的单一结构，从产到销贯为一体，以科学技术指导农业生产、农业管理、农产品销售，实现农业经济的飞速发展，进而提高农民收入，推动乡村经济发展。

3. 健全乡村治理体系，丰富农民物质文化生活

加强基层建设，使乡村治理更加全面。乡村治理不仅要治理自然环境、经济、政治、文化等方面，同时也要“治人”，全面提高农民的科学文化素质、思想道德素养，培养懂农业、爱农村、爱农民的新型“三农”队伍。充分结合自治、法治和德治，全方位推进自然环境、人文环境、法治环境的完善和进步：环境好了，生活也就舒心了；素质高了，交往的层面也就多了；技术高了，发展的速度和质量也就提升了。农民的生活好了，对美好生活的追求也将日益增加。因此，健全乡村治理体系在乡村振兴战略中至关重要，必须不断完善和落实，以改善“三农”问题，实现全面小康。

### （二）现代化经济体系下乡村振兴战略的发展路径

现代化经济体系建设中，需要坚持深化供给侧结构性改革，充分利用现代化高新技术并结合传统技术，实现资源的有效分配和利用。坚持加快建设创新型国家，不断深化科技体制改革，建立以企业为主体、市场为导向、产学研深度融合的技术创新体系，不断实现科技创新引领时代发展和进步，建设科技型现代化强国。坚持实施乡村振兴战略，不断解决“三农”问题，逐步实现全民认可的小康社会；坚持实施区域协调发展战略，加强区域合作，推动中心发展和引领发展模式；坚持加快完善社会主义市场经济体制，使得中国经济能够更加稳健地发展；坚持推动形成全面开放新格局，全面吸收世界各国先进的经验和技术，加大国际合作，取得更大的国际竞争优势。“三农”问题是决定全面建成小康社会的关键环节，乡村振兴战略是解决“三农”问题的重要策略，同时也是构建现代化经济体系的重要组成部分。实现乡村振兴是现阶段解决“三农”问题的重要手段。

1. 走城乡融合发展之路

在城镇化进程中，有一大部分农民走向了城镇，使得乡村劳动力大量减少。同时乡村知识分子的匮乏和生产力的落后使乡村经济发展受到了限制，城乡发展的不平衡造成了城市繁荣与乡村落后的局面。走城乡融合发展之路是要解决城市和乡村之间的隔阂，实现乡村服务城市，城市推动乡村，互帮互助，互利互惠，共同发展，共同进步。城乡融合便于乡村借鉴城市经验，以缩短向现代化转变的时间需求，便于城市的优秀人才深入乡村，带动乡村科技创新和进步。

2. 走共同富裕之路

社会主义追求共同富裕。消除贫富差距、消除两极分化，逐渐缩短乡村与城市之间的差距，让更多农民脱贫致富，走共同富裕的道路是逐渐完善社会主义、发展社会主义的重要选择。发展社会主义必须清楚认识到我国贫富差距日益明显，区域性差异日渐显著等两极分化问题。解决发展中所遇到的不平衡问题，走共同富裕之路是社会主义的本质要求，是全面建成小康社会决胜期必须加快完成并迅速适应的发展之路。

3. 走质量兴农之路

质量是稳健发展的关键因素。以往我们更注重“量”的累积，而在“质”上的把控较弱。农业是农民的依靠，农业的发达程度直接决定了农民的经济收入。21世纪是一个技术性时代，是高科技云集的时代，合理分配农业生产资料，合理规划农业生产，合理布局农业结构，充分利用高新技术解决农业问题，深化农业供给侧结构性改革，不断加大农业创新，从而让农民能以更高的生产效率发展农业，以更高的质量生产农产品。“质量兴农”不仅仅体现在农业，这里的“农”涵盖了农民、农业和农村；这里的质量不仅体现于产出，也体现在高质量的投入。质量当先方能稳步解决“三农”问题。

4. 走乡村绿色发展之路

绿色发展是生态文明建设的重要内容，是可持续发展的重要补充和完善。绿色发展道路对乡村建设提出了更高层次的要求：一方面，绿色发展要求农民不能再一味地追求发展而忽略环境的保护，对农民的素质提出了更高的要求，对农业技术提出了更高的要求，对乡村的管理体系和监督体系提出了更高的要求。另一方面，绿色发展是响应习近平总书记“绿水青山就是金山银山”的发展理念，充分调动社会各界的积极性，用科学的技术去创新农业发展模式、经营模式和管理模式。绿色发展之路是对质量兴农之路的进一步补充，是实现乡村美的根本条件。

5. 走乡村文化兴盛之路

文化是一个国家、一个民族、一个个体的灵魂，是形体的精华、思想的凝练。乡村文化代表了乡村的特色和特性，走乡村文化兴盛之路是对乡村精神文明的净化和提升。一方面，文化兴盛倡导了对中华优秀传统文化的传承和发扬，如不忘初心的至纯善念、舍己为人的高尚品德、尊老爱幼的高尚节操等。这个过程中要求发掘、发现、发扬优秀的乡村文化，创建乡风文明、家风良好、民风淳朴的美丽乡村。另一方面，文化兴盛要求农民能够拥有更高的思想道德素质和科学文化水平，能够辨识优秀的文化和愚昧无知、封建落后低俗的文化，能够接受科学的、先进的文化和摒弃腐朽的文化。文化兴盛之路是转变农民思维模式的重要途径，也是更好地推动乡村改革的重要措施。

6. 走乡村善治之路

善治即是利用合理有效的方式进行治理。走乡村善治之路，首先要求政府能够善于听取农民意见，善于了解乡村情况，敢于信息透明，切实保障民主法治，使公职人员严格遵守“三严三实”要求，做老实人、办老实事、说老实话。其次，要求政府有能力针对农民问题制定切实可行的解决措施，真正做到全心全意为人们服务。最后，善治也要求因地制宜，充分利用自治、法治、德治相结合的乡村治理体系。在法治的条件下实现自治，以德治完善法治和自治，形成一套系统的有机的乡村治理体系，让乡村在规范有序的条件下逐步实现绿色发展、共同富裕。

7. 走中国特色减贫之路

中国特色减贫不仅仅要在经济上“摘帽”，也要对精神贫困进行“摘帽”。对于农民来说，实现经济上的脱贫是目前的重要任务，发展特色产业是实施精准脱贫的重要措施。走中国特色减贫之路，必须实现“快、稳、准、狠”。“快”要求能够迅速发现贫困人群，迅速制定解决方案，迅速投入实施；“稳”要求制定策略的协调性和可操作性，要因时因地进行调整方案，以便增强策略的弹性、适用性和实用性；“准”要求能够全面分析地域差异，全面了解地域贫困程度，把握贫困人口，分析贫困原因；“狠”要求能够从根本上解决问题，不能中途而废，要“送佛送到西”，彻底地解决贫困问题。走特色减贫之路是解决“三农”问题的关键措施，是必须长期坚持和落实的乡村振兴战略道路。

构建现代化经济体系是适应中国经济发展模式转型、解决新时代社会主要矛盾的重要途径，乡村振兴战略是构建现代化经济体系的重要组成部分。实施乡村振兴的“七条道路”完美地诠释了乡村建设的发展布局、构建布局和整治布局。落实乡村振兴战略，构建现代化经济体系，实现全面建成小康社会，完成中华民族伟大复兴的中国梦，在党和国家的关怀努力奋斗下，将会一步步趋近，一步步实现。①

① 杜平．现代化经济体系下乡村振兴战略的发展路径研究［J］．新东方，2018（02）．

# 第三章　乡村建设与信息化

21世纪，人类社会正在从工业化社会走向信息化社会，从传统的资本经济走向信息经济新时代。发达国家正在力图保持当代农业信息科学技术的领先地位，发展中国家也力图在若干重要领域占领农业信息科学技术的前沿，中国已经意识到乡村信息化对于中国的发展是一次历史的机遇。本章主要从乡村信息化概述、乡村信息化基础设施建设、乡村管理与服务信息化以及乡村经济信息化这几个方面来分析和研究乡村建设与信息化。

## 第一节　乡村信息化概述

### 一、乡村信息化的内涵

乡村信息化的核心内容主要包括三个相互紧密联系的层面：乡村信息技术层、乡村信息服务层、乡村信息应用层。①

#### （一）乡村信息技术层

主要指乡村现代信息技术产业的发展，也就是指适应乡村环境状况、地域特点。产业特征、人员素质、经济水平、社会进步等特点，满足乡村自然、经济、社会发展需要的现代计算机技术、通信技术、网络技术和控制技术的发展及其产业化，包括微电子技术及产品、计算机软硬件、通信技术和设施、网络技术及相关设备、自动控制技术及产品等的研发、制造和销售等领域和产业的发展。也就是说，乡村信息技术产业发展主要是指乡村信息技术装备产业发展，这是乡村信息化的技术支撑层，也是乡村信息化的基础层。乡村信息技术产业发展水平主要取决于整个国家信息技术产业发展水平。目前我国还没有形成专门适合乡村特点和满足乡村需要的相对独立的乡村信息技术产业，乡村信息技术及其装备的提供主要是依托国家通用信息技术产业完成的。

#### （二）乡村信息服务层

主要是指以信息采集、加工、存储、传输、发布等为主要内容的服务产业发展，即生

① 郑全太．我国新农村信息化建设与发展探析［D］，咸阳市：西北农林科技大学，2007.

产、提供信息的乡村信息服务业的发展。乡村信息服务业是指利用计算机、通信和网络等现代信息技术，从事涉农信息资源开发和利用的服务性产业，包括信息数据、检索、查询、商务咨询等，是信息产业中的软产业部分。也可以说，乡村信息服务业就是将各种涉农信息计算机化、数据库化和网络化，加快开发利用政府信息资源、公共信息资源、市场信息资源以及其他领域信息资源，及时将各种有价值的信息提供给各类农业组织和广大农民群众，实现乡村信息的共享和充分利用。乡村信息服务业广义上包括广播影视业、出版业、媒体业、咨询业、网络信息服务业等以信息内容加工为对象、以信息形态为最终产品形式的所有产业部门；狭义上主要指网络信息服务业，涉及乡村电子商务服务、电子政务服务、数字图书馆服务、网络数据库服务、电子出版服务、网络信息咨询服务等各个方面、各类涉农网站、涉农信息中心，以及涉农媒体运营商、数据库开发运营商、信息咨询商、信息发布代理商等是乡村网络信息服务的主要提供者。各类涉农信息的收集、存储、加工、传输、利用是乡村信息服务的主要形式。乡村信息服务的主要内容包括服务、电子邮件服务、名录服务、索引服务等基础网络信息服务，联机数据库服务和数据库服务，网络信息资源的检索、导航等搜索引擎服务，数字图书馆服务，信息加工分析和预测预警等咨询服务等。

### （三）乡村信息应用层

主要是指现代信息技术和信息服务在乡村经济、社会、文化、政治等各个方面的渗透与应用程度，及其在推动乡村经济发展和社会进步中的作用，这既是信息化的本质，又是信息化的目标。即利用现代信息技术和信息资源改造传统农业产业、推动经济运行机制变革、社会组织形式创新、思想观念变革和人民生活方式革命性转变的过程，也就是利用现代信息技术和信息资源推动社会生产方式社会生活方式、人们思想观念转变的过程，推动传统农业经济、工业经济形态向现代信息经济、知识经济形态转变的过程，推动农业社会、工业社会向信息社会转变的过程。乡村信息应用首先表现在利用现代信息技术和信息资源改造和提升传统农业产业上，提高我国农业经济在国际上的竞争力。其次，乡村信息应用表现在现代信息技术和信息资源在乡村社会事业各个领域的应用程度，如乡村与农业科研、教育、文化、卫生等各个领域信息技术应用水平和信息资源开发利用程度，乡村基础设施的信息化水平、乡村社会服务的信息化水平等。再次，乡村信息应用表现在现代信息技术和信息资源对人们思想观念、生活方式的影响程度。最后，乡村信息应用还表现在现代信息技术和信息资源在农业与乡村行政管理中的应用水平及影响程度，电子政务、信息公开、网上办公等业务的发展，有力提高行政管理效率和政府服务效能，转变政府职能，推行政务公开，建立廉洁、透明、高效、开放、节约型乡村行政管理体制。

## 二、乡村信息化的主要特点

### （一）乡村信息化地域的分散性

广大乡村地区不仅地域广阔、区域千差万别，乡村地区的经济发展水平比较低、差异大，社会公共基础设施建设落后。乡村地域的这些特点既增加了乡村信息化发展的技术难题，又大大增加了乡村信息化推进的经济成本和风险，给乡村信息化发展带来了巨大困难，严重影响了乡村信息化进程。乡村信息化成为我国信息化建设中的薄弱环节。

我国现阶段乡村的经济社会发展总体水平并不高，还存在非常贫困落后的区域，地区平均受教育水平程度不高，尤其在中西部某些乡村地区还有一定的文盲率，这些都直接影响了我国乡村信息传播的手段和方式。在推进我国乡村信息化战略时，尤其应强调信息传输媒介不仅仅包括计算机网络，还要包括报纸、期刊、广播、电视等，要充分利用广播、电视资源，这是我国乡村信息化不同于典型西方国家乡村信息化的特征。①

### （二）乡村信息化产业的复杂性

由于农业固有的自然再生产与经济再生产相交织的属性，农业信息化不仅涉及农业生物的多样性、鲜活性、变异性等农业生物活动规律，涉及农业土壤、海洋、湖泊、气候等多种环境和资源因素，还涉及人们生产、分配、消费等经济活动，使农业信息同时具有复杂时间、复杂空间、复杂属性的分布特性，这就决定了农业信息资源数据量巨大、内容庞杂，从而导致了农业信息化的极端复杂性。

### （三）乡村信息化对象的特定性

乡村信息化主要的服务对象和应用主体是生活在乡村地区的广大农民群众。而这个特定群体不仅数量巨大，而且科技文化素质不高。这就决定了乡村信息化进程的长期性和艰巨性。

# 第二节　乡村信息化基础设施建设

## 一、乡村信息化基础设施建设的定义

乡村信息化基础设施建设是乡村信息化建设的最基础的部分，为乡村信息化服务与信息技术应用提供物质支撑。乡村信息化基础设施主要包括广播电视网络、运营商网络、互联网络三种基础网络体系以及广播、电视、固定电话、移动电话、计算机等信息化终端设备与乡村信息化服务站等相关场所。近年来，我国对乡村信息化建设在人、财、物、政策等多方面进行了大量投入，成效斐然。

## 二、乡村信息化基础设施建设的基本情况分析

信息化基础设施建设是乡村信息化建设最基本的内容和环节，是推进乡村信息化建设有序进行的前提条件，是乡村信息化服务和信息技术应用的物质支撑。没有完善的乡村信息化基础设施，乡村信息化建设无从谈起。乡村信息化基础设施对于支撑乡村信息资源的

① 郭永田．试论发展农村信息化［J］．农业经济问题，2007（1）．

有效开发利用，提高农业生产效益和乡村居民生活质量，促进乡村经济社会发展，缩小城乡发展差距具有十分重要的意义。“要想富，先修路”，乡村信息基础设施就是乡村发展的“信息高速公路”。乡村信息基础设施仍是当前制约乡村信息化建设的“瓶颈”。加强乡村信息基础设施建设，是当前和今后我国乡村信息化建设的重要内容，是与乡村道路、电力、供水等基础设施同等重要的乡村公共基础设施。我国党和政府历来重视乡村信息化基础设施建设，加强乡村信息化基础设施建设问题研究具有非常重要的现实意义。

乡村信息化基础设施是支撑乡村信息资源的开发、利用及促进信息技术应用的各类设备和装备及其场所，是收集、储存、加工及传递各类涉农信息的物质基础，是乡村信息化建设的基本条件。乡村信息化基础设施主要包括信息网络、信息技术基本装备和设施及场所等部分。信息网络主要是指互联网络、通信网络和广播电视网络及报纸杂志宣传栏等信息传播网络；信息技术基本装备、设施及场所则指信息技术研发、推广应用及保障网络安全运行的各类设施与装备及其开展服务的场所。当前乡村信息化基础设施主要包括广电网、电信网和互联网三种基础网络体系及广播、电视、电话、手机、计算机等信息化终端设备与乡村基层信息化服务站等场所。

多年来，我国实施了“金农工程”“广播电视村村通工程”“村村通电话工程”等系列以乡村信息化基础设施建设为重要内容的重要工程，加大了光纤通信网络、移动通信基站、卫星接收设施等网络基础设施及基层信息服务站的建设力度，乡村信息化基础设施建设取得了良好的成效。

1. 广播电视网络覆盖范围进一步扩大

广播电视具有生动化、形象化、具体化、通俗化等鲜明特点，是最贴近民众生活的现代传播媒介，是实现乡村信息传播最现实、最便捷的途径和手段，是乡村信息化建设的重要载体。不断扩大广播电视网络覆盖范围是促进乡村信息化建设的重要内容，为了解决广播电视信号覆盖“盲区”农民群众收听广播、收看电视问题，我国政府从 1998 年开始组织实施“广播电视村村通工程”。广播电视村村通工程为乡村改革、农业发展、农民致富、改变乡村落后面貌发挥了重要作用，深受广大乡村群众的拥护和支持。

2. 乡村电话网络继续快速铺开覆盖面

信息产业部于 2004 年起在全国范围实施“村村通电话工程”（简称村通工程），该工程按照“分片包干”原则由中国电信、中国网通、中国移动、中国联通、中国卫通、中国铁通等六家运营商具体负责实施。目前，全国范围内已经实现百分百的行政村通电话。

3. 互联网络加速向乡村基层延伸扩展

乡村互联网是乡村信息化建设的重要载体，乡村互联网的发展状况是乡村信息化建设程度的重要标志。

4. 乡村“三网融合”发展势头较强劲

自进入 21 世纪以来，“三网融合”进入我国信息化建设范畴，历经十余年我国“网融合”建设逐步推进，取得了良好的进展。相比城市各类网络基础设施建设相对成熟，利益纠葛复杂，乡村“三网融合”建设具有后发优势。各部门纷纷以此为机遇，推动乡村“三网融合”建设，并取得了较为显著的成效。各大通信运营商也适时打造乡村信息化服务平台，推出了面向乡村的信息服务通道。

“三网融合”为乡村信息化建设提供了一条成本低、实用性强、本土化特色鲜明的乡村信息化道路。通过“三网融合”，可以有效缩小城乡间的信息鸿沟，以信息化带动乡村经济社会发展，以三网融合促城乡结合，实现城乡统筹发展。因此，“三网融合”在我国乡村信息化建设中具有广泛的发展空间，全国各地也在积极探索本土化的乡村“三网融合”之路，乡村“三网融合”发展势头十分强劲。

## 三、乡村信息化基础设施建设的具体途径

国务院印发“宽带中国”战略及实施方案的通知，基本原则要求坚持政府引导与市场调节相结合。[①] 坚持市场配置资源的基础性作用，发挥政府战略引导作用。在设立战略目标的同时，为宽带发展提供有利环境。

### （一）打破垄断模式：统筹营利性与公益性，促进市场活力竞相迸发

运营商考虑投资收益、建设成本无可厚非，但是其提供的通信基础业务也是一种公共服务，应对营利性与公益性予以统筹考虑。2015 年 12 月 30 日，国资委、财政部、发展改革委《关于国有企业功能界定与分类的指导意见》中将通信运营商界定为特定功能类（商业二类），同时考核经济效益与社会效益。这意味着国家将对通信行业进行大幅度调整以适应信息化的需求。对于基础运营商而言，网业分离成为接下来工作的必要选择。将网络与服务支撑回归公益事业，使处于产业链下游的民营资本实现市场化，方能实现各方利益的均衡。

此外，无论民资运营商还是传统运营商，都希望选择投入少回报高的地区进行投资。但是乡村地区在不同程度上也分为不同类型：富裕地区与贫困地区、人口聚集地区与人口稀疏地区、施工环境好的地区与施工环境差的地区。在相对自然和社会条件不足的地区，往往不会成为运营商们的选择。此时，便需要从公益性角度出发，国家予以补贴，以促进运营商投建的积极性，促进乡村地区信息化均衡发展。

### （二）创新业务方式：创新地区经营方式，迎合乡村市场需求

通信行业现有的业务经营方式，对于乡村地区信息化的建设，都不能达到预期的目的。对于乡村宽带，特别是部分需求较大的自然村，可以在利用现有共建共享架构下，由有意向的运营商合作分成，或者委托第三方参与，实现宽带“最后一公里”的建设与运营，满足乡村宽带业务发展需求。在此过程中，民营宽带必须提升产业品牌意识，在提升产品质量的同时，创新业务经营方式，如以家庭社区为抓手，以乡村人口需要为导向建立新型业务。此外，各运营商通过制定丰富实用的业务方案、有吸引力的资费优惠措施及提供现场示范、指导培训及售后服务等方式，发展乡村手机、宽带、数字电视用户，提高乡村信息终端普及率。

### （三）强化地方职能：增强政府职能建设，维系各方利益

对于宽带国家战略，只见运营商行动，而不见地方部门推动，乡村新建楼宇入驻宽带率仍旧不高，财政资金付之东流，企业亏损严重。

---

① 辛向阳 . 2016 政策热点面对面［M］. 北京：中国言实出版社，2016：40.

地方政府应充分发挥政府职能，充分发挥战略引导作用，做好组织和协调工作，保证各方利益，加强面向农民的培训，使财政资金有目的地落实到信息化建设中去。地方政府在促进地方建设进程中主要承担着政治、经济、文化和公共服务职能。但政府职能是一个具有历史意义的范畴，随着时代的发展和社会的变化，地方政府承担的职能与责任范围界定也在不断变化。在乡村信息化基础设施建设过程中，地方政府的“手”伸得太长，或伸不到，都将对农民支持、参与这一建设产生影响，甚至产生阻碍。因此，在推进乡村信息化建设的进程中，第一，应强化政府职能，大力推进服务型政府建设，使基层政府承担好纽带和桥梁的作用，将有利信息和建设模式带入乡村，推动金融投资进入乡村，促进先进科学技术引入乡村，切实为乡村信息化基础设施建设营造良好的氛围，提供坚实的基础；第二，鼓励当地民营宽带运营商投资乡村地区，并进行相应补贴；第三，政府部门应当在各个组织之间做好调节作用，调整好传统供应商、农民群众和民营供应商以及地区长期发展的关系，使政策在具有时效性的同时具有可持续性，实现最优配置。

## 第三节　乡村管理与服务信息化

### 一、乡村管理信息化

#### （一）乡村财务管理信息化

随着信息技术的发展，乡村财务管理信息化是必然。当前，乡村财务管理工作信息化实际水平相对较低，需要通过提高人们对信息化的认识水平，培养高素质的、熟悉乡村财务信息管理工作的管理人员，从而发挥乡村财务管理信息化的作用与实效。

1. 乡村财务管理信息化的概念

乡村财务管理主体是村集体经济组织（未建立集体经济组织的村由村民委员会代行村集体经济组织职能）。村集体经济组织在乡村财务管理中采取的主要措施是核算、计划、监督与控制。村集体经济组织管理直接归农民集体占有、支配、管理的各项资产所发生的收入、使用、分配等财务活动。近年来，随着国家惠农等政策的实施，又增加了补助资金、救助资金等非生产经营资金等重要的政策性财务收支活动。

随着社会信息化发展，信息化的优势在国民经济等各方面展现出来，其中乡村财务管理信息化作用初步显现。乡村财务管理信息化，从人们认识到逐步探索实践，经历了一个从点到面、由浅入深的复杂过程。通过应用先进的计算机技术、信息技术等手段实践会计理论知识和业务技能，融合形成信息技术条件下的会计业务基本方法与理论，不断适应满足乡村农业发展的需要。

2. 乡村财务管理信息化的重要性分析

乡村财务管理信息化符合国民经济和社会发展的大趋势。将信息技术应用于乡村财务管理，有利于稳步推动乡村财务管理活动规范发展，对于乡村经济工作极其重要。它的重要性具体体现在：第一，乡村财务管理信息化使会计业务处理更加高效。从手工记账到计算机处理，既节约人力物力，又节约财务管理日常开支，还极大提高账务处理速度。第二，乡村财务管理信息化使账务处理更加符合标准。乡村财务管理信息化能极大提高乡村财务管理中数据核算的准确性，规范和简化财务管理工作流程，提高乡村财务管理的规范性。第三，乡村财务管理信息化是乡村财务管理者更好地利用信息的基础，有利于乡村财务管理者根据财务信息制定计划、实施决策，有利于政府主管部门依据财务信息有针对性地制定加强乡村财务管理的措施。

3. 乡村财务管理信息化存在的问题

（1）相关人员知识欠缺、认识不足

管理人员和工作人员对信息化认识不足主要是由以下几方面造成的。第一，信息化方面知识欠缺。乡村财务管理信息化要求有关人员的观念、工作方式方法相应转变。但是，大多数乡村财务管理工作人员由于文化水平和业务素养的限制，他们的信息化知识更新不能支持当前乡村财务管理信息化的转变要求。第二，经验少导致对信息化认识不足。在乡村财务信息化过程中，由于相关人员特别是管理者和工作人员知识欠缺，以为信息化本质就是电脑代替人工，与原来相比减轻了人员的工作量，使数据核算更具有准确性。可是，他们没有意识到乡村财务管理信息化，在促进财务管理工作更加严谨的基础上，还能推动与之相关的许多方面发展进步。

（2）信息化未发挥出应有的作用和成效

乡村财务管理信息化可以产生大量有用的信息，为经济和社会发展提供信息支持。但是，由于以下三方面的原因并没有实现：第一，由于在职工作人员的专业信息比较陈旧，针对他们的专业知识更新方面的培训不及时，他们的专业知识素养不能满足当前的工作需要，另外，新招收使用工作人员时，没有吸纳、引进足够的专业人才以提升工作人员整体水平，所以工作人员在收集整理有用的信息方面平均水平较低。第二，乡村财务管理信息化市场的吸引力不大，导致市场上专门面向乡村财务管理信息化的产业滞后，市场上可供乡村选择的软件、技术等服务不多。进而影响信息化作用的发挥，致使信息化的成效不高。第三，在信息管理过程中，工作人员只侧重于收集、储存和传输等工作，而忽视信息的加工。造成以下三点不足：一是一般性、常规性信息太多，满足特定要求的信息很少；二是数据繁杂，没有应用科学方法对数据进行汇集、分类、整理、加工、提炼等处理工作，主管人员得到的数据往往只是简单甚至重复罗列，缺乏系统性和简洁性；三是关于某方面的急需数据只能从繁杂数据中搜索，致使有用信息无法及时获得或提供，特别是管理人员急需的关键信息。

（3）财务信息管理工作未全面开展

现在人们在财务管理工作中只注重了对提供的财务数据进行处理、分析和判断，侧重于提高乡村财务管理能力，而在计划、问题防范、工作成效评估和制度有效性评估等方面的信息应用工作没有开展或开展的较少。具体表现为：首先，管理人员单凭个人见解做计划，缺少充分利用财务管理信息制定计划的意识。其次，预警制度建设缺失。主管部门和人员极少考虑提前发现问题，即通过对重点财务指标监测提前发现问题，也就不能有针对性地提前分析，无法预先提出防范措施，进而及时化解问题；再次，没有利用定量和定性评估来分析判断财务管理工作成效，既不能向有关部门提供反映财务运行状况的信息用于科学决策，也不能提供简明的财务管理情况汇总数据，让群众对财务管理状况有较全面、系统的了解；最后，没有对控制制度实施有效性评估，无法提前发现制度漏洞，以及完善财务控制制度，在问题发生后才能认识到制度存在不合法、不健全或者没有实效性等各种问题。

4. 乡村财务管理信息化的建设途径

（1）提高人们对信息化的认识水平

促进乡村财务管理信息化，提高人们的认识，使他们认识到乡村财务管理信息化的重要性，是开展信息化工作的基础、做好信息化工作的关键、推进信息化工作的助力来源。具体可以采取以下措施：一是深入开展宣传教育。通过宣传教育活动加深人们对信息化的认识。通过增强乡村干部群众对乡村财务管理信息化的认知了解，获得他们在实际工作中对运用相关的信息化设备和技术的理解和支持。二是深入讲解乡村管理信息化意义、用途。要使各级管理人员清楚知道乡村财务管理信息化的概念、具体用途、在工作中的具体应用方法。可以通过对管理人员进行财务管理信息化知识的全面教育培训，让他们能紧跟时代发展步伐，及时掌握相关知识内容。三是及时总结宣传乡村财务管理信息化取得的绩效，使更多的人了解到乡村管理信息化的重要意义，获得群众对工作的支持和工作动力。

（2）打造提供高质量信息的信息化工作队伍

为提高乡村财务管理信息化水平，需要建设一支合格的信息化工作队伍，招聘专业人才和提高在职工作人员业务水平极为关键，同时建立完善制度、提供较好的软件也很重要。首先，大力引进专业的会计人员，为财务管理信息化增加人力支持。其次，对当前已经在职的财务人员进行专业能力考察分析，分门别类地制定、完善培训计划，通过针对性的专业培训，为人员综合能力的提高打下良好的基础。对财务管理人员进行理论知识与专业技能培训，重点培训信息化知识，既要全面提高他们的专业素质，也要增强他们设备操作与财务综合管理的能力。第三，加强管理制度建设。建立健全规章制度，规范业务和人员管理。人员管理实施考核与奖励结合的奖惩制度，使工作人员压力与动力并存，增加他们提升工作水平的紧迫感，增强他们提升自我素质的主动性。第四，业务主管部门积极引进在财务管理信息化领域成熟的软件产品等，打造出严谨化、精准化、公开化、网络化的会计实务信息化网络。

（3）深入开展财务信息管理

全面实施财务信息管理，在做好乡村财务信息化基础性的数据处理工作，提高乡村财务管理能力的基础上，同时还要进一步做好以下几方面工作：第一，培训提高管理人员在做计划时运用财务管理信息的意识与能力。第二，建立财务指标监督预警机制，加强重点财务指标监测，充分掌握重点财务指标的监控信息，做到提前发现财务隐患，及时分析形成的根源，预先采取措施化解问题。第三，建立评估指标体系，采用定性、定量分析相结合的方法，评估财务管理过程和成果，根据目标完成情况开展财务管理过程和成果评估，分析、判断工作成效，及时将反映的财务运行状况的评估结果反馈给有关部门用于科学决策；同时整理出能让群众对财务管理情况有较全面和系统了解的简明汇总数据，适时予以公开；并将评价结果纳入对管理者的考评体系中，作为对其激励或约束的依据。第四，对控制制度开展有效性评估，检查控制制度是否存在漏洞和隐患，在问题发生前，做好财务控制制度漏洞、隐患的消除化解工作，使财务控制制度合法合规、全面覆盖并且具有实效。

乡村财务管理信息化，要随着乡村产权制度改革、新乡村建设等政策的实施，不断改进提高。因此，在工作中要关注乡村财务管理信息化的方方面面，乡村财务管理信息化的某个因素或工作环节，随时都可能在某个时点、某个阶段成为乡村财务管理信息化的瓶颈，需要提前发现，尽早化解；只有及时化解问题，才能不断发展进步，为乡村经济发展做出贡献。

## （二）乡村体育档案管理信息化

### 1. 乡村体育档案管理的内涵分析

乡村在建设与发展过程中形成了诸多对国家、社会、村集体具有保存与利用价值的历史记录，形成乡村档案资源，并由相关机构与部门负责管理与积累[①]。我们将这一过程称之为乡村（农村）档案管理。由于乡村档案是对农民生活、农村建设、农村管理、农业生产、农业发展等情况最为真实的记录。因此，乡村档案涉及的内容相对较多，包括农村经济、农村政治、农村教育文化、农村医疗卫生等，能够全面反映区域农业、农村、农民真实情况，为“三农”工作的组织开展提供凭证与依据，以维护农村稳定、健康、和谐发展，保证农民合法权益不受侵害，促进农村文化繁荣发展。

而乡村体育档案管理则是乡村档案管理系统中的重要组成部分，以乡村体育文化（包括体育物质文化、体育精神文化、体育制度文化等）档案资源为对象，由档案行政管理部门及其工作人员依据国家与地方相关规定进行档案的收集、整理、分析、管理、开发与利用，真实反映我国乡村体育文化发展情况。

乡村体育档案在农村体育文化事业发展中的作用显著。以乡村体育组织档案为例，乡村体育组织档案是对乡村体育社团以及与乡村体育相关民办非企业单位各项组织活动开展的记录，可以真实反映地方体育事业发展情况、体育社会组织在全面健身行动中取得的成绩，为区域乡村体育行政工作决策、规划、调整提供了真实、有效参考依据。[②] 有利于提升全面建设行动规划科学水平，加强乡村体育社会组织标准化、规范化建设，进一步发挥乡村体育社会组织在我国体育事业建设、乡村体育文化发展中的积极作用。

### 2. 乡村体育档案管理的现状分析

乡村体育档案作为乡村档案领域中的重要组成部分，受乡村档案特征影响，具备形成主体多样化、档案来源广泛、档案种类丰富、档案管理分散、地域特征显著、档案管理基础薄弱等特点。因此，乡村体育档案管理难度较大。加之随着近些年我国体育事业的高速发展、人民群众健康意识的不断提升以及“全面健身行动”规划的提出与实施，乡村体育文化建设得到迅速发展，乡村体育档案资源量大幅度增多。与此同时，档案服务中国特色社会主义事业建设的职责与使命，决定乡村体育档案工作在新时期发展过程中应围绕“乡村振兴战略”，为美丽新农村建设、体育强国建设、中华民族体育文化传承与弘扬等提供档案资源支撑，将民之所想、民之所需确定为乡村体育档案管理之所想、之所趋。因此，在新时期发展下，乡村体育档案管理面对着新要求、新挑战。

---

① 叶茹雨．多学科视角下的档案学理论研究进展（之六）——信息技术视角［J］．山西档案，2017（02）．

② 宋加新．体育社会组织档案管理现状及管理路径分析［J］．办公室业务，2019（11）．

虽然近些年在党和政府的领导与关注下，乡村体育档案工作取得了一定成绩，乡村体育档案管理理念、工作机制、工作要求得以明确、完善与强化，档案管理由传统管理逐渐迈向现代化管理，实现数字化、信息化、集约化、动态化、规范化发展，但从整体来看，乡村体育档案管理仍较为滞后，档案工作的发展与进步并不均衡，不利于乡村体育档案服务民生、服务中国特色社会主义体育文化事业的建设。

这就需要乡村体育档案管理能够立足民生服务，善于借助计算机技术、互联网技术、物联网技术等先进科学技术，加强信息化建设，从而有效破解新时期乡村体育档案管理在转型升级中的矛盾，不断提升乡村体育档案管理水平与管理能力。例如，传统乡村体育档案管理分散性较强，在市档案馆、民政局、乡镇档案馆等地方均有保存。这在一定程度上不利于人民群众对档案资源的集中利用。而档案管理信息化，能够将纸质档案转变为数字档案，存储于统一档案数据库中，实现乡村体育档的统一管理，从而化解档案分散管理与人民群众集中利用之间存在的矛盾，让管理更科学、更便利。

又如，乡村体育档案管理信息化建设，促进了档案管理部门与社会组织、基层群众的交流与沟通，能够调动社会组织、基层群众在档案资源收集工作中的积极参与性，一方面拓宽档案收集渠道，为完整、全面建设乡村档案资源体系提供支撑，另一方面丰富馆藏，提升乡村体育档案管理透明度、开放性，实现群众档案知情权、档案资源利用权的有效维护①。例如，体育社会组织在举办体育赛事时，可通过观看电子档案了解以往赛事举办情况，分析比赛设置特色，明确赛事举办注意事项，获取丰富且宝贵的经验。

3. 实施乡村体育档案管理信息化的路径分析

在明确认知乡村体育档案管理信息化建设重要性的基础上，结合乡村体育档案管理内容与特征，建议从以下几方面入手，落实信息化建设策略，提升档案管理质量。

（1）信息化路径之意识强化

在乡村体育档案管理信息化建设过程中，提升相关部门、工作人员以及基层群众对乡村体育档案及其信息化管理的重视程度，是改善乡村体育档案利用率低下、乡村体育档案管理信息化建设意识淡薄问题的重要手段。在此过程中，可做好如下工作：

其一，构建完善且科学的乡村体育档案管理教育培训机制，构建高素质专业化档案管理团队，即定期举办乡村体育档案管理培训班，督促工作人员积极参与档案管理教育培训活动，在档案知识（包括档案管理知识、档案收集知识、档案信息化建设知识、档案法律知识、档案开发知识等）与档案现代化管理技术学习中，加强对乡村体育档案及其管理的认识，具备数字化乡村体育档案管理、开发与利用能力。同时，通过组织开展专题讲座活动、跨区域经验交流活动、基层调研活动、高校再教育活动等，丰富乡村体育档案信息化管理经验与知识，提升档案管理及其信息化建设创新创造能力。此外，做好档案督查、考评工作，使工作人员明确自身职责所在，提升对档案工作重视程度，调动工作人员的主动性与积极性。

其二，发挥宣传优质，挖掘群众力量，实现乡村体育档案管理信息化建设的协同发展。乡村体育档案是区域基层群众实践活动过程中形成的体育文化记录，档案管理分散性特征显著。这就要求在档案管理及其信息化建设过程中，不仅需要政府、档案管理部门、

① 张培云．“互联网+”时代档案管理的现状与对策研究［J］．山西档案，2019（01）．

乡村干部的努力，也需要基层群众积极参与，从而构建乡村体育档案管理信息化协同发展模式，推动乡村体育文化的传承、弘扬与发展。在此过程中，首先明确各主体工作职责，如乡镇机关单位承担乡村体育档案管理信息化建设主要职责，侧重于数字化档案的建设、开发与保存；档案行政管理部门负责区域内体育组织团体、体育文化企业以及其他档案工作组织的指导与监督，善于利用多样化方法，如电视宣传、广播宣传、网站推广、公众号推广等进行档案管理宣传，利用移动通信终端、网络终端等为乡村体育档案管理信息化建设提供技术指导。其次，组织开展乡村体育档案收集整理专项活动，促进各部门、各组织之间的有效沟通，进行档案资源有效汇总以及档案管理信息化建设进程统一规划，提升档案管理信息化的规范性、系统性、协调性。此外，深入基层，在基层群众沟通中调动农民参与档案工作的积极性、主动性，进行未挖掘有价值信息的探寻，并利用多种媒介进行信息记录，形成音频资料、视频资料等，丰富馆藏。

（2）信息化路径之制度完善

在乡村体育档案管理信息化建设过程中，相关制度的制定与完善是基础也是重点，有利于其建设目标与方向的明确、内容与流程的优化、意识与行为的规范。在此过程中，应做好如下工作：

其一，落实“依法治档”理念，档案管理部门以及工作人员能够认真学习档案工作及其相关法律法规，不断提升自身法制意识，依据法律法规进行乡村体育档案建设、管理、发展工作的组织开展。

其二，结合国家有关规定，根据全面实施信息化建设相关要求，在各档案管理主体共同参与下制定乡村体育档案管理制度，如《体育社会组织档案管理意见》《乡村体育档案文件整体标准》《乡村档案工作办法》《重大体育赛事档案数字化归档要求》《乡村体育档案信息化建设工作规划》《推进乡村体育档案信息化建设进程，加快全区数字档案室建设的意见》等。①

其三，基于制度指导，引入先进档案管理理念与管理技术，加快乡村体育档案资源体系建设、乡村体育档案服务利用体系建设、乡村体育档案安全保障体系建设进程。通过档案资源体系建设，进行馆藏结构的优化，提升档案资源完整度、全面性，做到“应收尽收、应归尽归、应有尽有”；通过服务利用体系建设，提升数字化、信息化、动态化等档案管理方法应用的主动性、积极性，增强档案管理服务意识与服务能力，让乡村体育档案更便利、更有效地运用到体育文化事业建设中去；通过安全保障体系建设，做到“三防一体”（人防、技防、物防），避免涉密信息、敏感信息泄露、流失、损坏等问题的产生。

（3）信息化路径之基础夯实

乡村体育档案管理的信息化建设需要资金、设备与技术支撑。对此，应根据乡村体育档案管理实际情况与信息化建设需求，加大资金、技术、设备投入力度，为档案管理信息化、数字化、智能化发展奠定良好基础。例如，建立乡村档案信息化建设专项基金；通过社会捐赠、跨界合作、商业活动等方式进行融资；与高校、科研机构建立合作，为乡村体育档案管理信息化建设提供技术指导等。

乡村体育档案管理是乡村档案管理工作中的重要组成部分，其信息化建设在提升乡村

---

① 王广田，张文莲．大型体育赛事档案信息服务的困境与变革［J］．山西档案，2018（04）．

档案管理质量、促进乡村体育文化繁荣发展上发挥着至关重要的作用。对此，我们在明确认识乡村体育档案管理信息化发展重要性的基础上，应从多层面入手加强档案信息化建设，以保证体育档案能够立足于最广大人民群众的根本利益，与美丽新农村建设有机结合，为乡村振兴战略实施提供优质体育档案服务。

## 二、乡村服务信息化

### （一）乡村法律服务的信息化

党的十九大提出要全面实施乡村振兴战略，“健全自治、法治、德治相结合的乡村治理体系”。乡村法律服务体系是乡村法治建设的重要环节。2017年司法部印发的《关于推进公共法律服务平台建设的意见》要求，“到2018年底前在全国范围内基本实现村（居）法律顾问全覆盖”。2018年全国普法办公室印发的《2018年全国普法依法治理工作要点》要求，“推动建设村居法律顾问微信群，结合文化科技卫生‘三下乡’开展‘法律扶贫’”。法律顾问微信群进村（居），是乡村法律公共服务方式的重要创新，是有效解决乡村法律需求与供给不足之间矛盾的重要途径，可以为乡村振兴战略的实施保驾护航。

1. 村（居）法律顾问微信群为城乡居民提供全覆盖优质高效公共法律服务

农业、农村、农民问题是关系国计民生的根本性问题。在当今法治社会建设过程中，乡村法律服务体系成为乡村法治建设的重要环节。在“互联网+”时代，综合运用互联网和各种信息化手段推进乡村法律服务体系建设成为当今司法行政部门面临的重要课题。目前，我国13个省份实现村（居）法律顾问全覆盖，并将在2018年底前基本实现村（居）法律顾问全覆盖，在县、乡、村建起不同层级的微信群，让村（居）法律顾问成为老百姓私人定制、贴身不走、时刻在线的法律顾问。

何为村（居）法律顾问？村（居）法律顾问是指在村（居）一级推进村（居）法律顾问工作，鼓励有条件的地方在村（居）委会或当地社区服务中心建立公共法律服务工作室，同时建立微信工作群，加强与基层群众、村（居）委会工作人员之间的工作联系，提供好相关法律服务。微信工作群成员一般应当包括：法律顾问、村（居）两委成员、调委会成员以及部分党员和村（居）民代表等。根据法律服务需要，可吸收所在地司法所工作人员和县级司法行政机关法律服务管理部门工作人员入群。同时，县级司法行政机关要建立村（居）法律顾问工作微信群，成员包括本县级区域内所有的村（居）法律顾问，以及县级司法行政机关法律服务部门负责同志。村（居）法律顾问微信群就像“家庭医生”，重点解决老百姓家长里短的矛盾，为城乡居民提供全覆盖优质高效公共法律服务。

截至目前，一些地区正在探索建立不同层级的法律顾问微信群，推动村（居）法律顾问从面对面咨询解答到网上引导化解并重，从面上全覆盖向有效全覆盖提升，取得了一定的预期效果。乡村法律顾问及服务人员借助微信这一信息平台的体系化创建，有力推动了乡村基层法律服务建设。但同时，必须看到，乡村法律顾问通过建立微信群解决乡村基层法律问题，还面临一些亟待解决的问题：

第一，网络的普及与智能手机的推广受当地网络覆盖率及经济发展水平的制约，很多基层乡村网络覆盖率有限，智能手机购买力和利用普及率低，对手机及微信等现代信息工具利用的熟悉程度有限。

第二，微信群具有即时互动特点，内容传播迅速快捷，能够为解决乡村地区的法律问题提供便利条件，但同时，近年来基层乡村法治建设出现的新问题，对乡村基层法律顾问的专业水准和政治素质也是一项巨大的考验。

第三，法律顾问信息平台的推广和利用受当地村民的教育与文化水平的制约，如何在提升村民法律知识和法律意识水平的同时，避免将微信群沦为村民群体性事件的策源地，也是需要考虑的问题。

第四，法律顾问通过微信开展法律服务的水平和能力如何接地气；与农民之间如何有效地沟通及对接；法律顾问的法律服务政府补贴及其服务能力的考核与评价；如何有效利用微信群更好地实施乡村“十三五”普法的实效性等。

上述问题客观上要求，基层政府在推进乡村法律服务信息化、平台化建设的同时，急需对乡村法律服务微信群进行一定限度的引导和监督，加强对法律顾问服务的监管和培训，对广大村民进行必要的指导和宣传教育，坚守正确的法律服务观，并逐步扩大微信群的参与范围，以增强法律顾问服务的实效性。

2. 乡村法律服务信息化的建设途径

作为新生事物，法律顾问通过建立微信群解决乡村基层法律需求的实际问题，一方面，可以迅捷便利地为乡村法律服务需求者提供有针对性和高效的法律咨询与服务；另一方面，作为村（居）法律信息化服务创新的重要组成部分，还面临上述诸多亟待解决的现实问题。法律服务微信群为基层乡村法治建设提供方便快捷服务的同时，也会为村民深度参与地方社会治理，促进地方政府治理能力和治理手段创新提出新的挑战。因此，村（居）法律服务创新性地运用现代化信息手段——微信工具的同时，“法律顾问微信群进村居”还需加强政府引导和多方面的外部性保障，建议从以下几方面来展开：①

（1）加强政府对法律顾问微信群的引导和监督

我国目前还没有专门规范诸如微博、微信等新媒体平台的法律，微信使用主要依靠微信软件运营商的提示、提醒以及用户的自律。建立微信群只是开展法律服务的一种方式，解决乡村基层存在的法律问题是根本。政府应积极发挥在乡村法律服务过程中的监督和引导作用，尤其基层政府应加强对微信群的日常监督和指导，及时发现群内成员的异常言论和合理诉求，及早给予化解和疏导。在实践基础上探索建立适合本地特点的微信群使用规范，以充分发挥微信群在基层法律公共服务中的优势，避免微信群功能异化。

（2）加强法律顾问的监督和培训

法律顾问在微信群中起着主导和核心作用，其业务水准和政治素质对于群内参与者会产生重要影响，因而，加强对法律顾问的监督非常必要。乡村法律顾问所服务内容具有较强的涉农性，主要围绕农业、农村发展过程中的法律事务以及农民之间的法律问题展开，所涉及的法律事务与乡村社会的生产、生活、文化习俗等息息相关，因此，政府应根据乡村法律问题的特点定期对法律顾问开展业务培训。此外，还要对法律顾问在微信群中的不当言论进行监督和规范，避免其不规范的言论对群内成员产生不良影响，以及由于信息不对称或不实信息影响所引发的群体性事件，从而对基层乡村社会的稳定产生负面影响。

---

① 刘洪岩．农村法律服务的信息化创新［J］．人民论坛，2018（20）．

(3) 加强对广大村民的引导和宣传教育

广大人民群众是乡村法律顾问的主要服务对象，也是最终的受益者。法律顾问微信群应尽可能吸纳更多的成员参与，以扩大法律服务的范围。很多村民受制于自身文化水平以及经济水平的限制，往往不太积极参与到微信群中。基层政府部门可通过提供经济优惠、技术指导为农民创造便利条件，使更多的村民加入微信群中，提升广大村民的法律意识和法治水平，提高乡村法律服务的信息化水平，推动乡村法治建设走向新的台阶。

根据地方经济发展的实际需要，应适时地对偏远乡村的现代信息化设施和手段进行升级改造，提升网络的覆盖率和智能手机使用的普及率，以适应乡村法律服务现代化建设的需要，促进乡村法治建设的发展，更好地服务于我国乡村振兴战略的实施。

### (二) 乡村社区养老服务的信息化

“十三五”时期是我国全面建成小康社会的决胜阶段，也是我国老龄事业改革发展和养老体系建设的重要战略窗口期。推动乡村社区养老服务的发展，需要充分发挥信息化的作用，提高养老产业生产率，力求解决人口老龄化产生的种种养老难题，建设具有中国特色的养老服务体系。这对于保障和改善民生，增强老年人幸福感也很有意义。

1. 乡村社区养老服务信息化的主要内涵

(1) 信息化的内涵

什么是信息化？首先，信息化不仅仅是需要物资设备，更重要的是人员的参与，要重视人的观念的转变，素质的提高。其次，信息化不仅仅是涉及技术层面的信息技术的应用，它还涉及制度层面和心理精神等层面。最后，信息化是一个由信息技术引发的复杂的社会变革进程，它具有长期性、复杂性和整体性。

(2) 乡村社区养老服务的内涵

乡村社区养老服务主要是指以乡村社区为载体，以社区基层组织为主导，有效发挥政府、社区、社会和个人多方面的力量，充分整合政府与社会的财力、物力和人力资源，为老年人的安老、养老提供力所能及的支持，使老年人能在熟悉的环境里得到必要的救助和照料。首先，社区养老模式符合老年人的生活习惯和情感心理，居民对自己所在社区的归属感和认同感，是社区的一个基本构成要素。其次，乡村社区养老服务提供综合性的养老服务。乡村社区养老服务涉及医疗护理、文化体育娱乐以及社会融入等方面的需求，实现养老服务的全面综合。最后，乡村社区整合了政府的财力、物力和人力等资源，为老年人的养老生活需要提供支持。让乡村老年人有尊严地获得最基本的生活照料和医疗保障服务，这是底线公平的体现。

(3) 乡村社区养老服务信息化的内涵

信息化养老，是指以信息化养老终端采集数据为基础，把互联网技术、移动通讯网技术，以及目前非常流行的物联网技术作为手段，建立一个集成化的养老服务系统和信息化的养老互动平台。乡村社区养老服务信息化主要包括三个要素：智能终端设备、信息化互动平台、线下社区养护服务。

①智能终端设备

智能终端设备是利用信息技术开发的智能化养老产品。它包括可穿戴的智能终端设备和提供养老服务的智能家居设备。如深受老年人喜欢的智能手环，其操作简单，佩戴方便，不但具备随时随地进行求助、实时跟踪定位等功能，还可以随时监测老人血压、血糖、脉搏、心跳等健康数据，然后定期把相关数据自动上传至信息互动平台，信息互动平台通过对老人健康数据的甄别、分析、保存，迅速有效地把分析结果反馈给线下社区养护人员或监护人。

②信息化互动平台

信息化互动平台是乡村社区养老信息化的核心。信息化互动平台包含医疗卫生、社区服务、个人信息、调度中心等四大板块。医疗卫生板块包括对老人日常监控数据的监测分析和保存，并及时输出反馈结果，并针对不同老人制定专业化和个性化的服务。社区服务主要包括社区老人的家政、送餐、理发、购物等基本生活服务。个人信息包括老年人基本信息情况、每日健康数据、历史呼救记录、历史生活服务记录等。调度中心是各板块中的协调者，如老人通过智能终端设备一键呼救，调度中心可以以最快速度提取老人的基本健康信息、所处地点等重要信息，然后向距离最近的养护人员、医疗机构等求助，以实现及时有效的帮助。

③线下社区养护服务

线下服务是最终环节，没有线下服务无法形成乡村社区养老服务信息化的有效供给。受教育、文化知识、经济条件、基本能力等因素的影响，大部分乡村老人并未形成利用互联网的习惯，这就要求社区养护人员对于一键呼救等智能终端设备的呼救要有迅速有效的反馈和回应。特别是对生活不能自理或者半自理的老人，有效、迅速、专业的线下服务尤其重要。

2. 乡村地区养老面临的问题

老年人口基数大且趋于高龄化，人口老龄化增长速度和老年人口抚养比的增加凸显了我国老龄化的严峻现实。由于我国长期的城乡二元结构，乡村与城市发展具有很大的不平衡性，乡村社会保障严重缺乏，所以乡村的养老问题尤其显著。

（1）乡村老人经济收入来源单一

对于大部分乡村老人，土地是首要的收入来源，其次是养老社会保险，而乡村老人的养老保险收入又远远低于城镇老人。受身体素质影响，乡村老人失去劳动能力之时就失去了重要的收入来源。老年人退出了劳动力市场，是否陷入贫困，取决于他们的生活来源的保障程度。对失去劳动力的老年人来说，土地流转收入成为重要的收入来源，这部分收入要支付老年人在各方面的需要，一旦患病，可能就要面临无钱医治的尴尬局面。

（2）乡村医疗设施落后

乡村的医疗卫生条件比较差，疾病突发情况可能无法进行迅速有效的干预；医疗设施相对落后，可能会导致出现误诊等情况；卫生所的偏远和稀疏可能会使老年人需要医疗服务时要面临排队时间长、医疗机构距离远、看病困难等情况。

（3）乡村老人缺乏精神慰藉

由于城镇化进程的加快，家庭养老保障功能开始衰退，大量的“留守老人”“空巢老人”出现在乡村。独居老人感情无处安放，精神得不到满足，生活得不到关注，致使孤独感增强，有些老年人甚至患有抑郁等心理疾病。据世界卫生组织的研究预测，到 2020 年，抑郁症将成为仅仅次于癌症的人类第二大杀手，而老年人的自杀和自杀企图，有一半以上起因于抑郁症。

3. 乡村社区养老服务信息化的主要途径

虽然我国的社区养老服务有了长足的发展，但也面临许多问题和挑战，主要表现在：资金投入不足导致乡村社区养老服务信息化发展滞后，乡村社区养老服务和信息化专业人员缺乏，社区养老服务供给与需求不匹配等方面。为了促进我国乡村社区养老服务信息化持续发展，需要从以下几个方面着手。

（1）政府加强关注和投入

政府作为养老服务的责任主体构成了政府的底线责任。在切实保障信息数据安全的前提下，应高度重视乡村社区养老服务信息化的发展和建设，着力推动老年人信息共享，消除信息孤岛。强化各级政府对养老事业的投入，建立分类、分级的乡村养老服务资金投入制度，推动乡村社区基础设施和硬件设施的完善。

（2）培养专业的、有爱心、责任心的乡村社区养老服务人员

社区养老服务是一项需要责任感、爱心、极大耐心和奉献精神，以及不怕吃苦、不怕累、不怕脏的工作，对社区养老服务工作人员的思想道德素质要求比较高。另外，从事社区养老服务还需要具备一定的护理、医疗、保健等专业知识和技能。所以需要培养专业的服务团队服务于乡村社区养老服务。

（3）积极增加老年用品供给，提升老年用品科技含量

首先，积极提升老年人消费理念，挖掘老年人养老产品消费潜力，满足老年人养老产品需求。老年用品的供给要切合老年群体的需要。其次，支持老年用品制造业创新发展促进产品升级换代。最后，加强老年产品、食品、药品等供给的质量监管，为老年人提供安全放心的产品，促使老年群体有个美好晚年生活。

乡村是我国社区养老信息化服务中的重点和难点，解决好乡村养老问题对我国构建和谐社会具有重大意义。在信息化背景下，以社区为依托，以普惠性、需要优先为原则，全面提高乡村社区养老服务水平，创新智慧化养老服务业的发展，促进城乡平衡发展，打造公共服务均等化，为老年人提供一个更舒适、更便利、更智能化的服务，建设具有中国特色的养老服务体系。

## （三）乡村公共服务信息化

1. 乡村公共服务信息化的实践价值

公共服务信息化是指利用信息技术构建网络技术服务平台，高效、方便地为公众提供社保、就业、治安、医疗、教育等各个方面服务。信息化具有跨时空性连接、大容量存储、信息互动等特点，这些特点使信息化具有能协助不同地域、不同基础架构的成员实现过程、应用、数据等资源信息共享的优势，这些优势有助于消除传统公共服务供给主体和客体之间的信息不对称鸿沟，为促进城乡公共服务均等化、一体化提供了前所未有的机遇。

（1）公共服务信息化是实现乡村基本公共服务均等化的重要保障

公共服务信息化有助于促进区域之间、城乡之间的整体联动，从而促进乡村基本公共服务均等化的实现。一方面，公共服务信息化需要整合各地区自然资源和地理空间基础信息库、人口基础信息库、社会保障资源数据库、教育资源数据库、医疗管理和服务信息数据库、公共就业信息数据库等基础性、公益性数据库等信息，从而为乡村公共服务的数据

交换和共享提供资源基础；同时，公共服务信息化需要公开乡村社区公共服务综合信息平台的基本公共服务项目和服务信息，从而有效促进城乡间、区域间公共服务综合信息的共享，扩大乡村社区政务事项的跨区域通办范围，从而为乡村基本公共服务均等化的实现提供技术支撑。另一方面，可以通过构建乡村公共服务信息化系统，有效整合医疗、教育、社保、扶贫等信息资源，促进资源共享，有效优化公共资源在城乡之间的均衡配置，从而促进基本公共服务均等化的实现。例如，可以通过建立信息化预约诊疗、医疗咨询服务平台，普及应用电子健康档案、居民健康卡和电子病历，使乡村及农民也能方便、高效地享受到优质医疗资源；同时，也可通过信息联网，推进乡村社区、养老机构、医疗护理机构协同信息服务，提高乡村公共服务水平，促进公共服务均等化。

（2）公共服务信息化是解决乡村公共服务最后一公里的客观要求

一方面，信息技术作为提高公共服务供给的“倍增器”，为解决乡村公共服务最后一公里问题提供了技术条件。如通过远程医疗和宽带网络，省市一些大医院的专家可以与乡村卫生室进行视频远程会诊，让乡村居民在不出远门的情况下就能享受到大医院专家的看诊服务，缩小了城乡医疗卫生服务差距。此外，农村合作医疗也可以与手机绑定，通过手机客户端实现挂号、买药、看病、消费提醒等多项功能，大大提高公共服务的便利化程度，实现农民办事不出村的目标。另一方面，信息技术作为提高公共服务供给的桥梁，为解决乡村公共服务最后一公里问题提供了宝贵的实践经验。由于公共服务的“最后一步”不到位，大大增加了农民获得公共服务的成本。

（3）公共服务信息化是提升乡村公共服务水平的根本途径

提高公共服务水平的最终目标是为了满足人民群众对公共服务的需求，因此，乡村公共服务要始终坚持“以民为本、服务公众”的理念，把满意度作为提高公共服务水平的根本性评价标准。首先，在公共服务信息化条件下，政府可以通过现代信息系统收集乡村及乡村的利益诉求信息以及公共服务消费者的基本服务需求信息，以保障公共服务决策符合大多数民众的利益诉求，有利于提高农民居民对公共服务满意度。其次，提升乡村公共服务水平离不开多部门的有效协同，而公共服务信息化是促进公共服务协同供给的重要途径。在信息化条件下，政府可以建立公共管理实时状态信息和政务办理痕迹信息的实时共享机制，突破跨部门条块分割、等级森严的结构关系，实现公共服务的跨部门业务协同，为乡村居民提供协同公共服务，“电子政务的建设目标在于利用信息通信技术，支持组织变革并提升政府的公共管理能力，加强对公共政策的支持，面向公众需求提升公共服务”①。再次，“农民办事不出村”是提升乡村公共服务的根本目标，而实现公共服务“农民办事不出村”必须依赖于信息化。要实现“农民办事不出村”，就需要建立集“党务、政务、村务、事务、商务”村级信息化服务平台，并将与农民生产生活息息相关的服务事项授权村级信息化服务平台进行受理，实现证件村里办、补贴村里领、信息村里查、农资村里订、费用村里交、矛盾村里调。

2. 乡村公共服务信息化的现实问题

乡村公共服务信息化就是要以基础设施、信息技术为支撑，以制度机制和人才为保障，打造县、乡、村一体化农民办事不出村信息化服务平台，实现农民办事不出村目标。

① 程万高．面向公共服务的电子政务研究进展［J］．电子政务，2008（1）．

目前，不管是在信息技术、网络平台等硬件设施上，还是制度规范等软件设施上，乡村公共服务信息化都还存在诸多困境，严重制约乡村公共服务信息化发展。

（1）困境之一：乡村公共服务信息化的硬件设施建设严重滞后

虽然我国一些省份经济非常发达，但是乡村公共服务信息化的硬件设施仍然还很不健全，乡村公共服务信息化应用水平不高。主要体现为：一是网上公共服务平台、12333、自助服务等平台覆盖范围不广，网上公共服务平台不够健全，服务项目总体偏少，最后一公里问题还不能有效解决。二是信息资源互通共享的信息化水平不高，业务之间信息化水平不平衡，各业务系统的整合还不充分，各项业务系统向窗口和基层平台的信息化整合还未到位，一体化联动服务水平不高，特别是跨部门业务协同能力（业务联动，省市县联动）不足等，限制了信息化整体效力的发挥。三是地区之间信息化发展不均衡，省、市、县（市、区）、街道（乡镇）、社区（行政村）信息网络还未实现全面贯通，各类业务还未协同处理，未能全面适应社会公众多样化、动态发展的服务需求。四是全省 12333 全面解答各类业务政策进程未到位，社会保障卡发行规模尚小，应用领域比较单一，难以有效分散经办窗口工作压力。五是基层平台工作人员的工作队伍专业化程度不高，特别是工作人员缺乏稳定的工作机会和工资的保障，大大影响了其工作的积极性。

（2）困境之二：乡村公共服务信息化的制度规则严重缺失

一是标准化和规范化方面进展缓慢。目前，我国不少省份的农业、水利、气象和科技等涉农部门建立了相应的数据库和面向乡村提供信息服务的网站，但是，由于乡村公共服务信息化基层平台的服务范围、服务内容、服务权限、服务规范、服务流程、服务标识在全省还未形成统一的标准，导致乡村公共服务信息化工作内在协同效率还很低。二是财政正常投入机制还未建立，绩效评价和行政问责制度还不够健全。例如，由于大多数公共服务信息化工程尚属于业务创新阶段，各地方都还尚未建立一个乡村公共服务信息化水平的考核标准。三是乡村居民上网意识和上网水平还比较欠缺，乡村电脑、智能手机、网络通信使用率不高。

（3）困境之三：乡村公共服务信息化与乡村居民的需求常常脱节

在乡村公共服务信息化建设中，政府是信息化公共服务平台的设计者、管理者，但是，由于政府对农民的需求关注不够，加之缺乏有效的农民利益表达机制及反馈机制，最终导致政府偏好与农民需求之间的结构性差异被不断地放大，乡村公共服务供给与乡村居民公共服务需求之间的矛盾愈发尖锐。一方面，乡村公共服务信息化远远未能满足乡村居民的多元化需求，正如有学者研究揭示的那样，“公共服务信息供给对象的分类和针对性不足，准确可靠的供求信息、市场行情、价格预测等有效信息匮乏”①。就拿乡村医保信息系统来说，农民群体最迫切要解决的是异地医保关系转移、异地就医联网结算、异地退管等服务需求，然而，至今还没有建立一个医保关系转续的全国信息平台，甚至有些地方在省市范围内都还未能实现异地就医联网结算。另一方面，乡村公共服务的单向性供给导致乡村公共信息服务供给没有切实考虑到农民的实际需求和接受能力，最终产生公共产品的无序供给、无效供给。例如，近年来，政府推行了“手机下乡”和“电脑下乡”等诸

① 李长江，陶诚华．中国农村信息化境况与公共信息服务网络平台建构：以浙江省金华市为例［J］．华东经济管理，2011（11）．

多惠农政策，但后续缺乏完善配套的网络服务，手机和电脑只能成为摆设，难以形成实际的应用效果。再如，虽然近些年基层政府都建立了农业网站，但由于农业网站中的信息缺少针对性、时效性，农民很难找到如农产品行情预测等有用的信息，导致农业网站的访问量不高。

(4) 困境之四：数字化资源共建共享机制不健全

乡村信息化是涉及农业、水利、财政、经贸、林业、劳动保障、民政、气象、招商、工商、农科等诸多部门的系统工程，由于缺乏一个有效的统筹和协调机制，乡村公共服务信息化“条块分割”现象严重，出现行政、地域、行业等条块分割、各行其道的局面，导致人力、财力、物力的多重浪费。在国家乡村公共服务信息化建设示范县的湖北省巴东县也常出现此情形，“由于目前的公共服务信息化平台只具备电子材料或影印材料的在线传输功能，因而一些需要县局办理而又需要当事人签字，确认的事项仍然需要农民跑路，同时一些涉及部门签转的事项也需要部门之间的直接接洽”①。不少政务信息化建设存在条块分割、各自为战的问题，造成部门之间数据隔离、业务分立的格局，乡村公共服务信息服务没有实现有效整合，跨部门业务协同程度亟待提高。

3. 乡村公共服务信息化建设的途径

乡村公共服务信息化需要设施、制度、人才等一系列外部条件为支撑，因此，提升乡村公共服务信息化水平，必须以当前乡村公共服务信息化存在的困境为着力点，力争各个击破，打造以基础设施、信息技术、制度机制、专业人才为支撑的信息化公共服务平台，构建以农民办事不出村为目标、以信息化系统为载体、以跨界协同机制和信息技术为支撑的公共服务信息化治理体系。

(1) 打造完善的公共服务信息化系统，夯实“农民办事不出村”信息化平台的硬件基础

首先是打造村级集“党务、村务、商务、综治”等便民服务一体的信息化平台，即通过把行政审批系统、政务服务系统、教育信息基础设施和教育资源公共服务系统、医疗管理和服务信息系统、社区养老信息服务、公共就业信息服务系统、社会保障公共服务系统、乡村综合信息服务系统、网络问政系统等涉农、涉民公共服务系统有效整合起来，将县级政务服务中心、乡镇便民服务中心和村级便民服务室等物理和网络设施联成一体，打造村级政务服务网店，解决乡村公共服务最后一公里难题。其次是整合涉农公共服务事项，使涉农公共服务都能够在村级政务服务网店平台上审批与办理。依据乡村居民的公共服务需求，可以把以下公共服务事项整合进“农民办事不出村”信息化系统。一是社会保障类，包括办理城乡居民养老保险、城乡居民医疗保险、企业退休人员生存能力证明、就业失业登记证明等事项；二是证照手续类，包括办理《生育服务证》《流动人口生育证明》《独生子女光荣证》《身份证》《税务登记证》《残疾证》等证件；三是信息咨询类，包括受理农业、农机技术咨询，畜牧技术咨询，合作医疗政策咨询，劳动就业咨询等事项；四是商务类，包括整合各商业银行、供销社、电信运营商等资源，实时领取乡村惠农补贴，购买农业生产资料，办理乡村小额贷款，缴纳居民水费、电费等事项。同时，设立

① 方付建．协同治理视域下农村公共服务信息化改革研究：基于湖北省巴东县的分析［J］．中南民族大学学报（人文社会科学版），2015（6）．

县级办事部门服务事项或服务诉求受理接口，在村（社）设立涉农办事办证项目受理窗口，把涉农服务项目与农民办事不出村信息化服务系统进行对接，形成了从村（社）到县局的办事办证信息化通道。再次是建立乡村居民个人信息系统，实现乡村公共服务信息系统访问高效化。建立以居民身份证号码、组织机构代码等基础信息为索引的社区公共服务信息管理机制，通过与国家基础信息资源库的信息共享，实现居民身份证办事“一证通”。最后是通过QQ、微信、邮件等自媒体平台，向农户提“远程教育、党务村务、电子商务、农技服务、便民服务”等各项服务信息，实现手机、电脑、电视“三屏合一”一键通。

（2）完善制度机制，健全“农民办事不出村”信息化平台规范运行的法制保障

一方面，建立健全保障农民办事不出村的公共服务信息化系统健康运行的制度规则。一是依据涉农机构的职责设置原则，制定《村级公共服务信息服务平台建设管理规范》，明确并公示不同层级部门以及不同层级政府在涉农服务事项办理中的职责权限，解决“找谁办”的问题；二是制定《村级公共服务信息化便民服务指南》，明确涉农服务事项的信息传送、事项流转、办理时限、办理程序等，解决农民“怎么办”的问题；三是制定《村级公共服务信息化工作人员工作流程与工作机制》，制定网上行政权力运行流程、网上公共服务开展、网上信件流转等一系列管理机制，明确工作人员的服务标准、行为规范、业务流程、培训考核、联动管理等方面的相关规定，解决工作人员“怎么办”的问题。另一方面，要建立健全农民办事不出村的乡村公共服务信息化评价标准和考核体系。建立一整套衡量乡村公共服务信息化水平的评价标准及指标体系是扎实推进乡村公共服务信息化的前提。依据最低标准原则、附加性原则和可行性原则，构建涵盖提供者的建设标准、生产者的质量标准（包括信息系统的硬件标准、信息资源标准、应用服务标准、信息安全标准）、消费者的效用标准（如农民满意度等）的标准体系，为乡村公共服务信息化提供绩效目标和评估指南。以各级地方政府部门、广大农民群体、专业评估机构、运营服务企业为评估主体，以农民满意为基本依据，建立以农民满意度为核心的乡村公共信息服务评估机制，使当地乡村信息化建设能够有效回应广大农民群体的真实意愿及利益诉求。同时，对每个权力运行部门和工作人员，可进行效能评估和评议，使行政权力运行过程看得见、说得清、管得住。

（3）建立跨界协同机制，完善“农民办事不出村”信息化平台协调运行的制度措施

一是建立县政府农村公共信息服务网络联席会议制度。联席会议由发改委、通信管理局、农业局、农办、财政局、经贸委、林业局、劳动保障局、民政局、气象局、招商局、工商局、农科所等与乡村公共信息服务有关的部门组成，紧紧瞄准农民办事不出村目标，齐心协力提供乡村公共信息服务。二是加快标准体系建设，建成联通城乡的公共服务信息网络。在统一信息标准的基础上，建设县级乡村公共服务数据中心，数据中心将整理整合各类业务数据，建立起各业务系统之间数据的实时联动，横向与各省市业务部门信息系统对接，纵向与上级经办机构信息系统对接；同时，建立村级公共服务信息平台与乡镇、县级等乡村公共服务数据系统对接，努力实现在村级公共服务信息化平台就可完成跨省、跨地区间异地就医联网结算信息交换和资金结算服务。三是大力发行和应用公共服务卡，加快实现“一卡通”。实现公共服务卡在行政审批、养老、医疗、工伤、失业、生育、就业、技能开发、农民权益维护等公共服务业务中的广泛应用，力争这些服务在村级政务服

务网店就能完成，实现农民办事不出村。四是积极开发网上咨询办理、服务热线呼叫、现场自助查询等系统功能，为乡村提供网络、电话和窗口服务关联组合的一体化公共服务，促进政府与民众的协作互动，提高农民办事不出村信息化平台的办事效率。

(4) 完善技术保障，筑牢“农民办事不出村”信息化平台健康运行的技术网络

信息技术是乡村公共服务信息化顺利推进的基础。一方面，建立包括数据层（数据仓库）、应用层（数据处理及语义推理）和服务层等应用结构的村级公共服务数据交换平台。一是建立信息标准编码体系为基础的信息处理和信息交换技术规范。二是建立包括信息录入和审核、信息发布、权限分配和基于语义网的推理等功能的数据支持平台，为乡村信息化提供信息资源支持。三是实行 XML 数据交换策略。即，所有的数据传输都用 XML 语言对传输内容进行描述，从而实现不同应用领域的数据交换。另一方面，建立统一规范的信息共享逻辑区域和对外信息共享集中库，完善乡村公共服务信息系统的功能，逐步实现与财政、民政、公安、组织、教育、工商、编制、军转、计生、残联等部门，以及金融机构、邮局、定点医疗机构和零售药店的信息交换，保障对外信息共享和交换机制的常态运行，为村级公共服务信息化系统的有效运行提供数据支撑。还需建立电子监察系统，对违反行政审批条件、不按程序、超过行政审批期限、违规收费等情况，系统可自动预警和警告，保障乡村公共服务系统的健康运行。此外，还可以发展电子印章技术，构建以电子印章为基础的互认互证体系，即建立录有农民手纹、印章的电子认证体系，通过电子印章的互认互证，实现农民办事不出村。

(5) 加强信息化人才队伍建设，夯实“农民办事不出村”信息化平台的人才支撑

在信息社会，人才的数量和质量将影响信息化公共服务平台的发展速度和生存空间。一是对村级公共服务工作人员实行工资保障、职责常任。二是加强对基层业务人员的信息化培训，提高信息系统应用能力。三是吸纳有电脑操作知识和能力的大学生村官、大学生志愿者参与服务受理。四是吸纳一些懂政策、懂电脑技术的退休教师和退休干部等力量到公共服务受理中来，让其成为农民诉求信息的上报者和乡村民事矛盾的调解者。

## 第四节　乡村经济信息化

新时期，乡村经济不断发展。为了进一步加强对于乡村经济的管理能力，需要结合信息化手段，不断总结更加完善的经济管理途径，以促使乡村经济不断稳定发展。

### 一、乡村经济管理中应用信息化手段的必要性分析

就目前中国乡村经济管理来说，其会因为多种因素的影响，导致经济管理工作存在不合理的情况。例如，乡村经济管理工作存在不平等和工作效率低下的情况等，这些情况严重制约了乡村经济的发展。因此，针对这种情况，必须加强对乡村经济管理工作质量的重视，将信息化手段融入乡村经济管理工作中，使乡村经济管理工作更加规范合理。

乡村经济管理工作要改变传统的管理方法，对管理方法进行创新，将信息化手段应用

到乡村经济管理工作中，使乡村经济管理工作符合社会经济的发展。也就是说，想要提高乡村经济管理工作的整体水平，就一定要将信息化技术合理应用到乡村经济管理工作中。将信息化手段应用到乡村经济管理工作中，可以保证经济管理工作的透明性。众所周知，在传统的乡村经济管理中，对乡村经济进行查询时，经常会出现管理不透明的情况，这样就会导致管理人员无法对乡村经济的发展状况进行有效掌握。因此，信息化手段在乡村经济管理工作中占据着重要的位置。

此外，对于利益相关者来说，通过信息化手段可以有效监督经济管理工作的开展。乡村经济管理工作会涉及很多方面，在实际开展工作时会有一定的复杂性，核算较为烦琐，通过人工的方式对经济进行核算经常会出现失误的情况，导致乡村经济管理工作无法顺利开展。因此，将信息化手段应用其中，不但可以将信息化技术的效果充分发挥出来，还能有效解决传统管理方式中的问题，有效提高乡村经济管理水平，使乡村经济步入可持续发展的道路。

## 二、信息化对乡村经济增长的作用

### （一）乡村信息化为乡村经济发展提供动力

科技是第一生产力，乡村信息化的发展正是科技进步在农业生产活动中的集中体现。在以前，人们主要是依靠报纸、广播和电视台等大众化信息设备来获取信息，但是那样得来的信息缺乏及时性和有效性，人们更是难以掌握确切的市场信息，因此阻碍了乡村经济的发展。如今，乡村信息化为农业提供了更多的便利，让农民们知道了更多的有关农业的知识和科学知识，更好地运用到农业生产过程中。随着信息化的发展，乡村经济的发展有了更强大的动力。不仅如此，还带来了生产技术的更新，农业生产工具的改进，以及农业人才的培养等各个方面都起着了十分重要的作用。

### （二）促进了我国乡村经济结构与模式的转变

随着社会经济的飞速发展，乡村生活水平的不断提高，传统的经济发展模式和结构已很难再满足人们的需要，这就要求我国对乡村经济结构进行转变。近几年，乡村电商的快速发展，让新型农业经营主体、加工流通企业与电商企业全面对接融合，推动了线上线下的互动发展，形成双赢局面。同时也拓展了物流体系，有效地推动了商贸、供销、邮政、电商互联互通。例如，当将零散的土地资源进行整合，大规模的集中生产，改变以往的小规模生产形式，而且更适合于用机器进行生产，提高了生产效率，减少了对资源的浪费，解放了生产力，使乡村经济向着更加自动化、高效化的方向发展，进而实现乡村经济结构模式的转变，促进我国农业经济的不断发展。①

### （三）乡村信息化能扩大农业生产的活动空间

在信息化的生产背景下，乡村产业链得到了延伸，将农业与工业进行深入结合，提高了农产品的附加值，根据人们生活的需求，生产所需要的产品，不仅能减少对资源的浪

① 黄明瑞．信息化背景下茶产业对农村经济的影响分析［J］．福建茶叶，2018，40（6）．

费，还能更准确地掌握市场信息，使农民们进行专业化生产。现今通过互联网技术，不仅利于打开市场，还可通过网络将产品销往全国各地甚至是世界各地，同时还可在网上建立产品销售平台，寻找稳定的老客户，通过网络直接进行购买、销售和支付，使农民与顾客进行直接交流，不仅能提高人们的现代化意识，还能增加农民的经济收入，提高农民进行农业生产的积极性。

## 三、信息化手段应用于乡村经济管理的主要途径

### （一）加强网络设施建设，促进乡村的推广

为了将信息化手段有效地运用到乡村经济管理工作中，必须要加强对乡村网络基础建设的重视程度。按照不同区域的特点，建设具有针对性的网络设施。不同的区域有不同的人口密集程度，因此，可以根据人口密集度选择不同的信息技术，同时要了解当地乡村收入的情况，使网络基础建设的收费符合当地农民的要求。在提高乡村意识方面，可以选择示范基地建设的方法，通过实际演示让农民直观地了解信息化技术的优势，并主动了解信息化技术，从而将信息化技术应用到乡村经济管理工作中。

不同的乡村地区有不同的特点，经济发展水平也各不相同，而且人们的认知水平以及基础设施建设都存在差异。因此，在进行乡村推广工作时，政府部门要结合当地乡村的实际情况。对乡村经济进行管理时，要各部门都积极配合。在信息采集方面，通过互联网技术，建立资源共享平台，提高乡村经济管理工作的效率。政府部门应该从政策上给予相应的支持，推动乡村信息技术的有效推广。

### （二）做好乡村信息化技术服务

在乡村经济管理工作中应用信息化手段时，一定要对信息技术服务进行重视，这部分也是乡村经济发展中重要的环节之一。乡村经济信息化管理属于复杂的一项工作，与不同级别政府部门有着密切的关系，同时对各个行业以及区域的发展都会产生直接的影响。因此，在乡村经济信息化管理中，政府部门占据着重要的位置。在开展工作时，要让农户认识到信息技术应用在经济管理中的重要性，并引导农户进行使用。同时，要建设网络基础设施和经济管理系统等。还要对乡村信息技术的使用情况进行实时掌握，了解农户的需求并给予相应的帮助，从而使信息技术手段被合理运用。

另外，要根据乡村经济发展的实际情况，对发展目标进行明确，并且制定出相应的计划，推动农业经济活动的顺利开展。农业推广站也要和当地政府部门进行结合，定期或者不定期地开展培训活动，让农民参与到培训中，在培训中将相关的信息技术知识介绍给农民。培训不但可以提高农民的文化水平，还能将信息化手段的应用进行推广。对乡村经济信息化管理人员进行培训，可以提高管理人员的专业能力，提高乡村经济管理工作的效率。

### （三）健全农业信息服务平台

因为乡村信息资源的开发水平相对较低，所以政府部门则要加大扶持力度。比如引进一些外资，对乡村信息服务平台建设进行投资。还要帮助农户生产符合市场要求的农产

品，提高农民的经济收入，达到推动乡村经济发展的目的。

1. 建立网络系统

在经济信息化管理工作中，网络系统尤为重要。根据中国乡村发展的具体情况，借助网络系统可以在事前进行控制、事中进行加强和事后进行分析等，这也是乡村经济管理工作的重点。例如，在银行现金管理中应用网络系统，可以对固定资产进行有效的核算，同时还能通过资金流方向对资金核算及管理进行加强。在网络系统的使用下，可以开展实时监控，避免虚假财务管理事件的发生。另外，建立网络系统不但可以对乡村经济进行有效的管理，还要加强安全网络体制的建设。只有这样，才能使系统可以正常运行，保证数据的安全性，同时，要在系统中充分利用模块化组合，满足用户个性化需求，降低成本的投入。

2. 开发管理工作软件

目前很多软件的开发都忽视了乡村财务管理工作的实际情况。农民作为软件应用的主体，自身文化水平及计算机技术能力都相对较低。因此，将信息化手段应用到乡村经济管理中，一定要开展专业知识的培训。在软件的开发中，要和软件开发部门、农业经济管理部门以及政府部门进行协商，根据乡村财务的实际需求进行软件的开发。在保证软件技术先进性的同时，要确保软件的实用性。另外，在提升乡村经济管理水平的同时，要将提高乡村会计人员综合素质进行重视。

3. 设置电子商务平台

将信息化手段应用到乡村经济管理工作中，要设置相应的电子商务平台，其主要目的是为客户提供与财务相关的数据处理。将这种情况应用到乡村经济财务管理中可以有效解决管理中存在的问题。首先，要保证乡村经济管理人员对电子商务平台的相关知识进行掌握，特别是财务报表远程管理方面，使会计人员可以通过电子商务平台对乡村财务运转情况进行了解，有效提高会计人员的工作效率；其次，通过电子商务平台的设置，使经济管理工作得到统一的核算，避免各村独自记账情况的发生；再次，通过电子商务平台的有效利用，可以使乡村经济管理工作进行有效的集中，在同一服务系统中使管理财务工作更加科学化，提高乡村财务管理工作的有效性。

新时期，在乡村经济管理工作开展过程中，要重视结合信息化技术，要不断提高认识，从而进一步应用更加高效的信息化手段，不断提高乡村经济管理质量。希望通过以上研究，能够为相关工作的开展提供有效保证。

# 第四章　乡村建设中的生态环境问题

乡村的建设与发展，不应当只关注经济，更应建立在保护生态环境的基础之上。从生态环境保护的角度，将我国乡村建设规划与当地的自然生态、经济生态、人文生态相结合；在新技术的作用下，用自己的方式合理规划乡村，才是实现我国乡村健康发展的明智之举。

## 第一节　乡村经济发展的生态基础

### 一、乡村生态的特点

#### （一）运动性

乡村生态系统是一个有机统一体，总是处于不断运动之中。在相互适应调节状态下，生态系统呈现出一种有节奏的相对稳定状态，并对外界环境条件的变化表现出一定的弹性。这种稳定状态，即是生态的平衡。在相对稳定阶段，生态系统中的运动（能量流动和物质循环）对其性质不会发生影响。因此，所谓平衡实际是动态平衡，也就是这种随着时间的推移和条件的变化而呈现出的一种富有弹性的相对稳定的运动过程。

#### （二）自我调节性

乡村生态系统作为一个有机的整体，在不断与外界进行能量和物质交换过程中，通过自身的运动而不断调整其内在的组成和结构，并表现出一种自我调节的能力，以不断增强对外界条件变化的适应性、忍耐性而维持系统的动态平衡。当外界条件变化太大或系统内部结构发生严重破损时，生态系统的这种自我调节功能才会下降或丧失，以致造成生态平衡的破坏。①

#### （三）相关性与演化性

任何一个生态系统，虽然有自身的结构和功能，但又同周围的其他生态系统有着广泛

① 杨宝林．农业生态与环境保护［M］．北京：中国轻工业出版社，2015：29.

的联系和交流，很难截然分开，由此表现出一种系统间的相关性。对于一个具体的生态系统而言，总是随着一定的内外条件的变化而不断地自我更新、发展和演化，表现出一种产生、发展、消亡的历史过程，呈现出一定的周期性。

## 二、乡村经济发展中生态基础的保护

### （一）合理开发和利用自然资源，保持生态平衡

乡村经济发展必须合理开发和利用自然资源，以保持生态系统的生态平衡为前提。只要重视生态系统结构与功能相互协调的原则，就可以保持系统的生态平衡，同时又可以开发自然或改造环境。只有生态系统的结构与功能相互协调，才能使自然生态系统适应外界的变化、不断发展，也才能真正实现因地制宜，发挥当地自然资源的潜力只有重视结构与功能的适应，才能避免因结构或功能的过度损害而导致环境退化的连锁反应。[①] 在利用生物资源时，必须注意保持其一定的数量和一定的年龄及性别比例。这应该成为森林采伐、草原放牧、渔业捕捞等生产活动中必须遵循的一条生态原则，以保证生物资源不断增殖恢复。否则，就会不可避免地出现资源枯竭，使生态系统遭到破坏。

### （二）改造自然、兴建大型工程项目，必须考虑生态效益

改造自然环境，兴建大型工程项目，必须从全局出发，既要考虑眼前利益，又须顾及长远影响；既要考虑经济效益，又要考虑生态平衡。生态平衡的破坏后果往往是全局性的、长期的、难以消除的。例如，兴修水利既要考虑水资源的利用，又要考虑由此引起的生态因素的变化。否则，一旦造成生态环境的恶化，后果将不堪设想。

### （三）大力开展综合利用，实现自然生态平衡

在自然生态系统中，输入系统的物质可以通过物质循环反复利用。在经济建设中运用这个规律，可以综合开发利用自然资源，将生产过程中排出的“三废”物质资源化、能源化和无害化，减少对环境的冲击。总之，人类在改造自然的活动中，只要尊重自然，爱护自然，按自然规律办事，就一定能够保持或恢复生态平衡，实现人与自然的协调发展。

# 第二节　乡村建设中可持续发展问题

## 一、乡村可持续发展的内容

实现乡村可持续发展，促进城乡协调发展，一是要避免农村建设的种种不良倾向，在

① 吴彩斌．环境学概论 第2版［M］．北京：中国环境科学出版社，2014：65.

风貌环境上要有较高的辨识度，二是要在软硬件配置上方便生活生产，三要有足够接地气的产业留得住人、支撑得起村庄的长远发展。一个好的规划要发挥全域空间管控作用，跳出传统规划“蓝图”，以策划和经营的理念进行调控，规划实施后要让当地百姓、投资者和地方政府都能获利，实现居住者悦、行商者利、执政者荣，尤其是地方百姓，要满足他们“安居乐业”最朴素的诉求。

### （一）环境优美、整洁舒适的环境

提到乡村自然就会想到村口的小桥古树、石子路，想到门前屋后的篱笆池塘、檐口挂着的辣椒玉米……浓重的乡土气息是乡愁的寄托，是乡村区别于城市的基本特征，融入自然的生产生活方式、邻里乡亲的淳朴乡风正是乡村的魅力所在。新时代乡村的建设，一方面要对传统农村脏乱差的问题进行整治，在危旧房改造、改厕、垃圾治理、污水处理等方面下功夫，并结合水土保持等工程，保护和修复自然景观与田园景观，慎砍树、不挖山、不填湖、少拆房，让村庄整体风貌与自然环境相协调；另一方面在建设新的项目时要尊重自然的村庄肌理，布局遵循聚散相宜、错落有致的原则，充分彰显乡村风格，保护乡情美景，留住自然风光，塑造整洁舒适、环境优美的村庄风貌，促进人与自然的和谐共生。

### （二）安全、便捷的生活方式

新时代的乡村既要能承载田园乡愁、又要能体现现代文明。在乡村呼吸的是自然的空气、看到的是麦浪滚滚的田园风光、吃的是纯天然的生态食物，在用的方面要考虑村民也需要安全便捷的现代生活。各项基础设施以及商业服务设施在乡村要有合理布局；加快农村互联网基础设施建设，让农民也能享受到自助缴费、互联网等各项现代化设施带来的便捷的生活方式；推进安防视频监控在农村的全覆盖，让农民也能享受到公安监控网络带来的社会治安保障。

### （三）文化的传承与发扬

文化是乡村凝聚力的灵魂，每一个自然村落的形成与壮大，都有其特定的历史文化原因，或者是一个家族的凝聚发展，又或是历史的变迁、社会经济发展的重要节点等等。尊重、保护地方历史遗存、传统技艺、文化现象、民俗活动等优秀历史传统文化并大力弘扬，让历史传统文化得以延续传承、发扬光大，是乡村获得可持续发展的重要途径。

一方面立足乡土社会，增强乡村凝聚力和认同感。充分尊重群众的生活习惯、情感信仰，做好历史传统文化的挖掘和保护，因地制宜打造人文景观，不断增强群众对传统文化的情感认同，提升群众归属感。另一方面提倡主题式聚焦，即个性化发展。将当地的特殊元素深入挖掘，并通过创新手法实现特殊元素被体验、被接纳、被传播。一定要是区别于其他乡村的真的有鲜明的特色，比如有的乡村有世界文化遗产，有的是国家或省级传统村落，有的是具有地域特性的传统技艺、民俗活动、土特产，有的是与时代紧密接轨的高科技、信息产业等，才值得被宣扬。

### （四）产业兴村

产业是乡村发展的基本支撑。乡村如果没有足够的产业支撑就业，不能提供致富的渠道，就会导致劳动力大量流失，农村空心化，走向衰败。但由于交通、信息、人才、资本等各方资源更加倾向于城镇，乡村缺乏对高效率产业的核心竞争力，这就决定了乡村的产业是要有别于城镇的，它会更倾向于效率偏低下的产业。

乡村的产业没有固定、明确的发展模式，还是要看乡村本身拥有什么样的资源。变资源为资本，从农业、旅游、手工业中寻找发展因素，挖掘地方潜力和可形成本地特点的主题，围绕主题配置和布局所需要促进的事业，按照"宜工则工、宜农则农、宜游则游"的原则，发挥比较优势，因地制宜，创造条件，导入合适的产业，让农村的产业留住人、让农村的机会吸引人。

乡村的特色一定要在产业上有所体现。根据近年来全国特色镇村典型成功案例来看，几个最有前景的产业方向分别是健康（康养）、旅游、体育、文化、农业、高科技等。一般来说不会单纯发展一个方向的产业，比如，有湿地公园天然氧吧，就能发展旅游业，附加康养、民宿；有现代农业、特色农业，就能附加田园综合体、创意农业、体验式农家乐等。

## 二、乡村发展问题是城镇化本身难以化解的矛盾

乡村问题本质上是城镇化问题。① 城乡社会转型是城镇化的基本特征，工业革命以后大规模的非农生产活动和人口向城市集聚，城市拉力和农村推力构成了乡村社会与城市社会非对称的发展关系，城乡发展差距不断扩大和乡村社会衰落现象，是城镇化发展过程中必须面对的长期矛盾和趋势。

中国城乡矛盾的发展既是城镇化一般规律造成的结果，也有中国的独特性。在过去30多年里，大量的农村人口转移并未对城市社会发展造成冲击，这一定程度上得益于城乡二元结构产生的制度红利，降低了城镇化的社会成本。但城乡矛盾不断积累和加深，表现在：城乡差距难以缩小，乡村经济总体缺乏活力；农村地区之间的发展差距不断扩大；农村地区青年劳动力大量流失，老龄化严重，"空心村"现象普遍；乡村社区组织瓦解，集体经济体制和组织载体弱化，生产组织和社区组织能力薄弱。由于城乡二元化的制度性阻碍，有超过2.5亿的农民工徘徊在城乡之间，难以真正融入城市社会。大量的农民工现象不仅造成农村家庭单元的分裂，也在宏观层面造成城镇化的不稳定性，走向现代化的社会风险也在不断加剧。

城镇化是实现国家现代化的必由之路，但走一条什么样的城镇化道路，既有其自然规律性，也是一种社会选择。加强对城镇化的宏观管理，有效缓解城乡矛盾，促进城镇化的可持续发展，已成为中国平稳迈向现代化的必然选择。

## 三、乡村的可持续发展是国家新型城镇化的核心问题

城乡统筹发展是国家新型城镇化提出的战略要求，其核心内涵就是要在城镇化进程中实现城乡的同步现代化，这将是一项前所未有的挑战。纵观城镇化的历史进程，无论发达国家还是发展中国家，都没有真正意义上实现城乡同步现代化的经验。特别是许多发展中

① 张尚武．乡村的可持续发展与乡村规划展望［J］．乡村规划建设，2016（1）．

国家普遍出现过度城镇化和贫民窟现象，并在经济发展进入一定发展阶段后难以摆脱“中等收入陷阱”，正是城乡发展矛盾难以化解的表现。

中国新型城镇化道路的成功，其最大的贡献和意义将在于一个农业大国在城镇化过程中，在实现了城市现代化的同时，实现了乡村的现代化转型。其主要任务在于以下三个方面，也构成了需要破解的三个难题。

第一，乡村社会治理的现代化。促进城乡的双向流动、保护乡村社会的活力、促进乡村文化的复兴是重要的价值取向，既涉及宏观层面体制改革，也涉及微观层面的机制创新。

第二，乡村经济的可持续发展。繁荣乡村经济是实现乡村现代化的前提。通过农业产业化建立起连接城镇化和乡村现代化的纽带，不仅要有利于在乡村地区形成造血机制，同时也要有利于形成以工补农、以城促乡的长效机制。

第三，乡村生活环境的现代化。探索适宜乡村化地区分散形态的公共服务均等化的实现路径以及基础设施配置和循环利用方式，是实现乡村现代化的一个难点。

## 第三节　乡村经济发展与生态环境保护

### 一、乡村经济发展与生态环境保护取得的成就

#### （一）乡村经济发展取得的成就

1. 重视农村经济发展

在新民主主义革命时期，党以农村为革命根据地，实行农村包围城市、最后夺取城市的战略，取得了革命胜利。中华人民共和国成立后，党和政府把发展农村经济放在发展国民经济的首位，农村经济发展为工业和城市经济的发展积累了资本，提供了原料和劳动力。夯实了国民经济整体协调发展的物质基础。十一届三中全会以后，农村又成为我国经济发展的突破口和主战场，农村经济体制改革被放在了党和政府工作的首位，农村市场空前繁荣，产业创新环境得到改善，乡镇企业异军突起，农村产业创新进入新的历史阶段。现如今，农民收入持续增长，农村社会发生了深刻变化。农村产业创新和经济发展工作始终受党和政府的高度重视。

2. 推动农村经济体制改革

中华人民共和国成立以前，我国的农村经济长期处于封闭、落后的自然经济状态。新中国成立以来，在不断的制度和产业创新推动下，我国农村经济得到全面发展，生产力水平和产业创新能力得到大幅度提高，但农村经济的市场化、商品化发展受到观念和制度的制约。十届三中全会以后的农村经济体制改革，以发展商品和市场经济为导向，全面改革农村的经营管理制度，鼓励农民发展家庭经营，改善和创造农村产业创新环境，加快农业和农村的产业创新，提高了农村的内生增长动力，推动了农村商品和市场经济的发展。改

革农产品流通制度、外贸制度和城乡关系，帮助农民提高产品质量、参与市场竞争，在农村各地建设各种市场，使农村的商品生产、商品经济逐步发展起来，农村产业创新的制度环境得到极大改善，促进了农村经济持续发展。

3. 建立中国特色的农村经济制度

改革开放前，农村经济基本上是集体所有制形式。为了调动各方进行产业创新和发展农村经济的积极性，党和政府审时度势，允许各种非公有制经济在农村经济活动中得到发展。我国农村经济的所有制形式包括国有经济、集体经济、合作经济、联合经济、个体经济、私人企业、合资合营企业、外资企业等多种形式。同时涉及有限责任公司、股份有限公司、企业集团、合作制、股份合作制、私人经营、合伙经营、承包经营、租赁经营、租售结合等多种经营形式。在农村产业创新过程中涌现出多种形式的合作经济，如社区合作、专业合作、供销合作、信用合作、消费合作、股份合作等。农业和农村行业协会得到发展，为推动具有中国特色农村经济的发展提供了组织保证。

4. 乡镇企业、农村工业得到发展

中华人民共和国成立以来，党和政府就十分重视农村工副业的发展，全国各地普遍成立了农村手工业合作社，对改善我国农村经济发展的物质条件做出了历史性贡献。改革开放以来，党和政府从全面振兴农村经济的战略高度出发，根据我国农村的实际情况，加大农村产业创新步伐，大力发展农村乡镇企业，开拓农村就业门路，增加农民收入，促进农业和农村各种公益事业的发展。目前乡镇企业的产值已占农村社会总产值的大部分，改变了农村产业结构单一的状况，推动了农村的产业创新和工业化进程。在乡镇企业发展的基础上，促进了乡村城镇建设，发展小城镇，扩大城镇规模，加快了农民向非农产业的流动转移，城乡经济得到协调发展，走出了一条独特的农村产业创新道路，为未来我国农村产业创新能力的进一步提高奠定了坚实基础。①

5. 全面建设农村小康社会

党和政府一向重视增加农民收入和发展农村经济，改革开放以来，鼓励一部分地区和部分人通过勤奋劳动、产业创新、合法经营先富起来。产业创新、开发扶贫，积极扶持贫困地区的经济发展，基本上消灭了农村的绝对贫困现象。开发西部地区，加大扶贫力度，调整产业结构，加快农村产业创新，增加农村就业机会，转移农村剩余劳动力，进行农村税费制度改革，真正减轻农民负担，建立农村社会福利保障体系，全面改善农村产业创新环境，使全国农民和农村向更加宽裕的小康社会迈进。

### （二）乡村生态环境保护取得的成就

1. 农村自然环境保护的可持续能力不断增强

政府不断加强对农村自然环境保护的重视程度，通过植树种草、绿化荒山荒地、建设防护林体系等有力举措，大大提升了农村自然环境保护的可持续能力。

2. 农村环境保护法律体系基本形成

目前我国已经颁布了《全国生态环境建设规划》《全国生态环境保护纲要》《水污染防治法》《噪声污染环境防治法》《水污染防治法实施细则》以及一系列适合农村特点的

---

① 石扬令，常平凡，冀建峰．产业创新与农村经济发展［M］．北京：中国农业出版社，2004：18.

地方性环保法规，如《畜禽养殖污染防治管理办法》《有机认证管理办法》。除了这些专门法律法规以外，修改后的刑法还增加了“破坏环境资源保护罪”专节，增加了“破坏环境资源保护渎职罪”的规定，农村环境保护法体系基本形成。

3. 农村环境保护的投入不断增加

近年来，各级地方政府采取多种措施，广开资金渠道，多方筹集资金建立环境保护基金。国家级生态功能区、国家级自然保护区等生态保护项目，主要由国家给予资金扶持；农村基础环保设施，生态保护能力建设等，以各级政府投入为主。资金主要来源于征收的污水处理费、垃圾处理费等；对于工业污染治理项目投资，主要由乡镇企业负责。除此以外，各地政府还积极利用“谁投资谁受益”的市场机制，动员和吸收社会资金，进行市场融资：同时加强与有关部门协调与合作，使信贷机构向环境保护倾斜。鼓励商业银行和政策性银行在确保信贷安全的前提下，积极支持农村污染治理和生态保护项目，尤其是已列入国家和省重点建设的保护项目。

4. 农村环保科技应用日益广泛

政府加大科技对农村环境保护的扶持力度，研究和生产出有机复合肥和其他无公害肥料及生物农药，推广应用秸秆的深加工技术，使其转化为饲料、燃料、肥料和工业原料。依靠科技进步，发展现代化的环保技术，实施农业环保工程，保护农村生态环境。环保产业的发展也为我国的污染防治、综合利用提供了大量的技术和装备。为防治环境污染所提供的新工艺、新技术、新产品不断推出和涌现。在污水处理方面，能全部完成处理工艺设备和配套设备的生产，污水回用技术与国际上的差距也在缩小，工业污水处理方面也有独到之处，有些技术设备已打入国际市场。

5. 环保理念逐步渗透到各个领域

环境宣传教育日益深入。各级党校和行政学院开设了环保教学内容；结合环境保护法，开展了环境法制教育；举办“保护生态环境，倡导文明新风”等大型宣传活动，环境宣传日益贴近群众；配合环保重点，新闻媒体采访报道，树立先进典型，揭露违法行为，在一定程度上优化了农村公众的环保认知结构。另外，随着可持续发展理念的贯彻，农村社会的生产和生活方式发生了显著变化。生态安全开始成为农村各项工作中必须考虑的因素。在生产方式方面，农村许多地区争先兴办生态农业的试点，发展绿色农业。提倡乡镇企业进行清洁生产、减少废物排放、节省能源资源，将环境保护由过去的末端治理变成生产过程中的治理，在一定程度上预防和减少了环境的污染和资源的浪费。在生活方式上，提倡绿色食品、环保节能型的家用电器和设备、无公害的生活环境等。这些绿色消费方式的推行，标志着农村公众的环保意识大有提高。

## 二、乡村村经济发展与生态环境保护和谐发展中存在的突出问题

虽然我国乡村经济和环境保护取得了举世瞩目的成就，但其存在的问题不容忽视。有不少学者对存在的问题进行了总结。本部分在有关研究成果的基础上对我国乡村经济发展与环境保护和谐演进中存在的问题进行分析。

### （一）经济增长以高消耗基础资源为代价

1. 耕地锐减

耕地质量和数量是环境优劣的一个重要指标，保护耕地也是保护环境的重要内容。[①]我国农村耕地利用的面积与质量问题不仅影响着农民的增收，更关系着我国农村经济的长远发展。我国宜耕耕地后备资源匮乏，尽管实行最严格的耕地保护制度，但受农业结构调整、生态退耕、自然灾害损毁、非农建设占用等因素影响，耕地数量仍逐年减少。而且，耕地质量总体偏差，中、低产田约占绝大多数，且水土流失、土地沙化、土壤退化、“三废”污染等问题严重。由此可以看出，国家虽然采取多种措施确保守住“红线”，但一方面由于城市化、工业化的进展导致大量优质耕地被占用，另一方面，由于对耕地质量的重视程度不高，对耕地的管理方式与技术措施不合理，导致耕地土壤基础地力下降，可耕用土地面积减少。

2. 用水紧缺

近年来，随着气候变暖，我国地区雨水分布不均现象越来越严重。农业灌溉用水仍然无法摆脱“靠天吃饭”的困境，农田耕作仍以大水灌溉方式为主，水的重复利用率不高，有效灌溉面积不足，灌溉用水的人为污染与浪费严重，导致我国农田灌溉缺水现象较重，严重影响到了农业的生产与农民的增收。

### （二）经济增长伴随着环境恶化

1. 生产污水的超标排放

改革开放以来，农村企业成为拉动农村经济增长的重要力量，在推动农村经济发展、促进农民增收、拓宽农民的就业渠道 以及建设和谐新农村等方面发挥了十分重要的作用。但不得不承认，我国大多数地区的乡镇企业档次低、规模小、技术设备不先进，再加之一些地方官员好大喜功，不切实际地相互攀比追求“政绩效应”，导致一些污染严重的小企业发展迅速，这是造成我国农村环境污染的主要原因。我国乡镇企业废水和固体废物等主要污染物排放量占工业污染物排放总量的一半以上；而且乡镇企业布局不合理，污染物处理率也显著低于工业污染物平均处理率。

2. 生活垃圾及污水的乱排放

农村生活过程中产生的污物随意、无序、分散的排放加重了环境污染，产生的农村生活垃圾几乎全部露天堆放；大量的农村生活污水几乎全部直排，再加上目前农村的基础条件有限，少有对生活垃圾及污水的收集与处理设施，大量的生活垃圾及污水不仅污染了农村的居住环境，而且导致饮用水源受到威胁，直接危害到农民的身体健康，农村的生活环境和生态环境令人担忧。

3. 农村土地资源破坏严重

目前，大量亩农田遭受不同程度的农用化学品的污染，发生盐渍化的耕地数量巨大。乡镇企业“三废”对农村环境的污染正在由局部向整体蔓延。由于废弃物堆存而被占用和毁坏的农田面积持续增长。此外，湖泊有富营养化的趋向。在造成水体富营养化的因素

---

① 多金荣，夏田．城镇绿色产业经济研究［M］．长春：吉林出版集团股份有限公司，2016：49.

中，生活污水的影响最大，工业废水次之，肥料是第三个影响因素。许多经过村庄的河流即使存在，也不生长生物，成为“死水”。当这些污染物进入量超过环境本身的自净能力时，必然导致农村生态环境质量下降，生态系统为农业所提供的资源供给、废物处理、空间支持、水源涵养、土壤熟化、气候调节和干扰缓冲等功能也随之减弱，最终使农、林、牧、副、渔的产品数量下降，质量变差，直接影响人的身心健康和生活舒适度以及农村社会经济的发展。①

### （三）经济效率依然低下

1. 土地利用低效率

随着经济的发展和农村劳动力外出务工人数增多，我国目前从事农业产业人员的数量减少。部分农村地区从事农田劳作的大多为老弱妇孺。出现了土地低效率耕作，甚至是荒地现象。此外，受传统耕作的生产方式影响，土地大规模集中生产程度较低，低效率的土地经营十分普遍。

2. 农村金融运转低效率

我国农村金融对经济增长的作用低于全国平均水平，农村金融市场的效率低于全国金融市场的效率水平。农村信用社、农业发展银行以及农业银行由于产权制度不完善，在资金运作方面存在许多漏洞与风险，造成农村金融资源以大量不良贷款形式被低效率配置，“高风险，低收益”的反常现象在我国农村金融市场十分普遍。此外，我国大部分农村地区，仍然以小农经济为主，小规模的生产、小额的金融需求与分散的经营特征导致金融服务成本居高不下。受自然条件等因素影响，农业生产周期较长，投资的回收期也较长，投资产出可预期性比较低。

## 三、乡村经济发展与环境保护协调机理

我国乡村是一个包括经济系统和资源环境系统在内的复杂系统，对乡村经济发展与环境保护协调机理进行分析需要运用可持续发展理论、生态经济理论、资源环境科学、系统科学理论等多个学科的相关理论。

从系统经济学的观点来看，我国乡村中经济与环境保护作为一个综合系统，各子系统间会出现相互矛盾和制约的现象，这就需要协调。② 协调的目的是把矛盾和冲突变为和谐与统一，使无序状态变为有序状态，提高系统的整体功能和整体效应。

### （一）经济发展与环境保护协调机理分析

经济发展与环境保护协调机理是资源、环境、经济三个子系统相互作用的机理，表现为相互促进和对立的依存关系。

农村资源是农村生存和发展的物质基础，农村经济发展离不开农村资源的供给支持。随着农业技术进步和农村经济的发展，人们利用农村资源的能力必然提高，农村资源的内涵和外延必然扩大，农村资源的承载能力也不断增加。同时，人们对农村资源消耗的补偿

① 陆远如．新农村建设中的经济发展与环境保护和谐演进研究［M］．北京：中国经济出版社，2014：147.

② 陆远如．新农村建设中的经济发展与环境保护和谐演进研究［M］．北京：中国经济出版社，2014：50.

能力也不断增加，从而使农村资源系统得到有效的培育，最终实现农村经济与农村资源的协调发展和良性循环。农村经济的发展必须考虑资源的承载能力，考虑农村资源环境与农村经济的依存关系，合理、高效、优化利用不可再生资源，永续利用可再生资源。农村环境是各种生物生存和发展的空间，是农村资源的载体，为农村经济发展提供运行基础，农村环境质量的好坏，直接影响农村自然资源的存量水平和质量变化，影响农村经济发展运行的速度和成本。环境容量的扩大既取决于环境保护投入和技术进步，也取决于经济过程中污染废弃物的有效控制，环境与经济协调发展的关键是建立经济环境补偿机制，建立与环境系统相适应的产业结构、技术结构和人类的生活消费结构。经济系统以其物质再生产功能为资源、环境系统提供物质、资金和技术支持。[①] 因此，在推动农村经济发展的过程中，不仅要注重农村经济的增长，也要注重农村经济结构的优化，注重协调好资源环境与经济发展的关系，不断增强全民的经济与资源环境协调意识，以保证农村经济、资源、环境的和谐发展。

### （二）经济发展与环境保护协调机理的特征

1. 层次性与整体性

乡村经济发展与环境保护系统作为一个反映人与自然、人与人之间关系的复杂、综合、动态大系统，包含了资源、环境、经济子系统，每个子系统又有不同级别和层次的亚系统，如资源系统仅与农业有关的就有水、土、气、光等，水资源又可分为地表水、地下水、自然降水等。整个系统的协调发展有别于各级子系统的协调发展，但又离不开各级子系统的协调发展，因此，要实现整个系统的协调发展，不仅要注意系统各层次的协调，还要注意系统的整体性协调。具体来讲，在宏观层次上对其整体协调，在微观层次上要对各个系统及其内部进行协调。

2. 关联复杂性

乡村中经济与环境保护协调发展包含有多级子系统，彼此之间存在着相互依赖、相互作用的关系，这些关系不仅多样（单向与多向联系，稳定与不稳定联系），而且是非线性的。这是系统变化和稳定（相对稳定）的根本原因，正是各个子系统的复杂关联才促进了整个系统的持久有序稳定和协调发展。

3. 约束性

乡村经济发展必然对资源环境系统造成一定的影响，但是持久的发展要求保护和合理开发利用资源，保持或者改善现有的环境质量。乡村经济发展不能超出资源的承载能力和环境的可允许容量，资源枯竭和环境污染加重都是经济发展超过环境容量和资源承载力的结果。乡村经济与资源环境协调发展是一种充分考虑资源约束和环境约束的发展，经济发展不仅要受到经济自身运行规律和积累水平的自我约束，也要受到资源系统、环境系统的外部约束。因此，人们在推动经济发展的过程中，一方面要利用先进的技术手段打破这种约束，同时也不能忽视这种约束，要注意资源承载力和环境容量问题，并且有意识地给予改善和提高。

---

① 姚志春，安琪．区域水资源生态经济系统冲突与协调［J］．南水北调与水利科技，2011（4）．

4. 开放性

乡村经济与环境保护协调发展是一个高度开放的系统，它像一个有机体的新陈代谢一样，与外界环境不断交换资源、资金、技术、能量、信息。如果这种交换停止，换言之，系统处于一种封闭状态，则系统的生产力就会下降，运行就会失调。所以，我们必须正视系统的开放性，注意系统内部子系统之间的交换以及系统与外部的交换。但是系统的开放度又必须是合理的、适度的。如果开放过度，就会破坏或减弱系统的功能。

5. 动态性

乡村经济与环境保护协调发展是一个动态演化的系统，这种演化一般是一个由低级到高级的过程，是一个由量的积累到质的飞跃的过程。当系统达到某种协调状态后，会随着条件的变化产生某种质变，从而打破平衡，随后在系统的组合作用和协同作用下，系统又达到新的协调状态，这样就产生了一种不稳定的波动状态。系统不稳定和波动，既容易打破旧的平衡，也容易建立新的平衡，也正是有了这种波动和动态的演化，才推动了系统一步一步向更高层次、更高水平发展。

在乡村建设中，经济系统、环境系统具有独立的功能特征，而且其作用方式和作用程度也各不相同，但各系统对于复合系统功能的实现都是不可缺少的。乡村经济发展与环境保护协调机理的总体功能特征需要通过子系统功能的耦合才能实现。这些功能主要包括生产功能、经济功能、生活功能、教育功能、生态功能和旅游功能等。

## 第四节　经济发展与生态和谐发展的路径分析

乡村建设中经济发展与环境保护协调发展实现双赢是乡村建设的主要内容和主要任务。经济发展与环境保护之间存在着互相促进的一面，也存在着互相影响的一面。[①] 经济的发展要受到环境、资源的制约，没有环境资源的支撑，经济发展无从谈起。同时环境也会受到经济发展的制约和影响。这就要求我们既不能把经济发展和环境保护等同起来，也不能把两者割裂开来，乡村建设不能以牺牲环境资源为代价，应当在经济发展与环境保护和谐演进中寻求两者的协调发展。

### 一、从转变思想观念入手，加强全民生态环境意识建设

在乡村建设中，少数地区把环境保护和经济发展对立起来，为片面发展产业而过度使用生态资源，甚至以牺牲环境为代价，换取暂时的局部经济增长；对优化产业产品结构认识不足，继续搞低水平重复建设，没有把环境保护纳入经济发展中来。造成这种现象的原因有多方面，但以经济效益为唯一评价指标、生态观念淡薄是重要原因。提高环境保护意识，关键是要加强社会各个决策层的环境意识，只有各级领导的环境意识提高了，才能保证政策决策的正确性和准确性，从而确保环境与经济得到协调发展。同时，环境保护不是

① 吴元彩．社会系统论［M］．上海：上海人民出版社，2003：38.

单单靠决策者就能够真正实现的，所有的环保措施都需要每个公民的参与。小到像垃圾分类、电池回收、节约用水，大到像修堤筑坝、防沙造林等活动。这一切都需要从提高全民特别是农民群众的环保意识着手。

保护与改善农村生态环境，起决定作用的是农民综合环境保护意识的提高，因而，需要切实唤起农民的生态意识，加强生态道德教育，帮助农民全面科学地认识和处理人和自然的关系，使他们在改造自然的活动中受到理性和道德的约束，自觉地处理好人和自然的关系，走可持续发展道路。

### （一）加强生态环境教育，提高农民环境保护责任意识

提高农民的环境意识，首要任务是不断提高农民的环境保护责任意识。要持之以恒地开展生态保护相关政策、法规和环境知识的宣传教育，使人们具备资源与环境科学的基本知识。要教育和引导农民深入认识人类赖以生存的环境及其规律，自觉地处理与协调发展经济与保护环境之间的矛盾，决不能走“先污染后治理”的路子。要教育和帮助农民改变落后的生产生活方式。特别是要强化农民的土地和耕地资源保护意识，牢固树立土地是宝、无地不活的土地观；要把生态教育与计划生育宣传教育结合起来，严格控制人口数量，优化人口布局，提高人口素质。在知识经济时代，高素质的人口越来越成为经济可持续发展的动力源泉。人口的合理发展对于环境经济系统的相互协调起着决定性的作用。我国人口多，基数大，这是制约生态环境与社会经济协调发展的一个重要因素，也是人口素质低下和贫困落后的根源之一。应把生态教育纳入义务教育。在现阶段，更应该建立绿色教育机制，“从娃娃抓起”，从身边可做的具体事情做起，逐步养成生态文明的理念。当前要从以下几个方面着手：在中小学校开展普及环境知识的教育，将其渗透到各科教学中，增强学生保护环境的意识和责任感；在高等学校非环境类专业教学中开设环境学课；对政府管理者进行环境与可持续发展的强化教育。同时，要利用农民群众喜闻乐见的形式，充分发挥新闻媒体、文艺团体、环保团体的积极作用，大力发展生态文化，在文学创作、书画、摄影等文学领域开展多种形式的生态宣传教育，使所有的单位、家庭和个人都行动起来，人人参与生态建设，不断增强亿万农民群众关心、爱护与改善环境，共建美好家园的责任感和自觉性。

### （二）树立和践行生态价值观

正确处理人和自然的关系，在乡村建设中促进经济与环境和谐发展，从价值理念的层面说，应着力破除传统工业文明的人类中心主义价值观，树立和践行生态价值观，这是加强全民生态环境意识的观念基础。人类中心主义价值观过于强调人是自然的主宰，人的生存和发展是绝对价值，人之外的存在物只具有服从人类需要的工具价值。[①] 在人类中心主义价值观的支配下，人类选择了以科学技术为手段、以财富增长为目的、以征服自然为指向的发展模式。这种发展模式在给人类带来物质繁荣的同时，也带来许多人们不曾想到的负面作用：人类不断试图征服自然，又不断受到自然无情的报复。与人类中心主义价值观不同，生态价值观既承认自然的优先地位，又肯定人的主观能动作用，强调二者的有机统

---

① 刘亚萍，金建湘．生态文化与旅游业可持续发展［M］．北京：中国环境出版社，2014：2.

一。具体而言，就是强调人是自然的产物，是自然生态系统的一部分，与地球其他生物共享这一系统，其生存和发展有赖于自然生态系统的完整和优化。同时，人类在享受自然、改造自然的过程中应自觉地承担爱护生态、保护和优化自然环境的责任与义务，而不能随心所欲、恣意妄为。生态价值观的核心，在于通过人类的自觉意识和努力，在人与自然之间建立一种新型关系，即人与自然和谐发展。

消费是人类经济社会生活的基础性内容。树立和践行生态价值观，一个关键问题是破除“异化”消费观，树立和践行生态消费观。“异化”消费观的核心思想是鼓励“炫耀性消费”“奢侈性消费”“便利性消费”，把消费视为人的自我价值实现和幸福体验的主要方式，鼓励人们把消费活动置于日常生活的中心位置，并不断增强对消费的追求。在这种观念的主导下，消费成为生活的最高目的，人反而受到消费的控制，成为消费的奴隶。相反，生态消费观把消费视为一种手段而不是目的，反对各种奢侈和浪费行为，强调以尽可能少的资源和环境代价来满足人的物质文化需求；既强调通过消费来满足人的当前利益，又关注消费对人的长远利益的影响，以能否促进可持续发展来考察和衡量消费行为。

### （三）充分发挥传统文化和村规民约的积极作用

博大精深的中国传统文化蕴含了丰富的生态伦理智慧。如“天人合一”，主张人与自然和谐相处。“丰衣足食，勤俭持家”的生活哲学教育人们勤劳节约，反对铺张浪费，在此基础上我国广大农村积累和形成了很多行之有效的乡风民俗、民间规约，直到今天它们仍然对农村特定社会组织成员具有较强的凝聚力、亲和力，在乡村建设中发挥着不可忽视的作用。所以，应当通过国家法律法规的影响和各级政府政策的导向，广泛发挥这些有关自然资源环境方面的村规民约、文明公约等的积极作用。事实上，自中华人民共和国成立以来，凡涉及大规模的群众性社会改造活动，包括配合《婚姻法》《森林法》《草原法》《水法》等的贯彻实施，各地都充分发动群众订立了大量诸如《封山育林公约》《土地承包公约》《水资源保护公约》等民间规约，它们在形式上、内容上配合国家法律的实施和政府施政方针的贯彻，充分发挥了对国家法规的补充、协调和辅助作用。所以，在社会主义乡村建设中，提高广大农民的环保意识，需要继承和发扬我国优秀传统文化中的生态伦理思想，“古为今用”，同时充分发挥部分村规民约的积极作用，并使之在与国家政策和法律的不断调适中与时俱进，实现良性互动。

## 二、完善相关制度，强化环境管理

加强环境管理是我国环境保护工作的一大特色①，通过加强制度建设，强化环境管理，能起到少花钱、多办事、办好事的效果。在乡村建设中，应不断加强环境管理制度建设，进一步健全和完善农村环境管理制度体系。

### （一）加强制度设计，促进经济与环境协同发展

制度学派认为，制度是由人设计和制定的，它的重要功能是为人类交换（包括政治、

① 刘燕华，周宏春．中国资源环境形势与可持续发展［M］．北京：经济科学出版社，2001：78.

社会、经济）活动提供激励机制①，因此，使生态与经济协调发展的制度安排必须提供这种激励和约束机制。由于外部性的原因，单个企业不可能承担它所引起的环境污染的全部成本，同时它也不能获得自己改善环境进行投资所得到的全部收益，如果没有政府的干预，企业宁愿生产更多的环境污染而不愿意投资改善环境。生态环境保护的成本与收益的不对称使传统经济分析方法失灵。克服成本与收益的不对称性，消除个人收益和社会收益、个人成本与社会成本的不一致性是建立能使生态与经济协调发展的制度安排关键。政府可以通过责、权、利的界定，使外部问题内部化；运用将环境污染的成本和环境改善的收益引入企业总成本和总收益的方法来激发企业改善环境的自觉性和原动力。这一方面需要建立反映生态环境状态的价格体系。另一方面政府也可以通过制定法规，防止企业在生产过程中造成环境污染，建立生态破坏限期治理制度。制定生态恢复治理检验或验收标准，坚决贯彻开发利用与保护环境并重和谁开发谁保护、谁破坏谁治理、谁利用谁补偿的方针，将行政手段与经济手段、政府干预与市场机制结合起来，促进经济与环境协调发展。

### （二）建立环境税制度

强化对环境管理的经济手段，重要的一项举措是建立征收环境税制度，环境税是一种全新的税种，在市场经济体制下，征收环境税是一种保护生态环境的重要经济调节手段。它是针对目前日趋恶化的生态环境而提出的。在国外，很多国家都采取了一系列措施，对破坏生态环境的活动进行管理，其中包括征收消费税、支付信用基金、征收生态税、征收意外收益税、征收收入税等。从经济学的角度看，生态环境是一种资源，而且随着社会的发展，它的稀缺性日益明显，正是这种稀缺性才体现出生态环境的经济价值。所以，环境税实际上可以看作是一种生态环境补偿费，是一种生态保护的平衡机制。它把应由资源开发者或消费者承担的对生态环境污染或破坏后的补偿，以税收的形式进行平衡，体现了“谁污染谁治理、谁开发谁保护，谁破坏谁恢复、谁利用谁补偿、谁受益谁付费”② 的生态环境开发利用保护原则，从而确保在环境的使用上不再有“免费的午餐”。

### （三）健全环境信息公开制度

环境信息作为一种新的环境管理手段，已成为继环境管理指令性控制手段和市场经济手段之后的新的环境管理模式和发展方向。

我国开展环境保护事业几十年来，一直将重心放在城市环境治理和保护上，长期疏于对农村环境的必要关注，环境保护法律文件中只有极个别法律文件涉及农村环境保护问题。尤其突出的是农村环境信息公开工作的严重缺位，城市和农村环境信息公开工作差距悬殊。环境信息公开是其他环境管理手段的重要前提，环境管理传统手段指令性控制手段和经济手段效用的充分发挥都离不开环境信息的公开。全面、客观的环境信息是农村环境管理中做出正确的环境决策指令的基础。企业等环境主体的行为、产品信息的公开，有利于管理部门和农民群众对其充分了解，通过经济手段进行评价、监督及施加压力，促使其

① 马涛．博学·经济学系列 经济思想史教程 第2版［M］．上海：复旦大学出版社，2018：340.
② 王丹．马克思主义生态自然观研究［M］．大连：大连海事大学出版社，2014：203.

逐渐消除环境危害行为。在乡村建设中必须高度重视环境信息公开在实现乡村环境治理中的重要作用，逐步建立健全农村环境信息公开制度，切实加强对农村环境信息公开工作的组织与管理，从而达到制约环境作为、改善环境质量的目的。

### （四）完善农村环境审计制度

长期以来，受城乡二元社会结构以及农业支持工业的政策影响，农村各项环境事业发展相对滞后，使环境审计在农村开展几乎不可能。从环保政策看，我国农村环保均沿用城市的一套政策。从环境管理来看，农村环境管理主体即被审计责任单位缺失，环境审计工作无法开展。从现行审计体制看，国家审计机关逐步退出乡镇审计，内部审计、民间审计也极少涉足农村。农村审计仅仅作为上级财政财务收支审计、重要项目审计等的必要延伸，成为整个审计体系的薄弱环节。

环保各相关部门是目前我国环境监管的主体，但其职能被弱化。城乡二元社会结构造成的城乡诸多差异，以及我国农村与发达国家农村情况的迥异，决定了我国农村环境审计工作不能照搬我国城市和发达国家农村的经验。审计机关作为综合性经济监督部门，应该参与到农村环境这项工作中来，充分发挥其在环保方面的监督、制约和促进功能，切实推进环境审计在广大农村的有效开展。要逐步改革现行的行政型审计模式，实行政府审计的垂直领导，保证基层审计工作的独立性、权威性。逐步把审计职能从挂靠机构分解出来组建专门规范的乡镇审计机构并纳入国家审计体系。在审计计划上，尽量把涉及农村的环境项目纳入审计范围，特别是乡镇政府环保资金的分配、使用等环节，在审计项目选择上，应以“全面审计，突出重点”为原则，找准突破口，如东部农村的乡镇企业审计、西部农村的生态工程审计、重点村镇的环境审计等。在环保管理体制上，要明确各级政府在农村环保中的责任，将其纳入公务员考核机制，引导政绩观向注重绿色 GDP 的转变，树立资金下移建设农村的理念，深入了解农村环境现状，不断完善和规范基层行政管理体制。改变环境管理工作分散而效率低的现状，将分属各部门的资源、环保职能统一由国家环境主管部门负责，减少部门间的交叉与矛盾。环境审计报告公布后与环保部门合作建立村镇环保数据库，完善环境监测、统计系统，为后期审计提供资料。

## 三、以建设资源节约型和环境友好型乡村为基本特征，根本转变经济发展方式

### （一）在生产、流通、消费各环节充分体现“两型”要求

资源节约型、环境友好型社会是我国未来发展的总体目标，乡村建设也必须以此为原则，加强对农业资源环境的保护力度，逐步弱化资源环境对农村经济发展所呈现出来的瓶颈约束作用，最终实现农村社会、经济、资源环境三大系统的协调发展。总体上说就是要通过采取法律、经济和行政等综合性措施提高资源有效利用，以最少的资源消耗获得最大的经济效益和社会效益，以保障经济社会的可持续发展，包括在谋求经济发展的同时尽量减少对资源消耗的浪费，厉行节约；在生产过程中用尽可能少的资源创造同量甚至更多的财富，提高资源的利用率和利用效率。同时，以资源环境承载力为基础，改变高消耗、高污染、低效率的传统经济增长模式，构建低消耗、少污染、高效率的新型经济增长模式；加强宣传和教育，转变消费方式和生活方式，倡导绿色消费与合理消费；加快技术进步，

开发和创新有利于资源节约、环境保护的绿色技术，从而建立环境友好生产体系、消费体系和科技体系。

### （二）建立“绿色GDP核算体系”

从传统发展方式向可持续发展的转变，会涉及经济、社会、政治和文化的各个方面，主要包括经济增长方式和消费方式的转变。经济增长方式是推动经济增长各生产要素的投入及其组合方式。若经济增长主要靠要素投入的增长来推动，则可称之为粗放型经济增长方式，其特点是“高投入、高消耗、高排放、不协调、难循环、低效率”①；若经济增长主要依靠要素使用效率的提高来推动则可称之为集约型增长方式，是一种“科学、质量、效率和效益”相协调的增长方式实现经济增长方式从粗放型向集约型转变，是提高资源转化率和经济效益，减少污染物排放量的根本出路。从扩大再生产方式来看，应由外延型扩大再生产向内涵型扩大再生产转变；从速度和效益来看，应由速度型向效益型转变；从投入产出来看，应实现“低投入、低产出—高投入、高产出—低投入、高产出”的转变②，只有这样，才能在实现中国经济持续、稳定、快速发展的基础上，实现对自然生态环境的保护。③ 增长是发展的基础，我们不能不重视经济增长的速度。但是在估算经济增长速度时，除了计算物质资本的成本外还要核算自然资本损耗的成本，将自然资源环境纳入国民经济核算体系，建立绿色GDP核算体系。在衡量经济发展的指标中，要建立一套能够反映生态环境的指标体系，使生态环境的质量成为衡量发展水平的重要标准。对于人类来讲，清洁的水和优美的自然环境与其他消费品一样重要。优良的生态环境所产生的效用可以为社会和每个成员所分享，而高质量的消费品只有那些能为它支付货币的人才能获得。生态环境改善，更能体现经济发展的要求。经济发展不能只有经济增长这个单一目标，要根据发展实际，将生态环境保护和经济社会协调发展纳入发展目标之中，实现经济发展目标由单一型向综合型转变。

### （三）优化产业结构，大力发展生态农业

推进农村经济发展方式的转变，调整和优化产业结构是关键。一是在产业安排上，要坚决淘汰资源、能源浪费大以及高污染的产业和产品，大力发展生态型农村工业和农村服务业，走农村新型工业化道路。发展生态型工业，是当今社会发展的客观必然趋势。要利用当地资源，依靠科技进步，积极开发、引进无“三废”或少“三废”排放的新工艺、新技术、新设备，积极推行清洁生产并生产出符合生态标准的产品，形成污染轻、效益高的新模式。二是要调整和优化农业结构，大力发展生态农业。调整农业结构，其基本要求是要在优化农业区域布局的基础上，通过调整农业内部种养结构，发展优质、高产、高效农业，尤其要大力发展生态农业。生态农业是能够节能、保护自然资源、改善生态环境和提供无污染食品的农业。生态农业建设是生态环境保护和农村经济协调发展的有效途径。要认真总结经验，加强组织领导，依靠科技创新，把建设生态农业与农业结构调整结合起

---

① 杨万平．能源消费与污染排放约束下的中国经济可持续发展［M］．北京：知识产权出版社，2018：125.

② 李克国，等．环境经济学［M］．北京：中国环境科学出版社，2003：74.

③ 曹新．经济发展与环境保护关系研究［J］．社会科学辑刊，2004（2）.

来，与改善农业生产条件和生态环境结合起来，与发展无公害农业结合起来，把生态农业建设提高到一个新的水平。

## 四、强化法律监管手段，加强农村环境保护法制建设

解决我国乡村的环境问题，必须加强政府对环境的监管。环境监管手段包括行政、经济、法律和技术等多种手段。其中法律手段在环境管理中具有特殊的地位和作用。目前我国大部分省、自治区、直辖市都颁布了省级的农业环境保护条例，但内容差异不大，其重点是农业生物的环境因素保护，未把农村、农民、农业看作一个有机整体予以关注。总之，我国现有的乡村环境保护立法主要的关注点是农业环境的保护，主要是由农业行政主管部门监督实施。与此同时，我国农村环境保护执法不严，在执法的广度和深度上，都还存在不少问题。执法队伍建设滞后，许多地方没有专门的环境执法队伍，有些法律部门对环境保护法律法规不熟悉，缺乏必要的技术手段，遇到技术性较强的问题束手无策，特别是遇到严重的突发事件时，缺乏应急能力和措施，致使环境安全问题不能及时解决，造成更大损失甚至留下后患。

### （一）完善农村环境保护立法

乡村环境保护法制建设是我国农村法制建设中的关键一环，也是我国依法治国、建设法治国家不容忽视的重要问题。① 目前虽然部分省市相继出现了《农村环境保护条例》，但全国统一的相关法律并未出台，我国应尽快制定《农村环境保护法》或《农村环境保护条例》，作为国家农村环境保护的基本法规。其法律制度安排应包括下列基本内容：第一，从农村整体发展要求出发考虑农业发展、生态环境影响、资源短缺和保护生物多样性等一系列问题，把农村经济与环境协调发展理念贯穿于农村污染防治等各个领域，实现环境保护服务于农村经济可持续发展的要求；第二，把对农村领导干部环境保护工作的考核纳入其中，应包括公众环境质量评价、空气质量、饮水质量、环保投资增长率、群众性环境诉求事件数量等要素。建立农村环境强有力的管理制度、排污收费制度、排污许可证制度、环境影响评价制度等制度，使农村环境保护真正有章可循、有法可依。

### （二）加大农村环境管理执法力度

要建立、健全乡村环境管理机构和队伍。目前，我国特别是县级以下的乡村环境管理机构和队伍十分薄弱，只有加强机构和队伍建设，才能有效推进环境管理和执法工作。对于严重破坏乡村自然资源、污染乡村环境的恶性事件，必须加大打击力度，严惩不法分子，对于严重渎职、违法乱纪，造成乡村生态环境重大损失的国家工作人员，要依法追究其行政、刑事责任。要坚持预防为主、防治结合、综合治理的原则，不断提高我国乡村环境管理水平，为实现我国现代化建设的宏伟目标创造良好的环境条件。

### （三）加强农民环境权法律保护

随着生态环境的不断恶化，环境问题越来越为社会所关注，人们对环境的权利要求随

① 梁涤坚．中国新农村环境法治研究［M］．武汉：中国地质大学出版社，2009：99.

之产生并日趋强烈，环境权应运而生。环境权是指环境法律主体就其赖以生存、发展的环境所享有的在健康、安全和舒适的环境中生产和生活的权利，主要包括环境享有权、参与权、知情权、检举权、请求权、索赔权、诉讼权等。加强农民环境权保护对促进乡村建设具有重大意义。但我国在保护农民环境权方面还存在诸多不足，公民环境权缺乏明确法律规定，亟须进一步完善环境立法，以更好地维护农民环境权。

一要从法律上明确公民环境权，将环境权作为公民的基本权利写进宪法，加以明确规定，以确立公民环境权的宪法地位。只有这样，才能充分保证公民的环境权，使环境权成为环境基本法的立法依据，并加以具体化和深化，为民法、行政法、刑法、诉讼法等部门基本法的立法提供坚实的基础。

二要在环保法律法规中明确环境权的内容。环境权的核心在于保障当代人和后代人对环境的合理利用，以获得生存和发展的必要条件，其主要内容应包括三个方面：一是公民拥有在良好、适宜、健康的环境中生活权利；二是公民拥有参与国家环境管理，维护其生存环境的权利；三是公民拥有环境救济权。此外，公民环境权作为法律上的权利，是权利与义务的统一体，公民除了享有以上环境权利外，还负有保护环境的义务。

## 五、明确政府责任，健全决策机制

环境保护尤其是乡村环境保护本身是一项公共服务，属于责任主体难以判别，公益性很强，没有投资回报或投资回报率较低的领域，对社会资金缺乏吸引力，政府必须明确自身责任，健全决策机制。

### （一）抓好乡村战略规划的制定实施

明确政府责任，完善决策机制，重要的是要抓好乡村战略规划的制定与实施，确保把环境保护作为决策的重要环节，从源头落实环保基本国策：各级政府要依法承担起改善环境质量和环境管理的责任，牢牢树立科学的发展观念，转变把环境因素置于决策之外的决策模式，实行环境与发展综合决策。同时，要把环境保护纳入各级政府的政绩考核，教育干部树立长远的、可持续的政绩观，改变以牺牲长远利益换来短期效益的政绩观。在战略规划和决策过程中，不仅要正确处理城乡关系，而且要全盘考虑经济发展与资源环境保护因素，把经济与环境纳入统一的决策体系，并由权威性的决策机构，采取科学有效的决策方法，制定出切实可行的决策方案和发展规划加以实施。通过综合决策实现经济效益、环境效益和社会效益的高度统一，促进农村经济社会与资源环境的协调发展，构建具有新风貌、新特征的新型社会主义新农村。

在乡村建设中，科学的规划是前提。我们过去在制定规划和政策的过程中，由于没有充分考虑可持续发展，没有充分考虑环境因素，没有考虑生态脆弱的承受力，致使我国经济长期处于拼资源、拼环境的粗放型增长。我们再也不能按照我国城市规划那样去规划乡村。在乡村战略规划制定和实施中，指导思想上必须始终坚持两条基本原则：第一要统筹兼顾，做到农村经济建设与生态环境建设协同一致。国内外经验表明，农村建设必经以大力促进农村经济的发展，壮大农村物质基础为根本，但与此同时，我们必须高度重视农村生态环境问题，乡村建设与环境治理要同步进行，环境规划和经济发展规划、村庄规划要互相协调。要确立环境优先发展理念，走新型建设路子，建立资源节约型乡村经济体系，不断维护生态平衡和社会经济的可持续发展。① 第二是要全面规划，实现治理与有效预防有机结合。规划落后于发展，是造成以往污染物处理难、污染源影响大和生态破坏严重的重要原因。从某种意义上说，规划就是治理与预防，规划就是节约与有效利用。各地在乡村建设中，必须全面贯彻绿色理念，做到规划先行：一是要全面铺开，即全国各个村镇进行乡村建设都必须先有规划，绝无例外；二是规划的制定要以保护环境、还原生态、节约资源为宗旨；三是规划力求周密细致。要制定农村土地的功能分区规划，各功能分区内部规划讲求布局合理、体现特色、绿化为先，尽量少走弯路。在农村聚居点尤其要做好地上地下水、垃圾处理等基础设施配套建设规划。

### （二）抓好城乡环境保护统筹规划

城乡环境均属我国大环境的重要组成部分，不管城市还是乡村的环境污染都会给彼此造成巨大损失。因此，保护乡村的生态环境，必须打破城乡生态环境彼此分割的旧观念和旧格局，将城市与农村的环境作为全国大环境系统中的子系统，在环境保护上要统一规划，在污染治理上要统一部署，做到统筹建设，统筹配置。乡村环境的保护仅有良好的愿望和规划是不够的，重在建设是实现乡村生态环境与城乡生态环境和谐发展的关键。统筹环境建设的重点是环保基础设施建设。鉴于现阶段城乡环保基础设施的差距，必须从宏观上调整环保资源的配置方向，着力加强乡村环保设施建设，以做强、做大农村环保这条“短腿”。

要促进现有的环保机构向乡村延伸，并逐步向乡村配备有技术、懂业务的环保人员，同时实施城乡一体化领导。城乡共同努力，加大对污染源尤其是对“面源污染”“白色污染”的治理力度，寓环境保护、生态建设于乡村的建设发展之中，实现城乡环境共存共荣。

## 六、发挥政策引领作用，确保农村环境建设资金投入

在乡村建设中，资金的匮乏是最大的困难，而解决这一问题最有效的方法是充分发挥政策对资金投入的引领作用。

### （一）进一步完善财政和投融资政策

要动员全社会力量，多方筹集乡村建设资金，带动社会资本特别是民间资本和外资投入乡村建设中，建立国家、集体、个人和外资等多渠道、多层次、全方位筹集资金的投融资体系。一是对于环境基础设施建设，以财政投入为主，实行多元化筹资，运营可以实行市场化；企业治理按照“污染者负担”的原则自己治理，自己无能力治理或为了经济合算的目的可以出钱请他人治理；危险废物实行行政代执行制度。二是对于跨区域、流域环境治理由上一级财政支持，省界问题由中央来协调。三是生态环境保护由财政解决，也要吸引民间投资；只有生态效益的生态环境建设项目的资金主要靠财政，具有一定经济效益的开发性项目主要靠市场。四是国家环保总局建设的监测能力项目，由国家财政和各省、

① 万红．大同农村水环境污染原因分析及防治对策［J］．环境科学与管理，2006（3）．

市财政负担。世行、亚行的援助、贷款资金，向环保、扶贫项目倾斜。①

要编制并发布鼓励生态产业发展和生态环境建设的优先项目目录，并对这类项目提供优惠政策。第一，严格限制措施。对于小规模、污染严重的工业项目和夕阳产业，在贷款上予以限制，提高固定资产调节税率，制定出台外贸出口标准和清单，加大市场压力使其失去竞争力。第二，制定补助政策。对环保产业予以倾斜优惠，包括对清洁生产、综合利用、环境产业、绿色技术等方面给予贷款支持；在贷款利率、利率保证金、贴现等方面享受优惠政策，同时要进一步扩大税收的优惠税种的适用范围和适用主体。②

### （二）建立健全资源环境价格政策体系

价格手段在市场经济条件下对配置环境资源、提高环境管理的效率具有独特作用。要进一步明确产权关系，通过责、权、利的界定，采用将环境污染的成本和环境改善的收益引入企业总成本和总收益的方法来促进企业改善环境。积极培育环境资源市场，建立合理的环境与资源价格体系。

目前，我国很多资源能源的价格偏低，有的甚至无偿使用，造成低效率和资源利用的浪费。工业部门没有节约、循环使用资源能源的积极性。一些地方的水利设施、供水项目甚至连运行维护的成本都难以回收。回收利用资源能源的不经济，导致许多原先并非是污染物的物料排入环境，农药价格的低廉，限制了综合性的害虫控制管理技术的推广，增加了健康和生态成本。此外，低价政策引发了寻租行为，寻租既加剧了危害环境现象的发生，又增加了社会成本。

我国在今后的深化价格改革中，应对不进入市场的环境要素开征有偿使用费，建立统一的价格市场，消除市场交易价格失灵，按长期供给边际成本定价，以准确反映经济活动造成的环境代价。

### （三）建立健全资源与环境生态补偿政策

生态补偿起源于生态学理论，起初专指自然生态系统自我修复活动生态补偿，随着人类加大对自然生态系统的开发利用，生态补偿更多地被界定为一种旨在推动人工修复自然生态系统的政策机制。③

生态补偿机制作为一种有效调动生态建设积极性，促进环境保护的利益驱动机制、激励机制和协调机制，其实质就是通过一定的政策手段实现生态保护外部性的内部化，让生态保护的“受益者”支付相应的费用，使生态建设和保护者得到补偿，通过制度创新解决好生态投资者的回报，激励人们从事生态保护投资并使生态资本增值。④ 其主要内容包括：实施污染物排放总量初始权有偿分配，给企业发放排污许可证，推进环境保护市场化运作；制定碳排放强度考核制度，形成控制温室气体排放的体制机制。

当前和今后一段时间必须重点抓好以下工作：第一，逐步建立并完善生态补偿的立法

---

① 蔡平，何伦志，王东．生态环境建设中的利益协调［J］．经济师，2004（1）．

② 王立国．山西农业节水灌溉可持续发展的对策［J］．内蒙古电大学刊，2005（3）．

③ 陈忠禹．海域生态补偿基本法律问题研究［J］．西南交通大学学报（社会科学版），2016，17（3）．

④ 毛显强，钟瑜，张胜．生态补偿的理论探讨［J］．中国人口资源与环境，2002，12（4）．

进程。第二，处理好生态补偿的几个重要关系，即中央政府与地方政府的关系、政府与市场的关系、生态补偿与扶贫的关系、“造血”补偿和“输血”补偿的关系、综合平台与部门平台的关系等。第三，完善生态补偿管理体制。第四，有序推进排污权交易试点工作。第五，建立适应生态补偿要求的资金保障机制，包括：完善现行保护环境的各项税收政策，为生态补偿机制的建立提供财力保证；进一步完善生态补偿机制的收费政策，按“资源有偿使用”原则，对重要自然资源征收资源开发补偿费，除了收取排污费外，还应扩大收费范围；中央和省级财政都应设立生态环境建设专项资金，并列入同级财政预算予以保证，同时要明确资金投入的重点区域和重点行业，对环保新技术、新工艺项目予以倾斜。

# 第五章　扶贫攻坚与乡村振兴

扶贫攻坚是针对我国当前复杂的贫困问题所做出的扶贫政策调整，是发展我国经济的重要措施。实施乡村振兴战略是党在新时代推进农村经济社会发展、实现农村基层治理体系和治理能力现代化所做出的一项重大战略部署。本章将阐述多元扶贫措施的成效，探讨扶贫体制机制的完善，分析乡村振兴工作的成效，探究乡村振兴工作的推进。

## 第一节　多元扶贫措施的成效

### 一、政治上夯实了扶贫组织基础

党的十九大首次提出“把党的政治建设摆在首位”，深刻体现了政治建设的极端重要性。① 在脱贫攻坚这场战斗中，首要强调的是政治保障，通过强化精准扶贫领导责任制、发挥好基层党组织的战斗堡垒作用、严格精准扶贫监督问责机制、推动精准扶贫法制建设等，用政治保障筑牢扶贫的组织基础。

#### （一）实行领导责任制，精准扶贫

精准扶贫工作是当前全党全国面临的一个重大系统工程，涉及党和国家各级组织部门工作的衔接和配合，由此，我党建立了上下连贯、统一协调的精准扶贫共建领导责任制度，进一步深化和细化了中央统筹、省负总责、市（地）县抓落实的管理体制，全面落实片为重点、工作到村、扶贫到户的具体工作机制。中央层面持续在政策制定、项目规划、资金筹备、考核评价、总体运筹等方面做好部署决策工作，省级层面做好目标确定、项目下达、资金投放、组织动员、检查指导等谋划指导工作，市（地）县层面做好进度安排、项目落地、资金使用、人力调配、推进实施等具体实施工作。明确各级在精准扶贫工程中的职责任务，在具体工作实践中严格执行标准，各司其职，形成从中央到地方分工明确、齐抓共管的工作态势，自上而下全面推进扶贫开发工作落到实处。

社会主义的优越性在于充分调动人民群众的积极性，集中力量办大事，精准扶贫工作

---

① 永吉县扶贫办．精准扶贫显成效［J］．新长征，2017（5）．

坚持党的领导，在党组织的统一领导下，带领人民群众积极投身扶贫开发建设。[①] 各级党组织的正确领导是精准扶贫工作的顺利完成的先决条件，而党政一把手对党组织领导扶贫开发更是起着关键性作用，是扶贫开发工作的第一责任人。

党政一把手对扶贫工作意义的认识程度、对扶贫工作进度的把握程度、对扶贫工作指导的科学程度直接影响精准扶贫工程的建设质量。我党持续强化党政一把手在精准扶贫共建工作中的领导责任，将扶贫开发工作成效、广大群众对扶贫工作的满意度等列为对党政一把手政绩考核的重要指标，明确了一把手在扶贫开发理论学习、贫困乡村调查研究、扶贫方案决策制定、扶贫工作部署实施和建设任务协调配合等方面的具体职责和标准，确保党政一把手这个“一线指挥员”群体真正承担起责任，发挥好作用。

### （二）突出基层党组织的重要作用

扶贫开发工作能否顺利推进、扶贫开发政策能否落到实处、扶贫开发任务能否扎实完成，归根结底依赖于基层党组织战斗堡垒作用是否得到了充分的发挥。基层党组织是联系党和群众的毛细血管，是落实党的各项事业的基本战斗单元。[②] 在党的脱贫攻坚事业中，我党把基层党组织建设放在重要位置，强调基层党组织的战斗堡垒作用。农村富不富，关键看支部，基层党组织作为精准扶贫工作的先锋力量，成为脱贫攻坚任务实际的执行者。

1. 基层党组织当好党的代言人

基层组织是落实党方针政策的最后一关，是人民群众感受党关怀的最先窗口，扶贫工作作为基层党组织的头等政治任务来抓紧落实。各级党组织转变了扶贫工作思路，从“漫灌”式粗放推进向“滴灌”式精确帮扶方向发展，针对独特发展条件和不同致贫原因，因地制宜，逐村逐户制定扶贫对策，确保扶贫工作精确高效推进；转变发展方式，从注重依靠外力“输血”扶贫向依靠自身“造血”发展方式转变，利用市场机制，结合当地有利资源，引导社会资金项目参与扶贫开发工程，建立特色产业基础，实现自主发展。[③]

2. 基层党组织当好民主的维护人

加强民主建设是提升基层党组织凝聚力和向心力、规范乡村治理机制的必由之路。近几年来，基层党组织在民主建设上进步较大：坚持民主选举，确保村民选举权利受到充分保障，增强群众对扶贫领导组织的参与感；健全村级民主决策和民主管理制度，集体决策扶贫方式等重大事项；设立公示公告墙，村务、政务等敏感事项接受民主监督检查。基层党组织维护民主，更有效地积聚和发挥群众的聪明才智，领导人民齐心协力实现脱贫致富。

3. 基层党组织当好群众的领路人

为了让人民过上小康生活必须进行脱贫攻坚，脱贫攻坚必须依靠人民，发挥人民群众的积极性。人民群众对脱贫有没有信心、是不是愿意根据既定路径发展、能不能团结一心建设家乡，关键在于基层党组织和党员发挥表率作用，基层党组织和党员身先士卒，通过

---

① 马美锋．创新扶贫理念 提升脱贫成效［J］．大众标准化，2020（3）．

② 李俊．精准扶贫初见成效［J］．城市公共交通，2017（12）．

③ 方蕾．脱贫攻坚背景下云南省扶贫策略研究［J］．卷宗，2019，9（31）．

带头种植特色农产品、发展农村电商、开发农村旅游资源、建立特色产业等各种方式，对脱贫致富道路先行先试，在群众中间树起了榜样、立起了标杆，引领人民群众自愿团结在党组织和党员周围，在基层党组织的带领下沿着既定路径稳步发展，实现整体脱贫致富。

### （三）严格管理监督问责机制

天下之事必作于细。落实，是一切工作的最终立足点。扶贫工作关系到全面建成小康社会的成效，各级责任主体在党中央统一决策部署下，上下同欲、踏实工作，在全力脱贫攻坚事业中有所作为。精准扶贫是扶贫事业的更高阶段，对各级提出了更高要求，需要“有为”的责任主体对扶贫工作进行精细化管理，对扶贫对象进行精准化帮扶，善于作为，提升扶贫工作成效。

没有监督则不会有落实的动力，没有问责便没有落实的压力，建立高效的监督问责机制是推进精准扶贫工作落到实处的有力保障。在逐级落实扶贫工作责任过程中，还存在少数形式主义、数字脱贫、层层加码等现象，扶贫工作具体执行过程中，涉及经费虚报冒领、截留私分、贪污挪用、挥霍浪费问题也屡禁不止，在这种严峻现实的前提下，我党狠抓贪腐，建立了标准严格、高效运转的精准扶贫监督问责机制。

1. 鼓励群众监督

扶贫工作涉及广大人民群众的切身感受，群众是评判扶贫工作成效的传感器，对精准扶贫效果体会最深、最有发言权。我党重视宣传工作，通过宣传让群众认识到扶贫项目建设需要依靠群众力量，扶贫监督过程更离不开群众的参与；建立了奖惩机制，鼓励人民群众积极参与监督，如实举报腐败；保护群众知情权，建立了财务公开、甄别贫困对象公开、确定扶贫项目公开、脱贫摘帽标准公开等公开公示制度，让群众全程参与扶贫工作；畅通群众检举渠道，建立网络检举平台、明确民情调查机制，通过各种途径确保群众能够及时有效反映扶贫工作存在的问题，让腐败无处藏身。

2. 严格纪检监察

为确保打赢脱贫攻坚战，为精准扶贫保驾护航，纪检监察机关加强对精准扶贫领域的监督执纪、强化问责力度。

一是在作风等关键方面开展监督检查。扶贫工作关乎民心向背，作风问题直接影响群众对精准扶贫工作的评价，重点对脱贫攻坚中的不作为、乱作为、不严不实、违反四风等作风问题进行监督检查，确保党员干部以优良作风投入扶贫建设工作，为保障精准扶贫顺利推进打下良好基础。

二是在财政等敏感领域强化执纪问责。财政问题关乎群众切身利益，是扶贫监督问责的重点领域，纪检监察机关严肃查处资金项目运行管理、挪用、截留、套取扶贫资金，虚报冒领等问题，不给腐败分子可乘之机，确保每一元扶贫资金都真正让贫困群众受益。

三是在脱贫摘帽重点环节加强了执纪力度。脱贫摘帽是中央下达的硬任务，必须坚持硬标准，纪检监察机关对假脱贫、数字脱贫、形式脱贫、不愿摘帽等问题加强执纪力度，严格监督已脱贫摘帽群众是否真正实现脱贫致富，严格查处已达脱贫标准不脱贫问题，绝不容忍任何欺上瞒下现象发生，确保贫困群众能真正走出贫困，非贫困人群不挤占专项资源。

（四）健全多元扶贫的法制建设

《全面推进依法治国若干重大问题的决定》明确提出要依法加强和规范公共服务，完善扶贫等方面的法律法规。①

第一，在立法层面，近年来，中央和地方先后制定实施了一系列保障扶贫开发的法律法规和规章制度，既有全局型的如国务院刊发的《中国农村扶贫开发纲要（2011－2020）》，也有随着精准扶贫工作的推进和深入，制定的专项领域的扶贫规章制度，如《关于全面做好扶贫开发金融服务工作的指导意见》。这一系列法律法规成为推进精准扶贫开发工作的准绳，为精准扶贫提供了制度保障。

第二，在执法层面，各扶贫工作权力部门严格落实法律规章，加强监督检查，违法必究，严肃查处和惩治不法行为，在贫困户确定、项目规范、招标投标、产业建设等工作中，严格依照程序规范办事，用法律手段将扶贫工作规范化、制度化。

第三，在司法层面，由于贫困地区群众法律基础知识相对比较淡薄，用法律手段维护自身权益的意识淡薄，司法部门在贫困地区加强法制宣传，提升群众法制意识；强化农村法院、流动法庭等制度，精准为民服务，降低贫困涉诉当事人成本；改进执法方式方法，快速精确处理扶贫领域案件，严厉打击阻碍脱贫攻坚的违法犯罪行为。

第四，在守法层面，重视贫困地区干部群众的普法宣传教育，引导干部群众提升法律意识，加强执法和司法力度，用执法必严、违法必究的标准树立社会法制思维，为自觉守法建立良好法制氛围，用法律规范保障精准扶贫。

## 二、精神上营造了良好的脱贫氛围

人民是扶贫的受益者，也是关系到能否真正脱贫的关键所在。思想脱贫是物质脱贫的基础，用精神保障营造健康的脱贫氛围是我党在脱贫攻坚战役中推行的一项十分重要的工作。

（一）普及精神脱贫思想

习近平总书记多次强调“扶贫先扶志、扶贫必扶智”，可以说，精神脱贫是未来实现长远脱贫的最关键因素，是精准扶贫和精准脱贫工作中一个贯穿始终的问题。②

1. 清除“等靠要”思想顽疾

在精准扶贫阶段，由于有的群众对政策依赖性太强，缺少脱贫主动性，“等靠要”的思想严重。因此，我党着重抓住精神扶贫这条弦，通过加强文化教育和宣传、帮助群众树立信心、找对致富路径等方式，激发贫困群众对脱贫的渴望、激情、信心和干劲，摆脱“等着政策掉馅饼”的心态，潜移默化中让群众自愿当脱贫的主人公，彻底将“等靠要”的思想转变为“闯改创”的冲劲。

2. 精神脱贫常抓不懈

在精准脱贫阶段，群众实现了脱贫，物质上比贫困时期要富足很多。然而，虽然物质

① 邓永超．我国扶贫法制建设的问题与对策综述［J］．农村经济与科技，2017，28（5）．

② 王安忠．习近平扶贫思想探析［J］．学习论坛，2017，33（12）．

生活水平提高了，但精神上仍需要很长时间的“脱贫”阶段。因此，基层党员干部利用自身理论素养和组织的带头性，及时关注群众的思想动态，做党的思想和国家政策的宣传员，做好农业、医学等科学知识的普及工作，将社会主义核心价值观生动地传授到每家每户。

### （二）加强乡规民约建设

贫困问题的表面是经济问题，直接表现为贫困人口、贫困地区的经济状况显著落后于平均水平，但贫困问题的背后却不仅仅是经济问题，更深层次的是文化观念问题。加强贫困地区乡规民约建设，是促进贫困农村地区解放思想、逐步走向开放的催化剂和效果倍增器，修炼的是脱贫致富的内功，是保证经济建设持续发展和生活安定有序的必要途径。因此，我党在开展乡风文明建设，改变农村贫困群众的文化观念，激发脱贫致富积极性，推动贫困地区的可持续发展等方面持续发力。

1. 破旧立新，倡导健康向上文明新风

在落后农村，许多贫困人群因为封建迷信、彩礼人情、懒惰无为、打牌赌博等腐朽文化、落后风俗致贫，摆脱贫困必须要从破除腐朽乡村文化风俗、树立健康向上新风入手。党员干部带好头，当好破旧立新排头兵，自觉批判落后观念，摒弃邻里攀比、大操大办等陈规陋习，倡导和践行勤俭节约氛围，帮助群众卸下巨额人情包袱，为脱贫致富瘦身健体；不断丰富各种健康的文化娱乐活动，寓教于乐，引导农民崇尚科学、破除迷信、批判懒惰、尊重劳动、杜绝打牌赌博，树立积极向上风尚；整治维护村容村貌，大力改造乡村卫生环境、完善基础设施建设，既建设美丽乡村，也倡导健康家庭，引导群众养成健康生活习惯，提高生活卫生标准，增进群众获得感。

2. 注重传承，发扬优秀特色地域文化

每个乡村都有自己的历史发展轨迹，伴随着形成了自己独特的地域文化，地域文化源远流长、独具特色，传承至今并仍发挥作用，是文化中最重要的部分，是乡村文明的精髓。在乡风文明建设中，特别注重保护和发扬优秀的特色地域文化。在文化交流、融会贯通的过程中，始终注意对当地特色文化加以保护，确保地域文化的完整性，确保能不断传承。

### （三）大力宣传脱贫攻坚政策

精准扶贫既要有埋头苦干的精神，也要有精准宣传的意识。宣传是让群众充分认同精准扶贫意义、了解精准扶贫政策、支持精准扶贫措施的有效途径，通过精准的宣传服务于脱贫攻坚任务，达到事半功倍的效果。①

1. 扶贫政策宣传到位

精准扶贫要落实到户，政策宣传需传达到人，在推进扶贫工作过程中，让群众充分了解党和国家方针政策、具体扶贫工作措施以及工作进展。如：整理归类各项扶贫政策清单，将土地、产业、金融、教育、法律、产权、医疗卫生、就业培训、社会保障、结对帮扶等涉及扶贫的具体政策措施、服务条款整理成册，分发到群众手中，让群众通过一本扶

① 刘琛．扶贫宣传报道的创新路径［J］．传播力研究，2019（14）．

贫手册便能掌握涉及自身利益的全部政策，了解寻求帮扶的具体途径，定期将扶贫帮扶对象名单、贫困家庭现实状况、扶贫资金使用情况、扶贫项目推进程度等群众关心的重大敏感问题归类汇总，及时宣传公布，确保重大敏感信息能够接受所有群众监督，增强了人民群众对扶贫工作的信任度、满意感。

2. 典型宣传接地气

树典型、立标杆，大力宣传群众身边的脱贫致富事迹故事，宣传普通人的脱贫经验、致富心得，鼓励和引导贫困群众向身边的脱贫典型学习，向身边的致富能手看齐。困难群众虽然在经济上物资贫乏，但绝大部分脱贫致富愿望强烈，只是缺少可供参考的途径方法、缺少付诸行动的信心。宣传群众身边实实在在的典型，既为贫困群众指明了脱贫致富路径，也能鼓舞群众的信心勇气，看到身边人成功得利，群众也会自觉要求奋发上进。

3. 创新扶贫宣传方式

贫困地区群众接受宣传的途径有别于发达地区，报纸网络等媒介在农村贫困群众中间并不完全普及。面对这一现实，基层党组织创新传统宣传方式，针对不同贫困人群开展特色化宣传工作，提升传播面积，增强宣传效果。对于贫困青壮年特别是年轻人群，较少阅读报纸，但手机在这类人群中普及率较高，采取短信、微信、微博等方式开展针对此类人群特点的宣传工作。对手机使用率较低的中年贫困人群，针对性地利用报刊、广播、电视等媒介开展扶贫宣传工作。对于信息接收渠道有限的贫困老年人群，就在人员集中地点或采取登门服务等方式进行“口口相传”的宣传工作。

### （四）借助国际力量推进减贫工作

贫困现象是一个全球性挑战，消除和缓解贫困是一项国际性任务。① 脱贫攻坚主要依靠国家自己的力量，主动作为，不能有“等靠要”思想，但扶贫也不能闭门造车，我党以开放的心态进行国际交流合作，利用国际减贫技术资金、交流扶贫开发理念经验、合作开展扶贫政策研究等，借助国际力量更好更快推进我国脱贫攻坚工作进程，为世界反贫困事业贡献中国力量。

1. 利用国际减贫技术资金

目前世界上有许多致力于扶贫开发的国际机构和组织，如：联合国开发计划署等联合国系统机构、英国国际发展部等国际双边发展研究机构、世界银行等国际金融机构、国际行动组织等国际民间组织。经过多年的扶贫开发实践，这些机构和组织积累丰富的扶贫经验和扶贫技术，筹措了大量扶贫资金。从 90 年代中期起，这些机构和组织对我国扶贫开发工作给予过支持，与我国扶贫开发机构有丰富的合作经验。当前的脱贫攻坚任务中，积极寻求国际减贫技术和资金支持，对吸收借鉴扶贫领域新技术、减轻国家扶贫开发经济负担有重要作用，为贫困地区经济建设、社会事业发展、人才建设产生了积极的推动作用。

2. 交流扶贫开发理念经验

首先是学习国外先进减贫理念经验。通过参与国际减贫交流会、对国际上比较成功的脱贫地区进行工作调研、邀请减贫领域专家学者建言献策等方式，积极学习国外扶贫开发先进理念，借鉴成功经验，洋为中用，结合我国各地精准扶贫面临的具体情况，制定符合

---

① 曾文麒．基于国际传播视角下的中国扶贫［J］. 国际公关，2020（1）.

当地特情的扶贫开发政策。

其次进行人员机构培训。引进国际专业团队，对我国扶贫开发机构人员进行精细专业化培训，在项目设计和运行、资金管理、监督检查等扶贫开发具体工作方面提升能力，以改进扶贫开发工作机制。

最后对外分享我国减贫经验。经过几十年的扶贫开发，我国扶贫事业取得了举世瞩目的成绩，积累了丰富的减贫经验，对发展中国家扶贫开发领域有很强的借鉴意义。积极开展减贫领域的南南合作，为发展中国家扶贫开发培训人员、提供技术、输出理念经验，对发展中国家扶贫开发事业具有积极促进作用，是我国为世界反贫困事业贡献力量的具体体现。

3. 合作开展扶贫政策研究

我国政府相关部门曾联合联合国开发计划署、世界银行、亚洲开发银行等机构对我国扶贫开发问题进行过大量调查研究，为我国前期的扶贫政策制定提出了宝贵建议。随着时代的发展，我国减贫领域面临着新的形势和特点，重新审视和修改扶贫政策的需要，为开展扶贫政策国际合作研究提供了机会，联合国际专业机构和组织对新时期我国扶贫现状开展广泛深入的调查研究，把准脉搏，为我国新时代精准扶贫事业建言献策。[①] 另外，我国相关机构也积极走出去，利用经验和专业优势，与广大发展中国合作开展扶贫领域调查研究，为发展中国家制定符合自身实际的扶贫政策出谋划策。

## 三、制度上完善了扶贫工作构架

新时代扶贫实践是一项系统工程，涉及庞大的扶贫工作构架，制度就是稳固这一构架的重要因素。在当前扶贫实践中，我党不断建立和完善各项关于精准扶贫的制度，用制度保障来完善扶贫工作构架。

### （一）建立扶贫考核激励制度

没有考核就没有鞭策，考核是行动的指挥棒。在扶贫开发工作中，党和国家将精准扶贫任务委托给各级扶贫主管干部，各级扶贫干部作为党和国家脱贫攻坚任务的代理人，具体实施脱贫攻坚推进任务，在委托—代理关系下，委托方建立精细的考核制度和完善的激励机制，是促进代理方提升工作努力水平的重要途径。[②] 党和政府建立和完善了精细化的扶贫考核和激励机制，引导各级扶贫主管部门把主要精力投入到脱贫攻坚任务当中，把群众疾苦放在心上，把精准扶贫当作大事要事来抓，牵引各种优势资源向贫困地区流动，切实提高精准扶贫成效。

1. 将扶贫工作成效纳入干部考核指标体系

扶贫干部是精准扶贫工作的主要推动力量，不仅层层签订了精准扶贫任务责任书、立下脱贫攻坚军令状，也建立和完善了扶贫工作绩效考核机制，将精准扶贫工作成效纳入干部选拔任用的参考指标；将扶贫工作中表现突出、工作出色的干部作为提拔任用的优先对象；对工作不积极，成效不明显的扶贫干部实行一票否决制，不予提拔重用；对负责精准

① 张璟，许竹青．扶贫与社会保障制度结合的减贫国际经验启示［J］．世界农业，2019（2）．

② 刘万振．完善精准扶贫监督考核机制的路径选择［J］．改革，2018（1）．

扶贫任务的各级政府部门主管领导、党组成员，原则上在完成精准扶贫任务前不得调整提拔。将精准扶贫工作绩效与干部选拔任用直接挂钩，把脱贫攻坚战线作为锤炼干部的训练场、作为选优任能的竞技场，以精准扶贫见实效论英雄，引导干部躬下身子、切实扎根脱贫攻坚第一线，激励各级干部在精准扶贫战场主动作为、有所作为，以此促进精准扶贫工作取得实效。

2. 建立第三方专业化评估机制

客观公正是扶贫绩效考核工作需把握的根本原则，建立第三方专业化评估机制有效避免被评价单位“既当运动员又当裁判员”的弊端，有利于客观、准确、全面地了解和掌握精准扶贫全局工作，在贫困人口精准识别、扶贫政策精准落实、扶贫项目资金精准运行等方面掌握真实情况。① 建立第三方专业化评价机制能提高评估效率，降低评估成本。精准扶贫评估工作细致繁杂，需要耗费大量人力、时间和精力，引入专业化的评估机构对扶贫工作精准评估，利用评估机构在该领域的相对优势，提高了评估效率、降低评估成本。

3. 提高贫困群众对扶贫考核的发言权

“小康不小康，关键看老乡”，贫困老百姓的生活水平有没有提升，日子过得是不是越来越好，是精准扶贫成效最直接的体现。精准扶贫推进到了哪个程度、有没有达到效果，广大贫困群众最有发言权。因此我党在精准扶贫考核中坚持绝不脱离群众，让贫困群众拥有充分的发言权，考核工作深入到百姓家中、深入到田间地头，让贫困群众的实际生活状况说话，让贫困群众的现实获得感为精准脱贫工作打分。群众路线是党的生命线和根本工作路线，对精准扶贫的评估考核工作也坚持让群众掌握评判的标尺，让群众拥有话语权。

### （二）优化扶贫资金与项目管理模式

此前，在扶贫资金和项目管理方面还存在资金使用分散、项目仓促上马、管理不规范等一系列问题，导致资金使用没效率，项目建设缺实效等，严重制约着精准扶贫工作稳定有序地向前推进。因此，我党着力完善精准扶贫资金和项目管理机制，提高精准扶贫资金和项目管理水平，提高有限扶贫资源利用效率，有效推动精准扶贫工作持续稳定运行，为改善贫困地区经济社会环境、为贫困人口提供稳定收入来源提供有力支撑。

1. 统筹管理资金，提升资金使用效益

根据各地实际情况，将部门分割、多头下达的各类扶贫资金进行统筹规划，将分散的资金适当集中使用，发挥资金的规模效益，根据当地具体精准扶贫推进方案，有重点、分步骤投放扶贫资金，优先保障重点扶贫项目资金需求。建立扶贫资金使用公开制度，实时监测扶贫资金使用情况，让扶贫资金在阳光下运行。

2. 强化监督检查，建立评价和奖惩机制

扶贫资金和项目关系到贫困人口的切身福利，通过信息公开平台，让扶贫资金和项目公开运行，在事前事中和事后都能公开接受社会监督；财政、审计、纪委等部门发挥监察作用，在扶贫资金项目的立项、审批、推进的整个运行过程全程进行监控，严肃查处违规行为；通过跟踪问效制度，完善对精准扶贫资金项目效用评价方法，对使用效用低下的明

---

① 洪芷媚，房亚明．精准扶贫绩效考核机制改进策略［J］．当代县域经济，2018（9）．

确惩处措施，对扶贫效用发挥良好的明确奖励办法，激励管理人员积极作为，使精准扶贫资金项目发挥最大效益。

### （三）推进东西部协作扶贫

建立东西部扶贫协作机制以来，各级党和政府不断积累经验教训，创新方式方法，形成了多层次、多形式、全方位的扶贫协作和对口支援格局，扶贫成效有目共睹。西部贫困地区、革命老区面貌发生了巨大变化，西部地区基础设施建设水平大幅提高，人民收入水平得到大幅度改善，经济实力大幅度增强，进一步扭转了东西部区域发展差距扩大的趋势。区域发展的协调性显著增强，这是国家区域发展总体战略稳步推进的具体体现，开创了优势互补、长期合作、聚焦扶贫、实现共赢的良好局面，这在世界上只有我们党和国家能够做到，充分彰显了我们的政治优势和制度优势。①

1. 聚焦精准帮扶，确保贫困人口享受扶贫成果

过去由于政府大包大揽、信息不对称、监督机制不健全、群众自主度低等原因，导致对口帮扶计划常常难以达到实效，“雪中送炭”的行动少，“锦上添花”的项目多，真正的贫困人口较少甚至没能享受到对口扶贫计划带来的成果。而今，东西部扶贫协作和对口支援聚焦精准，让最困难的群众充分享受到了扶贫开发带来的实惠。扶贫项目开发建设前进行充分论证，确保项目建设的最终受益群体是贫困人口，最贫困的群体受益最大。

2. 注重长期效益，增强贫困地区发展内生动力

我党的精准扶贫实践着眼长远，注重扶贫开发的长期效益，提高贫困地区自主发展能力。首先是提升扶贫建设项目的长期效益，帮助西部贫困地区建立诸如农业合作社、产业协会等产业组织，提高西部地区产业的市场竞争能力，并帮助其实现自主管理，引导扶贫产业稳步发展，带动贫困人口增收。

其次是通过组织参观见习、定期技能培训等方式激发贫困人口奋斗精神、提升贫困人口素质，帮助其实现自我发展，最终实现脱贫致富。最后是不断加强贫困地区基础设施建设，不断完善道路、水电、通信等基础设施，改善贫困地区生产环境，降低贫困地区生产成本，促进产业发展进而提升贫困地区经济活力。

3. 关注互补对接，充分发挥贫困地区比较优势

东部地区对口支援西部地区建设，推进东西部扶贫协作，不仅是东部地区对西部地区进行物资、资金、知识、人才、技术等方面的援助，同时也发挥西部地区在资源、劳动力、历史文化、自然环境等方面的优势，注重东西部地区互补对接，取长补短，实现互利共赢、共同发展。②

帮助西部贫困地区实现脱贫致富，充分挖掘西部地区的比较优势，建立特色农业、休闲旅游业等优势产业，吸引贫困人口就业，发挥市场机制的作用，让市场说话，在东西部产业对接互补中不断发展和壮大西部地区优势产业，以提升西部地区经济水平，提高西部地区贫困人口经济收入，实现脱贫致富。

---

① 孟薇．东西部扶贫如何做好协作监督［J］．人民论坛，2020（3）．

② 王士心，刘梦月．东西部协作扶贫须做好资源跨区域分配［J］．人民论坛，2019（2）．

### （四）调动一切社会力量协助脱贫工作

扶贫开发是党和政府以及全社会的共同责任，团结一切可以团结的力量，动员全社会力量广泛参与扶贫开发，为个人、企业、社会组织、军队单位等参与扶贫开发建立有效机制，不仅能降低政府推进精准扶贫工作的成本，缓解政府的压力，也能利用社会力量的比较优势，提高扶贫开发成效。

社会力量作为第三方参与扶贫开发，能对监督扶贫开发过程进行有效监督，提升扶贫开发公平、公正和公开程度，推动扶贫开发在阳光下运行。广泛动员社会各方面力量参与扶贫，集中力量办大事，是中国特色社会主义制度优越性的集中体现，在打赢脱贫攻坚战已经成为全社会共识的情况下，凝聚各方力量，形成脱贫攻坚的强大合力。

1. 搭建平台，精准对接扶贫开发供需信息

掌握扶贫开发供给和需求双方的信息是实现精准对接的前提和精准帮扶的基础。扶贫开发信息不对称是导致精准扶贫成本高昂、效率低下的重要因素之一，搭建扶贫开发供求信息发布平台，将供给和需求双方信息在平台上向全社会公开，并建立需求和供给方的对接机制，是解决信息不对称问题的有效途径，能更高效的完成扶贫资源的配置。

一方面，将前期完成的贫困人口建档立卡工作成果在平台上进行公布，贫困人口作为扶贫开发需求方，在保护隐私信息的前提下向全社会公开需求信息，寻求社会帮助。另一方面，为扶贫资源供给方提供信息发布窗口，个人、企业、社会组织、机关事业单位、政府部门等社会扶贫力量所掌握的扶贫资源可在平台上进行公开以寻求帮扶目标。

最后，在扶贫开发需求和供给双方信息都公开公示的基础上，供求双方可自行对接，结对帮扶，并在平台上公示帮扶过程和精准脱贫成果。政府也能根据不同层次、不同类别的扶贫供求信息，制定科学的扶贫开发规划，充分调动并用好用活全社会扶贫开发资源，形成扶贫资源精准配置机制，发挥社会扶贫资源的最大效益。

2. 完善制度，激励社会力量参与扶贫开发

社会力量参与扶贫开发的形式多种多样，在市场经济环境下，除慈善捐赠外，越来越多的市场主体以投资、经营等形式参与扶贫开发，在追求经济利益的同时兼顾社会效益。对参与慈善捐赠、扶贫开发的市场经济主体，并落实明确捐赠、税收等优惠政策，鼓励更多的市场经济主体参与到脱贫攻坚任务；简化审批登记程序，采取政府购买、合作运营等方式让更多社会组织承接扶贫开发任务，发挥社会组织的专业作用，提高扶贫开发成效；建立所得个人税减免等优惠政策，将社会捐赠、扶贫帮扶等纳入减免范围，引导社会公民积极参与精准扶贫，扩充扶贫资源汇集渠道。

## 第二节　扶贫体制机制的完善

### 一、激励约束机制

完善的精准扶贫激励约束机制有利于增强扶贫干部的责任心和紧迫感，能够调动精准扶贫工作的积极性和主动性，能够提高扶贫工作效率，同时能够激励扶贫对象积极主动脱贫脱帽。完善的激励约束机制需要包括以下几部分内容：

首先，要创建完善的信息共享平台，确保共享平台具有扶贫信息发布、上报、查询和更新系统，保证扶贫信息能够及时更新，以便贫困精准识别、精准帮扶、精准管理和精准考核的全过程能够公开、公平的接受社会各界的参与和监督。完善的信息共享平台为扶贫对象的识别、扶贫项目的确定、扶贫资金的使用及扶贫绩效的考核能够在阳光下操作保驾护航。

其次，要完善贫困退出机制，明确贫困退出的标准、原则、规则、程序。通过信息平台监督扶贫成效的变动，同时，通过贫困信息动态管理系统对扶贫情况实时的进行监督以约束扶贫脱贫。把扶贫成效作为扶贫的主要考核指标，通过奖惩手段调动扶贫脱贫的积极性，避免扶贫资源的浪费，同时也提高了扶贫效率。

再者，要完善扶贫成效的考核评估机制，以便对各地精准扶贫工作成效及扶贫干部责任的落实情况进行考核评估。以通过采取一定的扶贫措施后贫困人口减少的数量、贫困发生率降低的百分点、贫困人口收入的增加额以及贫困人口生活条件的改善程度等作为主要的扶贫考核指标。通过专家、扶贫干部、普通群众和贫困农户共同参与扶贫成效的考核评估，以提高扶贫的公平性，提高评估的效率。紧接着，要完善扶贫开发工作督查机制，引入第三方监督机构，对精准扶贫各项工作进展情况和已经制定的政策的落实情况进行督查。

最后，完善精准扶贫奖惩制度。对于积极脱贫脱帽的贫困人群给予奖励，并且保证扶持政策在脱贫后的一段时间内继续保持，而对于相关工作人员也给予物质和精神上的奖励。对于不积极脱贫且骗取国家扶贫资源的农户及相关扶贫工作人员给予一定的惩罚。总之，完善的扶贫激励约束机制利于扶贫资源的优化配置。

### 二、强化保障机制

精准扶贫是一项长期性的工作，是一个动态的过程，这个过程中充满了许多不确定因素可能会阻碍扶贫工作的推进，也因此需要通过强化保障机制来确保扶贫工作的高效、有序推进。健全的保障机制能够提高扶贫效率、降低返贫概率、促使脱贫积极脱帽。具体主要内容体现在以下几方面：

一是法律保障。《中国农村扶贫开发纲要（2011-2020 年）》指出，扶贫开发任务的重要性与长期性需要法制保障。① 精准扶贫过程中的重点难点问题也需要通过法律途径来解决。

首先，通过法律来明确精准扶贫的工作地位，以便于社会各界参与精准扶贫工作有法可依。其次，通过法律的约束作用有利于强化扶贫干部的工作积极性及领导责任，规范了扶贫工作人员的行为，以避免扶贫腐败问题的产生，避免干群矛盾的出现。再次，贫困人群提升自我发展的能力需要法治的动力。最后，贫困人员的确定、扶贫项目的管理、扶贫资金的使用、扶贫绩效的考核及贫困的退出都需要通过法律的权威性予以规范和约束。

二是社会保障。面对我国农村致贫原因复杂、扶贫工作压力大、脱贫后返贫比例大等一系列突出问题，完善的保障机制显得非常重要。根据农村贫困的实际情况及扶贫的需求，对于农村医疗保障、养老保障、农业保险等社会保障有必要强化。

首先，针对当前人口老龄化严重问题，尤其是农村的老年人缺乏生活保障，占农村贫困人群的比重大，应该通过完善的养老保险措施确保农村老年人有最基本的生活保障。其次，农村医疗卫生服务环境差，农民看不起病，遇到疾病则进一步加深贫困程度，这也是农村返贫的重要原因，对此，强化农村医疗保障机制显得尤为重要。最后，贫困农村基本上靠天吃饭，没有抵抗风险的能力，遇上自然灾害后无能为力，这也是加剧贫困返贫的重要因素，因此，完善农业保险制度对农村发展极其重要。

对于社会保障，美国的做法值得我们借鉴。美国目前已经建立起了较为健全的社会保障体系，共有各类保障项目 300 多个，在扶贫减困方面发挥着重要作用。②

## 三、扶贫考核机制

精准考核机制是对扶贫对象识别、帮扶、管理的成效，以及对扶贫工作开展情况的定性和定量的考核，形成以考核结果为导向的激励和问责机制，奖优罚劣，保证各项扶贫政策真正落到实处。具体应做到以下几点：

一是要细化完善考核指标。扶贫成效的考核除了对贫困人口减少数量、贫困群众收入增加量等定量的考核外，还应加入对农户满意度的调查。

二是要健全精准科学的数据采集和评估体系，以保证精准扶贫绩效的客观和真实，确保考核真正的落到实处。

三是要强化责任落实。落实扶贫工作责任到村、到人，确保扶贫干部对贫困工作积极、认真负责，严惩数据弄虚作假、虚报瞒报的行为，确保精准扶贫工作高效率推进。

四是引入第三方的评估监督。扶贫绩效考核数据的代表性和权威性在很大程度上决定了扶贫绩效考核机制的有效性和可信性，然而，为了保证考核指标数据的真实准确性，除了扶贫开发信息系统及农村贫困监测等官方的数据外，还应当引入第三方的评估。第三方评估应该更多的倾听民意、了解民声，只有这样，才能让扶贫考核评价指标体系更加科学有效，才能更有力地保证扶贫脱贫任务的完成、扶贫目标的实现。③

① 国亮，杨博．精准扶贫的体制机制障碍与应对［J］．河南社会科学，2018，26（12）．

② 付晶园，刘伟，陈建平．精神扶贫与社会保障的关系探究［J］．新西部，2018（17）．

③ 洪芷媚，房亚明．精准扶贫绩效考核机制改进策略［J］．当代县域经济，2018（9）．

# 第三节 乡村振兴工作的成效

## 一、乡村振兴缓解了城乡紧张关系

城乡关系是新中国成立以来我国经济社会发展中最基本的关系之一，处理好新时代城乡关系，实现工农、城乡的平等发展，确保广大农民群众的获得感幸福感更有保障。共同富裕是社会主义的本质特征，多渠道全方位增加农民收入缩小城乡居民收入差距，实现共同富裕，是全社会形成的共识。乡村振兴就是新时代的城乡关系的重塑和结构调整重组，是乡村获得重生的战略措施。

改革开放的快速发展，我国城镇化发展和城乡建设成就举世瞩目，但是城乡之间、区域之间以及城市内部一些不平衡不充分的问题依然客观存在。城乡二元结构体制是我国经济和社会发展中存在的一个严重障碍，主要表现为城乡户籍壁垒，城乡资源、要素配置和分配不公平是全国范围内存在的问题。①

在乡村振兴战略背景下，城乡融合发展被视为是破解三农问题，推进乡村改革实践的必然路径，构建新时代城乡发展关系。只有通过城乡融合发展，才能通过工农互促、城乡互补和全面融合，形成互动良好和共同繁荣的新型城乡关系；只有通过城乡融合发展，才能打破制约农业农村现代化的瓶颈，开拓农业农村现代化的发展空间，创造农业农村现代化的新格局。

实施乡村振兴战略不是要把乡村都变成城镇，也不是要把农民都变成市民，而是要不断提升农业现代化水平，改善农村的生产活动面貌，提升农民的收入水平和生活水平。建设美丽乡村现代化是由现代城市和现代农村共同构成的，没有农村的发展，城镇化就会缺乏根基，不管城镇化发展到什么程度，农村人口还会是一个相当大的规模，建立健全城乡融合发展体制机制和政策体系，这是对新时代工农城乡关系的深刻认识，是对中国国情农情和现代化建设规律的准确把握，为进一步推进“三农”工作提供了方向。

乡村振兴是要乡村作为一个整体来对待，充分发挥乡村的主动性，改变过去乡村追着城市发展和作为城市附属品的现实，建立一种全新的城乡关系。农民是乡村振兴战略的主体和受益者，所以必须要调动亿万农民群众的主动参与性和协调创造性。只有进一步建立健全城乡融合发展的政策体制和体制机制，加快推进农业农村现代化，才能使农村的活力被真正地激发起来。

## 二、乡村振兴开创了“三农”新局面

“立政之本则存乎农”。我国是一个农业人口占大多数、经济发展不平衡的国家。“三

① 叶宽，陈勃夫．乡村振兴 成效与问题并存［J］．中国周刊，2019（11）．

农”一直是影响中国革命和改革的问题，但它不是中国特有的，是国际社会中一种普遍存在的问题。“三农”对于国家全局的稳定起着定海神针的作用，是国家发展的关键性问题。改革开放以来，我国始终重视农村发展，党的十九大针对乡村发展态势提出了乡村振兴战略，习近平同志始终重视我国“三农”工作。在中国进入发展的新时代，对“三农”问题也提出了新的要求，希望农村发展要以实现“农业强、农村美、农民富”为新目标。①

为了实现乡村振兴我们必须要抓好“三农”工作。“三农”问题关系到国家的发展，党中央为了能从根本上解决我国目前农业不发达、农村不兴旺、农民不富裕的“三农”问题，以习近平为代表的新一届党中央领导集体为了避免农村建设进入新误区，对我国之前农村建设进行了深刻的分析，吸取了之前新农村建设过程中的经验与教训，提出了乡村振兴战略，对乡村发展进行了部署，对乡村发展提出了新的举措。

乡村振兴战略主要就是以党的领导来促进我国乡村的发展，通过对发展乡村产业、吸引人才、推进乡村文化振兴等方式，来实现农业发展、农村变样、农民受惠。实施乡村振兴战略有利于解决好我国的三农问题，乡村振兴战略的工作部署，突出了三农工作的重点、补齐乡村发展的短板、增强了乡村的弱项，发挥了农民的主体作用，加快推进了农业农村现代化步伐，切实解决了农民生活的问题，让农民对以后的发展充满了信心、对未来生活充满了期望。我们要充分利用习总书记的“绿水青山就是金山银山”的重要理念，将我们的乡村建设成“看得见山、望得见水、记得住乡愁”、留得住人的美丽乡村。

我们始终坚信，通过乡村振兴战略新征程的开启，农村的产业越来越丰富，农民的收入渠道越来越宽阔，经济会越来越兴旺，农民获得幸福感会越来越强大，祖国也会越来越繁荣。

## 三、乡村振兴传承了优秀的乡村文化

乡风文明是乡村振兴战略的重要组成部分。经过数千年发展形成的中华优秀的传统文化是振兴乡村的精神动力。新时代的乡风文明从优秀的传统文化中提取治理的经验。优秀的传统文化中蕴含着丰富的哲学思想和道德理念等，为治国理政和道德建设提供有益启示。②

文化是一个国家和民族的灵魂，优秀的传统文化是中国劳动人民几千年生产生活智慧的结晶。这些经验智慧可以为拓宽乡风文明培育路径提供智力支持。例如，乡贤文化是中华传统文化的组成部分之一，积累了数千年乡村基层治理的经验。自古乡贤就是德高望重、学识过人、技能精湛之人，对乡镇居民有着引领、示范等作用。

新时代的乡风文明培育正需要新时代的乡贤群体在乡村发挥力量，以自身之德形塑群众，以自身之技传授群众，以自身之学教育群众，提升乡镇居民的道德水平、文化素质、业务技能。乡村传统文化为新时代乡风文明建设提供了经验与参照。乡村振兴战略也必然是在继承传统文化的基础上实现，有利于传承和弘扬优秀的乡村文化。

利用优秀传统文化的民俗趣味，为培育新乡风增添乡上韵味，让乡愁有处回归。中华

① 张博文，闫金．乡村振兴研究进展［J］．甘肃科技，2019，35（9）．

② 黄伟君．浅谈乡村振兴［J］．产权导刊，2019（1）．

传统文化中包含着色彩丰富、形式多样的民俗文化与民间艺术，例如传统节日、民间风俗、民歌民调、传说故事、剪纸刺绣等等。其中，传统节日与民间风俗对一定区域内生活的群众起着重要的约束规范作用。

民间艺术源自传统民间生活，通俗易懂，是群众喜闻乐见的艺术形式。在新时代的乡风文明培育中，这些民俗文化更容易让乡镇居民接受。在传承与弘扬中，既能丰富乡镇居民的文化生活，陶冶文化情操，又能凸显一定乡村区域乡风文明的特色，增添乡上韵味。因此，新时代乡风文明建设要体现民族与地域特色，要植根优秀传统文化，抓住民俗文化的独特性，为当代乡村留住乡愁。

乡村振兴战略既是一场攻坚战，同时也是一场持久战。总而言之，乡村振兴战略是实现我国社会主义现代化的一项重要战略，是实现全面建成小康社会的必然选择。在党中央的领导下，全方位多角度地学习贯彻落实乡村振兴战略，必然会建设出更多极具中国地区特色的美丽乡村，中华民族伟大复兴的目标也必将会实现。

## 第四节 乡村振兴工作的推进

### 一、乡村振兴工作的基本原则

#### （一）坚持党的全面领导

坚持和加强党对农村工作的全面领导，既是乡村振兴战略的现实需要也是农村基层治理有序的必然要求。坚持和加强党对农村工作的全面领导，就是在农村基层治理过程中必须自觉维护党中央权威和集中统一领导，确保党在农村工作中始终总揽全局、协调各方，为乡村振兴提供坚强有力的政治保障。回顾历史，中国共产党历来重视农村的发展问题，并始终把坚持和加强党对农村工作的全面领导作为农村不断发展进步的重要保障。从新中国成立前的“打土豪分田地”到改革开放时期的家庭联产承包责任制，从社会主义新农村建设到当前的乡村振兴战略，农村的每一次重大变革都离不开党的正确领导。①

当前，加强党的领导也是农村基层治理和农村振兴的现实需要。尽管在党的领导下，农村基层治理已经取得了巨大的成就，但是不容否认的是当前农村基层治理也面临治理理念缺失，治理主体的治理能力不足以及治理方式滞后等问题，不仅严重影响了农村基层治理绩效的提升，而且更加迫切需要加强和改善党对农村工作的领导。坚持和加强党对农村工作的全面领导就是要切实提高党把方向、谋大局、定政策、促改革的定力，提高农村基层党组织组织力、领导力和凝聚力，健全党管农村工作领导体制机制和党内法规，造就一支懂农业、爱农村、爱农民的农村工作队伍，为农村基层治理提供强大的组织支撑。

---

① 李晓冰．论脱贫攻坚与乡村振兴有机衔接的基本原则和实践思维［J］．广西质量监督导报，2019（8）．

### （二）因地制宜、循序渐进

因地制宜是指根据当地的具体情况，制定或采取适当的措施来干某件事情或处理一些事。循序渐进是按一定的顺序、步骤逐渐进步。坚持因地制宜与循序渐进是坚持马克思主义唯物辩证法的要求，也是推进乡村振兴战略的所必须遵循的客观规律。马克思恩格斯认为，规律是事物运动过程本身所固有的、本质的、必然的联系，决定着事物未来发展的基本趋向。① 规律具有普遍性、客观性和稳定性的特点，它的存在和发生作用不以人的意志为转移。农村基层治理必须尊重客观规律，按规律办事，当前推进农村基层治理就是要在正确认识和把握农村“不平衡不充分发展”的现实条件下，因地制宜和循序渐进推进农村发展。

中国各个乡村的资源禀赋不同、社会经济文化背景不同，决定了乡村治理不可能有统一的模式或经验可以借鉴与模仿，必须因地制宜，区分不同地域、不同发展阶段的不同情况。因此，乡村治理需要科学把握乡村的差异性和发展特征，做好顶层设计，根据当地经济社会发展水平和群众的承受能力科学制定规划，切记“一刀切”。

乡村振兴是一个逐步推进的过程，涉及经济、文化、生态等多个方面，不可能实现跨越式发展一步到位。农村基层治理有序推进既要考虑到乡村振兴的现实情况，又要考虑到不同地域之间的差异性，以及一定阶段生产力发展水平和农村社会的承受能力，力求做到循序渐进、分步实施，既尽力而为，又量力而行，不搞层层加码，不搞形式主义，稳步推进。

### （三）保障农民的主体地位

所谓农民主体性，是指农民这一特定群体在乡村治理中作为主体所表现出来的主观能动性。② 在当前乡村振兴战略实施过程中，农民的主体地位具体表现为农民能够以主人翁的身份，自发地、有目的参与乡村治理的实践活动，在享受各种平等权利和同等国民待遇基础上不断激发农民自身的创造活力。历史活动是群众的事业，随着历史活动的深入，必将是群众队伍的扩大。

农村基层治理既是一个国家主动建构和政府主导的过程，也是一个农民积极参与，实现农民主体地位的过程。推进农村基层治理应坚持以农民为主体地位不动摇，这是由当前农村治理的现实情况和乡村振兴战略的实际需要所决定的。

农民是乡村社会的主体，与乡村利益关联最紧密，是乡村治理的最终受益者。离开农民由政府单一主体推进农村基层治理、实施乡村振兴是不现实的。换言之，推进农村基层治理和实施乡村振兴必须要坚持以农民为主体，让农民有切身的参与感，让农民成为乡村振兴战略的实际受益者，以此不断增强农民的获得感、幸福感、安全感。

### （四）自治、法治、德治相结合

党的十九大提出，健全自治、法治、德治相结合的乡村治理体系，建设“三治合一”

① 董丽萍．浅谈实施乡村振兴战略应遵循的基本原则［J］．广东经济，2019（1）．

② 曾鸣．乡村振兴要坚持农民的主体地位［J］．山西农经，2020（3）．

的乡村治理体系，是应对新时代农村社会转型发展的现实挑战和实现乡村振兴战略的本质要求，也推进乡村治理现代化的重要体系保障。① 自治、法治和德治的关系应当理解为一体两翼，自治是主要内容，法治是保障底线，德治是辅助工具。

村民自治是农村治理的主要内容，就本质而言，乡村治理发展的目标就是完善村民自治，构建符合乡村振兴战略需要，契合乡村现实需求的治理机制，推动“四个民主”向治理有效转变，最终实现农村的善治。

法治是乡村治理体系建设的保障底线。一方面，法治为村民自治提供法律支撑，保障村民知情、表达、参与、监督等各项自治权利落实到位；另一方面，法治也对村民自治活动提出了规范与要求，明确了村民自治的法律边界和权责范围。

德治是农村治理有序实施的辅助。法治与德治从来都是相辅相成、相互促进的，坚持法治与德治的统一是农村基层治理的重要要求。由此可见，遵循自治、法治和德治的统一不仅是保障村民自治的现实需要，而且是推动乡村振兴战略有序推进的重要保障。

## 二、推进乡村振兴工作的具体策略

### （一）树立正确的现代乡村治理理念

乡村振兴战略根本目标在于实现好、维护好农民权益，解决好“三农”问题，实现农村经济社会的全面发展。农村基层治理作为推动乡村振兴的重要手段和途径，需要从理念的遵循上与乡村振兴的目标相契合，这表明农村基层治理在理论层面是一个设计多方面的复杂系统，而不可能是单一的价值理念。

当前，部分乡村基层党组织、政府，甚至是村民自治组织，对自身功能的认知仍然缺乏正确理念，即从以组织或动员革命与生产为轴心的功能结构，转变为以社会关怀和利益协调为轴心的功能结构，而是仍然秉持维稳诉求大于维权诉求的价值理念，把“维稳”作为社会治理的主要目标和任务，甚至出现以剥夺或限制公民权为代价而维稳的现象。

乡村振兴战略的实施离不开农民的参与，需要农民发挥主体性作用，而从农民权利实现的角度而言，农村基层治理实际上是实现农民权利的一种途径。所以，基层政府在推进农村治理过程中要从“维稳”思维转向维护农民权利。同时，对治理要从单一的“维稳”认识转向发展经济、政治、文化生态等各个方面。

1. 营造服务型政府氛围

树立农村基层治理的服务理念和意识，祛除官本位旧习，营造服务型政府氛围。总体而言我国基层政府的服务意识有了很大提升，但不可否认的是，部分地方的政府传统管制型管理思维定式依然在一定程度上存在，阻碍了农村基层村民自治的独立性。祛除基层政府在参与农村治理中的官本位理念，关键在于理解官本位理念存在的利益基础，即基层政府以及政府行政人员自身对利益的追求。

同时，祛除官本位理念还需要通过制度的完善与建构，来加强对基层政府权力的制衡与监督，遏制行政权力运行边界的无限扩张行为。从基层政府与农村基层群众的关系来看，基层政府与农民之间不仅是管理与被管理的关系，同时还是服务与被服务的关系，服

① 刘艳苹．健全自治、法治、德治相结合的乡村治理体系［J］．新长征，2020（2）.

务关系的实现，一方面在于理顺基层政府与农民的关系；另一方面，消除基层民众对权力的畏惧，能够树立主体意识主动参与到基层政府的治理活动之中。

2. 树立多中心多主体共治的治理理念

改革开放和市场经济向农村的不断发展打破了农村基层旧有的行政化的乡村关系，为农村多元治理主体的出现准备了条件和环境，但是农村治理主体的日益多元化并没有反映到农村治理理念之中，以基层政府为主导的一元治理模式已不能满足农村经济和社会的发展需求。① 推进农村基层治理，一方面，要认同多中心治理、社会自治、全民共治的理念，特别是基层政府要将自身定位为多元主体中的一员而非权威主体，认可、重视、信赖其他主体。另一方面，要培育多元主体现代治理理念，树立正确的权责意识、平等理念、协商互动理念等。

3. 树立法治理念

树立法治理念，坚持依法推进农村基层各项治理工作。将自治、法治与德治相结合是新时代构建现代乡村治理体系的重要内容，尤其是将法治思想和理念贯穿于农村基层各项治理工作之中，对此，一方面，应进一步增强基层政府组织及其工作人员的法治观念和法治意识，树立法律权威意识，自觉按照法律规范和要求履行政府职能，提升基层工作人员执法水平和能力，将政府各项工作纳入法治化的轨道；另一方面，大力推进法治宣传和法治教育，不断提高广大农民群众的法治素养，努力引导农民群众尊重法律权威，学会运用法律武器捍卫合法权益。

### （二）充分发挥乡村治理主体的效能

乡村振兴战略的实施给农村基层治理创造了新的发展机遇的同时，也对多元治理主体提出了新的挑战和要求。当前，推动农村基层治理需要打破多元主体能力、关系的失衡与理论预设之间的差异，重塑农村基层治理主体，提升多元主体的治理效能。

1. 发挥基层党组织在基层治理中的领导核心作用

办好中国的事情，关键在党，治理好农村，实现乡村振兴，关键在发挥基层党组织的领导核心作用。发挥基层党组织的领导核心作用，要把农村工作的要求落到实处，即坚持和完善党对“三农”工作的领导，健全基层党组织统一领导、统筹协调，做到政府负责、党委农村工作部门统筹协调的农村工作领导体制。

基层党组织领导核心作用的发挥，首先需要牢牢把握政治方向，把党的政治建设摆在首位，扎实推进党的基层组织建设，确保当前农村基层治理能够沿着党的路线方针发展，这也是党的十九大报告中对基层党组织建设提出的明确要求；其次，提高基层党组织在治理过程中的政治领导力，群众组织力和凝聚力；再次，提升基层党组织对多元治理主体的统筹能力与组织协调能力；最后，中国共产党始终以满足人民的利益需求为奋斗目标，在市场经济的大环境下，基层党组织还要提升自身发展经济和对基层经济运行的把握能力，这也是乡村振兴的重要内容。②

① 孔祥秀．乡村振兴的认识与思考［J］．农民致富之友，2018（14）．

② 高康楠，张喜东，刘中华，张颖惠．乡村振兴视域下农村治理主体培育路径分析［J］．知识经济，2018（15）．

2. 提高基层政府在农村基层治理中的治理能力

地方政府是国家政策在基层贯彻落实的最重要主体，关系着农村基层治理的创新发展。在国家乡村振兴战略的实施下，各种要素向农村基层流动，农村基层治理过程中所能够调动的资源极大丰富，如何有效地配置资源成为农村基层治理的一项重要内容。乡村振兴战略背景下，农村基层治理涉及政治、经济、文化等方方面面，这意味着基层政府的职能也需要从以往以经济建设为中心，向多中心、多领域同时发展，重新定位自身在当前农村基层治理中的职能。

因此，当前农村基层治理的发展需要提高基层政府对资源的配置与使用能力，以及恰当地调整地方政府职能，使之适应当前农村基层治理的发展趋向。但是，政府职能的调整并不意味着其权力向农村基层自治的无限扩张，必须明确其在农村基层治理中同农村基层群众自治组织以及其他社会组织的权责边界。

3. 加强农村基层社会组织建设

加强农村基层社会组织建设，发挥其在农村基层治理中的协同作用。随着农村经济社会的快速发展，农村基层社会治理的日趋复杂精细，原有基层政府为主导的一元治理格局已经不能完全适应基层社会发展的客观需求，因此需要大力发展农村基层社会组织，推进其在基层治理中的协同作用。近年来，以村民议事会、村民民主恳谈会等形式的农村社会组织的成长和发展，为承接政府行政管理与基层村民民主自治的良性互动发挥了重要作用，并且日益成为推进农村基层多元主体共治的重要力量。

4. 塑造适应现代农村基层治理要求的农民群体

乡村振兴战略离不开农民的参与和支持，可以说，农民是最重要的参与主体。农村基层治理不仅是治理主体的多元化，更是制度创新背景下权力运行向度的网络化、权利行使的规范化。所以，当前农村基层治理需要培养农民的权利意识、参与意识和主体意识。但是，现代民主制的健康和稳定发展不仅依赖于基本制度正义，而且依赖于民主制下的公民的素质和态度，现在已经清楚的是，旨在平衡个人利益的程序性的制度机制是不够的；还需要有一定水准的公民品德和公共精神。

农民公共品德与公共精神的培育，一方面在于通过教育、宣传等外部价值灌输的方式来进行价值的输入；另一方面，群体价值取向当以一定的物质存在为基础，培育农民的公民品德与公共精神当以共同的公共生活与共同的物质基础为前提条件。所以，塑造适应现代农村基层治理要求的农民群体，应当构建村庄共同的公共生活以及必要的集体经济。

### （三）转换乡村治理手段

1. 从运动式治理转向常态化的制度治理

运动式治理是治理主体运用自身资源，打破常规程序，对社会重大问题或难题进行的运动式专项整治的方式，虽然具有一定的合理性、合法性与原生动力，但是并不能成为现代农村基层治理的一种常规方式。[①] 现代农基层治理的主要方式应该是以宪法和法律为依据，通过各种制度来规范治理主体行为的一种治理方式。从国家与社会关系的视角而言，自上而下复杂的官僚体制是运动式治理的主要诱因。

① 秦斯．乡村振兴重在治理有效［J］．农家书屋，2019（3）．

中国国家治理面临的重要挑战之一，是必须不时地打破帝国封闭型官僚体制的常规状态，震动和打断常规型治理机制的束缚和惰性以及这一状态所产生的既得利益，或者将官僚体制的运转纳入新的轨道。

因此，遏制农村基层治理中的运动式治理，一方面，需要完善各方面的法律条例，通过法律的威慑作用减少当前乡村振兴过程中基层官僚组织对农村基层治理的干预。另一方面，以法律明确农村“两委”的权责边界，在保证党对农村基层治理全面领导的同时，又能维护农村基层自治的独立性，实现农村基层村民自治的有序进行。

2. 坚持用法治的思维解决治理难题

树立和维护宪法和法律权威，坚持用法治的思维解决治理难题。全面推进依法治国，是解决党和国家事业发展面临的一系列重大现实问题，解放和增强社会活力、促进社会公平正义、维护社会稳定、确保党和国家长治久安的根本要求。农村基层治理的法治化必然要求以基层政府为主导的多元治理主体以及基层党组织依法执政，依法领导基层治理。任何组织和个人都没有宪法和法律之外的特权，即“法外之权”。

特别要提高基层行政人员运用法治思维和法治方式处理基层矛盾冲突的能力。改革开放以来，巨大的成就与问题并存，特别是在发展不平衡不充分现状之下，更容易引发治理中的社会矛盾问题。化解社会矛盾、解决社会问题可以用经济的、行政的方法，但根本的还是要靠法治的方法。以法治方式推进农村基层治理，需要树立多元治理主体的法治意识、法治思维和对法律的敬畏，特别是对于农民群体更要使其从崇拜个人权威向遵从法律权威转变。

### （四）创新乡村治理体制

1. 建立健全现代乡村社会治理体制

建立健全党委领导、政府负责、社会协同、公众参与、法治保障的现代乡村社会治理体制。从治理的主体和内容来看，农村基层治理是一个由多元主体共同参与、协同共治过程中不断增进农民社会利益，实现农村善治的过程，并在这个不断维系和推动农村基层治理走向善治的过程中，形成了我国农村基层现代社会治理的治理主体结构和运行体系机制，其中基层党组织的领导是现代农村基层治理体系的核心领导，由它发挥纵览全局、协调各方的职能作用；基层政府在农村基层治理中居于主导地位，由它承担农村基层各项社会事务和公共服务的职责；社会组织在农村基层治理中发挥着承接政府管理与村民自治的“社会领域”的各项事务的服务和管理工作；广大农民则是农村基层治理的重要参与者和利益相关者，基层诸多事务的治理都需要由民众共同协商，交由民众“民事、民议、民决、民办”；法治是农村基层社会事务治理的基本方式，是保障农村基层各主体合理履行职能、协调有序工作的根本机制。

2. 构建多元主体共同参与的协商互动机制

乡村振兴战略的实施是一个涉及多部门，多主体以及庞大资源配置的长期过程，需要农村基层治理能够从整体层面进行推进。构建农村基层治理的协商互动治理机制，就是要在按照传统的自上而下层级结构建立纵向的权力运行机制，保障乡村振兴战略各项政策得到有效落实的同时，更加强调横向权力的运行，即基层政府与基层党组织、村民自治组织以及社会组织的协商与互动。①

一方面，要积极发展农村基层协商民主，根据不同地区的治理情况与自身特点来创新农村基层协商民主的实践形式，为多元治理主体提供参与协商互动的渠道和平台；另一方面，基层政府在治理过程中要加快协商互动的制度建构，培训协商主体的协商能力，约束不规范的协商行为，推动协商互动机制的规范化、制度化、常态化运行。同时，基层政府以及基层党组织还要积极推广典型案例，促进不同地区间协商互动治理的经验交流与借鉴。

3. 构建多元主体参与农村基层治理的监督机制

创新发展村民监督机制，发挥村民在农村基层治理中的监督功能。失去监督的权力，必然导致腐败的滋生。从某种程度上而言，乡村振兴战略的实施是基层政府通过行政权力的运用，来激活农村基层各种生产要素，调动多元主体积极性，并向农村输入资源进行农村治理的过程。对基层政府行政权力的监督除了政府内部监督外，更主要的来源于多元社会治理主体的监督。

基层治理过程中监督效力的缺失，关键在于监督者与被监督者在身份、地位以及社会资源占有方面存在的巨大差异。所以，发挥多元治理主体的监督作用，关键在于如何缩小多元治理主体同基层政府之间力量的差异，提高基层民众在监督基层政府过程中整体力量。一方面，要调动多元治理主体，特别是要消除广大农民群体对监督的后顾之忧，使之敢于监督，愿意监督；另一方面，要畅通监督的渠道，让权力在阳光下运行，为监督创造条件，提高监督的现实效力。

---

① 陈成文，陈静．论基层社会治理创新与推进乡村振兴战略［J］．山东社会科学，2019（7）．

# 第六章　乡村建设的重要内容——乡村文化

乡村文化作为一种社会意识，由多方面综合发展的乡村实践所决定，并具有相对独立性，对乡村发展产生深远而持久的影响。乡村文化通过为村民提供相对稳定的文化氛围，塑造乡村稳定的社会心理环境，为乡村治理提供稳定的社会发展环境，使得乡村社会能够在较为平稳的环境中运行和发展。乡村文化通过营造乡村社会底蕴，为乡村治理发展提供精神支持和文化保障。风俗习惯、乡规民约等地方文化因素内化为村民日常生活的依据，成为乡村治理的稳定器。因此，通过建设现代乡村文化，更新村民的乡村生活观念，塑造村民的民主观念、权利观念，培养村民的现代公民能力，增强村民有序有效参与乡村治理的能力，从而促进乡村治理的现代化发展，成为乡村治理发展的推动器。

## 第一节　乡村文化建设概述

### 一、乡村文化建设的原则

#### （一）以人为本原则

乡村文化建设要坚持以人为本，就是要紧紧围绕农民来进行；以造福农民群众为宗旨，以依靠农民群众为根基，以服务农民群众为使命，所有工作都以广大农民群众为中心来开展，满足他们的合理需求，提高他们的素质。

1. 乡村文化建设目标是农民

在乡村文化建设中要坚持以人为本，首先必须实现好、维护好、发展好最广大农民群众的根本利益，不断提高农民群众的政治文化和经济发展水平水平，逐步缩小城乡差距为出发点和落脚点，解决为谁建设乡村的问题。马克思主义的经典著作告诉我们，离开了以人为本这个核心主题，任何发展的目的和目标都是没有意义的。因此，中国共产党把“全心全意为人民服务，一心一意为人民谋利”作为党的宗旨、价值取向和党先进性、纯洁性的体现。在乡村文化建设的实践中，坚持以人为本，就是要让农民认识到他们是乡村文化建设的主人翁；把一切为了农民群众、实现农民群众的全面发展作为乡村文化建设的根本目的和目标，作为全部工作的出发点和落脚点。

2. 乡村文化建设主体靠的是农民

农民不仅是乡村文化建设的受益者，也是建设者。乡村文化建设不仅最终服务农民，更重要的是使农民成为乡村文化建设的主体，让农民群众开创出属于自己的一片新天地，享受自己的劳动成果比坐享其成更能达到建设乡村文化的目的。

农民群众积极性的发挥与乡村文化建设的速度与质量挂钩，要想激发农民的积极性和创造性，首先要相信农民的潜力和能力，在乡村建设中充分依靠农民的智慧，充分尊重农民的独立性、自主性和创造性，使农民具有主宰意识；而不是像古代统治者一般对农民发号施令或打击农民自信心，要善于把政府的力量、社会的力量以及农民的主体力量有机结合起来。

3. 在乡村文化建设中落实以人为本

乡村文化建设的目的就是使农民共享改革发展和现代文明的成果，从根本上改变农民传统的生产方式、生活方式、交往方式和价值观念，引导农民提高素质、转变观念、迈向文明。具体地说就是在经济发展的基础上，不断地提高农民的思想道德素质、科学文化素质。因此，在乡村文化建设的过程中，必须把以人为本的理念贯彻落实在乡村文化建设的发展思路、发展战略、发展措施及其各个具体工作中去，一切从农民群众的根本利益出发，致力于促进农民群众的全面发展和综合素质的提高。

以人为本，落实到乡村文化建设中，最关键的一点是要提高农民群众的精神文化素质。但是，由于现阶段我国农民的精神文化素质参差不齐，严重制约了农民主体性作用的发挥。造成农民精神文化素质较为低下有很多因素，其中精神文化生活的缺乏和受教育程度低是最主要的因素。因此，我们在乡村文化建设中，既要努力丰富广大农民群众的文化生活，同时又要想办法提高他们的受教育程度。

### （二）两个效益原则

在社会主义市场经济条件下，文化产品既有教育人民、引导社会的意识形态属性，也有通过市场交换获取经济利益、实现再生产的商品属性、企业属性和经济属性。在“两种属性”中，意识形态属性是文化产品的一种特有的属性，商品、产业、经济属性是文化产品的普遍性。正确把握“两种属性”的关系，要求我们必须正确认识和处理“两个效益”即社会效益与经济效益的关系。

随着社会主义市场经济体制在乡村的逐步确立，经济效益问题将在一定程度上更多地表现出来，社会效益与经济效益的关系问题在乡村文化建设中也逐渐成为一个急需解决的重大问题。要坚持把社会效益放在首位，实现社会效益和经济效益的统一，最大限度地发挥文化引导社会、教育人民、推动发展的功能。我们要摆正两个效益的关系并始终将社会效益放在第一位，这是社会主义乡村文化建设的重大原则。

总之，我们必须辩证地处理好两个效益的关系问题。处理两个效益关系的基本原则是：两个效益一起抓，两个效益一同要；当两个效益发生冲突时，必须将社会效益放在第一位，即坚持两个效益并重，始终把社会效益放在第一位的原则。

### （三）地域特色原则

在经济全球化的影响下，文化全球化的现象也崭露头角。中国乡村文化建设的道路选择取决于中国地域文化多元化的现实，也取决于中国政府文化决策的选择。

1. 地域文化特色与文化全球化

在经济全球化的影响下，文化全球化的现象也崭露头角。然而，与此相反的文化多样性现象更加明显；就当代中国社会文化现象看，它既表现出民族文化多元化现象，也表现出地域文化多元化现象，而且常常是二者纠合在一起，形成一个复杂的多元文化体系。由于地域文化的多样性特征日益明显，正视中国内部各地域文化的差异性和独特性是一种现实主义的态度。

中国自古以来就是一个农业大国，中国传统文化的极大一部分是由乡村传统文化构成，中国乡村传统文化是中国文化的根和灵魂。随着时代的变迁，顺应经济全球化、文化全球化的新趋势，构成中国文化的根和灵魂的中国乡村文化必然也要走一条地域文化多元化道路。中国是一个农业大国，乡村地区是一个文化开发潜力巨大的地区；与城市社区相比，乡村社区文化受“文化全球化”影响较弱，其相对封闭的文化氛围使其具有明显的地域性特征，而中国的传统文化也具有明显的封闭性，因而乡村文化的地域性特征更加明显。中国的乡村建设步伐必须加快，在21世纪，我国的乡村文化将决定其新文化的主要内容和文化特点。所以，想要更进一步地加快我国乡村文化建设的步伐，就要重视地方的文化建设，如果地方的文化建设繁荣起来了，那么，中国各方面的文化建设也就成功地被带动了。

2. 地域特色文化的主要主体是农民

任何一种文化的传承都需要有深厚的根基，这种深厚的根基就是广泛的群众基础。乡村文化应让农民唱主角，农民既是民间文化的创造者，也是民间文化的传承者。文化建设自下而上进行比自上而下命令来得实在、有效，乡村文化只有深深植根于广大农民群众中，才有旺盛不竭的生命力。农民需要文化，文化更需要农民。因此，乡村文化建设必须尊重农民的主体地位，发挥农民的积极性、主动性、创造性，满足农民的需求。根据乡村的实际情况来发挥地方上的长处，要从农民群众最迫切的需要出发，量力而行。

具有民族性的文化才具有世界性，乡村的传统文化、乡村文化、通俗文化是原生态的文化，是民族文化的根，是现代文化的魂。农民群众要通过教育和自我教育，通过思想与法律的双重影响，最终以主人翁的姿态从事乡村先进文化建设，从而发挥好在乡村文化建设中的主体作用。而乡村文化建设正好可以改变这一现状，让广大农民成为地域特色文化的生产者，也成为消费者，享受基本的文化权益，从而夯实地域特色文化的社会根基。

3. 把特色文化建设作为乡村文化建设的切入点

乡村文化是在一定社会经济条件下，以农民行为为基础，逐渐发展成具有地方特色的文化。与城市文化相比，乡村文化具有更明显的地域性。乡村文化的地域性是其在空间分布上所显示的特征，这种特征也可以叫作文化的地理特征或文化的乡土特征。俗话说：“十里不同风，百里不同俗。”正是这种地域性特征的很好说明。因此，乡村文化建设必须按照乡村经济发展规律和自然规律办事，从实际出发，区别不同情况，充分考虑地域特色、生产生活水平、文化特点、社会发育程度等各个方面来确定不同的思路、采取不同的手段、运用不同的方法。

在乡村文化建设中，我们应针对乡村特有的浓厚的地域特色，积极挖掘和打造地域文化品牌，推陈出新，以形成特有的乡村特色文化，并把这种特色文化建设作为乡村文化建设的切入点。一是加大对优秀传统文化的传承和保护，加强对乡村优秀传统文化资源的系统发掘、整理和保护，开发具有地域特色的民间艺术和民间文艺形式。二是创乡村文化机制，创乡村文化内容、形式和手段。利用特色文化开展乡村文化活动，最好的办法就是在保持其喜闻乐见风格的同时，充实其内容，创新其形式，赋予时代性、教育性，使其成为传播先进文化的载体，利用这种“旧瓶装新酒”的办法，实现乡村文化的创新，群众最容易接受，也最乐于参与。三是要搞好规划，这也是乡村文化建设的关键。在乡村规划中一方面要充分发挥地方文化优势，使村庄与自然、人文融为一体，充分体现地方特色，展示地域文化的魅力；另一方面要考虑各自的发展状况、经济水平、风土人情、历史沿革、地域差异等因素，形成自己的特色，不能搞“一刀切”。四是强化农民参与意识，提升乡土艺术品位。鼓励乡村“文化能人”追求文化生活，激发他们积极参与的热情，营造乡土文化的良好氛围。并有重点地组织力量对一些原生态的民间艺术进行再创作，积极抢救濒临失传的文化精粹，使之形成当地乡村的特色文化。五是突出发展“本土文化”，把乡村优秀的传统民间文化继承发扬下去，使之成为为农民所享用的丰富精神财富。通过焕发民间文化艺术的青春，活跃民间文化艺术的血脉，使具有民族特色、地方特点和时代特征的乡村文化蓬勃兴起。

### （四）创新发展原则

建设乡村文化要有创新精神。创新是一个民族进步的灵魂，是一个国家兴旺发达的不竭动力，也是一个政党永葆生机的源泉。目前，我国乡村建设与乡村建设的要求还有较大差距，传统文化与现代文化的冲突和矛盾已成为社会转型过程中最显著的矛盾之一。这一矛盾的解决，需要调动广大农民群众参与的积极性，提高自主创新能力，促进乡村可持续文化动力长效机制的建立，寻求激发政府与市场的合力。因此，进行乡村文化创新与改革势在必行，创新发展原则也必然成为社会主义乡村文化建设的一项基本原则。

坚持社会主义乡村文化建设创新发展原则，首先要坚持文化理念创新。必须坚持以邓小平理论、“三个代表”重要思想和科学发展观为指导，深入学习习近平新时代中国特色社会主义思想，全面贯彻党的十九大精神，始终把握社会主义先进文化的前进方向，大力发展先进文化，支持健康有益文化，改造落后文化，抵制腐朽文化，倡导科学、文明，克服愚昧、落后，努力满足广大农民群众多层次多方面精神文化需求，促进乡村物质文明、政治文明、精神文明协调发展。

创新和完善乡村文化建设机制，落实到具体实践中，首先要完善领导工作机制。各级政府应将乡村文化建设纳入经济和社会发展规划，将乡村文化建设的任务纳入年度考核内容，将服务乡村、服务农民情况作为文化部门工作的重要考核任务。同时明确乡镇党政主要领导对乡村基层文化工作负总责，党委宣传委员用主要精力抓好乡村宣传文化工作，为推动乡村文化建设提供组织保证；其次要创新管理机制，提升乡村文化工作的管理水平。在乡村文化建设管理问题上，要加强管理，创乡村文化建设管理的新方式，建立新的管理机制，保证文化阵地的正常运行。同时要建立一整套系统的评价标准和评价制度，对乡村基础文化设施的建设和文化设施的利用情况及利用效果进行评价，还要把乡村文化建设工作的优劣列入领导干部的业绩考核范围之中，调动广大干部的乡村文化建设积极性；再次，要创乡村公益性文化服务运行机制。要改变过去“以钱养人”的局面，实现向“以钱养事”、政府购买公共文化服务等新机制的转变，形成乡村公共文化服务的新模式。最后，要积极稳妥地推进乡村公共文化体制机制创新，促进基本公共文化服务标准化、均等化；建立群众评价和反馈机制，推动文化惠民项目与群众文化需求有效对接；整合乡村基层宣传文化、党员教育积极稳妥地推进乡村公共文化体制机制创新，促进基本公共文化服务标准化、均等化；建立群众评价和反馈机制，推动文化惠民项目与群众文化需求有效对接、科学普及、体育健身等设施实现文化的全面发展。总之，乡村文化建设要真正取得成效，必须坚持创新发展原则。这就要求乡村文化必须更加注重自觉创新，实现文化内容、文化形式、文化手段的创新，努力找准契合点，不断打造新亮点，这样才能更好地满足乡村群众日益增长的精神文化需求。

## 二、乡村文化建设的目标

加强乡村文化建设，培养新型农民，提高农民的文化素质，维护农民享有的基本文化权益，满足农民的精神文化需求，实现文化富民、文化乐民、文化强民，破解“三农”难题，增强国家整体综合实力，是社会主义乡村建设目标的关键环节，也是乡村文化建设的发展目标。所谓文化富民，就是要将好的文化资源转化成文化资本，形成文化产业，利用文化资源改变乡村经济社会发展格局，增加农民收入，提高农民的富裕程度。“文化乐民”就是要利用文化的教育、感染、审美等功能，开展丰富多彩的文化活动，形成多层次、多样化的乡村文化活动新格局，满足农民的文化生活需求，如乡村传统节庆文化活动、民间艺术活动、自编自演具有地方特色和浓郁乡土气息的文艺演出等。文化强民就是通过文化的凝聚、浸润和安抚功能，组织农民群众学习科学文化知识，并有针对性地在乡村举办各种知识讲座、培训班等。树立农民的文化自信和文化尊严，推动农民的精神支柱和精神世界的强大。

### （一）维护农民享有的基本文化权益

加强乡村文化建设，提高农民的文化素质，维护农民享有的基本文化权益，满足农民的精神文化需求，是实现“生产发展、生活富裕、乡风文明、村容整洁、管理民主”的社会主义乡村建设目标的关键环节，也是乡村文化建设的发展目标之一。

1. 丰富精神文化生活

农民的生存和发展，不仅要有经济生活，而且还要有相应的文化生活。文化对人的影响是深远的，文化的实质是塑造人、培育人、改造人的内在精神世界。因此，文化建设是促进人全面发展的重要条件。在建设社会主义乡村过程中，发展乡村文化就要落实到提高农民的全面素质和促进农民的全面发展上来．就是要发展面向现代化、面向世界、面向未来的基层的、科学的、通俗的乡村社会主义文化，以促进农民思想道德水平和文化素质不断提高，不断丰富农民的思想和精神文化生活，进而牢牢把握中国先进文化的发展方向和要求。

近年来，党和政府高度重视乡村文化建设，做了大量卓有成效的工作，农民群众精神文化生活得到改善，乡村文化建设呈现出较好的发展局面。但总体上看，乡村文化建设与全面建设小康社会的目标要求还不相适应，与经济社会的协调发展还不相适应，与农民群众的精神文化需求还不相适应，我们还有大量的工作要做。只有采取切实有效措施，从乡村实际出发，尊重农民意愿，满足群众需求，把乡村文化建设工作抓紧抓好抓实，广大农民群众才能真正提高文化生活水平，提高科技文化素质，广大乡村的风貌也才能有一个大的改观。

2. 保障基本文化权益

文化权益是人权的一部分，维护农民群众基本文化权益，是党和政府的责任。对于农民群众的基本文化权益，政府要责无旁贷地予以保障。随着乡村经济的发展，农民的物质生活条件不断改善，在温饱问题基本得到解决之后，农民群众对于精神文化生活的需求日益迫切；因此向广大农民群众提供基本的公共文化服务，保证农民群众享受基本的文化权益，成为各级政府必须履行的基本义务和职责。要依法保证农民享有平等的文化权利，逐步建立覆盖全社会的公共文化体系，重视城乡、区域文化协调发展。乡村文化建设要努力把握农民需求，切实提高乡村公共文化服务的能力，坚持面向基层、面向乡村，加强乡村文化基础设施建设，加快推进乡村公共文化服务工程，繁荣乡村文化生活，保障农民文化权益，不断推进乡村文明程度和农民整体素质，为建设社会主义乡村提供强大的精神动力和文化氛围。乡村文化从本质上讲是公益性文化，加大投入力度，大力发展公益文化，使农民群众的基本文化权益得到更好保障。发展公益文化，必须坚持以政府为主导，要转变政府职能，承担更多的公益性服务，不断加大财政对图书馆、广电通村、农家书屋、农民群众文化活动场馆等投资力度，特别是要解决好基层社区、农民群众看书难、看电影电视难、健身难等实际问题，这个思想要明确。

长期以来，乡村文化设施缺乏、农民文化程度低下，文化生活更是十分匮乏。只有实现和保障了广大农民群众的需求，才是关心乡村建设和乡村文化建设应有之义和发展目标。

### （二）实现文化致富

1. 文化与农民致富的关系

文化是人类的精神活动及其产品的总称，它和经济、政治相互联系，相互影响，相互作用。文化受经济和政治的制约，但又以巨大的反作用推动或阻碍其发展和进步。但在传统意义上，文化和经济通常是作为截然不同的两大领域来考察的，而在当今经济知识化的背景下，文化成了经济发展最重要最直接的资源，人类智慧即知识成为起决定性作用的生产要素，它不仅是非损耗性的，而且还具有高增值性的优势，文化嫁接能赋予物质生产持久的生命力。在经济与文化一体化的趋势下，产生了一种“文化经济”或“经济文化”的新经济形态，它不是经济与文化的机械混合体，而是“经济文化化”与“文化经济化”两种趋势交叉融合而产生的具有新质的社会系统综合体。

当前，我国乡村文化相对落后，是制约乡村发展、农业增产、农民增收的深层次原因。因此，实现文化与经济的结合，既是乡村文化建设的经验，也是乡村文化发展的方向。必须从战略发展的高度充分认识文化与经济的相互关系以及实现文化致富的重要性，发挥文化事业在乡村建设中的重要作用，促进乡村文化建设与政治、经济和社会的协调发展。“生产发展、生活宽裕”，致富奔小康是乡村建设的首要任务，也是广大农民最迫切的愿望。建设乡村，必须夯实物质基础，没有生产力的提高，没有农民生活的改善，没有农民的富裕，乡村建设就成了无源之水、无本之木，就失去了经济基础。另外，实现乡村文化可持续发展的根本动因在于调动农民自身积极性，文化建设必须与农民发展经济，与农民脱贫致富结合起来，只有与农民群众的生产经营活动紧密结合，农民才不会失去积极性，乡村文化产业才有生命力。因此，作为乡村建设的重要组成部分，乡村文化建设必须很好地与农民致富奔小康结合起来，必须以实现文化致富，破解“三农”难题为发展目标。

2. 提高农民素质

致富与文化存在着直接的关系：劳动力素质的差异使就业机会和效益存在差异，作为相对独立的商品生产者，劳动力素质较好，利用市场能力强，就业门路更多，就比其他生产者有更多的发展机会，可见农民文化技术水平的高低、经营能力的强弱，直接影响收入的多少。因此，要实现文化致富，破解“三农”难题，首先要提高农民思想文化素质，引导农民用先进思想改变观念，用先进理念引导发展；引导农民调整产业结构，拓宽致富门路。

3. 探索乡村文化致富新路子

加大强农惠农富农政策力度，让广大农民平等参与现代化进程、共同分享现代化成果。因此，必须把促进农民增收作为农业和乡村工作的中心任务，挖掘农业内部增收潜力，广辟乡村富余劳动力转移就业的途径，形成农民增收的长效机制，保持农民收入持续较快增长。在乡村文化建设致富农民的过程中，应形成以政府为主导，以农民为建设主体，以文化项目为建设载体，通过“政府+企业+农户”的建设主体多元性和利益共享性的建设模式，实施社会主义乡村文化致富工程；探索一条以政府为主导，国有民用、公助民办、民办民用，国有与民间相结合、经济与文化相互动、人类与自然和谐发展的乡村文化建设新路子，使文化在促进“生产发展、生活宽裕、乡风文明、村容整洁、管理民主”等方面发挥重要作用，形成符合社会主义市场经济体制要求和社会主义精神文明建设规律的乡村文化建设新格局。文化产业要积极与农业融化发展，多角度向乡村延伸，形成带动农民增收、乡村繁荣的文化经济新模式。

## 第二节　乡村文化建设的理念

### 一、打破传统文化与现代势不两立的对立思维模式

一是从思想观念上彻底打破关于传统文化与现代势不两立的对立思维模式，正确认识传统文化与现代的传承和延续关系，切实树立起乡村建设是在批判继承乡村传统文化基础上的创新性建设这样一种认识。二是彻底改变城市文化中心论，改变思想意识上对乡村文化的认识、想象与评价体系，重新思考发掘乡村传统文化的价值和功用。三是要认识到城市与乡村是人类最主要的两种生活境界，城乡之间不可替代、互为循环，各有各的评价体系和价值标准。只有在城乡循环系统中重新发现乡村文化，才能体现乡村文化价值，重现

乡村活力，再现乡村魅力。①

## 二、不能以工业文化代替农业文化

在传统落后的农业社会，由于生产力、科学技术等方面的制约，人在自然界面前显得力量薄弱，人对自然产生一种不可违抗的崇敬心理和神圣感，努力地寻求与自然的和谐，这是朴素的“天人合一”观。

工业革命带来了生产力的飞速发展，极大地彰显人的力量。工业文化以科技进步为核心，以效益最大化为目标，把“人是世界的主宰”作为其哲学理念，人可以改造世界，征服自然。人类正是依靠这一哲学，冲破了“天命论”的束缚，建立了高度发达的物质文明，这也是工业文化的价值所在。但是“人定胜天”的思想是一把双刃剑，这一思想的单向发展和走向极端，必然会加剧人与自然的冲突和对立，导致世界性的生态问题和可持续发展的障碍。我们在享受“人定胜天”思维带来的成果时，也在品尝着各种“苦果”，包括环境污染严重、资源消耗过度、生态平衡破坏等。

农业文化的价值体现需要遵循三个规律：一是遵从自然规律。农业文化崇尚与自然和谐相处，遵从自然规律，春种秋收，人类生活与自然融为一体；认可与自然的平等地位，既不对自然盲目迷信、顶礼膜拜，也不将其视为野蛮征服和改造的对象。人类可以认识规律、遵从规律，但是不能打破规律，要保护和善待自然，这是解决“人类困境”的希望所在，这与工业文化的“技术崇拜论”差异巨大。二是遵从市场规律。农业已经走出了自给自足的范畴，需要面向市场，以市场为导向，才能富裕农民，振兴乡村，找到自我发展之路。但是，农业文化面向市场是以保护生态环境为前提的，只有绿水青山才能最终实现金山银山。工业文化以追求利润为终极目标，会产生诸多“只顾目的、不择手段”的负面后果。三是遵从社会需求规律。农业虽然以市场为导向，但是，农业文化又不完全以获取利润为目的，农产品属于准公共产品，是人类的刚性需求和社会的必需品，即使无利可图，也不能荒废农业。

乡村文化建设应合理吸收工业文化中先进的科技手段，但在思想观念、思维方式上必须摒弃以效益为中心的工业文化单一思维。只有以农业文化的价值观为引领，才能使乡村文化长盛不衰，从而继续引领中华民族五千年文明史薪火相传，沿着正确的轨道向前发展，使这一人类历史上独一无二的文明形态永驻史册、永放光芒。这是乡村文化的历史担当，责无旁贷。

## 三、不能用城市文化改造乡村文化

城市文化与乡村文化有着很大的异质性，主要体现在两个方面：

一是交往规则的差异。城市是一个陌生人的社会，彼此间的权利和义务，用白纸黑字写清楚，订上书面合同，是建立在法律条文基础上的他律，出现纠纷就会以打官司的方式解决，程序正规、成本高昂。城市文化中的个体呈现出原子化的特征，孤独感、异化感强烈。乡村社会是熟人社会，乡村文化诞生在以地缘和血缘为纽带、传统社会伦理为秩序的

① 把增强，夏文峰．美丽乡村建设中的传统文化保护［J］．领导之友，2016（06）．

乡村社会，并在长期发展中逐步形成了以乡规民约、生活信仰、传统习俗、社会禁忌等非正式制度为基本内容的文化形态。即使在外出打工、面临深刻转型的当代乡村，仍然是一个半熟人社会，村规民约依然发挥着重要作用，人和人之间的交往依然戴着脉脉温情的面纱，是在约定俗成、心理认同、共同遵守基础上的自律。乡村文化讲究诚信，不会轻易撕破脸皮，一个人如果不讲诚信，在熟人社会里，会面临极高的成本和代价，有可能会被熟人社会集体抛弃，丧失发展乃至生存的资格。如果用陌生人社会的城市文化来改造熟人社会的乡村文化，将会极大地增加社会治理成本，同时也与人的情感性需求相悖。人是感情动物，乡土社会"守望相助"的人情味，正成为城市人的追思与怀念。

二是文化特性的差异。城市文化是一种杂交文化，五湖四海、南来北往的人汇集在城市这个特定的区域，在互相交往磨合的过程中，原有各具特色的乡土痕迹不断隐退，从而生成一种适应新环境的市民文化。从某种程度上说，城市文化是一个没有个性的文化。乡村是由一个个祖祖辈辈聚族而居长期共同生活的村落组成，从文化上是代代相传、源远流长，与当地的自然环境、人文资源相结合，形成个性独特的村落文化。如果用千篇一律的城市文化去改造各具特色的乡村文化，就会失去乡村的特点，不符合乡村社会发展的规律。人类生活的丰富性来源于多样性、差异性和异质性，乡村振兴绝不是仅仅意味着宽广的马路、漂亮的高楼，而是要与当地乡村的地理区位、历史人文、风俗习惯、特定资源等相关联，与有着数千年农耕文明历史的乡村文化相衔接。只有植根于传统乡土社会，才能使乡村文化呈现出差异化、个性化的特征，显示出乡土特色。

## 四、不能以现代文化置换传统文化

在不少人的逻辑思维里，历史是向前发展的，现代的总是先进的，传统的总是落后的。这一思维方式和思想观念表现在空间格局上，就形成了城市代表了先进，乡村意味着落后，"城市中心论"的观念已经成为普遍的社会心态。把乡村贴上"落后"的标签是从现代城市的主体视角出发，将乡村文化看成是"传统"和"不文明"的形态，因而是需要改造的。将不同于所谓城市现代文明的情形都归结为落后与迷信，以现代文化置换传统文化，这无疑是文化强权的思维模式，会让我们与传统隔绝，与前人脱离，丧失发展根基。

从基层看去，中国的社会是乡土性的，中国的根基在乡村。中国有着悠久的农业文明，也曾经长期是世界上最富强、最文明的国家，中华优秀传统文化已经成为中华民族的基因，植根在中国人内心，潜移默化地影响着中国人的思想观念和行为方式。传统文化确有糟粕成分，但一颗果实坏掉了，不代表这棵树就没有了存在的意义。在一个有着悠久历史和美好传统的国家，乡村的转型与发展必须立足于传统之根的延续，必须培育出从传统中吸取营养的新的精神世界。如果仅仅是一刀切式地隔断"传统之脐"，带来的灾难与混乱将是长久与深重的。对传统文化的全盘否定，会陷入历史虚无主义的境地，我们需要"开发传统，服务现代"，要把传统中一切精华的、对今日有用的东西发掘出来，加以继承、弘扬，为中国社会顺利转型服务，为中国早日实现现代化服务。一个伟大的民族总是善于与时俱进地认识传统、评价传统、解释传统、重塑传统，从传统中寻找智慧和力量。中华民族正是依靠代代相传的优秀传统文化，不断推陈出新，成就了世界上唯一没有中断过的文明。否定传统，抛弃传统，以现代文化置换传统文化，看似新潮，实为斩断了文化的根脉，使文化的发展成了无源之水，无本之木，文化的枯萎，无疑是迟早的事情。①

## 五、要建立乡村传统文化长效保护机制

一是完善乡村传统文化保护的政府主导机制，建立“政府牵头、部门配合、社会参与”的工作模式，形成古村落保护及传统文化传承与保护等长效制度机制。二是建立村民主体参与机制，切实增强自主建设美丽家园的责任感和荣誉感，变“为我建”为“我要建”“我要管”。三是建立从规划、建设到管理、经营的村民民主参与的“利益协同”机制，让村民自觉加入到乡村传统文化建设工作中。此外，对于古村落和古建筑，要充分借助社会资源，认真探索认领保护利用政策，鼓励有实力的家乡企业家或有返乡生活意愿的社会精英等乡贤人士，参与美丽乡村建设和传统文化保护，使其承担起历史上乡村乡绅阶层的社会功能。

## 六、要走可持续发展的传统文化产业化道路

产业化是乡村传统文化发展的未来趋势。单纯依靠抢救、修缮和保护，而不辅以合理适度的商业化运作，乡村传统文化终将难以持续发展。因此必须积极推动乡村传统文化走上产业化的道路，充分利用乡村传统文化资源优势，改变乡村经济社会发展格局，把丰富多彩的文化资源转变为文化资本。比如，借助于乡村传统文化资源，可改变传统第一产业（种植业、畜牧业等）的经营观念和产业格局，扩展农民职业内涵，即农民不仅可以耕田种地，还可以从事文化旅游、文化服务、民间工艺加工、民俗风情展演等第三产业。如此，不仅可以调整和优化乡村产业结构，增加农民收入，丰富乡村文化生活，提高农民劳动素质，增强乡村传统文化竞争力，还会助推美丽乡村建设的全面发展。

# 第三节　乡村文化建设的模式

## 一、文化传承型模式：以滕州为例

滕州历史悠久，人杰地灵，是人类发源地之一，考古发现境内有距今 7300 年的“北辛文化”遗址。人杰地灵，名人辈出，墨子、鲁班、奚仲、孟尝君、毛遂等人的故里都是这里。

### （一）文化传承型模式的内涵与特征

文化传承型模式的特点是具有丰富的乡村文化资源，有可挖掘保护的民俗文化及非物质文化，文化传承的潜力巨大。一般此类地区有古村落、古民居或古建筑等人文景观。按

① 刘奇．准确把握乡村文化建设的理念［J］．中国发展观察，2019（24）．

照“乡风文明身心美”的要求，让广大农民群众生态文明素养逐步提高，村民的可持续发展观念不断增强，让乡村生态文化体系得以顺利构建。在保护和挖掘历史文物古迹等人文景观的基础上，制定保护政策，合理编制发展规划，逐步建成居住环境优美，生态文明与现代文明协调发展的美丽乡村①。在山东省公布的第一批“省级传统村落”中，滕州市的羊庄镇东辛庄村、姜屯镇东滕城村、柴胡店镇葫芦套老村榜上有名，在以上乡镇可以充分挖掘文化资源，推进文化传承型美丽乡村建设。

在文化传承中带动经济的发展，越来越多的人开始关注原汁原味的乡村风貌。在保护和挖掘历史文物古迹等人文景观的基础上，制定保护政策，合理编制发展规划，逐步建成居住环境优美，生态文明与现代文明协调发展的美丽乡村。文化传承型美丽乡村在政府推动和企业参与下，积极科学规划布局，逐步健全体制机制，不断完善，形成了一套特色体系（图 6-1），具有以下基本特征。

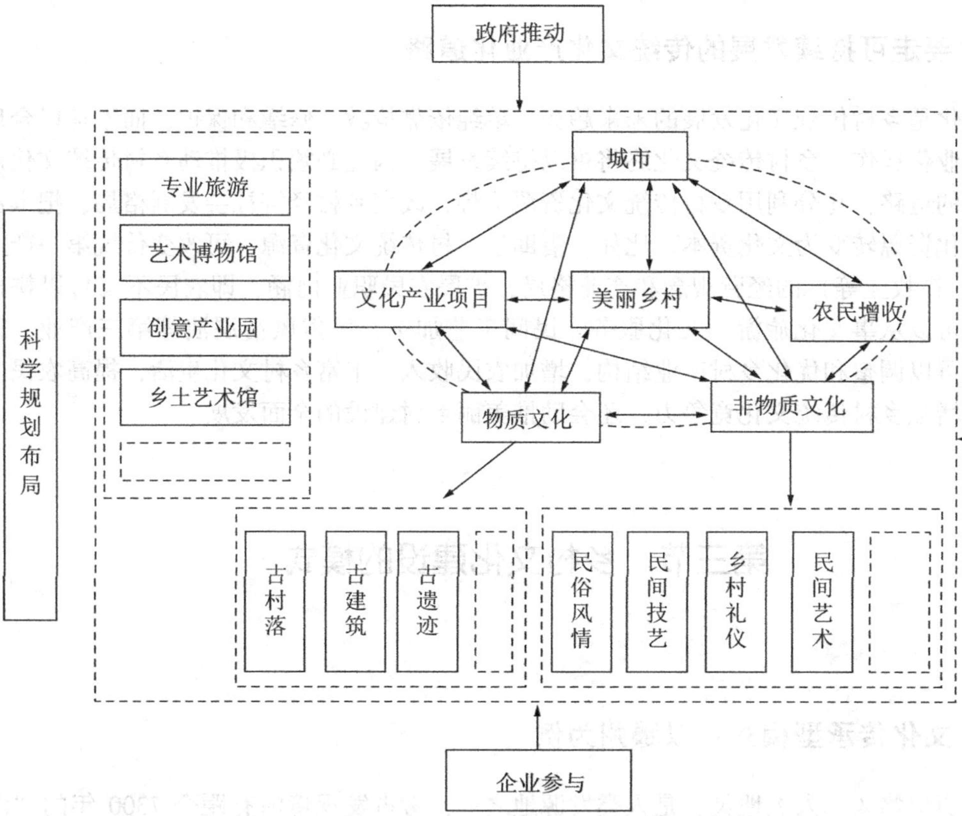


**图 6-1　文化传承型美丽乡村要素联系图**

①凭借物质文化为基础，发展乡村物质文化建设，推进城乡统筹发展。乡村地区拥有城市不具备的传统古建筑、古村落、古遗址，这些物质文化可作为重要的旅游资源，乡村地区拥有资源优势，成为开发客体；而城市拥有资金优势，成为开发主体，开发乡村地区的物质文化，有利于乡村地区的资源优势转化为经济优势，有利于城乡统筹发展。

---

① 陈青红 . 浙江省“美丽乡村”景观规划设计初探［D］. 杭州：浙江农林大学，2013.

②挖掘非物质文化，发展乡村非物质文化建设，推进城乡统筹发展。乡村非物质文化是潜存于物质文化中的隐形产物，主要包括民俗风情、民间技艺、乡村礼仪、口头文学、民间艺术等。乡村非物质文化是我国悠久历史文化的体现，是民族不朽的灵魂。

③依托乡村文化，积极打造文化产业项目。乡村地区历史悠久，传统文化深厚，其价值是独一无二的。通过对乡村文化的开发，发展乡村文化产业项目，如专业旅游、艺术博物馆、创意产业园、乡土艺术馆，有利于提升乡村旅游产品档次，提升文化品位，满足游客精神愉悦的享受。很多文化产业项目已成为当地产业中可持续发展、具有显著社会效益和经济效益的品牌，达到城乡统筹发展。

传统村落往往有着秀丽的田园风光和良好的生态环境。再加上这些地区发展相对滞后，大量青壮年外出打工，使得这些景观能够原汁原味地保留下来。我国是文明古国，乡村沉淀了厚重的历史文化。在对乡村的规划中，要充分考虑这些文化因素，放大这些文化因素的闪光点，充分发挥它们的吸引力，让它们成为推动乡村文化建设的新生力量。让乡村既有地方特色，又有时代气息。

五千年的文明史让我国民间传统文化源远流长，但随着经济的不断发展及城市化进程的不断加快，这些文化遗产正逐渐走向衰落。近年来各级政府都开始关注对传统文化、历史遗迹的挖掘和保护工作，积极努力留住传统文化的根。通过查阅历史资料，实地走访寻找古物古迹，保护修缮古建筑、古民居、古村落，编制旅游规划等。

在乡村，乡风村俗、伦理道德、邻里关系等都是风俗的构成要素，这些有形及无形的具有深厚的历史文化习惯在我国乡村的发展中发挥着非常重要的作用。推进美丽乡村建设的过程中要尊重这些风俗，发挥这些风俗的积极作用。让这些风俗文化融入乡村发展中，让村民体会到原有的熟悉交往与生活氛围，产生心理上的归属感和满足感。

### （二）文化传承型模式的实施路径

在文化传承型美丽乡村建设中要切实加强对古建筑、古村落、古民居等历史古迹的挖掘和保护工作，因地制宜恢复和修缮历史文化村镇的人文景观，大力弘扬民族传统文化，让这些宝贵精神财富在中华大地上得到永续发展。当前民间技艺、传统表演技术、民俗活动、传统工艺等非物质文化遗产陷入濒临灭亡状态，许多民间老艺人无后继传人，传统工艺品也面临流失。国家和地方各级政府要在资金、艺术、人力物力上加大投入，保护民间非物质文化遗产，引导广大群众保护好民间文化。

美丽乡村的美不仅仅体现在空间设计，村庄外部环境上，更应该体现在丰厚的历史文化，厚重的文化底蕴上。在大力发展经济的同时，加强对村民的引导，培育农民的主体意识，让他们认识到文化的价值。可采取专家老艺人收徒，政府补贴，开设兴趣班等多种形式，注重对文化的传承与保护。积极将文化资源转化为产业，实现良心互动，激发农民的积极性。

尊重自然，要保持乡土风貌的原汁原味，是依据自然进行设计，而不是为自我需要进行设计，力争让人工景观更接近自然，更具亲和力。

我国是文明古国，自古以来就提倡休闲、养生的理念，注重琴棋书画、孝廉等精神生活。要在乡村因地适宜举行各种老百姓喜欢的文娱活动，丰富他们的精神世界，充分发挥文化站、活动中心等文体场所的作用。让美丽乡村不仅成为老百姓的生活乐园，更成为他们的精神乐园。让广大游客在美丽乡村中不仅仅领略到美不胜收的自然风光以及文化古朴的历史文化，更能看到美丽乡村中百姓健康的精神面貌和富有特色的文化气息。

（三）模式实施应注意的问题

在推进文化传承型美丽乡村建设中要加大力度对乡村民间文化资源的发掘和保护，在建设规划中要把当地的自然条件和历史文物、古建筑、古民居结合起来，做足功夫，融合好地域文化、历史文化和现代文明。在共性的发展中彰显个性魅力，打造以生态文化为主题的多元化乡村，体现“一村一韵”。让历史和现状有机结合，寻找“生态游”和“民俗游”的结合点，使生态旅游更具地方特色，让乡土文化气息助推“农家乐”更上台阶。

一是坚持生态性原则，实现与自然和谐相处。在我国乡村分布着大量价值无法估量的民族传统文化。世界上许多价值无法估量的民族民间非物质文化遗产生存的文化环境在华夏大地，特别是分布在广袤的乡村。我国大部分乡村地区都是风光秀丽、景色宜人。有些地区由于青壮年涌入城市，农业开发比较少，淳朴的乡村生活，原汁原味的乡村风貌得以完整的保护下来。文化遗产是无形的财富，要依托这些财富，做好配套工程，让这些历史遗迹发挥最大的经济效益。在对传统村落的发掘和建设中一定要保护好原生态，让新老建筑与环境和谐相融①。

二是坚持地域性原则，注重特色因地制宜。民俗风情文化是人们的生活方式和社会经验长期演变而来的，本身就具有很强的地域性。在文化传承型美丽乡村建设中要因地适宜，充分尊重传统文化的地域差异性，以此为依据让文化传承型美丽乡村具有鲜明的地域特性。

三是坚持可持续发展原则，发展经济尊重历史。要实现乡村民俗文化的永续发展，可持续发展。注重对非物质文化的挖掘和保护，在资金和政策上加大扶持的力度。发挥这些文化遗产的吸引力，让这些无形的财富变成有形的财富，让文化资源成为农民增收的有效途径。

四是坚持城乡统筹提高城镇历史文化承载力。切实加强对古建筑、古村落、古民居等历史古迹的挖掘和保护工作，因地制宜恢复和修缮历史文化村镇的人文景观，大力弘扬民族 传统文化，让这些宝贵精神财富在中华大地上得到永续发展，让美丽乡村与历史文化融合发展②。

## 二、乡村文化产业发展模式：以桂西为例

建设“文化广西”“美丽广西”以及实施民族文化强区战略，是全面落实文化强国的战略要求。目前，桂西资源富集区乡村文化产业发展还处在起步阶段，本地丰富的传统文化资源还没有得到保护和开发。从桂西固有的传统文化精神可以看出，这里的农民对追求经济开发的热度比其他地区相对低一点。

因此，结合独特的地理区位、民族传统文化精神以及相关的现实特点，针对不同资源类型和发展阶段，建立以现代产业机制为核心的乡村文化产业发展模式，是广西桂西资源

① 刘圣臣．传统村落在美丽乡村建设中的保护与发展途径研究［D］．苏州：苏州科技学院，2015.

② 刘娟．浅谈新常态背景下的小城镇发展［J］．建筑与文化，2017（01）.

富集区乡村文化建设的必然选择。

（一）"山水剧场"和"生活剧场"并举模式

广西桂西资源富集区文化资源体现出其浓厚的生活气息，即生活性或活态性尤为强烈。要让这些活态性的文化展演在世人面前，是当前文化展示的核心难题，如果不能很好地展示出来，这些文化资源就不能成为文化资本，不能转成文化产业。

"山水剧场"就是将传统的展演情节化，置放于山水实景中演出，凭借出色的舞台调度营造了逼真的生活体验。如《印象刘三姐》是最为著名的"山水剧场"代表作。

然而，如果是对那些情节性、画面性不是很强的传统文化资源诸如"铜鼓舞""师公舞"等，不宜采用"山水剧场"展演，那么我们可以尝试"生活剧场"展演。所谓"生活剧场"就是以人们的日常生活为"演出舞台"，在日常生活的时空两方面凸显具有可看性、冲击性、美的意味的文化行为，循着日常生活的空间形态和节时韵律，通过提示、渲染、情节化等手段使日常生活中的文化层面显示出来。歌圩文化的展演就是典型的"生活剧场"展演。①

因此，一切从实际出发，实事求是地把握好少数民族优秀传统正内涵，对于具备饱满情节性画面性的文化资源，就可以倡导尝试资源的"山水剧场"展演；对于生活性或活态性极强的文化资源，就可以倡导尝试"生活剧场"展演。只有推广"山水剧场"和"生活剧场"并举模式，才能相得益彰，才能充分体现出广西桂西资源富集区优秀传统文化资源丰富性、多样性、民族性、地域性、文化性、生活性的内在统一，才能展现出其强大的文化魅力。

（二）民俗节庆活动模式

民俗节庆是乡村文化资源中最为突出的内容之一。广西桂西资源富集区各少数民族的民俗节庆众多，可谓是"找个理由过个节"②。这些民俗节庆文化包含有精神文化和制度文化的因素。随着城镇化的步伐不断加快，"文化搭台，经济唱戏"逐步延伸到乡村，农民开始看到了实惠。因此，发展乡村文化产业，举办新的节庆活动已经成为乡村文化建设中的主要项目之一。如河池市铜鼓山歌艺术节、东兰国际铜鼓文化旅游节、中国南丹·丹文化旅游节、中国·环江毛南族分龙节、刘三姐文化旅游节、大化奇石文化旅游节等"一县一节"文化节庆活动非常火红。百色市右江端午龙舟文化节、百色市布洛陀民俗文化旅游节、百色（田东）芒果文化节、百色靖西端午壮药节、百色乐业国际天坑旅游节、田林北路壮剧艺术节、隆林苗族跳坡节、百色西林句町文化艺术节等都是该市较为著名的节庆活动。还有，崇左市"壮族歌坡节（陆路东盟崇左看国际商务文化节）"、扶绥县的"龙抬头"文化旅游节，崇左市（宁明）花山国际文化节，龙州县的天琴文化节，大新县的德天（国际）边关旅游节，凭祥的国际边关贸易文化旅游节，红木文化节，等等，都是很有地方特色和民族特色的节庆活动。③

① 余益中，刘士林，等. 广西桂西资源富集区文化发展研究［M］. 南宁：广西人民出版社，2012：36.
② 严凤华，罗黎明. 壮行天下·壮族卷［M］. 南宁：广西民族出版社，2010：77.
③ 韦顺国. 广西桂西资源富集区乡村文化建设研究［D］. 西安：陕西师范大学，2014.

（三）乡村歌舞剧团模式

广西桂西资源富集区的许多农民都很喜欢文艺，且有不少文艺细胞的文化“能人”。村民们既喜欢参加自编自演，又喜欢欣赏这些“能人”表演。著名的农民艺术家赵本山及其演艺之所以走红，就是因为他演艺的内容始终都离不开土色土香的文化，而土色土香的文化演艺，不仅是赢得城里人的喜欢，而且也赢得乡村农民的喜欢。

近年来，广西桂西资源富集区河池、百色、崇左三市大力发展“五个一”工程建设，村级公共文化服务基础设施条件有所改善，乡村文艺队开始活跃起来，歌舞团、壮剧团、杂技团、山歌队等文艺队数目不断增多。

（四）“乡村工艺美术”模式

俗话说：“爱美之心人人皆有”。艺术品就是一种独特的个性化、民族化、技术化或艺术化的“实物代号”。独具地域特色的手工艺品、艺术品凝结着独特的族群记忆，不同地域或不同民族都有自己“物化”或“美化”符号，深受广大游客的喜爱，成为重要的旅游纪念品。广西桂西资源富集区民间工艺美术文化资源极为丰富，依托各少数民族在长期传承形成的民族民间工艺技艺，根据市场情况，选择具有典型民族文化和地域文化特征的工艺美术品进行产业化开发、规模化发展，把乡村工艺美术与旅游业结合起来，相互促进，共同发展。桂西资源富集区理应组织和发动群众，积极参与各种技艺的学习和培训，把民间的石雕、玉雕、木雕、陶艺、家具、器具（竹编藤编草编）等雕刻艺术，还有壮锦、瑶锦、苗锦等各民族的刺绣工艺、民族服饰工艺，特别是那些国家级、自治区级“非遗”重点保护名录诸如大化贡川砂纸制作工艺、毛南族花竹帽编织工艺、伙佬族刺绣工艺、毛南族木雕、毛南族石刻技艺、伙佬族煤砂罐制作技艺等工艺美术品，都可以作为旅游纪念品进行开发保护。都安县地苏乡的编织产品为什么能够远销东南亚和欧洲的一些国家或地区，其中一个主要原因就是与民族特色的性质有关，因为外来者总是认为这些工艺品或艺术品就是某个民族的符号。

## 第四节 乡村文化体系建设

### 一、乡村社会主义核心价值体系建设

社会主义乡村的“新”，不只是体现在有多少间新房，修了多少条新路，更重要的是要体现在广大农民思想道德素质和科学文化素质的提升和乡风文明上。同时，当前中国乡村精神文明建设面临诸多严峻的新形势、新任务。建设社会主义乡村，倡导新风尚，培育新型农民，离不开社会主义核心价值体系的引领。社会主义核心价值体系是社会主义意识形态的本质体现，反映当前乡村政治、经济、文化和社会生活的发展状况，代表广大农民的根本利益。因此，在社会主义乡村建设过程中，大力加强社会主义核心价值体系的普

及，使之深入人心，逐步内化为广大农民群众的思想和行动准则，既是社会主义乡村文化建设的重要内容，也是社会主义乡村建设的重要保障。

### （一）社会主义核心价值体系与乡村文化建设的关系

社会主义核心价值体系是由马克思主义指导思想、中国特色社会主义共同理想、以爱国主义为核心的民族精神和以改革创新为核心的时代精神、社会主义荣辱观等一系列内容构成的相互联系、相互贯通、相互促进的完整体系，是社会主义精神文明建设的重要组成部分，是社会主义乡村建设的思想根基。

马克思主义是认识世界和改造世界的伟大武器，是农民建设乡村的理论基础和行动指南。中国特色社会主义共同理想集中反映了广大农民追求幸福生活的共同利益和愿望，是保证广大农民团结一致，万众一心，积极投身到社会主义乡村建设中去的强大精神动力。以爱国主义为核心的民族精神和以改革创新为核心的时代精神，不仅是中华民族生生不息、薪火相传的精神支撑和中华民族伟大复兴的不竭动力，也是广大农民建设乡村，创造美好生活的精神动力。加强乡村文化建设，必须牢牢把握社会主义核心价值体系这个根本，切实保证社会主义核心价值体系能够在乡村得以贯彻和落实。

1. 社会主义核心价值体系是乡村文化建设之本

价值观是文化的核心。坚持什么样的文化方向，建设什么样的文化，就是坚持和倡导什么样的价值观。乡村文化走向哪里，是由它的核心价值观决定的。任何一个社会都有自己的核心价值。社会主义核心价值体系是社会主义文化的内在精神和生命之魂，也是乡村文化建设之本。

（1）马克思主义指导思想决定社会主义乡村文化建设的前进方向

马克思主义指导思想是社会主义核心价值体系的灵魂，决定社会主义核心价值的性质和方向，决定社会主义乡村文化建设的方向。随着市场经济体制改革不断深入，乡村社会出现了不同的利益主体和多样化的利益要求。一个社会要稳固，除了以绝对的法律权威和强制机构的巨大后盾作根基之外，它必须还有一种理念权威作为黏合剂凝固社会各种力量，否则社会就是一盘散沙。因此，任何一个社会在意识形态领域都有占支配地位的思想。中国乡村社会的市场化与经济利益导向，导致了一些人更为关注自身现实的物质利益，拜金主义、功利主义、享乐主义思想在部分农民心里日益盛行，而忽略精神与文化层面的修养。他们更多的是关注“我”的利益，而不是从“我们”这种整体意识出发思考问题，这不利于社会主义乡村建设。

（2）中国特色社会主义共同理想是社会主义乡村文化建设的奋斗目标

中国特色社会主义共同理想是社会主义核心价值体系的主题。社会主义文化是中国特色社会主义的重要组成部分，而乡村文化又是社会主义文化的重要组成部分。当前，乡村文化建设必须要引导树立社会主义的坚定信念，以建设和发展中国特色社会主义伟大事业为阶段性共同理想和奋斗目标，以满足人民群众日益增长的多层次多样化的文化需求为目的，倡导人与人平等和谐相处、人与自然协同发展，努力构建“生产发展、生活宽裕、乡风文明、村容整洁、管理民主”的社会主义乡村。

（3）以爱国主义为核心的民族精神和以改革创新为核心的时代精神是社会主义乡村文化建设的内核

以爱国主义为核心的民族精神和以改革创新为核心的时代精神，是社会主义核心价值体系的精髓，是全国各族人民共同奋斗的精神支柱，也是社会主义文化建设的内核。中华民族上下五千年的文明史，积淀了许多中华民族的思想文化精华，形成了丰厚的民族文化底蕴，保家卫国、奋发进取、自强不息的民族精神深入人心。

在当前的乡村文化建设中，弘扬民族精神和时代精神，使广大农民始终保持昂扬向上的精神状态，既是乡村文化建设的精髓之所在，又有利于培养农民的创新精神、爱国主义精神和集体主义精神，激励广大农民为维护祖国统一，实现国富民强，建设社会主义乡村而奋斗。

2. 乡村文化建设是弘扬社会主义核心价值体系的重要载体

城乡文化建设是弘扬社会主义先进文化的主要载体，也是先进文化的现实体现。在当前的乡村建设中，乡村文化建设则成为弘扬社会主义先进文化和社会主义核心价值体系的重要载体。

具体地说，当前在建设社会主义乡村的过程中，加强以构建社会主义核心价值体系为重要内容的乡村文化建设，而乡村文化建设必须始终贯彻社会主义核心价值体系，最大限度地在乡村社会形成先进思想共识。在乡村文化建设中，坚持以马克思列宁主义、毛泽东思想和中国特色社会主义理论体系为指导，根据时代的要求和社会发展的需要，逐步培养农民开拓进取的精神和开放的胸怀，培养他们的主体意识、市场意识、竞争意识、民主法制意识和科学观念，使他们真正成为“有文化、懂技术、善经营、会管理”的适应现代化要求的新型农民；在鼓励农民继续发扬尊老爱幼、诚实守信等中华民族传统美德的同时，提高他们的思想觉悟、道德水平和明辨是非的判断能力；倡导健康、文明、向上的社会主义新风尚。可见，乡村文化建设既得益于社会主义核心价值体系的指导，又为社会主义核心价值体系在乡村的进一步弘扬和实现提供了重要载体。

### （二）乡村构建社会主义核心价值体系的路径选择

重视对乡村多元价值观的整合，重建社会价值坐标。第一，必须处理好主旋律与包容多样的关系。要用社会主义核心价值体系引领社会思潮，尊重差异、包容多样，最大限度地形成社会共识。用社会主义核心价值体系引领乡村社会思潮，并不是以一元取代多元，搞“红色”认同，而是以社会主导价值观来感召和引导非主流价值观。要在尊重不同价值选择的基础上，通过价值整合缓解不同价值观之间的矛盾冲突，使各种价值观和谐共存，并在作用方向上形成合力。第二，要重建乡村社会价值坐标，必须正确对待传统文化，取其精华，去其糟粕，同时在市场经济中树立正确的财富观、消费观、道德观与合作观，提高价值判断和行为选择的能力。第三，坚持科学信仰，通过各种途径教育农民，抵制散布腐朽、落后、反动思想的迷信、邪教等活动。总之，要整合乡村社会价值观念，就必须在多元价值取向之间保持合理的张力，在多样观念中寻求共识，并能以主导扩大共识。

加大乡村经济建设扶持力度，提高价值认同的物质基础。范·尼乌文赫伊兹（Van Nieuwenheez）认为：“发展工作的焦点，始则经济，继则社会，终而为文化，这个顺序使人想起西方自产业革命以来处理共事务的顺序。”① 这为我国乡村构建社会主义核心价值体系提供了重要启示。乡村社会价值整合难度大，归根结底是乡村经济发展水平所限，农民的物质需求未能得到合理的满足。“只有社会的需求与个人的需求契合一致，社会所倡导的主导价值观才能被个体所认同，内化为自我的价值追求”。② 因此，当前在乡村构建社会主义核心价值体系，首先，要把解决思想问题和解决实际问题结合起来，解决与群众利益关系最密切、最直接、最现实的问题，当前尤其要帮助一部分农民解决生存性危机，重点是乡村中的弱势群体，包括老年人、妇女、体弱多病及因病因学致贫者；其次，政府必须以乡村建设为契机，千方百计提高农民收入，实施惠农政策，实现共同富裕，同时要加大对乡村的财政转移支付力度，担负起乡村公共品供给的职责。无疑，政府的这种帮助，能大大增强农民对现行社会制度的认同，使他们切身感受到社会主义核心价值体系的重大实践价值。

调整相关制度安排，增强农民的制度认同。首先，调整和健全政治制度设计，保障农民各种平等的政治权利，依法尊重农民的人格尊严和自我选择，真正落实基层民主制度，提高农民对自己当家做主的心理认同。其次，调整资源分配制度，废除城乡二元政策，消除对农民的身份歧视。从法律上、制度上确保城市“反哺”乡村的各项举措落到实处，尤其是保证乡村基础设施和其他公共品的投入，比如教育、医疗、乡村社会保障等，让农民享受基本的国民待遇，维持其做人的起码尊严和体面。再次，强化基层组织的意识形态领导功能。在中国这种政府主导、民间话语权相对弱势的社会治理结构中，政府对主流价值体系的构建始终起关键作用。一方面，要充分发挥基层组织在乡村文化建设中的领导作用，强化“阵地”意识，把握社情民意，重视舆论引导，旗帜鲜明地反对和抵制邪教和迷信活动；另一方面，要转变执政理念，建立真正的服务型政府，坚决制止官僚主义、贪污腐化、作风恶劣、吃拿卡要等破坏农民感情的事情发生，切实为老百姓排忧解难，把基层组织真正建成人民群众可信赖和可依靠的力量，把党组织真正建设成乡村思想建设的堡垒，以实际行动增强社会主义核心价值体系的说服力、感染力和影响力。

改善价值观形成的社会环境，培育农民的现代意识。首先，要改变农民的生产生活方式，促进农民在城市的合理流动，加快城市化进程，打破以地缘、血缘为根基的封闭的生存空间，建立超越地缘和血缘限制的各种新型的社会关系，消除宗法制度对农民的负面影响。事实上，曾经根深蒂固的家族观念逐渐被讲究分工的现代生活淡化，比如传统的孝悌观念、乡土观念在与现代文明的斡旋中逐渐居于下风③。其次，要逐步把农民引入社会化大生产的洪流中，引导农民到市场经济中去历练，用市场去涤荡小农经济状态下形成的封闭、狭隘、保守、愚昧、依附和苟安的性格特征，逐步培养主体意识、科学意识、竞争意识、开放意识和创新意识，造就“有文化、懂技术、善经营、会管理”的社会主义新型农民。

① ［荷兰］范·尼乌文赫伊兹. 20世纪的社会转型［A］. 中国社会科学杂志社. 社会转型：多文化多民族社会［C］. 北京：中国社会科学文献出版社，2000：213.

② 梅萍，林更茂. 论社会主义核心价值体系与公民的价值认同［J］. 中州学刊，2009（05）.

③ 张清政. 对中国传统农民性格的分析［J］. 山东省农业管理干部学院学报，2008（03）.

## 二、乡村法治文化体系建设

### （一）法治文化的特征分析

1. 法治文化具有历史传承性

在党的十九大召开的基础上，法治文化成为日后乡村发展的重要内容。通过对法治文化的分析，明确作为中华文化的重要组成内容，法治文化具有比较显著的民族性和历史性。在中国特色社会主义发展时期，法治文化只有深深植根在优秀的民族文化中，才能形成民众的精神行为准则。在党的十八届四中全会中，党和国家领导人根据当时的社会发展情况和对未来发展的期望，提出了坚持依法治国和以德治国的原则。党的十九大报告也对依法治国，发展社会主义民主政治进行了系统的阐述。由此可见，法治文化具有历史传承性特征。

2. 法治文化具有时代性

法治文化不仅具有历史传承性，还具有时代性特征。从某种角度而言，党和国家出台的政策和原则，通常是根据当时社会的发展情况和环境，从合理的角度出发制定的。①

### （二）依法治国背景下乡村法治文化建设的措施

1. 加强对乡村法治文化建设的重视

在依法治国背景下，应充分加强对乡村法治文化建设的重视。受诸多因素的影响，乡村法治文化在建设中存在较多不和谐、不稳定的问题。这种现象的存在，在一定程度上为政府部门增加了法治文化建设的难度。因此，根据党的十九大的召开情况和中央一号文件，各地应加强对乡村法治文化建设的普遍重视。依据中央一号文件中关于乡村法治文化和振兴乡村的要求，各地应对法治文化建设新形势和新任务进行深入分析，进一步将乡村法治文化建设纳入工作日程，并加强对乡村法治文化的统筹规划，充分提升法治文化在乡村的影响力和传播力，为乡村法治文化的建设奠定坚实的基础。

2. 增强法治思维下乡村领导干部的决策能力

针对乡村法治文化建设的现状，从法治思维的角度增强乡村领导干部的决策能力是尤为必要的。乡村领导干部是乡村各项事务开展的组织者，同时也是重要的管理者。因此，在乡村法治文化建设中，乡村领导只有对法治文化有深入的认识，掌握法治文化对乡村发展的重要性，并具备利用法治思维处理事务的能力，才能充分促进乡村法治文化的发展。在推进乡村法治文化建设时，可以通过加强乡村领导干部的工作使命感和责任感，使他们能够在宪法和其他法律的范围内比较自觉地完成乡村领导工作。同时，通过对党的十九大和中央一号文件内容的学习、掌握，充分提高乡村领导干部的执政能力和水平，进而从根本上增强法治思维下乡村领导干部的决策能力。

3. 将新的活力注入乡村法治文化建设中

在乡村法治文化建设中，由于乡村活动较多，可以在法治文化建设期间注入新的活力。第一，加强乡村法治文化与法治实践活动的结合。根据党的十九大报告中关于振兴乡

---

① 黄珍，王红光．全面依法治国背景下法治文化建设探究［J］．理论观察，2017，02（07）．

村的要求以及中央一号文件中关于乡村法治文化的建设要求，将法治文化体系细化成具体的准则，包括乡规民约、村民公约、职业规范等多种行为准则，使人们能够依照准则有序地开展乡村活动，进而在浓厚的法治文化氛围中充分扩大乡村法治文化建设的覆盖面。此外，在乡村法治文化建设中还要加强对多媒体的利用。可以借电视、广播等多种宣传媒介，为乡村法治文化的建设提供广阔的空间。①

## 三、乡村文化站工作创新体系

### （一）乡村文化站工作创新体系建设的必要性

乡村文化站是开展乡镇文化工作的平台，是弘扬社会主义文化和中华民族传统文化的基础。乡村文化站工作的顺利开展，小的来说，满足了人们的精神需求，大的来说，促进了社会主义精神文明的建设。为国家的经济建设和社会建设提供了精神动力；精神文明建设有利于增强人民的爱国意识和集体主义意识，增强社会凝聚力和向心力，促进和谐社会的建设。由此可见，开展乡村文化站工作的意义举足轻重，因此，讨论如何建立乡村文化站工作创新体系是必要的。②

### （二）乡村文化站工作创新体系建立

1. 创新文化传播方式，提高人民文化素养。社会主义的文化传播始终以用文化理论武装人的中心点，所以乡村文化站工作的开展首先需要对文化进行传播，那么就要创新文化传播方式。众所周知，理论文化的传播一般情况是枯燥乏味的，这样文化站的工作人员以及人民群众对文化的理解就不会很深刻，进而影响文化传播工作的顺利开展。对文化理论掌握不深刻，就不易认同工作人员开展的传播工作。因此我们必须创新文化的传播方式，提升人们对文化理论的认同感。例如在文化理论传播时增添一些实际例子，用实例来阐述理论；在制作文化宣传本时，加入漫画、插图等吸引人民群众眼球的内容；利用微博、微信等新的社交手段、科技手段来分享宣传理论文化知识，通过改变文化的传播渠道，别出心裁的让文化渗透人们的生活，进而提高人们的思想觉悟。

2. 完善文化基础设施，塑造良好的文化氛围。顺利开展乡村文化站的工作，必须完善文化站的基础设施，如果没有完善的基础设施，创新开展文化工作只是纸上谈兵。现阶段国家对公共基础服务的重视更是乡村文化站完善乡镇文化基础设施的东风，所以乡村文化站要加大对基础文化设施的资金投入，从人们的实际需求出发。完善设施，调动人民群众参与文化活动的热情，真正的使用它，不要让基础文化设施形同虚设。③

3. 丰富文化活动的内容形式。生动鲜活的文化活动，既丰富了人们的生活，又调动了人们参与文化活动的热情。文化理论也在潜移默化中熏陶了人民群众。乡村文化站可以利用节日契机，根据人民群众的喜好需求，开展形式多样的文化活动，营造了节日的气氛，而且人们可以放下工作日的忙碌，提高人民群众的参与度，在休闲活动中感受文化的

---

① 杨修洁．全面依法治国背景下乡村法治文化建设探究［J］．经营者，2018，32（03）．

② 郎义成．浅谈乡村文化站在农村建设中的阵地作用［J］．中国外贸，2011（08）．

③ 郝弋．乡镇综合文化站职能创新的探索［J］．四川戏剧，2011（06）．

熏陶。改变传统的活动形式，调动人民群众参与文化活动的积极性。

4. 完善政策法规，带动文化产业的发展。要完成“四位一体”中的文化建设，文化产业必须繁荣发展。乡村文化站工作创新性的开展，除了满足居民对精神文化的需求外，也是推进文化产业发展的重要因素；反之，乡村文化站工作的顺利开展也需要文化产业的繁荣发展；它们是唇齿相依的关系。因此乡村文化站应该完善相关政策法规，提高办事效率，在环境和政策方面对乡镇文化产业大力提供支持，也要最大限度地调动居民对文化产业的支持。

5. 发展社会文化团体。开展乡村文化站的工作，不能仅依靠文化站一个机构，这是远远不够的，俗话说，人多力量大，在社会主义文化建设上，我们也要遵循多样化多渠道的原则。鼓励支持社会文化团体的建立，不拘泥于文化站单一的力量，让他们成为居民和文化站的联系纽带。社会文化团体通过开展活动，传达了文化站的工作精神，也使人民群众在参与文化活动中提高了思想文化觉悟，从侧面推进了社会主义文化建设。①

① 李美华．农村群众文化活动的机制与形式创新［J］．老区建设，2008（04）．

# 第七章　乡村文化建设研究

乡村文化建设是我国乡村建设的一项重要内容，在我国现代化建设的道路上，如何搞好乡村文化建设是摆在党和国家面前的一项重要而艰巨的历史使命。乡村文化建设面临着诸多难题与困境，这就需要我们根据我国目前乡村文化建设的现状和存在的问题，出台和采取相应的政策与措施，不断提高和加强乡村文化建设的内容、水平和各项物质载体建设，全面落实党和国家关于乡村建设的各项要求。本章在介绍乡村文化建设理论的基础上，阐述了乡村文化的供给与需求问题，揭示了当前乡村文化建设的现状，并具体探讨了现代乡村文化的建设问题。

## 第一节　乡村文化建设的理论基础

### 一、马克思和恩格斯的东方文化观

马克思与恩格斯谱写了西方社会先进文化的优秀篇章，他们提出的关于文化的思想和观点对中国乡村文化的建设具有重要的意义。

#### （一）人民群众是文化的创造者

马克思和恩格斯从辩证唯物主义思想出发，提出文化的本质——人化，即文化是人创造的文化，文化的传承和发展由人来主宰。首先，马克思唯物史观提出，人民群众是历史的创造者，是社会一切物质文化和精神文化财富的创造者，充分肯定了人民群众在文化创造活动中的主体地位。其次，马克思提出实践是人不同于其他群体的特殊人类活动，始终肯定人的社会主体地位——以人为本。“创造这一切并为这一切而斗争的，不是历史，而是人，现实的人，活生生的人。”① 体现在我国乡村文化建设中，即要以广大农民群众为主体，以实现好、维护好和发展好广大农民群众的根本利益为目的，充分发挥其主观能动性、自觉性和创造性，引导其积极投身于乡村文化活动，推动文化建设可持续的向前发展。

---

① 马克思，恩格斯．马克思恩格斯全集（第2卷）[M]．北京：人民出版社，1957：176.

### （二）文化对社会发展有推动作用

恩格斯提出：“文化上的每一个进步，都是迈向自由的一步”①，即文化作为一种意识形态对社会发展具有反作用，先进社会文化可以促使社会不断发展进步。马克思关于科学技术是推动社会发展的有力杠杆论断的提出，肯定了科学技术对社会发展的重要作用，提升了文化在社会发展中的地位。这一思想也对我国的科学技术是第一生产力和科教兴国战略的提出产生了深远影响，为我国在当前开展乡村文化建设活动中重视科学技术的推广奠定了思想基础。

## 二、中国传统文化中的文化建设思想

中国乡村文化是一个以“三农”为代表，蕴含着某些乡土内容和特色的农耕文化，其不但孕育出了自强不息、厚德载物、顽强拼搏等民族精神，体现了中国优秀传统文化的精神实质。同时也揭示了农民群众作为中国最基层的群众代表，在中国社会发展和进步中发挥的重要作用。

农民群众是乡村物质财富和精神财富的创造者。历代仁人志士都重视广大农民群众的文化素养和文化创造力的培养与提高。近代社会，以梁漱溟和晏阳初为代表的乡村文化运动者，一生致力于改善乡村文化的贫瘠现状。晏阳初提出开展平民教育，进行乡村社会改造，消除传统中国农村的愚贫弱私病症，大力推广教育救国理念。梁漱溟开展乡村建设实地研究，通过创建乡村组织，普及科学文化知识，以达到移风易俗的目的；通过经济上的合作社，改良农业发展模式，谋取乡村文明和乡村都市发展化。② 党和国家的历代领导人等延续乡村文化建设传统，提出了一系列乡村文化建设的思想和观点。

## 三、毛泽东乡村文化建设思想

毛泽东关于我国乡村文化建设的思想是相当丰富的，其文化建设思想是中外两种不同思想观念的碰撞与结合，体现了马克思主义中国化的理论特征。他从中国国情出发，创造性地提出了新民主主义文化纲领，对乡村文化建设理论研究进行了初步探索，并明确提出了相关的理论指导思想和原则。

### （一）农民是当时乡村文化运动的主要对象

农民占当时全国人口的80%，整体素质低下。“中国有百分之九十未受文化教育的人民，这个里面，最大多数是农民。”③“中国的革命实质上是农民革命，……大众文化，实质上就是提高农民文化。”④ 当时，农民的问题是中国革命的基本问题，农民的力量是中国革命的中坚力量。1942年西柏坡会议后，虽然实施党的工作重点由农村转向城市，但毛泽东始终坚持把乡村文化建设作为党的重点工作来抓。

---

① 马克思，恩格斯．马克思恩格斯全集（第20卷）［M］．北京：人民出版社，1971：126.
② 陈文珍，叶志勇．社会主义新乡村文化构建［M］．长沙：湖南师范大学出版社，2010：31.
③ 毛泽东．毛泽东选集（第2卷）［M］．北京：人民出版社，1991：39.
④ 毛泽东．毛泽东选集（第2卷）［M］．北京：人民出版社，1991：692.

### （二）农民是乡村文化建设的参与者和实践者

毛泽东认为，农民是当前文化建设的主力军，农村精神思想文化的建设，不能紧靠外部力量，须充分信任农民能力，积极引导农民发挥自身主动性，自动自觉的开展乡村文化建设。他指出："所有一切封建的宗法的思想和制度，都随着农民权力的升涨而动摇……菩萨是农民自己立起来的，到了一定的时期农民会用他们自己的双手丢开这些菩萨，无须旁人过早地代庖丢菩萨……要农民自己去摧毁，别人代庖是不对的。"① 因此，农民既是乡村文化的创造者和实践者，又是乡村文化的传播者和受益者。

### （三）思想政治教育是乡村文化建设的艰巨任务

当时，中国的广大农民群众大多数是小生产者，小农意识和封建思想深蒂固地存在于农民群众的观念中，毛泽东提出在农村大力开展以扫盲为重点的科学文化教育普及活动，发动广大农民群众主动学习识字，并同各种愚昧落后现象做斗争。在这次活动中积累的许多宝贵经验，对乡村文化建设的后期开展奠定了坚实基础。

从中国国情出发，毛泽东创造性地提出了党在乡村开展文化建设的指导思想，践行了新民主主义关于乡村文化建设的理论，并开始进行社会主义乡村文化建设理论的初步探索，他对我国乡村文化建设所做贡献，很大程度上改变了当时中国农村的文化面貌，为中国先进文化的发展奠定了基础，对乡村文化建设具有重要的实际指导意义。

## 四、中国特色社会主义理论的文化建设思想

### （一）邓小平乡村文化建设思想

三农问题一直是关系中国社会主义建设的重大问题，没有乡村文化的繁荣，就没有中国的现代化。邓小平从乡村文化建设对于社会主义建设的重要性出发，系统解答了在中国这样一个经济封闭、文化落后的国家怎样开展社会主义乡村文化建设的问题。他提出了推动乡村文化建设发展的解决策略，并创造性提出中国特色社会主义发展道路，形成了系统的乡村文化建设思想。

（1）乡村文化建设是农村全面进步的内在要求

邓小平非常重视乡村文化建设，提出经济发达、政治民主、文化繁荣的农村才是具有中国特色的新农村。科学技术是文化发展的有力杠杆，加强农村科学技术建设，栽培农村生产能手、科技人员，为农村社会的发展注入新鲜活力，是促进农村社会全面进步，加速改变农村贫困落后面貌的重要途径，是社会主义农村建设的重要内容之一。

（2）乡村文化建设是提升农民素质，培养新式农民的需要

在实现农村现代化过程当中，重视农村物质层面进步与发展的同时，更需高度重视文化的建设工作。农民是乡村文化建设的主体，其素质的高低决定着乡村文化建设的水平。"社会主义建设需要有文化的劳动者，所有劳动者也都需要有文化。"② 中国特色社会主义

① 毛泽东．毛泽东选集（第1卷）［M］．北京：人民出版社，1991：32-33.
② 邓小平．邓小平文选（第1卷）［M］．北京：人民出版社，1994：280.

现代化建设需要有文化、有技术的劳动者，需要新式农民，然而，没有乡村文化建设的发展，就没有新型农民。实行改革开放后，乡村文化建设呈现出蓬勃发展之势，推动了农民素质的提高，培养了众多符合当时农村发展需要的农民。

邓小平指出，乡村文化建设需要广大农民群众的积极参与，发挥他们的集体创造力；乡村文化建设须植根于农民群众之中，及时了解农民群众的文化需求，一切从农民的切身利益和意愿出发；农村要积极吸纳人才充实文化队伍，引进多种载体开展文化活动。邓小平关于中国特色乡村文化建设的理论，开创了我国关于乡村文化建设与发展理论的新天地。

### （二）胡锦涛乡村文化建设思想

胡锦涛准确分析中国国情，科学把握时代脉搏，适时提出了科学发展观的重大思想和社会主义新农村建设的重大战略。明确了科学发展观是新农村建设的主要指导思想，乡村文化建设是新农村建设的重要内容，号召动员社会力量积极构建乡村公共文化服务网络，推动乡村文化更快发展。科学发展观和建设社会主义新农村是新时期中国共产党的重要指导思想，是实现我国“五位一体”建设与发展的思想指南，是社会主义新乡村文化建设的指导方针。

（1）科学发展观是乡村文化建设的重要指导思想

按照科学发展观要求，乡村文化建设要以农民需求和意愿为主，统筹兼顾，推动乡村文化与经济、政治的全面协调可持续发展。既重视乡村经济的基础性作用，又高度重视乡村文化对人的影响和塑造作用，把“以人为本”原则贯穿到乡村文化建设的始终，坚持以文化促经济、添动力、保和谐，把文化建设指标纳入责任考核标准，通过推动和繁荣乡村文化，提高农民的综合素质和科学文化水平，推动乡村社会的整体发展进步。

（2）摆明乡村文化建设在新农村建设中的突出地位

中共中央《关于<深化文化体制改革，推动社会主义文化大发展、大繁荣若干重大问题>的决定》，把乡村文化建设摆到了更为突出的位置。“生产发展、生活富裕、乡风文明、村容整洁、管理民主”的社会主义新农村，是文化建设与经济建设、政治建设、社会建设、生态建设协调发展的新农村。乡村文化建设的发展是推动新农村建设的持久动力，通过推进乡村文化综合治理改革，发展乡村文化产业，不断满足农民群众日益丰富精神文化需求，在中国乡村形成崇尚文明与科学的乡风。乡风文明是社会主义新农村建设的文化目标，更是新农村建设的灵魂。

（3）积极构建乡村公共文化服务体系，促进公共文化建设

坚持“以人为本”，充分履行政府服务职能、保障农民文化权益的乡村公共文化服务建设是开展社会主义乡村文化建设的基础。乡村公共文化服务建设是提升农民群众思想道德素质和科学文化水平，培养新式农民的一项重大工程；是缓和乡村社会矛盾，凝聚乡村共同价值观念，实现乡村和谐的重要途径；是传播社会主义先进文化，巩固党在乡村执政基础的重要保证。

科学发展观是中国特色社会主义文化发展体系的延伸与创新，社会主义新农村建设是科学发展观指导下推动乡村全面发展的重要举措。胡锦涛提出的“乡风文明”、大力发展乡村公共文化思想，为乡村文化的未来发展提供坚实的理论保障，不断推动乡村文化更快

更好发展。

（三）习近平乡村文化建设思想

1. 经济建设：处理好农民和土地的关系是主线，以城带乡，促进城乡一体化

习近平的系列讲话中关于乡村经济建设占的篇幅最多。他认为，要解决乡村发展滞后的问题，应在“地、人、技术、资金、生产辅助设施”等生产要素方面逐一寻找对策。第一，主线是处理好农民和土地的关系，必须毫不动摇地坚持农村土地集体所有和家庭经营的基础性地位，稳定土地承包关系，实现承包权和经营权分置并行，把握好流转、集中、规模经营的度，同时着力推进农村集体资产确权到户和股份合作制改革。第二，把培养青年农民纳入国家实用人才培养计划，以吸引年轻人务农、培育新型职业农民为重点。第三，现代高效农业是农民致富的好路子，必须依靠农业科技进步，走内涵式发展道路。第四，以工促农、以城带乡，加大对乡村的财政投入力度，完善农村基础设施建设，为生产创造便利条件。①

在乡村经济建设的问题上，当前学界有保守和冒进两种论调，前者认为中国农村人口太多，人地关系高度紧张，缺乏实现全面现代化的物质资源基础，因此强调依靠乡村自然的演化，其典型的观点是农业生产越高效，农产品数量越充足，农民越处于弱势地位。后者认为政府的重点在于城市化，解决好农民进城居住的问题即大功告成，于是在一些地方出现土地流转人为提速、大拆大建、农民“被集中居住”“被上楼”的现象。习近平继承和发展了邓小平关于社会主义的本质的论断：一方面，“坚持农村土地集体所有、以工促农、以城带乡，”这是为了维护乡村稳定，实现共同富裕；另一方面，创造性地提出“土地所有权、承包权和经营权的三权分置”，这是为了解放生产力。② 按照科斯（Ronald Hery Coase）的法律经济学理论，产权清晰是交易成功的前提。实行“农村集体资产确权到户”是维护农民利益、促进土地流转、城市化的必然要求。但是在社会保障功能短时间内难以从土地上剥离的前提下，习近平并不赞成对生产关系做出根本性的变革，因此他同时也强调要把握好农地流转的度，处理好改革、发展、稳定三者之间的关系。对人均自然资源过低这一短板，习近平认为可以通过加强农业技术人员和新型职业农民这两支队伍的建设来予以弥补。从总体上看，习近平的经济建设思想体现了辩证唯物主义一切从实际出发的根本要求。推动农村产权制度改革，是马克思主义者解放思想的表现；依据中国国情，走内涵式农业发展道路则是实事求是原则的体现。习近平在谈到乡村经济建设时还多次强调“根本出路在于深化改革，要发挥亿万农民主体作用和首创精神。”按照马克思主义的认识论和唯物史观，实践是检验真理的唯一标准，处于实践一线的人民群众中蕴藏着无限的智慧，人民群众才是历史的主体和历史的创造者。乡村经济建设有原则但无定法，习近平要求各地结合实际情况进行探索，告诫“把选择权交给农民，由农民选择而不是代替农民选择，政府可以示范和引导，但不搞强迫命令、不搞大跃进、不搞行政瞎指挥、不刮风、不一刀切。”

① 史翠芬．乡村振兴战略下乡村文化建设问题研究［J］．环渤海经济瞭望，2018（7）．

② 刘奇．准确把握乡村文化建设的理念［J］．中国发展观察，2019（24）．

2. 政治建设：一个村子建设得好，关键要有一个好党支部

乡村政治建设主要是指乡与村党组织的建设、乡级政权的建设及村民自治。衡量政治建设水准的一个重要标尺是民主制度的真正落实。从历史上看，我国有正式政权不下乡（一般止于县）的政治惯例，但20世纪初之前的乡村一直由本地精英发挥治理的主导作用，因此乡村是基本有序的。

进入21世纪后，城市化进程加速，乡村面临精英急剧流失的困境。针对农民群体长期存在的散弱等问题，习近平认为，在乡村政治建设的问题上必须充分重视"关键少数先进分子"的力量。2014年7月，他在一份批示中强调，"要坚持问题导向，进一步加强农村基层党组织建设，完善各项村级民主管理制度，特别是选好、用好、管好村两委带头人，为农村改革发展稳定提供有力保障"①。2014年5月在与河南乡村干部座谈时又指出，"火车跑得快，全靠车头带，选好班子和带头人很重要。乡镇岗位锻炼人，你们要同乡亲们一起苦干实干，练就金刚不坏之身。"2016年4月视察安徽小岗村时强调，"要把农村基层党组织建设成为落实党的政策、带领农民致富、密切联系群众、维护农村稳定的坚强领导核心。"② 2016年7月，习近平在宁夏杨岭村考察时说，"一个村子建设得好，关键要有一个好党支部。"应该看到，受封建专制社会漫长历史的影响，加之长期存在的小农经济体制，村民自治制度在一些地方的执行确实不尽人意，如选举受到宗族势力甚至黑恶势力的干扰，决策扭曲、管理虚化、监督乏力。于是，学界出现了质疑农民自治能力、取消自治体制的声音。

习近平认为，"实行村民自治是适应农村经济体制改革的管理形式，村民自治只有依靠党的领导，才能真正体现村民的意志，才能实现村民自治，才能保证村民自治沿着健康的轨道不断发展。"③ 也就是说，基层民主建设之所以遇到了很多问题，恰恰是因为地方党组织的核心作用力发挥不够。在要求基层干部发挥中坚作用之外，习近平视察安徽小岗村时还强调要"引导广大农民自觉守法用法，树立系统治理、依法治理、综合治理、源头治理理念。"④ 发挥干部的堡垒作用只是一个方面，同时必须提高农民的素质，尊重其在乡村治理事业中的主体地位。

习近平乡村政治建设的正确思路来源于长期的实践经验的总结。在其早期的两篇文章中就已经有了近似论述，一是1990年的文章《加强脱贫第一线的核心力量-建设好农村党组织》，二是2002年发表的《按照"三个代表"要求创新农村工作机制》。在此文中，时任福建省省长的习近平对外界精英参与乡村建设给予高度评价，赞扬了南平市向农村选派村党支部书记、科技特派员、乡镇流通助理三支队伍的做法。2004年，时任浙江省委书记的习近平在全省推广武义县建立村务监督委员会的经验，建立了村级权力的制衡机制。这些前期的探索与实践为乡村政治建设思路的形成奠定了基础。

3. 文化建设：社会主义核心价值观是灵魂，注意乡土味道，留住田园乡愁

习近平认为，"中华民族创造的灿烂文化确实博大精深，但是要努力使中华民族最基

---

① 郑平．把加强基层党组织建设作为整改落实的重要任务［J］．求是，2015（15）．

② 金俏希．发展乡村文化，建设美好生活［J］．少先队小干部，2019（C1）．

③ 张世定，范弘雨．乡风文明视域下的乡村文化建设［J］．延安大学学报（社会科学版），2020，42（1）．

④ 杜晓刚．宿州市美丽乡村文化建设路径研究［J］．青年与社会，2019（12）．

本的文化基因与当代文化相适应、与现代社会相协调。”① 至于如何协调，他在江苏、浙江、海南等地乡村调研时反复强调，“文化建设要有主心骨，要有魂，这就是社会主义核心价值观。”农耕文化以守望相助为主要特点，现代文化以公平效率为主要特点。随着时代发展，传统农村社会中互助友爱的传统逐渐受到权利义务对等思想的挤压，农耕文化的内敛性特征面临消解的局面。农村空心化趋势的蔓延、农村精英人口的外流、城市化的巨大成就加深了农民应对社会变迁的无助感，农民的社会心理正面临前所未有的冲击②。在市场经济的竞争过程中，如果文化建设步伐跟不上，乡村的稳定就会遇到很大挑战。习近平很敏锐地看到了这一点，他给出的答案是大力弘扬社会主义核心价值观。习近平在各地视察时还反复强调，要重视物质文化的继承与保护，乡村建设注意乡土味道，留住田园乡愁。随后，2014 年的中央一号文件明确提出了“传承乡村文明”的新思想，要求“创新乡贤文化，弘扬善行义举，以乡情乡愁为纽带吸引和凝聚各方人士支持家乡建设”。

应该承认，乡村的物质生活在改革开放以来有了很大的改善，但一些地方的精神文明建设却令人担忧。譬如搞封建迷信活动、聚众赌博、宴请大操大办、攀比造成的铺张浪费。有学者用“礼崩乐坏”来描述当今的乡村也许有一点夸张，但长此下去，“乡村将成为精神荒芜的故园”绝非危言耸听。贺雪峰等学者指出，其实中国农民早就衣食无忧了，大多数人的生活甚至比三百年前的皇帝还好，然而他们正苦于应对消费主义的压力（消费主义通常以收入来衡量人的价值），需要在房子、婚姻等多个方面展开激烈的面子竞争③。面对这种情况，我们急需要从文化上进行调适，加强乡村的思想道德建设，尤其是找回优秀的传统。“中华文明之根在乡村而不在城市，乡村文化是传统文化的根基所在，如果不理解乡村的文化载体意义，就会在乡村建设中破坏乡村。”④ 习近平“乡村建设要注意乡土味道，留住田园乡愁”的告诫要引起城市中心主义者、乡村衰落论者们的注意。他们认为乡村是落后的，必然被城市所代替，乡村文明必然被城市文明和工业文明所取代，完全看不到乡村的优点和价值。在实践中就表现为“用发展工业的理念引领农业”“用建设城市的思路改造乡村”。这是一种机械的经验迁移。继承中华民族的优秀文化要知道根之所在，如果在这个方面犯了错误，不但是乡村的传统文化难以保存，整个国家的文化建设也将失去方向和依托。这也是习近平强调留住田园乡愁的原因。

4. 社会建设：实现城乡基本公共服务均等化，让广大农民共享改革发展成果

习近平十分重视乡村社会事业建设，2014 年 12 月在江苏镇江农村视察时指出，“要推动医疗卫生资源下沉，推动城乡基本公共服务均等化，真正解决好基层群众看病难和看病贵问题”⑤。2015 年 4 月，他在政治局集体学习会议上强调，“要在统筹城乡关系方面取得重大突破，加强农村留守儿童、妇女、老人关爱服务体系建设。让广大农民平等参与改革发展进程、共同享受改革发展的成果”⑥。2016 年 4 月在安徽小岗村视察时说，“要形成农村社会事业发展的合力，让广大的农民学有所教、病有所医、老有所养、住有所居。要

---

① 习近平．习近平谈治国理政［M］．北京：外文出版社，2014：161.

② 林瑜胜．提升农村社会治理成效四个维度［N］．学习时报，2016-09-22.

③ 贺雪峰．乡村的前途［M］．济南：山东人民出版社，2007：4.

④ 朱启臻，赵晨鸣，龚春明．留住美丽乡村［M］．北京：北京大学出版社，2015：5.

⑤ 黄芹．习近平农村民生思想探析［J］．理论观察，2018（6）.

⑥ 胡成华．论习近平乡村建设思想及其立法实现［J］．黄冈职业技术学院学报，2017，19（1）.

推进平安乡镇和平安村庄建设，开展治安问题专项整治，引导广大农民自觉守法用法。”

当前，乡村社会建设的滞后必须引起我们的高度重视。仅以乡村教育为例，有学者的调查表明：乡村教师年龄老化、知识退化、方法旧化等现象相当普遍；优秀人才不愿去、一般人才进不去、不合格教师退不出等问题突出。习近平已经指明乡村社会建设的目标和着力点，当前需要做的是在社会各界凝聚共识。在很多人眼里，农业产值占 GDP 的比重不高，农民为国家做出的贡献不大，村落数量正在急剧减少，因此在社会建设的财政投入上国家不需要承担过多责任。习近平强调要实现城乡基本公共服务均等化，从政治学、经济学、法学上都能找到依据。

第一，这是社会主义生产关系的要求，社会主义的根本目的是消除贫富两极分化，实现共同富裕。如果在社会建设上“城市像欧洲，农村像非洲”，社会主义的优越性和道德制高点何以体现？

第二，从法学角度看，实现城乡基本公共服务均等化是维护实质公平的要求。中国现代化取得的成果是以早期乡村的高强度积累向城市的转移为基础的，现在用公共财政补贴乡村社会建设，亦不妨视为“还债。”而且，农业提供给社会的是正外部性极强的公共产品，其潜在的、外溢的收益应该为国家所承认。

第三，从经济学角度看，乡村社会建设的主旨在于强化人力资本。美国农业经济学家舒尔茨（Theodore W. Schultz）的研究已经揭示：经济发展主要取决于人的质量的提高，而不是自然资源的丰瘠或资本的多寡。① 人力资本是体现在劳动者身上的一种资本类型，其价值大小主要用劳动者的知识程度、技术水平、工作能力以及健康状况来衡量，需要政府在教育、卫生等方面进行长期投资。我们必须按照习近平的要求做好乡村社会事业建设，依靠扎实的人力资本建设尽快使富余人口转移到城市。

5. 生态建设：改善生态环境就是发展生产力，青山绿水就是金山银山

2013 年 11 月，习近平在十八届三中全会上说：“要认识到山水林田湖是一个生命共同体，人的命脉在田，田的命脉在水，水的命脉在山，山的命脉在土，土的命脉在树”②。在乡村的视察中，习近平多次强调生态建设的重要性，并提出了严格的工作要求。2013 年 4 月，他在海南农村考察时指出，“保护生态环境就是保护生产力，改善生态环境就是发展生产力。良好生态环境是最公平的公共产品，是最普惠的民生福祉。青山绿水和碧海蓝天就是海南岛最大的本钱”③。2015 年 5 月在浙江省舟山市视察一农家乐小院说，“你们的发展印证了青山绿水就是金山银山的道理”。习近平关于乡村生态建设最为集中的论述产生于 2015 年 1 月在云南大理古生村的视察期间。他说，“要像保护眼睛一样保护生态环境，像对待生命一样对待生态环境，在生态环境保护上要学会算大账、长远账、整体账和综合账，不能顾此失彼、因小失大、寅吃卯粮、急功近利”④。

“采菊东篱下，悠然见南山”。在很多人印象中，田园风光可以用“天蓝水碧、风清日丽”来描述，可惜这一景色在一些地方已不复存在。垃圾围村成为一种常态、秸秆燃烧屡禁不止、土壤和水体的污染触目惊心。比较典型的例子是，以往池塘之水即可饮用，

① 马淑文，古家军．管理学［M］．杭州：浙江工商大学出版社，2016：164.

② 吴季松．生态文明建设［M］．北京：北京航空航天大学出版社，2016：116.

③ 唐明勇，孙晓晖．美丽乡村造就魅力广州［M］．广州：中山大学出版社，2017：10.

④ 洪向华．2017 学习金句［M］．北京：学习出版社，2017：227.

如今即使通了自来水的村庄，多数村民也不得不转而购买桶装的纯净水。当前，乡村的生态破坏主要来自以下两个方面，一是城市化生活方式的污染，二是不可持续的生产方式。主要表现为农药、化肥、地膜的过度使用对水体和土壤的破坏。土壤污染一旦发生，仅仅依靠切断污染源的方法很难恢复，而重金属对土壤的污染基本上是一个不可完全逆转的过程。对此，习近平告诫，“要转变发展观念，必须认识到破坏生态环境就是破坏生产力。乡村生产与建设要走符合本地实际的路子，遵循乡村自身发展规律，要慎砍树、不填湖、少拆房，尽可能在原有村庄形态上改善居民生活条件，要充分体现农村特点，注意乡土味道，保留乡村风貌”①。

按照习近平的乡村生态建设思路，我们要抱着对子孙后代负责的态度，统筹考虑生态环境与经济发展，一方面要加强环保意识教育，另一方面尽快改变城乡二元分割的环境立法与执法模式。

## 第二节　乡村文化的文化供给与需求

### 一、乡村文化供给

#### （一）乡村文化供给存在的问题

长期以来，我国一直实行高度集中的计划经济体制，这使我国一直处在一种“强政府、弱社会”的权力格局之中，乡村文化的供给也一直因为这种制度安排及政策导向而存在供给短缺的状况。尽管近年来随着我国新农村建设战略目标的推行，国家在致力于农村经济发展的同时，也加大了对乡村文化建设的投入，但目前我国乡村文化的供给中仍然面临着诸多问题。

1. 乡村文化供给不足且内容单一

乡村文化供给不足是一个长期存在的问题。一直以来，我国文化事业费基数较小，增长速度缓慢，文化事业投入总量偏少，预算内乡村文化事业建设的资金投入比例也比较低。同时，我国在文化投入方面存在地区差异和城乡差异。

乡村文化事业经费占全国文化事业经费的比重较小，低于城市。由此看来，对城乡文化建设的投入差异之大，使得乡村文化的投入总体达不到广大农民的实际需求。一方面，从实际情况分析，目前农村的公共文化产品总量比较匮乏，有些地区乡村文化站的建设并未达到每村一站的状态，全国还有相当数量的乡镇没有建立文化站，或者文化站内的公共文化产品比较陈旧，没能得到及时更新，使得农民可以阅读的书刊、报纸数量和种类较少。另一方面，虽然对应于全国各级别行政区划，乡以上公共文化设施已基本实现全覆盖，但随着我国城市化进程的推进和公共文化事业的快速发展，公共文化设施数量仍不能

① 雷家军．习近平乡村文化建设思想论析［J］．中华文化论坛，2018（3）．

满足人民群众的需要。在农村，大多数农民在进行农业生产之外，主要进行的文化活动也就局限于一年仅有的几场电影播放和一些传统的民间文化活动，真正反映农村题材，服务农民的文化作品和文艺活动明显不足，这些问题严重阻碍了乡村文化的发展和精神文明的建设。

乡村文化供给内容方面比较单一。虽然随着国家对乡村文化建设的重视，各级政府相应的开展了“文化下乡”的活动，建立了流动电影放映车、流动文化车等，为农民提供一些文化服务，但是这种文化供给方式是单向灌输式的，而且大部分是一次性建设投入，缺少公共文化发展的连续性和创造性。目前全国大部分地区对于文化设施的利用率不高，甚至有些文化站或农家书屋处于“形同虚设”的境地。另外，书籍供给偏离农民需求。在各地文化站以及农家书屋的建设中，还有很大一部分图书采用民间捐赠的方式进行，有些书籍比较陈旧，缺乏针对性，真正有关农民生活相关的知识、农业技术、农业经济及农民文化方面的资料较少，缺少实用性，导致书籍的借阅率也一直比较低。很明显，目前的乡村文化供给明显不够丰富，无法满足广大农民的精神文化需求。

2. 乡村文化供需存在矛盾

（1）乡村文化供给地区上存在矛盾

我国是一个区域经济发展不平衡的国家，在国家的不同地区表现出的经济发展水平差异很大。然而，乡村文化供给资金主要由地方政府承担，因此受全国各地区农村经济发展水平不同和地方财政的制约，导致了经济较发达的中东部地区的乡村文化产品的供给比较充足，而有些西部偏远山区的农村供给严重不足，还仍出现“文化荒漠化”现象。

另外，我国乡村文化供给缺乏针对性，并没有根据各地区经济的发展状况在供给方案上做一定的政策调整。还有一种情况是，政府供给的乡村文化设施只局限于县、乡一级，并不能深入村庄内部满足广大农民的公共文化需求，供给的乡村文化站大多集中在乡镇，造成了偏远地段的农民享受不到应有的公共文化产品。

（2）乡村文化的供给内容上与广大农民的实际需求相矛盾

首先，在乡村文化的供给模式上，目前主要是由文化事业单位主导的具有单向性的公共文化供给模式。① 而这种供给模式并不是从广大农民群众的实际需求出发，导致乡村文化的供给与农民群众的需求脱节和错位，造成了公共资源的浪费和农民的文化需求得不到满足的困境。

其次，由于政府供给决策机制的弊端，从政府的角度考虑出发，对乡村文化的供给多是以“文化下乡”“农家书屋”的活动为主，而这些供给决策大多是因为上级政策要求的基本贯彻，或者是对财政预算的节约考虑，而且在内容上有些文化作品和图书题材陈旧、数量有限，真正能反应农村生活和表达农民情感的素材不多，缺乏一定的实用性；从农民的角度，他们期望政府举办的文化活动是能真正贴近农民生活的文艺表演节目、戏剧和电影的放映等。由此，我们看出政府对乡村文化供给决策与农民的需求是不相吻合的。

3. 乡村文化供给的参与不足

长期以来，我国乡村文化供给的政府主体垄断地位没有改变，表现在供给中的非政府组织、市场和农民的参与不足。由于公共选择机制的缺失，导致了政府在公共文化产品提

① 叶敬忠．农民视角的新农村建设［M］．北京：社会科学出版社，2006：101.

供上的单一性。地方乡镇政府在乡村文化提供方面是决策权力的拥有者，从而使乡村文化提供的效率不高，也造成对乡村文化供给的成本过高而带来的一些过度浪费。由于文化部门的垄断，我国农村一些文化中介民间组织缺乏生存的良好环境，再加上乡村文化的投资融资渠道不畅，对于供给资金主要来源于政府财政收入，而对外融资比较少。因此使一些民间组织难以发挥文化资源配置、促进文化交流，调节文化均衡发展的作用，也缺乏参与乡村文化的积极性。

另外，农民文化素质偏低，影响了乡村文化供给的参与。农民作为新农村建设的主体，其自身的政治意识和文化素质，也决定了参与乡村文化建设的程度。而目前农村整体文化水平不高，农村改革后大量文化程度相对较高的农村劳动力流向了城市和发达地区，而大量文化程度较低的农民都留在农村，这种状况严重影响了农村居民日常文化生活的参与能力。①

### （二）乡村文化供给机制的建立

#### 1. 优化乡村文化的筹资机制

要解决乡村文化的供给不足问题，首要问题是改变长期以来压力型的财政体制，改变基层地方政府事权与财权不对等的制度安排②。乡村文化产品具有较强的外部性，保障其有效供给，要有地方财政作保证。因此，要保证基层政府公共文化产品的供给，就必须保证县、乡、村三级财权与事权的统一，从而从制度上保证乡村文化产品的有效供给。在政策运行中，首先加大乡村文化产品供给的资金投入，调整国民收入分配格局，切实把投资重点放在农村。增加国家财政支农资金用于乡村文化产品供给的比重，并提高资金使用效率，着力解决因资金利用不高而供应短缺的问题。

其次，运用市场化手段吸引投资，拓宽筹集渠道，实施多元化战略，在供给主体、资金来源、和供给方式上实现多主体、多渠道和多方共存的供给方式，使政府和农村社区相结合，实现政府直接供给、政府委托私人供给和政府补贴私人供给的方式相结合的模式，切实扩大乡村文化产品供给的资金来源。

最后，要明确界定各级政府在乡村文化产品中筹资的职责范围。要按照公共文化产品的类别、层次，确定城乡各类公共文化产品的供给主体，按照“谁供给，谁筹资”的原则科学合理地划分各级政府提供公共温暖产品的职责范围，明确界定各级政府应提供的公共产品的种类。③

另外，要积极引入民间资本。我国民间资本总体上比较充裕，通过大力引进私人资本，并按照“谁投资，谁受益”的原则，在保证产权明晰的情况下，对于一些准公共产品，采取政府与私人共同供给的方式来进行筹资，同时政府要适当地给予一些优惠政策和经济补贴等。还可以由私人或非营利组织提供，如通过收费可进行排他的公共文化产品，政府可以鼓励私人资本或其他非政府组织进行投资，建立全社会参与的激励机制，开拓公

① 廖章庭．论海西乡村文化服务供给主体的多元化［J］．漳州师范学院学报，2012（6）．

② 吕伟，王伟同．政府服务型支出缘何不足？——基于服务型支出体制性障碍的研究［J］．经济社会体制比较，2010（1）．

③ 于水．乡村治理与农村公共产品供给：以江苏为例［M］．北京：社会科学文献出版社，2008：320．

共文化产品供给的资金渠道，鼓励、组织工商企业、社会团体和个人投资，① 以实现乡村文化产品供给的筹资主体多元化。

## 二、乡村文化需求

### （一）农民文化需求是农民素质提升的动力

随着农村经济、社会的不断发展，农民群众已不再仅仅满足于物质方面的需求，对精神文化有了更高的需求，无论是从农民个人需要，还是农村集体发展需要，农民对乡村文化的发展抱有了更高的期望。而以满足农民的文化需求为出发点和立足点，促进农民对传统文化的传承，对现代文化的适应，对先进文化的需求都将有利于提高农民综合素质。

1. 对传统文化的传承是农民的责任

我国是一个历史悠久、幅员辽阔的国家，农村传统文化之丰富在世界上首屈一指。农村传统文化中的风俗习惯、生活方式、价值观念等已融入农民的血液中，它们反映了在这种价值取向的指导下的农民意识的深层价值取向和行为模式。这种传统文化由农民代代相传，至今仍具有强大的生命力。中国农民自古以来就有着强烈的民族自尊心，有勤劳勇敢、吃苦耐劳的美德，有坚持不懈、百折不挠的精神，这些精神品质在我们民族诞生的过程中逐渐形成，在民族发展过程中始终存在并不断发扬光大。传统的乡村文化思想深深印在农民身上，持续影响着农民的思想、行为、价值观念和生活方式。在农村，节日文化是一种重要的文化现象，如春节扭秧歌、舞狮，元宵骑竹马，清明节踏青，端午节赛龙舟等，这些农村的岁时习俗被世代传承，成为农民生活的重要组成部分。

毛泽东同志在《新民主主义论》中提出“中国的长期封建社会中，创造了灿烂的古代文化。清理古代文化的发展过程，剔除其封建性的糟粕，吸收其民主性的精华，是发展民族新文化提高民族自信心的必要条件；但是绝不能无批判的兼收并蓄。”② 习近平同志指出“不忘本来才能开辟未来，善于继承才能更好创新”③。作为中华民族的文化基因和遗传密码，传统文化已融入我们民族的血脉之中。随着全球化浪潮的包围，全人类对价值理性的呼唤越来越强烈，中国优秀传统文化的价值日益明显。现代农民道德伦理和精神信仰的缺乏，恰恰需要优秀的传统文化来弥补。

所以，加强农民对优秀传统文化的传承不仅是时代的要求，也是历史发展的必然选择。在乡村振兴战略实现的过程中，立足于传统文化的传承和创新，可以充分发挥传统文化资源优势，为新型农民的培养奠定基础，激发农村发展的生命力和活力。几千年来，这种传统文化被一代代农民传承，这本身就是一种文化，这是农民的一种责任，而这种责任反映了农民的文化自觉。

2. 对现代文化的适应是农民的需要

传统与现代是矛盾的统一体。在几千年的农业文明社会中，传统文化无形地联系着农民群体，赋予他们普遍的世界观、人生观和价值观。时代发展到今天，在农业社会转变为

① 张要杰．构筑税费改革后的农村公共物品供给新体制［J］．中国经济时报，2003（6）．

② 毛泽东．新民主主义论［M］．北京：人民出版社，1991：863.

③ 怎样做合格党员编写组．怎样做合格党员［M］．北京：党建读物出版社，2016：124.

现代社会的过程中，现代观念逐渐改变了农民长期生产和生活所形成的文化观念，逐渐瓦解了世代传承的农业社会的文化观念。市场经济的附属物破坏了几千年来在农村社会形成的宗教信仰、亲属关系和公共权力的运作规则，使传统文化对农村社会的影响逐渐减弱，而现代文化在农村社会的影响力则越来越强。

在城市化进程中，农民通过城乡流动触及了城市的生产和生活，在农民眼中，城市文化已成为先进和进步的象征。城市文化无意识地进入了农村，农村的文化阵地很快被城市文化所占据。建立在工业文明和商业文明基础上的现代化的文化生活形态对于生活在广大地区为数众多的农民群众的冲击是巨大的，农民在短时间内无法脱离农村，经济收入和社会地位得不到根本性提高，使得他们不可能完全接受所谓的现代化文化生活形态，只能在传统文化与现代文化的不断磨合中适应现代文化的发展。

因此，提升农民素质需要厘清并正确对待传统文化中的积极因素和消极因素，对传统文化合理地继承、发展，对现代文化合理地扬弃、创新，探索和培养符合中国现代化发展需要的、与民族性格和民族精神相融合的中国农民特有的现代性素质。当代农民正在不断地适应现代文化，这是文化的客观反映和农民的主观需要的统一。

3. 对先进文化的需求是农民的追求

在乡村建设中，文化建设是关键，先进文化是灵魂。没有先进文化，就意味着没有灵魂的支持，就会失去凝聚力和活力；没有先进文化的基础，也就失去了和谐新农村的根基。

农民需要先进文化来为自身发展提供思想引领。大力繁荣和发展富有生机、充满活力、为农民所喜闻乐见的社会主义先进文化，营造良好的乡村文化氛围，引导农民的思想价值观，充实农民的文化生活，丰富农民的精神世界，实现农民的身心和谐和人际和谐，提升农民的思想素养和道德素质，增强农民的安全感和幸福感；农民需要先进文化来为自身发展提供精神动力。先进文化能够除陈去旧，驱除愚昧迷信的思想，用先进的思想为指导，用科学的思维为向导，提升农民的科学文化素质，以武装农民的头脑，阻挡腐朽文化的侵蚀。只有运用健康有益的先进文化来教育农民群众，培养民主观念和法律意识，才能有效地帮助他们抵制各种封建腐朽思想的侵蚀，形成健康向上的精神面貌；农民需要先进文化来为自身发展提供智力支持。先进文化是一种符合人类社会发展方向的文化，反映了社会生产力的发展要求。以先进文化为载体，大力发展农村先进文化，逐步提高农民的职业技能和管理能力，强化农民的自主创新能力，使他们更好地接受新的生产技术、新的生产方法，提高生产效率，以适应市场经济的发展需要，适应现代化农业生产的需要。

发展农村先进文化，就是要提高农民群体的综合素质，改变他们传统的思维方式。实践证明，如果乡村文化阵地不被先进文化所占据，就会被落后文化所占据。在实践中，我们应该继续发挥先进文化的教化作用，创造良好的乡村文化环境，不断提高农民群众的综合素质，促进广大农民群众形成符合时代要求的、健康向上的文化素养，这是农民对核心价值的追求、对传统道德的追求、对先进思维方式的追求。

## （二）农民对乡村文化的具体需求分析

1. 村居民对文化设施的需求分析

农民对公共电子阅览室、村文化广场、体育健身器材、篮球场等体育设施的需求较大，还有一些年轻人特别强调希望村里建设游泳馆、室内健身房及健身设备、体育馆等文化设施，说明农民对强身健体的要求增加，对体育基础设施的需求日益增加。

其次，农民对农家书屋、棋牌室、文化室（站）、阅报栏的需求也比较大。

2. 农民对文化需求内容的分析

农民对文化需求的内容排在首位的是中国传统文化。可见，中国传统文化在农民心中占据重要位置，在乡村有着良好的根基和认同；同时，中国综合国力不断增强，大国形象跃然纸上，在国内外大力宣扬我国传统文化并将传统文化向广大乡村延伸，使得一些乡村有着高度的文化自觉和文化自信，农民被传统文化的魅力深深折服。

3. 农民对文化需求形式的分析

农民非常欢迎政府组织的送图书科普卫生知识下乡和政府组织的乡镇文艺汇演，对于营利性文艺演出（如电影或戏曲）这种形式的热情度不高。而很多农民甚至希望增设农民自编自演的文艺演出。可以发现，农民现阶段在文化需求的形式方面对政府存在较大的依赖性，倾向于免费可以体验和观摩的文化娱乐活动，在组织文化艺术表演活动方面的自主性和积极性不够。

人类已经进入互联网时代，进行乡村文化建设也需要依靠互联网。农民已经普遍使用智能手机，每个家庭几乎都安装了电脑，手机与电脑已经成为农民浏览和吸收文化知识的重要工具，这些先进的工具能让农民更加广泛地参与到传统节日活动和文娱活动中，从而不断增加对民族文化的认同，不断弘扬乡村文化。不过，利用智能手机或者电脑满足农民自身的文化需求，还存在一个比较突出的问题，就是在提倡智慧生活的智能时代，农民很少阅读和浏览纸质书籍或报刊。

### （三）适应农民文化需求的举措

1. 构建乡村文化礼堂

（1）文化礼堂建设的重要意义

习近平总书记在十九大报告中提出了实施“乡村振兴战略”的总要求，即“产业兴旺、生态宜居、乡风文明、治理有效、生活富裕”五大方面。当前，我国正处在决胜全面建成小康社会、进而全面建设社会主义现代化强国的新时代，乡村振兴正是题中之意，而乡村振兴文化必须先行，推进乡村文化礼堂建设的目的就在于通过文化礼堂的辐射作用发展乡村文化，使乡村文化建设在增强农民素质、增强乡村凝聚性、构建社会主义和谐社会等方面发挥重要作用。

（1）有利于增强农民素质

要建设更好的农村，实现社会主义文化大发展大繁荣，提高农民素质是关键。只有农民素质提高了，农民才会自觉地、积极地参与社会转型和生产发展的实践中去，为社会主义新农村建设提供不竭的动力。

农民素质的提高，一方面，可以通过政策引导、培训教育以及村规章制的实施来实现，另一方面，乡村所蕴含的文化底蕴对农民于农民潜移默化的影响往往可以发挥更为有效和深远的作用。

（2）有利于增强乡村凝聚性

乡村文化是乡村人际交往的纽带和桥梁，建设乡村文化有利于化解矛盾、凝聚人心。

通过开展积极健康丰富的文化活动，让农民群众有机会参加健康有益的文化活动，远离负面文化，可以增强农民群众的交流与沟通，增强乡村的凝聚力，有效的乡村文化建设可以提升农民素质，可以激发出农民建设社会主义新农村的强大凝聚力，可以促进产业发展、保障农民增收、实现乡村社会和谐稳定。

(3) 有利于构建社会主义和谐社会

通过乡村文化建设，举办丰富多彩、健康有益的文化活动，丰富农民的精神生活，对广大农民进行社会道德、职业道德、家庭美德和民主法制教育，通过乡村文化建设，增强农民的民主法制意识，推进社会的有序建设，完善自治，法治与德治相结合的农村治理体系，努力建设充满活力，和谐有序的乡村。

2. 文化礼堂的斗争精神

习近平总书记曾经指出："面对新形势、新挑战，要发扬斗争精神，既要敢于斗争，又要善于斗争"①。所谓"斗争"，在农村社会中，一个重要内涵就是敢于和农村宗教思想、封建思想和腐朽思想做斗争。农村社会越是向前发展，就越可能触及深层次的矛盾和问题，就越需要"斗争精神"。乡村文化礼堂作为乡风文明的重要载体，自然而然承担起了这种"斗争精神"，在应对各种思想冲击的同时逐渐发展壮大，成为广大农民的"精神家园"。

(1) 文化礼堂对宗教思想的冲击

礼堂建起来了，教堂倒下去了，文化礼堂冲击着宗教思想。

近年来，农村社会经济随着城市化进程的加快而发生了深刻变革，有些农民"口袋富了，脑袋穷了"，"经济上去了，思想下来了"，农民群众在逐步富起来的同时却越发空虚了，宗教就成了这些农民的"精神寄托"。有些农民逢年过节就要拜佛上香，妄想通过这种方式保佑自己平安、发财，甚至一些农民生病了也不去医院，而是请求众神辟邪，不但延误了治疗，而且花费了冤枉钱。

乡村文化礼堂的适时兴起，给广大农民群众送去大量的精神食粮，为他们提供了一个个可以深度参与和融入的好去处。文化礼堂建成后，全天候敞开大门，每一周都有仪式或者活动，丰富多彩的文化活动吸引着越来越多的村民主动参与其中，去教堂的人越来越少，去礼堂的人越来越多，乡村文化礼堂慢慢成为村里人气最旺的地方，红色文化在悄然间润泽着每一个来到这里的人。

文化礼堂冲击着宗教思想。依托文化礼堂广泛开展"诵读红色家书""表彰道德先进人物"等各类宣教活动，在潜移默化中培育农民的科学意识，充实农民群众的精神世界，有效挤压宗教势力渗透的心理空间。同时，文化礼堂根植于中国优秀传统文化的基因，不断唤醒农民的文化自省和文化自觉，将红色文化"种"进每一个农民心中，生出文化自觉之根，开出文化自信之花，使红色文化在老一辈人心中重温，在年青一代身上传承，共同汇聚加快农村发展的正能量。

(2) 文化礼堂对封建思想的冲击

我国历史上有过漫长的封建社会，封建主义思想影响深远，作为村落遗产代表的祠堂，是一个家族供奉其祖先的场所，是封建传统文化的重要组成部分。宗祠文化中虽然残

① 郭晓君．中国乡村文化建设论［M］．石家庄：河北科学出版社，2001：89.

留了封建小农思想，但这只是微小的一部分。

文化礼堂将传统的祠堂文化纳到乡村文化礼堂的建设当中，将古色古香的祠堂根据文化礼堂建设的要求进行整改，剔除祠堂文化中的封建糟粕，发挥传统祠堂文化的积极作用，实现主流价值观对传统祠堂文化的正确引领。同时，加强社会主义核心价值观的引领，立足中华优秀传统文化，弘扬改革开放的时代精神和创新创业精神，用社会主义核心价值战胜封建思想，坚定中国特色社会主义的文化自信，用现代先进文化引领农村社会进步，维系农村社会秩序稳定。

村民积极参与文化礼堂的各项活动和文化礼堂的各项活动开展后，村民更加关注国家的大政方针，关心国家大事、更能够按照社会主义核心价值观来规范自己的言行这三者之间有着显著的正相关关系，说明文化礼堂的建成有利于广大农民摒弃落后的封建思想观念，更加自觉地以社会主义核心价值观来规范自己的言行。

文化礼堂冲击着封建思想。文化礼堂利用农村大量闲置的宗族祠堂，转换其功能，为农村精神文明建设和农村社会发展提供服务，使农村先进文化渗透到农村和农民的日常生活的各个角落，流淌于农民群众的街头巷尾谈论中。从祠堂到文化礼堂的转变，改变村落生活方式，冲击了封建思想，活跃了社会主义新农村建设。

（3）文化礼堂对腐朽思想的冲击

目前的农村，受商业文化和现代观念的冲击与同化，农民的业余文化生活是比较贫乏和单调的，日常性文化生活主要表现为看电视、打麻将和聚坐闲聊等，这就为腐朽思想的滋生提供了载体。

中国传统的公德观念中的“勤劳、孝顺、仁爱、谦虚、宽容、诚实、慷慨”等观念过去在农民身上有明显表现，但在腐朽思想的冲击下，这些良好的道德观念逐渐被削弱，遵纪守法、文明礼貌、助人为乐等高尚文明之风逐步淡化。在一些农民的心目中，“政治是空洞的，理想是遥远的，道德是虚拟的，只有金钱是真实的。”① 似乎除了金钱和享乐之外，没有什么值得追求的了。金钱越赚越多，可是人与人之间交流越来越少，人们越来越寂寞。农村中种种道德失范现象不一而足，农民之间的亲融感、信任感、安全感的日渐下降，妨碍了农村的稳定和谐，影响农村精神文明建设的进程。

2. 积极开展乡村文化活动

随着城乡一体化进程的加快，一部分农民进城务工，乡村原有的自给自足生产生活模式被打破，互帮互助的乡村文化氛围也逐渐消散，加之，农民生活节奏加快，更多地倾向于选择被动接受各种文化活动和文化信息。因此，政府应培育各类文艺人才，主动提供公益性文化服务，结合重大节庆和民族民间文化资源，组织开展乡村民众喜闻乐见的文化娱乐活动，促进乡村文化的深层次发展，增强乡村文化软实力。同时，积极组织开展群众性文化活动，使得农民在文化活动中自我表现、自我服务和自我教育。

（1）政府提供公益性文化服务

政府发挥文化职能的重要表现就是向社会提供公益性文化服务。政府文化职能要按照十九大报告强调的治理能力现代化的要求，用现代治理取代过去的传统管理。着眼于农民的文化需求，政府应进行实地调研和入户访谈，转变工作思路，采用最新的宣传教育手

① 徐学庆．试论乡村文化建设的特殊性［J］．求实，2007（10）．

段，创新公益性文化服务的载体、内容和形式，通过微博、微信公众号、QQ 等农民喜闻乐见的方式传达党和国家的主旋律，提升公益性文化服务的效果和质量，形成崇文重道的乡村风气。

在提供公益性乡村文化服务方面，政府要履行职责，发挥主导作用，尽可能满足农民的文化需求。一是要组织开展文化下乡活动。公共图书馆、科技馆、文化馆、博物馆、美术馆等公益性文化单位应定期将文化和科学知识送村入户，各高校每年寒暑假要组织师生到乡村开展科技文化艺术“三下乡”活动，普及科学文化常识，提升农民的科学文化水平和艺术欣赏能力。二是举办广场舞大赛、“一年一村一场戏”、乡村艺术节等文化惠民活动，通过精彩纷呈的文艺演出，给广大农民献上精彩的文艺盛宴，促使乡村文艺焕发新活力。三是倡导文明和谐的村风民俗，结合农民的生产活动，开展以“革陋习、讲文明、树新风”为主题的宣传教育活动，如坚持开展“星级文明户”“最美家庭”“美丽庭院”“文明村民”等评选活动，通过抓先进典型，先进带后进，引导农民创先争优，树立文明新风。

（2）保护和传承乡村民俗文化

借助各种载体，创新文化工作理念，保护和传承乡村民俗文化，组织贴近农民生活实际的文化活动，丰富农民的文化生活。

一方面，推动开展民间艺术表演活动，传承乡村民俗文化。村委会应把乡村会表演、懂乐器、擅长传统手工艺品制作等方面的民间艺人一一登记在册，平日里组织他们经常性地开展集体文娱活动或制作手工艺品，充分展示他们的才艺和特长。注重民间艺术的传承，在尊重民间艺人意愿的基础上，鼓励其将艺术或手艺传给子孙后代或者招收徒弟专门学习，结合乡村文化旅游，开办民间艺术培训班或手工艺品学习班，形成乡村文化旅游的独特性。深入挖掘福清市的人文文化、非遗文化、儒道文化，使三种文化交相辉映，彰显出无穷魅力。

另一方面，积极举行传统节庆文化活动，弘扬传统文化。在春节、元宵节、清明节、端午节、中秋节、冬至等传统节日举行文化活动，如在举国欢庆的春节和元宵节陆续举办“身边的年味”随手拍摄影网络大赛、春联征集大赛、迎新春书画展、舞龙舞狮大赛，在文化室举办非遗展览以及在文化广场举办新年大拜年民俗展演。

电影、戏曲、歌曲、小品等文化活动具有生动性、群众性强、吸引力大等特点，通过各类具体精彩的作品能够将党和国家的主流思想入广大农民的脑和心，弘扬社会主义核心价值观，展示社会的文明新风，号召广大农民将实现个人理想与实现中华民族伟大复兴的中国梦统一起来，从而团结最广大的人民群众一起实现中国梦。譬如，组织民俗文化艺术团在农闲时间和节假日深入乡村进行先进文化演出，让农民身临其境感受文化艺术的魅力；将展示我国发展成果的影片，尤其是扶贫攻坚战取得胜利的作品，推送到乡村文化广场进行展播，让广大乡村群众了解国情，为国家取得的成就感到自豪，进而增强砥砺奋进的斗志。

（3）开展群众性文化活动

开展群众性文化活动是先进文化占领广阔乡村文化阵地的最直接最有效途径，是国家政策法规宣传的良好途径，是抵制乡村陈规陋习的重要手段。通过电影、戏剧、相声、小品、说唱等表现形式的群众性文化活动宣传国家政策和法规，展示改革成果，宣传好人好事，弘扬社会正气，突出和谐主题，传播科学知识。特别要擅于把关系农民切身利益的孩子上学、社会保障、土地延包、计划生育等焦点问题采用寓教于乐的文化艺术方式，使其通过荧屏和舞台展示给农民，让农民在愉快活泼的氛围中掌握并领悟政策法规。积极组织开展别开生面的群众性文化活动，举行全民健身运动会，让农民在农闲时间的茶余饭后忙起来，忙着去参与表演、参加比赛，或者忙着去当啦啦队、去做志愿者，或者忙着去全身心享受文化活动的精彩绝伦和体育活动的激情澎湃，取代过去的封建迷信、抹牌赌博、请客送礼和打架闹事等活动。

因此，开展群众性文化活动，要坚持开拓创新和与时俱进的原则，加大宣传力度，激发农民的创作热情，鼓励乡土文艺人才自编自导自演，组建一批民间文艺团体，创作出歌颂时代精神的草根作品，并在不同场合、不同形式、不同类型的文艺演出中加以宣传。同时，常年组织开展吸引农民眼球的文化娱乐和体育活动，调动农民参与活动的积极性，让农民在娱乐中受教育，在参与中获得满足感。例如，举办农民参与度高的广场舞比赛，一个人带动一家人，一家人带动另一家人，并组织广场舞爱好者进行免费辅导和培训，提升广场舞比赛的层次和艺术性。

3. 繁荣乡村文化市场，增设文化活动场所

随着农村经济的发展和繁荣，繁荣乡村文化市场是目前社会主义新农村建设和美丽乡村建设的题中应有之义。农民的物质生活水平普遍得到提升，生活更加富裕，消费能力更加强，希望农闲时间能够在文化活动场所得到愉悦和放松。基于农民的这一需求，乡镇政府和村委会应加大电影院和图书报刊店的招商工作，将更多优秀的电影和优质的图书报刊输入到农村市场，给农民带来精彩的视觉体验和丰富的文化内涵。同时，影音店和 KTV 这两类文化活动场所可以适度开设，满足农民唱歌和听歌的文化需求。

加强乡村文化市场的监管是保障乡村文化健康发展的有力措施①。乡村文化市场虽小，但也存在刻不容缓的问题。例如，流动商贩在乡村集市上贩卖盗版的图书和光碟，出售非法音像制品，甚至是淫秽色情光碟；乡村的黑网吧较普遍，多数为家庭作坊式经营，没有店名或招牌，用于上网的电脑往往只有个位数，为了盈利，不拒收未成年人；聚众赌博现象时有发生。这些现象败坏了乡村风气，毒害了乡村青少年，阻碍了乡村文化健康运行。相关部门应联手整治，缴毁盗版图书和非法音像制品，并给予相关人员一定的行政处罚，打击非法书商向乡村销售盗版图书音像资料，严查地下黑网吧和游戏大厅，整顿聚众赌博的不良风气，还乡村一方文明和谐的净土。

① 叶晓彬．民族地区乡村文化市场监管模式研究：以 s 县为例［J］．四川民族学院学报，2012（1）．

# 第三节　当前乡村文化建设的现状

## 一、乡村文化建设取得的成绩

近年来，党和国家高度重视乡村文化建设工程，实施了一系列的政策和举措，着力推进基础公共建设、基础教育普及、重点文化工程建设，积极培养、扩展和规范乡村文化市场，广泛开展科教文卫事业活动。随着现代经济的飞速发展，农民群众的物质生活条件不断提高，乡村文化事业蓬勃发展并取得良好成果：不断加大对乡村文化建设的力度，推动了乡村基础设施建设，国家对乡村文化建设的决心推动了乡村教育发展和文化进步。农民群众的精神文化生活得到普遍改善，乡村文化建设呈现出良好发展前景。

### （一）乡村文化基础设施建设成效显著

基础设施是乡村文化建设与传播的重要阵地和物质载体，是乡村文化存在与发展的主要标志。自开展社会主义新农村建设以来，党中央高度重视三农问题，始终坚持以农民群众为主体，以政府为主导，以乡镇和村落为依托，完善村庄、乡镇的文化设施和文化活动场所，构建乡村公共文化服务网络体系。中央接连发布的九个关于农村问题的一号文件，要求逐年加大各级财政部门对乡村文化建设的资金投入，为乡村文化建设提供了最有力财政保障。

《“十三五”规划纲要》明确提出，加强乡村文化建设，培育新乡贤文化。在漫长的中国历史进程中，“乡贤”作为乡里有文化、有见识、德行高尚的人，在乡村社会建设、风习教化、乡里公共事务管理等方面都发挥着重要作用，由此而形成了具有鲜明区域特色的传统乡贤文化。在新的历史条件下，我国深入推进社会主义新农村建设，各地农村涌现出一批“新乡贤”，他们或以自己的聪明才智带领乡亲们脱贫致富奔小康，或反哺乡村、参与乡村治理，促进乡村自治与基层和谐，或以身作则传承家风，感染和教化百姓，滋养和润泽乡风。新乡贤文化以其深厚的历史传承和创新性的当代建构，成为社会主义核心价值观引领下的时代诉求。

近年来，随着农村经济社会的发展和城镇化的不断推进，许多农村人口纷纷涌向城市，而农村精英的不断流失，让新乡贤文化发展开始面临严峻挑战。运用社会存在和社会意识的有关知识，分析乡贤文化的形成和发展，并说明培育和发展新乡贤文化的重要性。

国家投入大量资金用于扶持县乡图书室、文化大院等基础设施建设。进一步加大文化资源向乡村的倾斜，确立了要建设较为完备的乡村公共文化服务网络的发展目标。4G 有线、无线网络已经覆盖乡村地区，通信设施设备逐步完善，村村通公路建设基本实现，乡村公共文化基础设施日益完备。乡村基础设施日渐齐全，功能逐渐完备，农民群众已不仅仅局限于科技培训、广播电视等传统文化活动，条件较好的乡村开始筹备兴建健身房、游泳馆、现代剧院等一些品位高、档次高的文化基础设施建设。

### （二）乡村教育明显改善，农民整体素质提高

农民群众是社会主义新农村建设的主力军，其整体素质的高低决定了社会主义新乡村文化建设的速度和质量。党和国家在大力推动乡村经济发展的同时，也深刻认识到教育在乡村社会发展中的重大作用。特别是九年义务教育法的颁布与实施，各级政府机关逐年加大对乡村义务教育的投入力度，促进了乡村教育事业的迅速发展。

2005年底，九年义务教育开始在全国普及，达到了95%的人口覆盖率，入学人数达到近1.9亿。2006年，国家对西部落后乡村地区实施义务教育阶段免除学杂费政策，对贫困家庭提供免费教材并给予适当生活补助。2007年国家进一步加大教育投入力度，开始在乡村地区普及九年免费义务教育，显著促进了乡村文化教育事业的发展。①

应加大农村地区义务教育设施建设投入，不断提升硬件、软件条件。农村义务教育基础设施的硬件设施建设方面，应加大对农村及乡镇小学的投入，着重建设农村义务教育基础设施中的体育设施、科技设施、艺术设施，保证政策和资金到实处。软件条件建设方面，学校应充分重视校园文化氛围的营造，让学生参与到校园文化氛围的建设中，成为校园文化建设的主体。同时，要加大教学多媒体设施建设与投入，提高教育教学的信息化水平，充分利用远程教育的优势，为农村地区提供更高水平的优质教育资源。

此外，乡村领导者开始打破传统教育和人才录用格局，创新选拔机制，注重新生力量的培养和人才的挖掘。为乡村文化建设的优秀人才提供更好的文化阵地和更高发展平台，定期开展集中培训和外出交流学习；回乡向农民群众传授先进思想和文化知识，从整体上带动了乡村教育和文化的进步，带动了农民综合素质的提高。

### （三）文化市场趋于规范，乡村文化产业初见成效

文化底蕴深厚的乡村地区，有发展文化产业的丰富资源和广阔市场。外界对乡村文化新奇性的探索和对返璞归真文化心态的追求，促使乡村文化逐步走向现代化和国际化，乡村文化市场的巨大潜力逐步被开发。

乡村文化市场是乡村文化管理的“晴雨表”，对乡村文化市场的监管是社会主义新乡村文化建设的需要。建立健全乡村文化市场的长效管理机制，逐步扫清乡村文化市场的监管盲区，是落实科学发展观，推进乡村先进文化建设的重要保障。当前，一系列规范乡村文化市场发展的政策规章相继出台，重拳出击各种违规、非法活动，乡村文化市场开始得到有力的管理和监督。沉渣泛起的封建迷信、疯狂蔓延的低俗文化和不法肮脏交易得到有效控制，乡村文化市场呈现出欣欣向荣的发展势头。

文化产业是营利性的文化行业，一般指“从事文化产品生产、销售，提供文化服务的经营性产业”②。乡村文化产业是指以农民为主体，在镇（乡）、村区域内经营具有乡土特质的文化产品或文化服务的产业。改革开放后，随着乡村交通与通信网络等公共基础设施的改善和农民群众文化发展意识的增强，乡村文化产业开始走俏并获得快速发展。各乡村充分挖掘本区的自然资源或人文资源，有目的地开展特色文化产业：因旅游而建立特色

① 尹红英，韩太平．装点魅力的精神家园［M］．南宁：广西师范大学出版社，2011：23.

② 黄映晖，史亚军．如何搞好乡村文化建设［M］．北京：中国农业出版社，2011：118.

文化产业经营企业，如重庆和临沂利用老区的革命文化发展“红色旅游”，江南小镇利用建筑和自然优势发展特色古镇游；因传统工艺声名在外而起的特色手工业企业，如潍坊杨家埠的木版年画企业，因利用传承多年手艺制作风筝、定期举办风筝节而获利的企业；因乡村文化特色而兴起的农家乐旅游、度假连锁企业等。乡村文化产业特色鲜明，深受国内外人群的欢迎，其发展实现了乡村文化效益与经济效益、社会效益的统一，对社会主义新农村建设具有强大的推动作用。

## 二、乡村文化建设存在的不足

现代化进程的加快和社会主义新农村建设的推进，促进了乡村经济和文化的快速发展，广大乡村的精神文化风貌有了巨大改观。然而，从我国乡村文化发展的整体水平看，乡村文化建设依然落后，基础设施投入短缺、教育文化普及不力、文化产业发展滞后。同时，乡村文化建设呈现出显著的不平衡性：“与城市的现代文化水平相比，乡村文化建设仍存在很大不足；与东部沿海地区相比，西部落后地区的乡村文化建设进程相对缓慢，农民群众整体素质还不高，与新乡村文化建设的目标还相距甚远”①。

### （一）乡村文化总体发展水平滞后

乡村文化建设总体呈进步趋势，但相对而言，我国乡村文化建设的总体水平滞后。与城市相比乡村教育相对落后，广大农民群众文化素质偏低；乡村公共文化基础设施简陋、缺乏，不能适应新农村发展要求；负面文化充斥乡村，危害社会主义的乡村文化建设；乡村生态环境渐遭破坏，非物质文化遗产未得到合理保护等，从总体上制约乡村文化的发展水平。

1. 乡村教育相对落后

乡村教育整体水平低下，反映出当前乡村教育存在的主要问题。

首先，应试教育体制是乡村教育发展的绊脚石，但仍在少数乡村地区存在。地方政府对义务教育的普及认识不足，存在片面理解素质教育，追求高升学率现象。

其次，由于乡村教育体制的影响，乡村地区基础教育历史欠账过多。科教兴国战略提出后，国家对基础教育的认识逐步提高深化，逐年加大对乡村教育的投入力度，但是，文化教育投入仍严重短缺，乡村教育发展仍落后于经济发展。

再次，乡村师资水平落后，文化队伍青黄不接。“一个学校能不能为社会主义建设培养合格的人才……关键在教师。”② 然而乡村文化队伍的培养处于自发状态，大多数乡村教师年龄大、学历低，很难适应社会主义新农村形势下的教育要求。乡村经济条件差，导致大量优秀人才流失。

最后，农民整体受教育程度低，素质不高。

2. 基础文化设施严重滞后

基础文化设施是乡村文化建设的物质载体，是传播先进文化、先进思想，开展群众文化活动的重要阵地。文化馆、图书馆、健身馆、电影院的建设，为农民群众提供了文化活

① 尹红英，韩太平．装点美丽的精神家园［M］．南宁：广西师范大学出版社，2011：29.

② 邓小平．邓小平文选（第2卷）［M］．北京：人民出版社，1994：105.

动的重要场所，计算机、报纸杂志、海报等宣传载体成为农民群众了解外部信息的重要途径。但出于各种原因，乡村文化的载体建设不容乐观。

一方面，乡村的传统文化设施陈旧，新添置的设施利用率低。由于各级领导机构片面追求形象工程，投入的设施与乡村不配套，质量差，辐射范围小，难以充分发挥其作用。另一方面，乡村现代化基础设施配置率低。由于大量青少年外出打工或求学，留守的农民接受现代化设施的能力低，以致高科技产品尚未广泛入住乡村。广大乡村地区虽初步形成了多层次的文化网络，开创了文化事业和文化产业的初步发展，但是乡村文化的基础设施仍相当滞后，不能满足广大乡村群众的精神文化需求。

3. 负面文化侵袭乡村

与客观规律相背、阻碍社会进步的迷信、愚昧、腐朽等精神文化现象，在乡村的历史变迁中不断积累、变异，充斥在乡村的现代化建设中，特别是落后的偏远山区。这种文化背离了科学发展观，严重影响社会主义新农村建设。

封建迷信依然盛行。求神拜佛、建庙供祠、请神驱鬼等迷信活动随处可见，巫医、神婆暗藏乡村。迷信活动浪费农民钱财，影响了乡村的正常生产生活。

重男轻女思想封建观念在乡村根深蒂固。虽然实行了计划生育，男女一律平等，但是男尊女卑的传统陋习仍在延续。

黄、赌、毒文化等低俗文化沉渣泛起。改革开放后，先进文化思想观念和科学技术传入乡村，伴随而来的是西方拜金、享乐等腐朽思想，以及极端个人主义和宗教势力在乡村的普遍蔓延。中国传统的勤俭持家、尊老爱幼美德受到了很大冲击。这些文化在很大程度上腐蚀乡村社会风气，扭曲农民群众的价值观念，严重影响社会主义新农村建设进程。

4. 生态文明遭到破坏

中国特色社会主义新农村是体现科学发展观和和谐社会建设要求的新型农村。乡村生态文明建设正是顺应人与自然和谐相处发展潮流，展现“新”农村建设的重大举措。

一方面，生态文明作为乡村文化的重要组成部分，当前正遭受着极大的破坏，乡镇企业大力发展扩张了乡村环境污染范围；城市生产、生活污染物向乡村蔓延，加剧了乡村环境污染程度；化学农药、薄膜等有害化学品的广泛使用，使乡村自然环境和土地遭到破坏性损伤，这些现象破坏了乡村原始生态文化，制约了社会主义新乡村文化建设。另一方面，由于乡村对传统文化的重视度不够，专业人才缺乏，导致乡村众多传统文化濒临失传，一些技术上、口头上的非物质文化遗产慢慢消失，民间文化艺术的生存面临着许多挑战和难题。①

### （二）乡村文化市场管理存在漏洞

乡村文化市场在改革开放后有了一定发展，不同程度上满足了农民群众的文化需求。但是，乡村文化市场仍处于起步发展阶段，档次低、规模小、环境乱、管理难、内容单一。随着社会主义新农村建设步伐的加快，乡村文化市场发展存在问题逐渐显露，经营者素质偏低、监督管理责任不到位、发展不平衡等严重影响了乡村文化市场的发展。

① 唐明勇，孙晓晖．美丽乡村造就魅力广州［M］．广州：中山大学出版社，2017：81.

1. 乡村文化市场发育不健全

乡村分布的分散性和农业生产活动的季节性使乡村文化市场具有分散性和季节性特征，导致乡村文化市场规模小，档次低，难以形成规模化经营。乡村的区域性和封闭性，使乡村文化产品数量少、内容单一，尚不能满足广大农民群众的文化需求。乡村文化市场建设不完善，文化产品的生产和市场推广相脱节，导致多数产品有市无场。文化市场混乱复杂，从业人员良莠不齐，文化产品更是参差不齐。

2. 乡村文化市场监管难到位

乡村文化市场不但分布零散，面广线长，管理工作量大，而且基层文化站点数量不足，且没有行政执法职能，上级文化监管部门距离较远，对多数问题大都鞭长莫及。国家对乡村文化市场重视有余但投入不足，基层文化市场管理机构少，管理执法人员缺乏，管理经费难筹集，导致日常工作无法正常开展。缺乏对基层文化工作人员的激励机制，工作人员没动力，工作结果没成效；缺乏对基层文化市场的责任监督评价机制，有些工作人员责任心不强，在其位却不谋其政。

3. 乡村文化市场发展不平衡

乡村文化市场的发展有赖于乡村经济发展水平。从地理位置分析，东部沿海经济发达地区文化市场的发展水平优于西部内陆经济欠发达地区；同一地区内，经济繁荣、交通便利、人口集中地区的文化市场发展水平优于经济落后、交通不便、人口分散地区。从乡村文化的经营网点数量看，乡镇村集中的平原地区，容易形成文化消费群体，文化市场覆盖面广，经营网点数量多，村庄分布稀疏的山区，文化消费难开展，文化市场覆盖面狭窄，经营网点数量少等。

### （三）乡村文化发展呈现区域差别

不同区域内乡村经济发展水平的差异和对乡村文化建设重视程度的不同，以及区域环境、民族差别、风俗习惯等诸多自然因素的差异，导致我国乡村文化建设存在严重不平衡，“不同地理区域之间、同一地区的不同乡村、同一乡村不同村庄之间都存在着不同程度的不平衡”①。

目前，乡村文化发展的不平衡性主要有以下几个方面。

（1）东部沿海地区的乡村文化程度高于中西部内陆地区。东部沿海地区有着得天独厚的自然条件——平原为主、雨水充足，因而成为人口集中的富足区域，可以不断通过各种渠道向周围乡村辐射文化信息；内陆地区土壤贫瘠、干旱少雨，人口稀少，经济条件落后，传统观念浓厚，先进思想难输入。

（2）城乡接合部的文化程度高于乡村。城乡接合部是城市与乡村的过渡地带，它既具备城市的工业色彩，又保留着乡村社会的农业特征。这一特殊的位置，使其具有吸收和传播新知识、新技术的显著优势。

（3）同一地区内文化和经济发展的不平衡性。即经济发展与文化建设相适应现象。中国坚持以经济建设为中心，使精神文明建设长期缺乏弹性和活力，显著落后于物质文明建设。

---

① 周铁云．加强社会主义新乡村文化建设研究［D］．乌鲁木齐：新疆师范大学，2009.

(4) 乡村不同性别之间文化差异较大。由于重男轻女思想一直盛行于乡村地区，导致乡村女性的受教育程度和水平明显低于男性。

# 第四节　建设现代乡村文化

## 一、现代乡村文化建设的机遇

(1) 21 世纪是传统文化变革自身走向现代化的时代。这个时代给传统文化所带来的最有力量的冲击之一，就是先进的科学技术和文化的广泛渗透与深刻影响，而乡土中国毫无疑问也处在新世纪社会变革的包围与渗透之中。

(2) 进步人士与先进思想给乡村文化建设带来冲击。经济发展和时代潮流的压力，强烈地撼动了乡村传统、落后的文化，一大批文化程度较高、思想敏锐、富于改革和进取精神的乡村年轻一代正茁壮成长，大展其长，逐渐成为乡村文化现代化事业的主体。

(3) 经济的发展不平衡给乡村文化建设带来新挑战。经济发展的不平衡状况一方面造成了乡村文化建设的困难，另一方面也给这种建设的进一步发展提供了机遇。这就是造成一些典型乡村区域伴随经济发展而出现文化更新的根源。

(4) 城乡文化在社会发展过程中的双向交流与互动。乡村生产的商品化、社会化、现代化使乡村集镇大量崛起，并成为当地的政治、经济和文化中心，从而造成城市文明“下乡”和乡村文化接受改造的双重机遇。①

(5) 以乡民为主体的传统文化自身包含着变迁的机制。这是由于这种文化具有深厚的现实主义基质和对国家民族前途的强力关注两种特质。

## 二、传统乡村文化的现代化要求

### (一) 传统乡村文化中的合理内核

1. 和谐发展的生态思想。

尊重自然客观规律，不违农时的农业生产观。荀子“明于天人之分”的自然观，提出“天行有常……应之以治则吉，应之以乱则凶。”(《荀子・天论)》天道运行是有规律的，顺应天道则万事大吉，违背天道是要受到惩罚的。早在先秦时期，古代朴素唯物主义思想就强调要根据自然规律即“天道”来安排农业生产，在传统文化是在思想中有“百亩之田，勿夺其时”(《孟子・寡人之于国也》) 的思想，其主要意思是强调必须按时间规律来安排农事活动，要因循自然规律，顺其自然生长，不可拔苗助长。西汉时期，落下闳制定了《太初历》，将二十四节气纳入其中，它在古代农业学中不仅是一大独特的

① 赵霞. 乡村文化的秩序转型与价值重建 [M]. 石家庄：河北人民出版社，2013：37.

创造，而且成了人们收种农作物的主要时间遵循，几千年来对中国传统农业和人民生活起了极其重要的作用。直到现在人们依然使用节气收种庄稼，以四川北部地区为例，清明前后，点瓜种豆，拉开了春播的序幕，春分时节，早稻先后浸种、催芽、覆膜育秧（防冻保暖）、晴天播种，端午节前后，收割小麦，储水准备插秧。由此可见，古代朴素唯物主义中尊重自然，应之则吉的唯物主义思想，对中国传统农业的影响意义深远。

注重保护自然，人与自然和谐共处的生态农业观孔子曾说："致中和，天地位焉，万物育焉"（《中庸》）。阐明人作为农业生产的主要实践者，应尊重自然规律，发挥人的主观能动性，积极协调人与自然的关系，达到天人的高度和谐，即确认人来源于自然，天为人性来源。汉代儒家大成者董仲舒"人副天数"说既是"为人者天"之论的必然结果，也是"天人相与""天人感应"通过"同类相动、为人者天、人副天数"，建立起了传统的，天人合一的宇宙观，独特的生态伦理观和相应的农业发展观也因此形成了。"人者，天地之心也"，天、地、人分别有其存在的秩序和运行规则，可见其朴素的利用和保护自然资源的观点要求人们合理利用开发自然达到人与自然和谐的境界。

总之，在整个中国古代的儒学思想里不乏与生态环境和谐共生的思想，这些思想是对农村生态文明建设有很积极的意义。

2. 生生不息的民族精神

传统文化中的自强精神推动着社会的发展。天行健君子以自强不息，中华民族五千年的文明史就是一部自强不息的奋斗史。自强精神是一种百折不挠的进取精神和创新精神。中华民族始终保持着从来不畏艰苦，始终保持艰苦奋斗，不畏险阻的创业精神。有了坎坷的奋斗史诗，才有了"老骥伏枥，志在千里""穷且益坚，不坠青云之志""锲而不舍，金石可镂"等励志名言传于今世。

纵观我国的农业发展史，从新旧石器时期的石器、殷商的铜器盛行、春秋铁器始用于农耕，到如今已告别刀耕火种、手推牛耕的传统农耕文明，步入现代机械化农业时代，这都是一代代农业人自强不息、艰苦奋斗的结果。所谓"穷则变，变则通，通则久""苟日新，日日新又日新"，中华民族是不断创新和改革的民族，我国有许多创新和改革的成果，被全世界所借鉴，汉语和汉服深深影响着日本，英国受中国科举考试制度的影响，创立了现代教育考试制度，我国的四大发明成为近代工业文明的基础，深深影响着世界各国的文明发展。在农村，人们不断改变农业发展的观念，调整产业结构、改良农业品种、改进生产手段，发展生态效益、经济效益、和社会效益等多方利益兼顾的现代农业。

传统文化中的爱国情怀捍卫着民族的尊严。爱国情怀是中华民族繁荣昌盛，发展至今的重要因素。历史上的民族英雄不胜枚举，如卫青、霍去病、岳飞郑成功等，他们皆誓死捍卫民族尊严。人民是推动历史前进的车轮，我们除了铭记英雄外，必须记得捍卫祖国领土完整和民族尊严的主力军是我们的人民大众，在传统是封建社会中，那就是我们无数的忠君爱国的乡民。在中国历史上，日本侵华是后果最严重的一次侵略事件，也是中华民族永远铭记在心的耻辱永远铭刻在心的耻辱，在抗日战争中涌现出了许多具有强烈爱国主义思想的人民大众组成的抗日力量，当然抗日力量还包括提供后勤支援的广大民众。总之，抗日战争的胜利是广大具有爱国情怀的中华儿女进行艰苦卓绝斗争的结果，也向全世界昭示了中华民族的强烈爱国情怀。

### （二）传统文化中的价值缺失

1. 缺乏自由平等思想

马克思在《德意志意识形态》中认为：个人自由只存在于集体中，而不存在于种种冒充集体中，在阶级社会中，个人自由仅存在于统治阶级内部的虚幻集体。① 中国传统文化成熟于封建专制主义时代，在封建时代主要的矛盾就是封建地主阶级和劳动人民的矛盾，从马克思主义观点来看，封建社会的劳动人民是没有自由的。封建的文化思想就主要的目的就是调和统治阶级与被统治阶级的矛盾，规范封建统治秩序的文化思想。② 成熟于封建时代的传统乡村文化就是规范乡村秩序的文化思想，其核心是等级思想和纲常思想，遵循依据就是君为臣纲、夫为妻纲、父为子纲。所以在现代乡村社会中受族群意识和纲常思想的影响，存在族群本位意识。在传统乡村文化中，不遵三纲五常，就是目无尊长，不守人伦，因此在传统思想中，自由平等思想价值是缺失的。

2. 缺乏共享思维

在传统文化中，虽然也有大同思想，但毕竟不是主流思想，主流思想中是缺乏共享思维的。这是因为从刀耕火种的农业发迹至社会主义三大改造完成，五千年的农耕文明，最大的特点是以家庭为发展农业的基本单位，自给自足。

漫长的封建社会长期处于闭关锁国的状态。整个封建时代的农村以宗族为基本单位进行管理，群主本位意识较强，他们的生产生活及道德意识均立足于宗族，即立足于亲情之情以论情。因此，没有全球化的背景，没有广泛对外开放交往的需要，没有博爱的意识，没有共享思维。

## 三、建设现代乡村文化的策略

### （一）进一步丰富农民群众精神文化生活

1. 开展多种形式的群众文化活动

乡村文化活动要贴近群众生产生活的实际，坚持业余自愿、形式多样、健康有益、便捷长效的原则。充分利用农闲、节日和集市，组织花会、灯会、赛歌会、文艺演出、劳动技能比赛等活动。紧密结合农民脱贫致富的需求，鼓励农民学文化、学技能，为其普及先进实用的农业科技知识和卫生保健常识。以创建文明村镇、文明户等为载体，积极引导广大农民群众崇尚科学，破除迷信、移风易俗，抵制腐朽文化，从而提高其思想道德水平和科学文化素质，形成文明健康的生活方式和社会风尚。另外，还需要根据时代的特点和农民群众精神文化需求的变化，不断充实活动内涵，创新活动形式。

2. 着力发展农村特色文化

加强对农村优秀民族民间文化资源的系统发掘、整理和保护。授予秉承传统、技艺精湛的民间艺人“民间艺术大师”“民间工艺大师”等称号，开展“民间艺术之乡”“特色艺术之乡”命名活动。对农村传统文化生态保持较完整并具有特殊价值的村落或特定区

---

① 马克思，恩格斯．马克思恩格斯选集（第1卷）［M］．北京：人民出版社，2012：137.

② 赵兴胜，高纯淑，许畅，杨明哲．地方政治与乡村变迁［M］．南京：南京大学出版社，2015：102.

域进行动态整体性保护，逐步建立科学、有效的民族民间文化遗产传承机制。积极开发具有民族传统和地域特色的剪纸、绘画、陶瓷、泥塑、雕刻、编织等民间工艺项目，戏曲、杂技、花灯、龙舟、舞狮舞龙等民间艺术和民俗表演项目，古镇游、生态游、农家乐等民俗旅游项目。实施特色文化品牌战略，培育一批文化名镇、名村、名园、名人、名品。

3. 提供更多更好的农村题材文化产品

加强选题规划和内容建设，把农村题材纳入舞台艺术生产、电影和电视剧制作、各类书刊和音像制品出版计划之中，保证农村题材文艺作品在出品总量中占据一定比例。要加大对农村题材重点选题的资助力度，每年推出一批反映当代农村生活、农民喜闻乐见的文艺精品。购买适合农村需要的优秀剧本版权，免费供给基层艺术团体使用、改编，并为农民群众演出。报刊、电台、电视台对优秀农村题材文艺作品的刊发、播出、宣传要给予重点支持。

## （二）加强专业文化人才教育

乡村文化建设人才扎根基层、活跃乡村，是乡村文化活动的组织者和推动者，是乡村建设的主要推动力。当前，加强乡村专业文化人才的教育与培训，提高农民群众整体素质，是进行乡村建设的需要。

1. 培养乡村文化骨干

乡村文化骨干是乡村文化建设的挑大梁者。乡村文化建设领导者要充分发掘乡村潜在的文化资源，特别是人才资源，并组织其到相关专业院校进行学习与培训，提高其文化创新工作能力和综合业务素质。组织专业人士和文化普及工作者走进乡村，深入农户，通过到乡镇文化中心讲课、组织短期培训等方式，帮助文化骨干掌握先进文化知识、提高技术技能。建立健全乡村文化专业人才选拔、培养和使用机制，创造有利于优秀文化人才成长的良好环境，为乡村文化人才充分发挥其作用提供机制保障。①

2. 引导民间艺人创作积极性和创作热情（出山）

民间艺人是民间传统文化的创造者，他们生于乡村，长于乡村，其艺术创作养分也都直接来于乡村，乡村文化艺术的内涵及表达形式，与广大农民群众思想意识、文化素养和生活积累密切相关。

民间艺人不但在民间文化发展中起着重要的骨干与桥梁作用，而且还担负着民间文化的传承与弘扬。为了有效利用乡村的丰富文化资源，各级领导必须要重视民间艺人的文化价值和经济价值，引导他们积极从事乡村文化艺术创作，使其以更加饱满的热情主动对外传授独特工艺技术，并带动相关特色文化产业；设立专门岗位，对濒危的民间技艺进行整理、记录、出版，为传统文化的弘扬做出贡献。②

3. 建立专业乡村文化队伍

乡村文化建设工作的有序开展，需要一批扎根乡村、专业素质高、乐于奉献的文化队伍。加强乡村专业文化队伍建设，广泛吸纳农民群众参加，提高乡村文化作品的创新性和科学性。通过落实好乡村文化工作者的相关福利保障待遇，加大网络、电视等大众传播媒

① 吴毅．村治变迁中的权威与秩序［M］．北京：中国社会科学出版社，2002：113．
② 赵霞．“三化”进程中乡村文化的秩序乱象与价值重建［J］．安徽农业科学，2011（12）．

体对乡村先进文化工作者优秀事迹的宣传和报道，表彰并奖励做出突出贡献的单位和个人，最大限度激发和调动群众参与乡村专业文化队伍的热情。

### （三）创新乡村文化建设的体制和机制

1. 加快公益性文化事业单位改革

县文化馆、图书馆、乡镇综合文化站等属于公益性事业单位，不得企业化或变相企业化，不得以拍卖、租赁等任何形式，改变其文化设施的用途；已挪作他用的，要限期收回。县、乡文化机构要面向农村，面向基层，制订年度农村公益性文化项目实施计划，明确服务规范，改进服务方式，开展流动文化服务，加强对乡村文化骨干和文化中心户的免费培训辅导，扶持奖励民办文化。

2. 大力发展农村民办文化

通过民办公助、政策扶持，鼓励农民自办文化，开展各种面向农村、面向农民的文化经营活动，使农民群众成为乡村文化建设的主体。积极扶持热心文化公益事业的农户组建文化大院、文化中心户、文化室、图书室等，允许其以市场运作的方式开展形式多样的文化活动。支持农民群众自筹资金、自己组织、自负盈亏、自我管理，兴办农民书社、集（个）体放映队等，大力扶持民间职业剧团和农村业余剧团的发展。引导文化专业户相互联合，进行市场化运作，逐步向个体、私营等非公有制文化企业发展，开发文化资源，变资源优势为产业优势。扶持以公司加农户、专业加工户等形式，从事农村特色文化产品开发和文化服务，促进乡村文化产业发展。有关行政部门要简化对农村个体、私营等非公有制文化企业的登记审核程序，在土地使用、信贷、行业政策等方面，与国有文化企业享受同等待遇。鼓励社会资本在政策范围内，以各种形式兴办文化实体，形成以公有制为主体、多种所有制共同发展的文化产业格局。

3. 加强对拓宽乡村文化市场的政策调控

按照普遍服务原则，运用市场准入、资格认定、价格调节、财税优惠等政策，引导各类市场主体在出版物发行、电影放映、文艺表演、网络服务等领域，积极开发乡村文化市场。重点推动面向大众的文化产品和服务进入中西部和老少边穷的农村地区。通过各种有效的调控，把发挥市场机制积极作用和构建公共文化服务体系有机结合起来，努力使广大农民群众享有更加充分、质优价廉的文化产品和服务。

4. 探索乡村文化设施运行管理新机制新办法

统筹文化、教育、科技、体育和青少年、老年活动场所的规划建设和综合利用，努力做到相关设施能够共建共享，着力解决乡村文化设施分散、使用效率不高的问题。对电影院、剧院等设施，在确保其功能不变的前提下，鼓励其进入大型文化企业集团，也可以实行所有权与经营权相分离的运营模式，采取公办民营、公开招标、委托经营的方式，更好地提供文化服务。机关、学校内部的文化设施，有条件的要采取多种方式对农民群众开放。

5. 规范乡村文化市场

坚持一手抓繁荣、一手抓管理的方针，大力加强乡村文化市场管理，营造扶持健康文化、抵制腐朽文化的社会环境。加强和充实县级文化市场行政执法队伍，充分发挥乡镇综合文化站监管作用，健全乡村文化市场管理体系，加强执法力量，加大监管力度，提高执法水平。整顿和规范市场秩序，严厉打击违法违规活动，取缔无证经营。重点加强对演出娱乐、电影放映、出版物印刷和销售、网吧等方面管理，坚决打击传播色情、封建迷信等违法活动，确保乡村文化市场健康有序发展。

### （四）建立健全乡村文化产业项目

文化是一种重要的经济资源，文化产业建设已成为各国经济发展的新增长点，在综合国力竞争中发挥越来越大作用。乡村有着丰富的文化资源，既需采取措施加以保护，又需制定优惠政策充分开发利用，使资源优势转变为产业优势。乡村各级领导及广大农民群众要增强产业意识，自主探索乡村文化产业发展路径。要高度重视乡村文化的对外交流，传播独特的民间艺术，让民间工艺走向世界，进军国际文化市场。

乡村作为一种独特的地域形态，经历几千年的历史变迁，蕴涵着丰富的文化资源。大力挖掘和弘扬乡村特色农业文化、民俗文化和旅游文化，扶持乡村自办文化经营，充分利用现有文化资源形成文化品牌经营，既可以有效转移乡村剩余劳动力，扩大就业，增加农民收入，又可以吸纳资金，有助于推动中国乡村向现代化的转型和跨越，促进乡村社会的发展。

1. 打造特色农业文化品牌

挖掘农业文化价值，促进农业文化与文化产业化经营相结合，形成特色农业文化产品生产链，培育特色农业文化品牌成为乡村文化产业发展的重要途径。在传统农业文化基础上，对乡土特色物品进行包装加工形成农业特色文化产品，产品的生产和销售转移了乡村剩余劳动力，增加了农民收入，带动了乡村经济的发展。

通过对传统农业文化进行包装、加工、生产和销售而形成文化产业，促进地方经济发展，这样的范例国内外不胜枚举。例如韩国的泡菜经过包装传播，已经形成了世界著名的“泡菜文化”产业；法国的葡萄酒经过包装传播，托起了“葡萄酒文化”的世界知名产业；我国苏州市的阳澄湖大闸蟹以良好的品质声名远扬，经包装传播，形成了地方水产文化特色产业。

各级政府部门在保护传统乡村文化的同时，要善于发现和创造新的文化发展机遇。实现农业与文化联姻，充分利用传统乡村文化的历史、文学和情感资源，将乡村文化和文化产业的发展与经营相结合，创造出具有浓厚乡村特色的文化发展产业链，促进乡村文化建设。

2. 打造特色民间文化品牌

乡村是民间文化的起源和发展地，乡农民间文化资源种类繁多，遍布各地，能够满足不同爱好、不同层次人群的物质和精神需求。在民间传统文化基础上，促进乡村传统民俗文化与文化产业发展相结合，对民间文化进行包装加工形成特色民俗文化产品，既带动了乡村社会经济的发展，又实现了民间传统文化的传承和弘扬。

发展民间文化产业方面，一方面，要充分发挥乡村集体优势，集民俗文化和民间工艺品等之大成，占领文化产业市场，赢取市场份额，如山东绢花、山西绒绣、四川蜀锦等文化产业项目的发展，既赢得了广泛的知名度，又收到了可观的经济和文化效益。另一方面，“进行乡村文化单个文化品种的系列开发”①。一村一特色，一村一品牌，“推动单体文化走向产业化”②，如杨家埠的年画、潍坊的风筝，江西景德镇的瓷器等。对乡村单文化品种进行流水线批量生产，销往全国各地，赚取效益的同时还能赢取不错的文化声誉。

3. 打造特色旅游文化品牌

乡村文化旅游是一种后现代消费方式，主要以丰富多彩的乡村情趣、劳动体验和历史沉淀的感受来满足旅游者的消费需求。独特的亲近自然的乡村之旅对农民来说虽然感觉平淡无奇，但对外来人而言，“却是一种充满生机活力和无限趣味的自然文化风情之旅”③。挖掘乡村旅游文化资源，对乡土特色资源进行包装加工，促进乡村文化与旅游业相结合，形成特色乡村旅游文化产业链。

新时期，各地乡村依托乡村特有的区域环境，深入挖掘乡村的文化底蕴，保护好原生态环境和现存的古老建筑、石碑等，发展生态游、古镇游等观光休闲旅游业，如重庆和沂山等革命老区利用革命文化资源开展的“红色旅游”，青岛、秦皇岛、连云港等临海地区利用海洋文化资源开展的“蓝色旅游”，乌镇、凤凰古镇等地利用特殊的建筑和自然风光开展的古镇游等项目，得到了社会的广泛认可，收到了可观的经济和文化效益。

地区政府部门要具备长远眼光和较高视角，充分挖掘乡村潜在文化旅游资源，发展乡村特色旅游文化产业，展现本区乡村特色文化环境，推动区域产业带动产业发展模式的运作，促进乡村经济的快速发展。

4. 扶持乡村自办文化发展

以文化产业经营为发展方向的乡村自办文化，既追求实际社会效益，又获取适当经济效益。乡村自办文化的发展，丰富了乡村文化生活，一定程度上吸纳资金，充实乡村财政，促进了乡村的城市化进程，对于实现城乡统筹发展具有重要意义。

（1）鼓励自办职业文化剧院。政府以广大农民群众的文化需求为出发点，基于乡村职业剧团的现实处境，提出出资购买贴近乡村生产生活剧本版权，免费提供给县级以下的营利性民营演出团体进行改编、创作和演出优惠政策。乡村各级相关文化工作部门，积极创办面向乡村的专门刊物，详细介绍各职业剧团的发展优势和前景，激励更多农民群众积极关注和参与文化剧院的发展。

（2）鼓励成立文化经纪公司。各级政府在保证农民群众享受基本文化权益基础上，允许并鼓励乡村广大群众注册成立文化经济发展公司。择取优秀企业给予适当奖励，不断壮大乡村文化建设发展队伍。与众多只在文化部门登记未到工商行政管理部门注册的职业剧团相比较，文化经纪公司更能突出文化品牌效应，降低文化经济行为的风险，更快形成产业发展链，获取显著的社会效益和经济收益，促进乡村和谐社会的建设。

---

① 黄映晖，史亚军．如何搞好乡村文化建设［M］．北京：中国农业出版社，2011：131.

② 谭建跃．当前我国乡村文化建设存在的问题及对策［J］．南华大学学报（社会科学版），2008（4）.

③ 黄映晖，史亚军．如何搞好乡村文化建设［M］．北京：中国农业出版社，2011：125.

# 第八章　乡村学校文化建设研究

乡村教育是中国教育的重要组成部分，是制约中国教育事业全面发展的关键因素。本章主要从城乡义务教育的一体化策略、乡村学校教育环境的优化、乡村学校教育的特色发展以及乡村学校教育的师资建设这几个方面来分析和研究乡村学校文化建设。

## 第一节　城乡义务教育的一体化策略

“推动城乡义务教育一体化发展，高度重视农村义务教育，办好学前教育、特殊教育和网络教育，普及高中阶段教育，努力让每个孩子都能享有公平而有质量的教育。”这是党的十九大报告中关于我国义务教育和基础教育的有关论述，在具体实践中我们需要提高认识，科学施策。

### 一、城乡义务教育一体化的相关认识

#### （一）城乡义务教育一体化的政策梳理

21世纪以来，我国城乡义务教育虽然逐步普及，乡村教育得到加强，但目前城乡教育发展之间的二元结构矛盾仍然突出，乡村优质教育资源匮乏，教师质量有待提高，师生流失严重，乡村学校“空壳化”屡见不鲜；与此相对的是城镇教育资源配置不适应新型城镇化发展，大班额问题严重，尤其在欠发达地区，大班额和超大班额比比皆是。因此，如何合理统筹教育资源，使其充分合理地向乡村倾斜，真正提高乡村的教育教学质量，使师源、生源逐渐回流，从根本上解决“乡村弱”和“城镇挤”的难题，成为当前推进城乡义务教育一体化面临的最核心问题。

城乡义务教育一体化是社会发展对教育提出的新要求，聚焦于解决城乡二元结构的矛盾、缩小城乡教育发展之间的巨大差距，其重点任务是积极推进基础教育中义务教育学段的城乡一体化。早在2003年9月，国务院就出台了有关城乡义务教育一体化发展的方针，明确乡村教育在教育工作中重要地位，决定重点加强乡村义务教育，促进城乡优质教育资源共享，提高乡村教育质量和效益。2016年7月11日，国务院发布《国务院关于统筹推

进县域内城乡义务教育一体化改革发展的若干意见》（以下简称《若干意见》）①。

《若干意见》提出城乡义务教育一体化改革发展的主要工作目标：一是“四个统一、一个全覆盖”。即统一城乡义务教育学校的建设标准、教师编制标准、生均公用经费基准额标准、基本装备配置标准和“两免一补”政策的城乡全覆盖；二是逐步解决“乡村弱、城镇挤”的难题，从合理布局城乡学校，均衡配置城乡师资力量，逐步提高教师待遇水平和增强教师岗位的吸引力等维度实施改革与创新；三是九年义务教育巩固率达到95%，县域义务教育均衡发展和城乡基本公共教育服务均等化基本实现。

### （二）城乡义务教育一体化与城乡教育均衡、城乡教育统筹的区别

在推进城乡义务教育一体化的理论研究和政策实践探索中，都有将教育一体化与城乡教育均衡、城乡教育统筹概念混淆的现象。其实，这三个概念有着完全不同的意义与指向。

城乡教育一体化遵循的核心价值取向是教育公平。教育公平强调教育起点、过程和结果的公平。因此，针对长久以来城乡教育发展的“二元僵局”进行一体化改革，强调要消解城乡教育发展的差距，使其互帮互助，相互促进，形成城乡教育共同体，进而实现城乡教育公平。

城乡教育一体化的伦理诉求是促进社会的公平正义，其本质是要促进教育公平，教育公平既是推动教育内部优质、协调与可持续发展的保障，也是促进经济社会优质、协调与可持续发展的保障。因为教育的主要使命是为经济社会培养人才；主要任务是消除城乡教育发展之间的壁垒，缩小城乡教育差距，使其双赢共进；主要目标是促进城乡教育的和谐发展。这里的和谐发展主要是指城乡教育培养目标的一致性、城乡教育发展速度的协同性和城乡教育发展质量的趋同性。推进城乡教育一体化发展需要运用城乡一体的系统思维，把城乡置于由城市和乡村所构成的一个大系统之中，把城乡教育作为一个整体，推动城乡教育相互促进、协同发展，共同实现教育的现代化。

城乡教育一体化与城乡教育均衡、城乡教育统筹主要有两个共同点：一是城乡教育一体化与城乡教育均衡及城乡教育统筹有着共同的价值追求，即缩小城乡教育发展之间的过大差距，促进城乡教育协调发展，实现城乡教育公平。二是城乡教育一体化和均衡发展需要运用系统思维和统筹管理的方法，从城乡教育的体制机制、资源分配、教育质量、校本特色发展这些核心要素着力加强。

城乡教育统筹与城乡教育一体化、城乡教育均衡发展的不同点主要集中在这三方面：一是城乡教育统筹与后两者的层次不同。城乡教育统筹属于上位概念，为后两者提供理念与方法上的指导。城乡教育统筹是在“统筹治理”理念与方法论的指导下，统筹治理城乡教育，使受教育机会、教育过程和教育结果等方面达到城乡均衡和城乡一体化。也就是说，城乡教育一体化和城乡教育均衡发展是城乡教育统筹的必然结果，城乡教育统筹必然促进城乡教育一体化和均衡发展。从概念可以看出，教育统筹也是以“教育公平”作为其根本价值取向，因此，城乡教育统筹、城乡教育一体化和均衡发展是由高到低不同的三

---

① 国务院法制办公室．中华人民共和国新法规汇编 2016 年第 8 辑 总第 234 辑［M］. 北京：中国法制出版社，2016：48.

个层次。二是城乡教育统筹与后两者的适用范围不同。城乡教育统筹涉及的内容非常广泛，既包括教育系统内部各因素的统筹治理，也包括教育系统与社会政治、经济、文化和其他子系统之间的统筹治理。然而，城乡教育一体化与均衡发展的适用范围仅局限于义务教育，而不适用全部的基础教育、高等教育和职业教育。三是城乡教育统筹与城乡教育均衡、城乡教育一体化的侧重点不同。城乡教育统筹主要是谋划城乡各级各类教育间的比例协调关系，统筹规划各类教育的规模和培养目标，使各类各级教育的发展相互适应，实现城乡教育的良性互动和双赢共进；城乡教育均衡意味着同一化和标准化，主要强调教育资源的公平分配；城乡教育一体化强调城乡教育互动互助、消解差距，以实现城乡教育公平。

## 二、推动城乡义务教育一体化的重要意义

城乡义务教育一体化是城乡一体化的重要组成部分，是城乡一体化在义务教育领域的重要目标，是义务教育发展的最高阶段。由于研究视角不同，学术界关于城乡教育一体化的概念还没有形成统一的认识。我们认为，所谓城乡义务教育一体化就是统筹规划城乡义务教育，打破城乡二元教育结构，缩小城乡义务教育之间的差距，在教育资源、规划和政策、体制机制等层面实现一体化。城乡义务教育一体化发展既是一个过程，又是一个目标，推动城乡义务教育一体化发展具有十分重大的意义。

### （一）城乡义务教育一体化发展是实施乡村振兴战略的必然要求

实施乡村振兴战略必然要求城乡义务教育一体化发展。首先，城乡义务教育一体化发展是乡村振兴的前提条件。乡村振兴是涉及乡村经济、政治、文化、教育、生态等领域的全面振兴，乡村教育振兴不仅是乡村振兴的重要组成部分，而且是乡村振兴的重要前提。没有乡村教育振兴，乡村振兴是不全面的，也是不可能实现的。要振兴乡村教育，必须搞好统筹规划，实施城乡教育一体化发展战略，优先发展乡村义务教育，促进公共教育资源向乡村倾斜。其次，城乡义务教育一体化发展是乡村振兴的题中应有之义。乡村振兴的实质是实现乡村现代化，乡村现代化的根本在于人的现代化，人的现代化体现为人的现代性，而教育在人的现代性生成过程中起着决定性作用。没有教育的现代化，就没有人的现代化，更没有乡村现代化，乡村振兴也就难以实现。乡村教育现代化的难点在于教育资源不足所导致的乡村教育发展滞后。城乡义务教育一体化正是解决乡村教育发展滞后问题的重要措施。实施城乡义务教育一体化能为乡村教育提供现代化的教育资源、优良的师资和先进的教育理念，从而最终实现城乡教育融合和均衡发展，实现乡村振兴。

### （二）城乡义务教育一体化发展是实现教育公平的基本要求

教育公平是社会公平的起点，[①] 又是社会公平的重要组成部分和重要体现，更是社会公平的调节系统。在教育领域，义务教育阶段最能体现教育的公平性，因为义务教育具有强制性、免费性和普惠性等基本公共服务的特征。改革开放以来，特别是党的十八大以来，我们党高度重视教育公平问题，制定并实施了推进城乡义务教育均衡发展政策，城乡

① 王成端，游建军．中国西部高等教育资源优化配置研究［M］．成都：西南交通大学出版社，2015：18.

义务教育发展差距逐步缩小，义务教育朝着公平发展方向迈进。但是，城乡二元结构依然存在，城乡之间义务教育质量差距依然很大，特别是随着城镇化的快速发展，乡村留守儿童和农民工随迁子女教育问题日益突出。对此，党的十九大报告重申推进教育公平，保障学有所教，明确指出了推动城乡义务教育一体化发展的方向，强调要高度重视乡村义务教育。实施城乡义务教育一体化发展，可以消除城乡发展水平、农民经济地位等因素对乡村儿童受教育权造成的不利影响，进而最大限度地保障城乡所有儿童平等接受义务教育。

### （三）城乡义务教育一体化发展是提高国民素质的基础环节

建设教育强国是中华民族伟大复兴的基础工程，加快建设学习型社会，大力提高国民素质。实际上，无论是国民思想道德素质、科学文化素质、身心健康素质的提高，还是社会文明程度的提高，都离不开义务教育这个基础。目前，我国城乡义务教育发展不够平衡，乡村依然是我国义务教育发展的薄弱环节，城乡义务教育质量差距仍然很大，城乡居民文化素质仍有较大差距。为此，推动城乡义务教育一体化发展，将重点放在乡村义务教育上，满足每一个学生的切身发展需要，对于提高国民素质具有基础性作用。

## 三、推动城乡义务教育一体化发展的具体策略分析

### （一）创新体制机制

体制机制的创新主要表现在制度的更新上。首先，废除影响城乡义务教育融合的制度，如原有的在城乡二元分治背景下运行的学生培养制度、质量评价制度、招生制度、办学制度和教育管理制度等。其次，确立有利于城乡义务教育一体化发展的新制度。一是建立推进城乡义务教育一体化发展的专门责任机构，明确其相应的权责；二是积极稳妥地推进城乡二元户籍制度的改革，先在义务教育领域，对于随迁子女的户籍放开限制，再逐步建立以纳税人身份为基础的城乡统一的义务教育户籍制度；三是实行电子学籍管理制度，实现包括随迁子女在内的义务教育学籍的网络化管理，实现对“城中乡”中随迁子女的义务教育公平；四是健全督导评估机制，当务之急是建立城乡统一和科学的义务教育质量督导评估标准和问责机制。

### （二）优化教育资源配置

教育资源主要包括自然资源、人力资源与物质资源。优化教育资源配置意味着将这些资源合理分布与安排到城乡义务教育中，其基本的要求是城乡教育平等与统一，也就是要摒除重城镇轻乡村的做法。

从优化自然资源配置方面来说，重心是完善城乡义务教育学校布局规划。一方面，对于城镇而言，在布局义务教育学校规划时不仅要考虑城镇规划和常住人口规模等微观因素，也要综合考虑经济、人文等宏观因素；另一方面，对于乡村而言，既要关注学校位置的交通便利性和人口密集程度等因素，合理布局义务教育学校，也要办好乡村小规模义务教育学校。

从优化物质资源配置方面来说，一是要改革义务教育经费分担体制。目前实施的义务教育财政体制虽然明确了中央与地方之间各自的经费保障责任，但省级以下的各级政府责

任仍不够明确，且县级政府的经费承担能力有限，所以建议改为以市为主的经费投入体制；二是明确各级政府对于随迁子女教育的投入责任，让输出地和输入地的政府各自承担一定的投入责任；三是提高学校标准化建设水平。城乡标准要统一，特别是要完善乡村小规模学校、乡镇寄宿制学校的办学标准。

从优化人力资源配置方面来说，一是要完善教师编制管理机制，深化教师“县管校聘”制度，促进城乡校长及教师的合理流动，鼓励大学生支教及新加入工作的教师为贫困乡村地区的教育事业多做贡献；二是要努力提升城乡教师尤其是乡村教师的师德水平和业务能力，这是促进城乡义务教育一体化的根本；三是要完善教师尤其是乡村教师的待遇保障制度，设立“优秀乡村教师”“优秀特岗教师”奖项，定期进行表彰奖励，增强乡村教师岗位的吸引力。

### （三）运用差异补偿原则

城乡义务教育机会均等并不是指对教育资源进行机械地平均分配，而是在关注不同地区学生的主体性和差异性的前提下，进行有差异的平均分配。现实中的城乡义务教育差距很大，若想达到城乡义务教育一体化的目标，有必要运用差异补偿原则，即对乡村教育的短板进行针对性的目标提升，这种补偿可以是人、财、物、事等方面的补偿，比如让城市反哺乡村教育，对薄弱乡村学校进行经费投入倾斜等，尤其要关注城乡义务教育中的弱势群体。对弱势群体的教育补偿有几个要点：一是完善随迁子女就学机制；二是关爱保护乡村留守儿童，建立社会、学校、家庭三位一体的工作体系；三是重视残疾儿童义务教育，在基本普及残疾少年儿童15年免费教育方面提出新的要求；四是完善经济困难学生资助体系。

### （四）推动学校品质发展

学校是实施城乡义务教育一体化的基本单元与实质载体，因此，提升城乡义务教育学校的品质是促进城乡义务教育一体化的重中之重。这里的“品质”是指一所学校的品格与教育教学质量。城乡义务教育学校一体化发展的出发点和归宿是消除城乡学校教育之间的过大差距，首要任务是使城乡学校的教育教学达到国家规定的质量标准，但这不是鼓励和提倡学校教育的机械模仿和复制，而是应该开展和挖掘不同地区学校的内涵发展、特色发展、品质发展。城乡义务教育一体化不是城乡学校的同质化，而是城乡学校利用各自优势，相互交融，互助互进，个性发展。

激发学校品质发展的动力机制大体上有外部动力机制与内部动力机制。外部动力机制的激发主要有两个要点：一是建立城乡义务教育学校协同发展机制。通过实施学区化、集团化办学以及学校联盟，均衡配置师资等方式，加大对薄弱学校和乡村学校的扶持力度，促进均衡发展，达到合理的分流学生与消除大班额的目的；二是实施特色学校创建计划。以特色促发展，围绕实现“一校一品牌、一校一特色、一校一风格”的目标促进学校的品质发展。①

激发学校品质发展的内部动力机制主要有三个要点：一是校本课程的开发与实施。建

---

① 郑勇．梦山书系 勇探教育 筑梦幸福［M］．福州：福建教育出版社，2017：351.

立城乡课程开发与实施的共享机制，依据城乡不同的课程资源优势，开发城乡不同特色的地方及校本课程。二是促进校本研修改革。建立城乡一体的区域性教研平台，开放城乡一体的课程与教学资源，加强城乡教师的教研交流。学校要探索以解决自身问题为取向的校本研修制度，切实加强教师的专业化发展进程。三是探索校本的人才培养目标。在完成国家制定的学业质量标准的基础上，城乡学校需要进行校本化人才培养的探索。

各个学校应该加大乡村教育软硬件建设投入，建设标准化学校。具体措施如下：

第一，要加大对乡村义务教育的财政投入力度。我国法律明确规定，公民有受教育的权利和义务，国家要保障青少年接受义务教育权利的实现，而这个权利应该通过政府财政拨款来实现。同时，教育尤其是义务教育作为政府的一项基本公共服务，理应由政府承担并放在优先发展的地位。从现实情况看，国家保障中小学生接受义务教育政策在城市已经得到了全面落实，而乡村的情况不尽如人意。长期以来，我国实行城乡二元的教育投入机制，各级政府都把资金投入重点放在城市，乡村教育经费短缺。因此，必须在保障义务教育财政经费投入的前提下切实增加乡村教育经费投入，资金分配向乡村学校倾斜。要改革完善目前教育经费按学生人数分配的办法，从乡村学校网点分散、规模偏小的实际出发，根据需要适当追加办学经费。

第二，完善财政转移支付制度。义务教育实行“省级统筹、以县为主”的管理体制，地方各级人民政府在统筹推进城乡义务教育一体化发展中承担着重要职责。实行税费改革后，一些经济欠发达地区的县乡财政比较困难，难以担负庞大的乡村义务教育经费支出，这就需要国家采取宏观调控政策，采取财政转移支付方式，减轻基层政府和农民的经济负担，帮助乡村发展义务教育，为解决乡村学校教育资源短缺问题提供财力保障。

第三，建立城乡教育成本补偿机制，弥补乡村义务教育为城市繁荣付出的教育成本。随着城镇化进程的加快，城市虹吸效应愈发明显，乡村学校培养的人才向城市大量转移，留在乡村的人才越来越少。城市没有为这些人才的培养付出教育成本，这显然是不公平的。为此，应建立从乡村流向城市的人才教育成本的分摊机制，使城市适当分摊乡村为城市培养人才的教育成本。

第四，积极开展乡村学校标准化建设。要按照国务院《关于统筹推进县域内城乡义务教育一体化改革发展的若干意见》的要求，积极推进乡村学校标准化建设。标准化建设的重点和难点在于乡村学校。为此，每个县都要建立学校标准化建设台账，完善学校办学标准，着力改善贫困地区薄弱学校的基本办学条件。提高寄宿制学校、规模较小学校的经费补助标准。全面落实义务教育学校管理标准，切实提高学校管理标准化水平。

第五，充分发挥信息技术在补齐乡村教育短板中的作用。信息技术运用具有跨时空优势，尤其是互联网优越性非常明显，通过网络教育方式可以引进优质教育资源，弥补乡村学校特别是偏远地区乡村学校师资的不足。因此，必须加大乡村学校信息化建设力度，充分发挥“互联网+教育”的作用，提升乡村学校的信息化水平，全面提高乡村教师运用信息技术的能力，促进优质教育资源共享。

## 第二节　乡村学校教育环境的优化

### 一、创新后勤管理模式优化乡村学校教育环境

对一些偏远地区的学校后勤管理工作来说，越来越多的人认识到后勤管理工作的重要性。学校要趁此机会加强管理力度，不断完善后勤管理工作虽然乡村学校的后勤管理工作得到了一定进展，但是其中仍然存在一些问题。若想要提高学校的后勤管理工作水平，就要针对实际问题采取解决措施。

#### （一）提高管理人员的工作意识，加强管理工作

乡村学校的后勤工作意识不强，没有成熟的管理体系，在现实管理工作中，后勤的管理范围较小。学校首先要加大后勤管理范围，其次要壮大后勤管理队伍，树立起后勤人员以大局为重的意识，使他们拥有积极的工作态度和热情，这样才能为后勤管理工作提供人员基础。

#### （二）加强对后勤的财务管理

对财务的有效管理也是加强创新后勤管理模式的重要部分，财务管理工作可以说是后勤管理工作中的重中之重，财务经费的有效运用是学校运行的重要保障。对于乡村学校来说，学校的财务经费极其有限，所以必须要严格规范财务制度，积极配合上级监督检查，做好每一笔款项的流向记录，对每一项支出进行分析，合理控制好财务支出。

#### （三）重视安全工作

后勤管理的主要部分是对学校的安全进行管理，创新管理工作就要做好全面的安全管理工作。学校的安全问题不仅关系学生的人身财产安全，还受到学生家长以及社会各界的重视。学生是国家的未来和希望，学校对学生的人身安全问题应该保持高度的警惕，要做好安全防范工作，预防一切的安全问题发生。

相关人员需要在学校的各地点，如教室、学生宿舍等地区建立合理的安全隐患的防护措施，严格进行安全管理，不定期举行安全讲座或者张贴安全标示，向学生普及安全意识。学校做好安全工作后，还要帮助学生家长建立安全意识，为学生办理安全保险。

#### （四）物资管理方面

后勤的管理不仅是人员的管理，还有对物资的管理。后勤工作人员要严格登记学校的公共财物，做好物资管理，有效节约财力物力，定期进行物资检查和维修，提高学校人员对物资的使用效率，保护学校的公共设施。

## 二、加强校园文化建设优化乡村学校教育环境

校园文化建设是学校教育的重要内容，它能使学生在积极参与校园文化建设的过程中获得知识、陶冶情操、健康成长。学生生理、心理尚未成熟，辨析能力差，很容易受外部环境的影响。[①] 社会上存在不少消极因素和腐败现象。社会文化雅俗并存，包括许多不利于学生健康成长的负面文化。如没有良好的外部教育环境，学生易误入歧途。学校是育人的阵地，校园文化不容许杂乱纷呈。我们通过开展系列活动优化校园文化，努力创造一个优良的育人小环境，抵制社会负面文化的冲击，并对社会大环境施加积极影响。

### （一）遵循教育规律

依据教育方针和教育法规，建立健全各种规章制度。在制度建立的过程中，发扬民主，经过师生充分酝酿和讨论，最后确定下来。组织师生学习学校制定的行政管理、教学管理、安全工作等工作制度，形成自我约束、自我管理的制度文化环境。

### （二）充分利用校园空间

提高墙报、橱窗、标牌的利用率。如办公室外墙张贴“八荣八耻”，设置“敬廉崇洁，遵纪守法”警示牌；操场围墙上的“发展体育运动，增强人民体质”，学校多处设置“清洁校园，不乱扔纸屑”“水是生命之源，请节约用水”“爱护花草，美化环境”标牌。把思想教育延伸到课外。学校到处充满着健康向上的舆论氛围，从而促进优良校风的形成。

### （三）开展课外活动

1. 开展“廉政文化进校园”活动

面向全体师生举办专题讲座，宣传大公无私、廉洁自律、尊重、礼让等美德及人物事迹，明确教育意义。各村学校悬挂横幅，制作“敬廉崇洁、遵纪守法”警示牌，张贴宣传标语，加大舆论宣传力度。向师生征集警示教育歌谣、诗词、漫画、书法作品。师生上交的作品能准确地诠释廉政文化建设的意义，抨击社会上的丑恶现象，弘扬中华民族传统美德，树立浩然正气。

2. 开展“校园文化早餐”活动

单周晨会十分钟，由学生自主确定主题，选择内容开展活动。活动内容涉及课外阅读、词语积累、古诗文背诵、讲故事、猜谜语、歌舞，小品表演等。学生的学习技能、表演才能、爱好特长得以充分展示。

3. 开展“道德早餐”活动

双周晨会，对学生进行传统美德教育，政策、法规宣传，时事政治教育。师生共同参与，选取中华民族传统美德故事，名言、警句，模范人物事迹进行自主教育。每年度“文明学生”评比活动中都涌现出大批文明礼仪、奉献爱心、敬老爱老、遵章守纪的学生典范。组织“文明学生”报告会，宣传他们的事迹。组织学生深入学习、宣传，扩大影

---

① 陈羿君，等．学校发展的理论与实务 以苏南地区中小学为例［M］．苏州：苏州大学出版社，2013：19.

响，形成感召力。

4. 开展“道德共餐”教育实践活动

在学生及家长中开展“创建文明城市宣传标语征集”活动，以文明礼仪、遵纪守法和社会公德教育为主要内容，开展“社会公德进万家”“文明校园”“文明家庭”等宣传活动。采取多种形式监督家长的不文明行为，大力营造人人争做文明市民的氛围，先进人物事迹予以大力宣传。

5. 开展“露一手”素质教育系列活动

我们可以开展文艺特长露一手活动。组织文艺会演，初选优胜者由专业教师组织培训，参加市级竞赛。征集书画作品，指导优胜者参加市级竞赛。学生的学习能力、生活能力、科技制作小发明露一手活动相继开展，优秀作品予以展示，促进此项活动深入持久开展。

6. 开展环保教育活动

建立的“环保卫士宣传队”。成员在校园内监督学生，对破坏校园环境的行为说“不”，对不文明学生进行说服教育；在校外，他们监督群众，宣传环保的现实意义，他们是环保的忠实倡导者。这已融入了社会文化。

### （四）加强班级文化建设

加强政治思想学习，注重养成教育。通过班会，组织学生认真学习《守则》《规范》《细则》，提高学生的思想认识水平及明辨是非的能力，树立正确的世界观、人生观、价值观，养成良好的道德行为习惯。开展“文明班级”评比活动。“文明班级”标准人人皆知，师生共同努力创建“文明班级”，年末评选对象在全校范围内交流先进经验。

## 三、通过相应措施优化乡村留守儿童学校教育环境

### （一）乡村留守儿童学校教育环境现状分析

近年来，乡村留守儿童数量不断增加。乡村留守儿童学校教育环境逐渐暴露出许多问题，引起了国家的高度重视和社会的广泛关注，学者对乡村留守儿童学校教育问题的研究也日益呈上升趋势。

1. 学校难以满足学生的教管需要

乡村留守儿童学校相对发展较为落后，学校现有条件很难满足学生的需要。据已有研究显示，虽然绝大部分乡村学校都会为乡村留守儿童建档和购买学校管理责任险，但却鲜有针对乡村留守儿童的管理制度和措施，建档也可能只是走过场。[①] 想促进乡村留守儿童更好成长，学校制定有力的管理措施以满足学生的教管要求是必要的。尤其是在一些寄宿制学校中，学生长时间住在学校，学校在一定程度上可以称得上是学生的半个家，但由于学校寄宿条件较差、部分生活教师因缺乏在职培训等原因，难以满足学生的学习、生活及心理上的需要。

---

① 周翠．农村留守儿童教育问题研究［D］．雅安：四川农业大学，2012.

2. 学校对学生的安全、心理教育匮乏

乡村留守儿童学校大多只注重语文、数学等知识的传授，而忽视了对学生其他方面的关怀。由于乡村留守儿童的父母不在身边，孩子需要一个人上下学，而学校距离孩子的住所较远，同时，乡村留守儿童家中大多缺乏青壮年劳动力，这就需要孩子在一定程度上来充当家中的这个角色，因此，他们大多回家仍然需要做一些家务活，这导致孩子很容易产生安全问题。乡村留守儿童与父母关系疏远，缺乏与父母及时沟通交流，很多乡村留守儿童在有心里话或心里面难受时从来不与监护人聊天，监护人与儿童关系疏远。久而久之儿童有心里话或心里面难受了也不知道应该找谁倾诉，导致好多孩子产生心理方面问题。这就需要乡村留守儿童的教师对乡村留守儿童的安全和心理方面进行更多指导。

3. 教师对学生的情感价值关照缺乏

基础教育的核心理念是要以学生为本。基础教育阶段的学生处于身心发展的重要时期，教师对学生的情感价值关照直接关系到学生“三观”的形成。对于乡村留守儿童而言，由于平时缺少父母的情感价值关照，教师对于他们来说在一定程度上充当了家长的角色，因此，教师需要对他们投入更多的情感价值关照。

### （二）乡村留守儿童学校教育环境存在问题的原因分析

1. 学校教管措施不利，教育功能单一

由于经济环境等方面的客观因素，城乡教育资源配置失衡，乡村留守儿童学校普遍存在办学条件差、教学设施简陋、班级人数过多等问题。学校教管措施不利，导致觉得寄宿环境差的儿童人数比例还是比较高的。同时由于客观原因，乡村留守儿童学校师资力量紧缺，教师所需做的事情较多，很难顾及每个学生，教学难度相对较大。

此外，学校工作主要围绕教学工作，也可以说，甚至是以学生的学业为主要目标来进行的。学校教学功能如此单一，不能很好落实国家教育方针、政策所规定的以学生德智体美劳全面发展为核心的目标。

2. 乡村教师素质较低

我国乡村学校教师队伍整体素质有高有低。2012 年教育部颁布《关于大力推进农村义务教育教师队伍建设的意见》文件中指出，建立城乡教师校长轮岗交流制度，促进城乡教育沟通交流，推动乡村教师发展。但乡村学校骨干教师流失现象仍然较为严重，这不仅影响学校的教育教学工作，还影响学校对乡村留守儿童的教育管理工作。因此，乡村留守儿童学校对学生的安全和心理教育缺乏从某方面来说是由于乡村教师素质较低引起的，学校缺乏专业教师，已有的教师缺乏安全教育和心理教育方面的知识与技巧，很难激起学生的兴趣，学生的积极性也普遍不高，所以要开展安全和心理教育比较困难。

3. 乡村教师亲情化教育观念淡薄

罗素曾说过：“作为一个教育者，她必须拥有爱的知识，同时，这些知识也是她的学生所需要的。”① 对于缺失家庭关爱的儿童而言，老师的亲情化教育是至关重要的。当学生犯错时，仍然存在很多乡村老师会对他们进行严厉批评，这便是乡村教师亲情化教育观念淡薄的表现。在许多儿童心中，教师比父母更具影响力，教师的一句鼓励、一个微笑，

---

① 伯特兰·罗素．教育与美好生活［M］．石家庄：河北人民出版社，1999：18—20.

都有可能改变一个孩子对学习的态度。由于父母长期在外，他们渴望得到更多的关爱，但在教育乡村留守儿童时，教师们少了一份真情对待学生的耐心，多了一份冷漠和忽视，少了关爱和尊重。

### （三）乡村留守儿童学校教育环境优化的具体策略

1. 完善寄宿制学校管理，丰富教育内容和形式

目前，解决乡村留守儿童教育问题的最佳途径是集中寄宿制，通过调查发现，寄宿后儿童的学习状况、安全状况、行为和心理状况均得到了改善。① 因此，只有加快乡村寄宿制学校建设及完善，加强学校教育职责，完善其管理体系，优化学校环境，真正把寄宿制学校的各项工作落到实处，满足儿童住宿的基本需求。这样才能减少乡村留守儿童辍学现象，才能有助于弥补家长缺位的家庭教育，有助于教师与儿童更密切的沟通，有助于培养儿童形成优良的日常生活习惯，保证儿童最好发展。

同时，针对学校教育功能单一等问题，学校应该充分利用当地现有的资源，针对儿童身心发展需要，大胆创新，分析校园环境，凸显自身优势，积极主动开发校本课程，增加学校课程，丰富学校的教学内容和形式，为乡村留守儿童提供良好的教育，促进他们健康成长。

2. 提高教师专业性发展，提升教师现代化教育观念

实践证明，知识渊博、教学方法丰富等具有扎实专业知识的教师，能促进乡村留守儿童的学业成绩。乡村学校应不断加强教师队伍建设，尽量提高乡村教师的工资，加强对乡村教师的培训，提升其现代化教育观念。当然教师自身也应不断加强学习，努力成为一名“学习型”教师，充分利用寒暑假等时间进行进修，丰富自身的知识和技能，促进自身专业成长，与时俱进，从而能够更好地对学生进行学习、安全和心理等教育，以满足学生发展需要。

3. 学校关注学生的情感，突出以学生为本的教育理念

以人为本的学生观需要教师关注学生的情感，多考虑学生的感受，尊重学生在教学中的主体地位，从各方面关心学生，对他们一视同仁，相信他们都是能够学好的。乡村留守儿童大多正处于身心发展重要时期，内心会有许多困惑，时常想与人沟通交流，但由于父母长时间不在身边，因此需要教师更多地关注他们的心理及行为变化，主动走进他们的生活，倾听他们的心声，给予其关爱，并使其感受到这种关爱，从而促使他们更好成长。

乡村留守儿童学校教育环境问题是在推进新型城镇化过程中必须予以高度重视并需要花大力气加以解决的一个重要的教育和社会问题。

① 李炳呈，任建东．论解决农村留守儿童教育问题的最佳途径：集中寄宿制［J］．长沙大学学报，2009（1）．

# 第三节　乡村学校教育的特色发展

## 一、乡村学校特色办学的现状分析

乡村学校特色办学的应然走向和实然状态之间的差距将许多乡村学校拉入到一种生存困境中。反思在“办学特点”与“办学特色”“办学特色”与“办学质量”“城乡差距”与“城乡差异”三大关系上的认知误区是为了帮助乡村特色办学少走弯路，寻找乡村学校特色办学的独特之处。

作为一个发展中的农业大国，我国有15亿左右人口中约有7亿人口在乡村，乡村学校的建设问题不容小视。中共中央，国务院审议并通过《国家中长期教育改革和发展规划纲要（2010—2020年）》（以下简称《纲要》）中明确提出：“注重教育内涵发展，鼓励学校办出特色、办出水平”一改以往“千校一面”的标准化学校建设方式，建设具有鲜明特色的学校，培养个性鲜明的学生。该文件的颁布作为学校建设方式的新指向，一方面促进来了一批乡村学校开始探索符合自身学校特色的办学新路径，另一方面也使我国的教育学术界对此进行了广泛而深入的研究。总体来看，乡村特色学校的建设工作不容乐观，处在乡村的、经济落后地区的学校教育工作者日益明白必须立足乡村学校实际，办出乡村特色学校才是自己的出路，而特色办学这条路能否在乡村走通？

将“特色”二字分开来看，即包括“独特”和“出色”两个层面的内涵。《现代汉语词典》对特色的解释是：特色就是事物表现的独特形态、色彩和风格。古人云：“事物之独胜处曰特色”。所以说，特色的根本特征体现在“独特”和“优质”两个层面。乡村学校想要在办学特色上形成自己的独胜之处亦是如此，各个学校依据自己的办学理念、历史渊源以及学生的学习背景，逐渐形成了一贯的、独特而优质的办学风格。学者杨九俊借用海明威的一句名言“寻找属于自己的句子”①。他认为作家写作过程中其观察世界、认识世界、反思问题和语言表达都要有其独特性，学校建设同样也要“寻找属于自己的句子”，挖掘自身特色。乡村学校更是要有自己独特的风格，以及优异的办学质量，才能立于不败之地。② 从现实来看，广大的乡村教育工作者已经从一定程度上认识到这两方面的重要性，但依然存在严重的认知不足和偏差。

### （一）重“城乡差距”轻“城乡差异”

相对于城市而言，乡村学校在办学条件、师资力量、教育理念、文化积淀等方面都明显处于落后地位，我们不得不承认城乡差距确实是存在的。因此，在许多教师的眼中，城乡二元对立结构总是无法逾越的障碍：乡村学校的发展总是跟着城市的脚步走，乡村学校

① 秦直道．独开水道也风流 陈忠实文学思想探微［M］．奎屯：伊犁人民出版社，2015：111.

② 杨继委．农村学校特色办学的检视［J］．现代教育科学（小学教师），2015（5）.

在师资、生源、硬件资源等各个方面都处于不利地位。所以，这切切实实的差距让乡村学校想要建设特色学校变得何其难。在特色学校建设问题上，城乡的视角上存在极大差异：于乡村是“为特色而特色”，于城市是“锦上添花”。

以某市某位高二足球特长生为例：该生在小学至高中均就读于足球见长的学校，并属于该市足球队主力之一。社会、学校、家庭中的教育相关者对在肯定他的具有职业足球运动员的实力的同时，仍然建议他选择考大学这样一条道路，最终他在深思熟虑之下毅然选择专心学习、考取大学、保持梦想。这一案例中，该生能在该市的相关学校中发展自己的足球“特长”是基于该市在近两年对足球事业的发展，该生的人生选择却一定程度上体现出该市虽然提供了为学生足球特长生发展的有“足球特色”的学校，但归根结底是该生人生道路上的一种锦上添花。学校的发展归根结底是学生的发展，学生的发展是学校发展的细胞，城市学校中特色学校的建设何尝不是一种锦上添花呢？

这个案例证明在乡村特色办学这个范围内，城市的“锦上添花”确实偏重褒义，乡村的“为特色而特色”确实偏重贬义。因为前者在求发展，后者在求生存，步伐上的不一致是不折不扣的客观事实。但这个案例并不仅仅是为了证明城乡特色办学中认识视角的差距，没有任何两个词语或短语有绝对的“差距”，但两个必然有“差异”。案例只是告诉我们不仅要看到乡村比城市“差”在哪，更要看到乡村比城市“异”在哪。

乡村学校如何找到“异”，摆脱“距”，迎难而上？这就需要更新对乡村社区及乡村学校的观念，寻找自身独特的优势。著名学者刘亮程在一次报告会上谈及人生让我们领略到如果人生的教育和学习阶段最“始”和“末”能在乡村中该是多么美好。他认为一个人的童年、少年阶段应该在乡村中“领略自然纯朴的风土人情，倾听鸡鸣狗吠的乡村声音，饱尝四季劳作的苦辣酸甜”青年和中年阶段“可以到城市求学谋职，开阔眼界，展翅高飞”老年阶段“又应该回到乡村，坐在大树下、小河边、麦场上、土墙前回味自己的一生”，且不谈这种美好的教育设想是否太过理想，这美好愿景确是让我们看到了乡村广阔的天地，丰富的乡土资源、淳朴的乡土民情、苦辣酸甜的劳作……，学校特色并不能凭空产生，重新发现乡村正是为了寻求学校特色的生态来源。因此乡村学校需要站在自己的视角上重新审视自我，挖掘不同于城市的教育资源。[①] 乡村教育不仅仅作为以城市化为中心的现代性教育体系的参照与延伸，立足乡土价值的乡村教育本身，同样可以作为现代性的精神是乡村教育的独特精神资源而进入现代教育整体框架之中。这都是城市孩子们很难亲身体验到的教育资源，很难感受到的乡村社区的真实面貌，乡村教育何尝不可以“锦上添花”呢？

### （二）以“办学特点”代“办学特色”

汪国真曾说：“同为名山，华山险，泰山雄，黄山奇，峨眉秀。‘险’‘雄’‘奇’‘秀’就是不同的个性。”[②] 名山如此，学校亦如此，回顾历史上诸多办学颇具特色的乡村学校：《窗边的小豆豆》中主人公“不幸”被迫转学进入巴学园，却奠定了一生发展的基础，可以说巴学园里的每个孩子都享受到了兼具自由与个性的教育，都是在小林老师的尊

① 杨继委．农村学校特色办学的检视［J］．现代教育科学（小学教师），2015（5）．

② 萧茹．会选择巧放弃［M］．北京：中国城市出版社，2008：167—168．

重和关爱下成长；英格兰东萨佛郡里斯敦村中，由尼尔创办的夏山学校，被誉为“最富人性化的快乐学校”，真正将因材施教的教育方法落实到教育实际，以孩子的快乐为教育宗旨，可以说这所举世闻名的特色学校有一定的国际影响力；我国浙江上虞的春晖中学虽偏居乡野，但蜚声海内外，经亨颐先生将学校发展与时代特色相结合。这些特色的学校的创办是基于乡村独具特色的教育资源，是基于教育自身的本质属性，是基于时代精神的价值诉求。

由于在地域、历史、资源、学生等各方面的差异，每个学校所呈现出来的特色是本校的历史与现状的综合体现。暂且撇开学校特色办学的城乡差异不谈，一些乡村学校在特色办学过程中，有的学校专注于某一个特色项目、特色活动、特色课程等，将其作为学校特色建设的中心任务，有的地方教育部门甚至给学校下了硬性指标，要求校校有特色。这样的认知方式，将“办学特色”窄化为“办学特点”，犯了“以点代面”的错误。“特色”是内蕴外现一体化而形成的风貌。如果乡村在特色办学中仅有某个特色活动或特色项目，就不能简单地认为学校办学是有特色的。反之，如果一所学校全面发展，但没有特别的活动和项目，这种全面发展的状态恰恰就是它的特色所在。

当然，以上讨论绝非全盘否定特色办学的实践，仅用另外一种视角为实践之困解惑。在学校特色建设的起步阶段中，开展特色活动、启动特色项目、实施特色课程，确实可以作为学校特色建设的突破口，科学运用“点”的发展来带动“色”的形成。“以点带面”“以优势带劣势”“以核心带全局”，学校形成独特的课程和教学文化，滋养着学生的个性，濡染着学生的气质。用全面的观念和视角，通过整体优化的系统工程，使学校的方方面面都能成为其办学特色的有机组成，最终实现整体办学风貌的形成，建设成一所名副其实的特色学校。

#### （三）重“办学特色”轻“办学质量”

教育的优质性是办学特色的基本属性，它是特色的决定性因素，也是教育质量优化的外显。可见，“办学质量”是“办学特色”的核心和前提，“办学特色”是“办学质量”的手段和路径。但事实上，乡村特色办学确实成为一种赶时髦之举，为了特色而特色，不仅没抓住学校特色的中“优质”这一本质特性，还导致乡村学校盲目追逐“标新立异”，忽视了特色办学的初衷和归宿，牺牲了学校内在品质的提升，偏离了追求学校整体发展、长远发展的轨道。

不论是谈“城乡差距”，还是谈“办学特点”，乡村特色办学的出发点和落脚点始终是乡村的教育实际和教育规律，主动地检视特色、挖掘特色、发展特色，结合教育教学实践，最终实现“以独特促优质”“以特色促发展”的目标，形成自己稳固而强大的竞争力，这才是特色学校之根本。

## 二、加强学校文化建设突出乡村学校教育特色

近年来，我国重视育人文化建设，以全面落实和贯彻党的教育方针为指导，立足本校实际，突出我国很多乡村学校特色，以“让学校成为师生成长的快乐家园”为办学目标，努力构建学校文化体系，营造快乐校园。在文化建设中，以创设优化、美化温馨的校园环境为重点，以开展丰富多彩的乡村少年宫活动为载体，以开设适合本校的课程体系为核

心，在轻松、快乐的学习氛围中促进师生发展，个性彰显，幸福成长。加强学校文化建设，促进学校内涵发展是我国很多乡村学校一直努力的方向。

### （一）学校教育特色发展视角下的学校精神文化建设

学校的特色，说到底就是在长期的办学过程中逐步形成的、独具特色的文化。学校文化建设必须有明确具体的定位，才能构建其科学与丰富内容，而学校的精神文化是学校文化的灵魂，是全体教师人文情怀、价值取向、工作目标的集中体现，是师生取之不尽、用之不竭的精神源泉，它应植根于师生的心灵深处，成为师生成长的内在动力。

### （二）学校教育特色发展视角下的学校制度文化建设

在精神文化的引领下，我国很多乡村学校追求制度文化建设。“以人为中心”发动教代会成员共同参与制度建设，做到从群众中来，到群众中去。通过制度建设激发师生的内在潜力、主动性和创造精神。通过完善制度，在管理中让师生感受到的不是约束而是快乐，有了快乐才会有工作的热情、学习的欲望。

制度建设要达到的目标是，力求把有形约束化为无形约束。所以，在新的管理制度建立前，学校通过座谈、调查、网上留言等多种渠道广泛征求师生意见，努力营造“人人定制度”的和谐局面。学校制度的制定从调动教职工的积极性、能动性着手，采取多种激励手段，如目标激励、荣誉激励、信任激励、情感激励等，为教职工提供了表达意愿和发挥才能的机会。

制度一旦定下来，学校就要建立规范的执行、监督和奖惩机制，达到“督考合一”。学校要规范管理，使每一项工作都有人负责，每一项工作都有始有终、落到实处，每一项工作都有较为翔实的资料记录和完备的档案材料，体现学校的精细化管理文化。但是在管理中也要坚持以工作实效为本的原则，体现学校全体成员的个性化和创造力，发挥潜能，鼓励教师创新，激发教职工文化的积极性，形成规范、和谐、有朝气的工作文化。同时在制度实施中要注重制度意识的培养，学校要通过典范感染、从小事做起等手段加强制度意识的培养。学校领导要率先垂范，遵守制度，以良好的行为举止影响和感召师生，把规章制度的有形约束转化为师生的无形自律。

制度在实施的过程中，我们肯定会发现这样或那样的问题，学校定期召开教代会，不断对原有的制度进行修订、补充和完善。在制度建设和完善中，我国很多乡村学校采取扁平化管理。在领导分工中无交叉，明确每个人的分工及职责。为保证更好地完成工作，每周五的领导班子碰头会，我们会把本周工作加以总结，并分别汇报下周需要完成的工作，然后根据工作情况做统筹安排。需要融合在一起的工作，分管领导通过会上沟通，学校再总体做统一安排部署，从而保证按时保质保量完成任务。这样的扁平化管理减少了中间环节，使每项工作落实得更快，也避免了工作拖沓的现象，进而提升了全校领导干部的服务及担当意识，使各项工作落到实处。

### （三）学校教育特色发展视角下的学校行为文化建设

在行为文化建设中我国很多乡村学校本着“成长在活动中的理念”，围绕学校育人目标，精心设计、组织开展内容丰富、形式多样、吸引力强、调动教师、学生和家长主动参与的各项活动。为师生创造展示自我、张扬个性、愉悦身心、奋发向上的平台，营造积极上进的人文环境，促进良好校风的形成。

1. 丰富的活动文化

为提高教师的业务能力，我国很多乡村学校扎实开展研训活动，“校领导示范课专业引领”“最美教师论坛”“优秀教师送教活动”等活动促进了教师的成长。

繁忙的工作之余，为缓解老师们的压力，增强团队凝聚力，工会组织了包饺子活动、打雪仗活动、寻宝活动、快乐彩色月末活动——让这个大家庭的成员心贴得更近了。

围绕学校的育人目标，少先大队组织了“校歌征集”“向善、明礼、乐学、阳光小星评选”“感恩父母”“阳光少年足球小星选拔”“走近敬老院”等一系列活动。在活动中，孩子们争做“向善、明礼、乐学、阳光”的好学生。

为形成家校合力，学校定期开展家长学校活动，通过家长会、聘请专家讲座、家长开放日、家长参与学校文化建设等多种形式提高家长认识、优化家庭教育环境，促进学校教育质量的提高。

2. 多彩的课程文化

为了培养魅力教师，打造活力课堂，做快乐教师，培养快乐学生，我国很多乡村学校面对教师紧缺、音体美专职教师少的问题，从创新工作方法上多动脑筋，多措并举开足开齐国家课程，让音体美老师三校共享，保证各校点的孩子不再每天枯燥地只上语文、数学课。

我们还可以采取了合班上课，这样减少了老师的课时。伴随着优美的琴声，孩子们动听地演唱自己快乐的童年。教学中我们把写字、阅读、计算作为训练重点，注重基础，提高孩子综合素质。

学校可以把“乡村少年宫”与校本课程的开发和实施有机融合，根据教师特长，开设了书法、象棋、美术、足球、计算机、手工编织、科技活动等多项文体科目，孩子们在活动中，发展个性，享受快乐！

3. 努力探索“乐学善思”课堂教学模式

结合“快乐文化”教育，学校积极探索和构建以“乐学、善思、合作、创新”为主题，[①] 以“坚实基础、会学善思、快乐成长”为目标的“乐学善思”课堂教学模式，使每个学生都在快乐中学习，在学习中快乐成长。在课堂教学中注重与课题研究相结合，在以课题带研训、以课题促研训中积极探索“乐学善思”课堂教学的有效性，形成“以学生实际定教、以习惯养成定教、以能力发展定教”的共识，进而促进学生综合素质的提高、教师的专业成长、我国很多乡村学校教学质量的提升。

## （四）学校教育特色发展视角下的学校环境文化建设

孩子们可以把学校的小树林叫作“快乐氧吧”，在这里听鸟儿歌唱、闻树叶清香、林间追逐嬉戏。在这个“露天课堂”中，孩子们在老师指导下尽情诵读、歌唱、对弈、绘画……自然、温馨、舒适独享，幸福快乐徜徉。这里也是学校举办大型文体活动、家长学校活动、篮球和足球训练的场地。树林里的“露天舞台”留下孩子们舞动的身影。乘着

① 田丽平．加强学校文化建设突出农村学校办学特色［J］．中小学校长，2018（7）．

树荫，感受着清凉，学校开设了象棋课，“露天棋盘”更是孩子们对弈的好地方。

在学校的实践基地，孩子们通过参与种植，了解蔬菜和农作物的品种、特点、生长习性，懂得了种植不易，并且掌握了简单的种植方法。学校可以充分利用楼道空间，建立“快乐书吧”。每当课间、孩子等候校车的时候，这里就会成了孩子们快乐阅读的园地，楼道展板分期展示优秀学生事迹和作品，楼内环境布置集教育性、激励性和动态性为一体。

乡村学校可以坚持“让学校成为师生成长的快乐家园”为办学目标，坚持“抓细节、重落实、敢创新”的工作思路，努力提高办学质量，实现学校可持续发展，在实现“尚德、明礼、乐学、阳光”的育人目标中坚持以人为本，张扬个性，提高学生综合素质，为学生终身发展打基础；以思想教育为核心，认真落实德育工作；以课堂教学为重点，努力提高教学质量；以教育科研为支撑，提高教师队伍素质；以管理服务为基础，完善工作运行机制；严谨治学，以课题研究推动教学改革，努力提高办学水平。

## 三、乡村学校教育特色发展的具体策略分析

随着时代的发展，国家对乡村教育事业的投入逐年加大，多年来学校培养了一大批优秀人才，与此同时渐渐暴露出不足：乡村高技术人才、应用型人才严重短缺，制约了乡村经济发展。为了促进乡村学校更好地发展，我们必须拿出一系列可行之策。下面我们将从科学规范乡村学校特色发展方向、合理利用特色发展资源、以专业的师资保障特色学校建设、以科学的规划成就特色学校发展、提高学生素质水平、树立崭新管理理念加强乡村学校管理力度六个部分进行阐述。

### （一）科学规范乡村学校特色发展方向

由于传统习惯等原因，乡村教育是与城镇教育一起发展的，但是乡村教育受制于地域、资源等因素，其发展远远落后于城镇教育，且乡村许多群众教育理念相对落后，受制于经济水平的限制，甚至存在其子女无法完成全部教育的情况。与城镇学校相比，乡村学校师资力量较为短缺。据此，乡村学校必须明确自身发展方向，将单纯为了受教育转变成为乡村经济发展而学习，逐步形成培养高技术型人才、管理型人才的教育理念。由于我国乡村地区分布较为广泛，每一个地区均有不同的特色，例如，湖南地区主要以湖湘文化为主，在湖南地区的乡村学校，便可以充分引入湖湘文化特点，将其作为发展目的的制定依据。又如，河南地区则是以悠久的历史文化为主，中国八大古都中，河南便占据四个，因此，河南地区的乡村学校便可以立足于深厚的历史中，建立属于自己的特色文化。

### （二）合理利用特色发展资源

与城市学校相比，乡村学校在某种程度上存在一定落后性。例如，教学设施不完善、教学活动枯燥、教学方式单一，这些问题都或多或少影响到乡村教育事业的发展。鉴于此，乡村学校应合理利用自身特色资源来开展教学，打造学校的特色风格，以此促进乡村学校更好的发展。乡村特有资源通常是客观存在的，乡村学校应具有善于发现的能力，利用木地区的独特资源构建适用于教学的校本课程。

例如，由于湖南某地区最具特色的资源便是花鼓戏，该地区的乡村学校便将花鼓戏这

一资源引入课堂教学中，一方面拓展学生的视野，帮助学生更好地认识花鼓戏的来源，演唱以及特点；另一方面，通过花鼓戏的学习，增强学生的自豪感，同时更好地传承我国传统文化。不同的地区拥有不同的资源，这些资源被各大乡村学校利用，打造出不同的学校风格。又如，湖北地区在先秦时期，青铜器、丝织品以及漆器均达到一个较高的发展水平，随着时代的发展，至今仍然有许多古老的文化遗留在这片土地上。因此，湖北地区乡村学校便可利用这一资源，来打造校本课程，立足于湖北地区文化资源，将青铜器、编钟、金器、玉器等引入课堂教学中，加深学生对中国历史文化的进一步了解，促进学生全面发展。

### （三）以专业的师资保障特色学校建设

没有特色教师便没有特定动力，没有特色校长便没有特色学校，因此，学校校长应具备现代管理意识，发挥创新开拓精神，加强对特色办学的认识，将其理论转化为全体教师的认识，促进特色教育思想的形成，带来全体师生参与到特色学校的建设，对专业的教师队伍进行构建，打造出特色的学校。

为构建专业的师资队伍，乡村学校应将管理特色发挥其中，加强教师培训力度，定期开展班主任特别会议，加强各班级间的互动交流，针对问题来解决。学校应根据自身特点对管理制度加以完善，加强班级工作评比，在竞争一中不断完善。

另外，乡村学校校长应对其评价体系进行规范，必须建立一套完整全面、科学合理、可操作性高且可以进行动态调整的评价体系。这一评价体系不仅要符合学校的战略目标和宏观规划部署，还必须注意根据不同学校、不同专业、不同部门以及不同水平之间的区别，构建有针对性的评价体系，而这一评价体系中应该包含问责制度、奖惩制度以及报告制度等。学校在构建评价体系时，应考虑到各方面，建立全面的评价体系，首先要立足于学校的发展需求和学科之间的差异性，然后公开具体的评价环节，保证评价过程中的公开、公平，优化评价过程。

### （四）以科学的规划成就特色学校发展

“特色”是一个重要的积淀过程，是一项长期的工程。学校成员应全身心投入特色学校建设中，教师应努力奋斗，从细节抓起，避免漂浮主义落实。历来名校的成功并非短时间取得的，清华大学、北京大学、哈佛大学等名校魅力不减是因其充分弘扬优秀文化传统，经历史积淀形成境界更高的精神文化。所以，特色的创建更应该重视学校特色的合理规划和科学发展，持之以恒，让特色得到精神的传承。

### （五）提高学生素质水平

乡村特色学校的发展离不开学生自身素质。首先，学校校长必须进一步强化学生的思想政治内容，培养学生良好的社会品格。其次，我们应该不断加强对学生进行职业导向教育，促进学生技能与专业素养一同得到提高。在此过程中，我们要按照学生管理内在要求，坚持以教学为中心，学生能力为本位，就业为核心的办学理念，并严格按照基本目标，对不同的学生进行“针对性”培养和教育，充分使学生深入学习理论与专业知识。最后，我们要不断加强对学生人文知识的教育，不断提高学生的综合学习能力以及对学生进行人文素质教育，使学生在人文教育、专业教育和社会实践教育三者融合的背景下的综合能力得到显著提升。在此过程中，陶冶学生的道德情操，提高学生的审美能力，使学生成为德才兼备的新型专业化人才。

（六）树立崭新管理理念

乡村学校校长应对传统管理理念加以创新，从学生的成长与成才的现实需求与我国当前教育体制改革的基本目标出发，通过了解学生的基本社会实践情况，从而深入学生的内心世界，将管理工作落实到每一位学生。此外，学校校长应树立“以人为本”的理念。当前的教育目标是一切为了学生、为了一切学生以及为了学生一切，因此，乡村特色学校学生管理创新应该树立以人为本和以学生为主体的现代管理理念，并将这种管理理念贯穿于学生工作的全过程以及全方位。教育者在教学过程中既要尊重学生的成长，关爱学生与培养学生，还要着力培养学生的自尊心以及创新能力，通过为学生营造自由的学习氛围，让学生在广阔的发展空间下进行自我管理、自我约束以及自我发展，充分激发学生的积极性，不断挖掘学生的学习潜能。随着时代的发展，我国教育事业得到了很大程度的提升，然而在许多乡村地区，教学水平却始终得不到提高，鉴于此，我国政府应该加以重视，为乡村学校的发展提供一些帮助，及时解决乡村教学之大计，为我国教育事业的全面发展奠定重要基础。

## 第四节 乡村学校教育的师资建设

### 一、乡村学校教育师资建设的重要性

社会职能是教育的一个重要职能。20世纪20年代，晏阳初、陶行知、黄炎培、梁漱溟等一大批教育家，形成了丰富的乡村教育思想，并作过了乡村教育的实验。他们认为，乡村学校不仅要把学校自身办好，而且也应该积极参与乡村改造与建设工作，乡村教育应从封闭性走向开放，扩大乡村学校的影响力，发挥乡村学校的辐射作用。当前，乡村学校在乡村建设中，实际上处在一个边缘化的位置。这应引起重视与深思。①

乡村教师应在建设社会主义新农村中发挥重要作用。教师是乡村中的知识群体。他们不仅是一种先进生产力，而且是乡村文化传播与创新的主导力量。他们能够向农民及时传达政府意愿与党的方针政策，是一种增强民族自信心与凝聚力的潜在力量。乡村教师在乡村创造财富，开创文明、高尚、先进的社会风气，他们动员与发动农民，组织建设与塑造一个新的乡村精神，在乡村教育和乡村建设中起支撑的作用。除日常的学校教育外，乡村学校要重视农民的教育与培训。因为，建设社会主义新农村，农民是主体。农民主体作用的发挥，要抓住两个关键环节，一是要把农民组织起来；二是要使农民接受现代教育、包

① 陈衍楠，李庭海．农村师资队伍建设的探讨［J］．教育，2013（3）．

括公民教育、传统文化与现代文化教育、职业技术教育、地方文化传统教育、环境保护教育、法律教育等，使农民成为既尊重优秀文化传统，又具有现代意识、觉悟与知识的现代农民，让农民把命运真正掌握在自己手里。

## 二、乡村学校教育中师资面临的问题

### （一）教师数量普遍匮乏，正常教学受到威胁

我国很多乡村中学尽管办学条件并不差，所处地理位置较为便利，但它们仍面临着很大的师资困境。尽管很多乡村学校在县教育局组织的教师招考中，最初的报名人数不少，但是最终只有很少人选择到这所学校任教，这就出现了大学毕业生招不进来，再加上本校优秀教师陆续出走，这种“只出不进”的状况导致一些乡村学校教师数量严重不足，并威胁到正常教学活动的开展，一些学校甚至连国家规定的课程都无法开设齐备。

### （二）教师素质整体偏低，教学质量难以保障

近些年在“教师进城”风潮的影响下，很多乡村学校的中、青年骨干教师所剩寥寥，学校教学质量受到严重影响。骨干教师的流失对学校师资水平和教学质量的影响太大了。在骨干教师频频出走的同时，乡村学校也很难吸引到优秀大学毕业生从教，更难吸引到从教经验丰富的优秀教师前来任教。近些年进入乡村学校工作的教师大都毕业于非常普通的二、三本院校或职业学院，昔日求学时学业成绩低下。如果说“奉献型教师的缺乏”造成乡村学校师资数量的不足，那么“学习型教师的缺乏”则导致乡村学校师资质量的低下。

### （三）师资结构矛盾突出，优化配置难度较高

我国很多乡村学校存在着英语学科教师短缺的问题，英语只能由其他学科的教师教授，教学质量令人担忧。此外，音乐和美术等课程虽然教师需求的数量不大，但乡村学校很难招到专业对口的教师，因而只能由其他学科的教师兼任。

### （四）教师工作状态不佳，缺乏活力与主动性

在广大乡村地区，虽不乏甘于奉献的教师，但一个不可否认的事实是：相当一部分教师缺乏责任感和敬业精神，工作态度堪忧。他们不愿意承担基本工作量以外的教育任务（如辅导学生），工作得过且过。不仅如此，乡村学校还存在着凝聚力薄弱的问题，优秀教师留不住，在岗教师没动力。很多乡村的教师能走的都走了，留下来的大多也是应付差事，年轻人待着没盼头。在收入分配上，绩效工资制常常流于形式，绩效好的教师在收入上与他人的差距很小，平均主义严重。职业前景暗淡，加上待遇缺乏吸引力，使得教师工作动力严重不足，离职率也随之提高。此外，在乡村教师群体中，兼职“做买卖、开微商、甚至在校外机构代课”的情况并不鲜见，部分教师热衷于副业，却忽视甚至荒废了教育教学的主业。

## 三、乡村学校教育师资问题的原因分析

乡村学校面临的师资困境是由多种因素促成的，包括教师职业吸引力不再、教师流动机制不健全、教师激励机制不到位、教师文化建设缺失等。

### （一）教师的社会地位下降，收入及待遇丧失吸引力

中华人民共和国成立以后，教师与政府部门的工作人员一起被统称为国家干部，教师通过任命的方式纳入国家干部序列进行管理。20 世纪 80 年代末，我国酝酿建立公务员制度，数量庞大且外延模糊不清的国家干部群体开始分化。1993 年印发的《中国教育改革和发展纲要》提出，要积极推进以人事制度和分配制度改革为重点的学校内部管理体制改革，对教职工实行岗位责任制和聘任制管理。随后颁布的《教师法》和《教育法》都明确提出，学校实行教师聘任制。至此，在实践层面教师聘任制开始逐步推进。随着教师由任命制向聘任制转变，教师的身份也发生了变化：教师的任用主体由政府转变为学校，教师失去了国家干部的身份，变成了与学校签订聘任合同的个体。随着 2005 年《公务员法》的实施，教师由于没有行政编制被明确排除出公务员系统。

伴随上述这一政策变迁过程的，是教师身份式微，社会地位下降，收入及待遇丧失吸引力。在欠发达的乡村地区，教师职业缺乏吸引力的状况尤其突出，收入低、待遇差、社会地位低下是大多数受访教师的共同感受。许多地方尽管对工作在偏远地区的乡村教师给予额外的补贴，但并不能从根本上改变他们的上述处境。不仅如此，在法律和制度的层面，教师的基本权利规定模糊，保障水平低，保障程序不足。反映在实践中，如同有学者所指出的：教师的聘用与管理随意性大，职业稳定性偏低；教师的权利救助制度不完善，教师合法权益缺乏有效保护。① 可以说，教师职业缺乏吸引力，是我国教师队伍建设面临的一个重要问题。

### （二）教师流动机制不健全，优秀教师单向上位流动

随着教师人事制度由任命制向聘任制转变，教师一改过去与政府之间纵向型的人事关系，转而与学校建立起横向型的聘任关系。在某种意义上，教师成了劳动力市场上的“自由人”。教师身份制度的这种变化，将教师变相推向了劳动力市场，教师流动呈现受利益驱动的格局。出于经济利益和发展前景的考虑，教师流动表现出“单向上位”的特点：由乡村学校向城镇学校流动，由欠发达地区向发达地区流动，由一般学校向重点学校流动。这对师资力量本就薄弱的欠发达地区乡村学校而言，无疑是雪上加霜。乡村学校一方面优秀师资不断流出，而另一方面新教师又很难招聘进来，更难留任下来。

近些年实施的“特岗”计划以及支教、轮岗等政策虽然在一定程度上缓解了乡村学校的师资短缺情况，但无法从根本上解决这一问题。而且，由于激励和保障措施不到位、制度不健全等原因，相关政策并没有起到应有的效果。调查发现，教师普遍缺乏轮岗的积极性，不少基层单位为完成轮岗任务，通过硬性摊派的形式安排教师轮岗，而“被轮岗”

---

① 韩小雨，庞丽娟．我国义务教育教师的国家教育公务员法律身份及其保障制度［J］．教育学报，2010，06(2)．

教师则应付差事、消极怠工。

可以说，教师的“自由人”身份，再加上教师流动制度的不健全，使得教师流动受功利驱动而处于无序状态，一些教师甚至丧失教书育人的责任感。这种异化的师资“市场化”态势，使得政府在对教师资源进行统筹配置时显得力不从心。这是城乡师资不均衡问题久治不愈的重要原因。

### （三）教师激励机制不到位，教师发展需求不能满足

很多欠发达地区乡村学校在教师激励方面上普遍存在一些问题：绩效考核徒具形式，导致任务重、业绩好的教师无法得到认可和激励，教师成就动机不易激发；论资排辈现象突出，高级专业技术职称和管理岗位名额紧缺，中、青年教师感到晋升无望。此外，乡村学校办学条件尽管已经有了较大改善，但相比于城市学校仍然存在着较大的差距，尤其是在课程与教学资源方面，再加上优秀教师的逃离，使得乡村学校的教育质量大都不怎么理想，教师在工作中难以获得成就感。

在促进教师发展方面，乡村学校所能提供的资源较为欠缺，乡村教师在教龄增加的同时，业务能力难以获得相应的提升。调查发现，乡村教师继续学习和进修的机会较少，大都没有参加过高层次的职后培训，少数去发达地区学习的名额一般只有处于管理层的教师才轮得到；乡村学校对校本研修和专业发展活动不够重视，相关活动不仅组织得少，而且很多时候流于形式，质量不高，缺少实效。由于缺乏职业发展的空间和专业发展的机会，一些教师在工作上就丧失了积极性，甚至“混吃等死”；而“心有不甘”的另外一些教师则想方设法逃出乡村学校，另寻职业发展的平台。

### （四）学校组织凝聚力薄弱，师德文化建设受到忽视

对于很多乡村一线教师，他们之中能够完整地说出学校办学理念或校训的寥寥可数；当被问及是否了解、认同学校文化时，大部分教师甚至不觉得学校有什么样的文化，也很少意识到自己所在群体的文化特征。许多校长认识不到文化建设的重要性和必要性，更不用说去积极推进师德文化建设了。一些校长甚至直言，包括师德文化在内的学校文化建设对于乡村学校来说没有任何意义，其工作就是维持好学校的日常管理和运作，一些校长疲于应对上级的命令和要求，在教师管理工作中奉行简单、粗暴的管理方式，进一步恶化了教师工作的文化生态环境。

文化体现着“人们做事的方式”。师德文化的核心是教师的信念和价值观，教师的言行举止深受其信念和价值观的支配。学校文化建设的缺位，使得乡村学校对外吸引力不足，对内凝聚力不够。久而久之，一些教师便会思想涣散，而一旦有重功利、轻奉献的苗头出现，就会在这样的氛围里恣意生长，从而使得学校整个教师队伍出现动力不足、人心不稳的情况。

## 四、乡村学校教育师资建设的主要途径分析

### （一）明确教师公职身份，提高教师社会地位和待遇

韩国等在解决乡村学校师资困境方面的做法值得借鉴。韩国将公立学校教师确定为国

家教育公务员，确保教师职业的稳定性和高收入，教师工资由中央财政负担并统一发放，确保教师的工资与福利，使教师不会因所处区域不同而影响经济收入和福利待遇。在日、韩两国，教师所拥有的国家公职人员身份以及所享有的优厚待遇，既能吸引优秀人才从教，也为推进教师定期流动、实现教育公平奠定了基础。

2018 年 1 月印发的《中共中央国务院关于全面深化新时代教师队伍建设改革的意见》已明确教师作为“国家公职人员”的身份。在这一政策的指引下，各地要积极落实教师所享有的各项权益，提升教师薪酬水平，完善教师补贴和福利制度，增强教师职业的吸引力。教师作为国家公职人员，便不再具有自由人身份，由此教师流动的无序状态便有望得以终结。[①] 这对于破解乡村学校师资困局具有重要意义：第一，可以吸引更多人才进入乡村教师队伍，从源头上解决乡村学校优秀师资不足的问题；第二，由于教师由教育行政部门任命或聘任，政府对师资的调配会更有保障，从而有效引导教师合理流动。

### （二）完善教师流动制度，规范教师权利和义务关系

教师流动制度是实现城乡之间师资均衡配置的一种有效手段。在这方面，日本、韩国的“教师定期流动制度”能够为我们提供一些有益启示。在教育公务员制度的基础上，日、韩两国从中央到地方制定了一系列法规以保障教师的有序流动，定期流动被视为教师的一项基本义务。同时，为鼓励教师支持薄弱地区教育的发展，对工作在这些地区的教师发放相应的特殊津贴，并在业务进修等方面给予优先照顾。日、韩两国教师流动制度的成功实施，在很大程度上得益于其完备的制度体系：明确教师流动的义务性、流动的定期性和流动者的待遇等，并进行规范化的操作。这正是我国推行教师流动制度需要借鉴的地方。

权利与义务具有对等性，二者相辅相成。为促进教师有序流动，需要对教师的权利与义务关系进行调整和规范。教师拥有公职身份，就应当承担相应的义务。要在明确教师“国家公职人员”身份的基础上，将教师流动规定为教师的一项基本义务。同时，要明确并保障教师所享有的各项权益，建立起完善的配套和服务体系，以解除教师流动的后顾之忧，让教师愿意流动。要建立和完善乡村教师薪酬补偿机制，实施差别化补助政策，使不同区域的教师岗位具有相近的吸引力。在教师制度建设上，要做到义务履行和权利保障的有机统一。如此，教师流动便不再是一个难题，从而推进师资的均衡配置。

当然，建立教师流动的长效机制绝非一朝一夕之事。在现阶段，需要对教师流动进行规范和完善。第一，明确享受乡村平台优惠政策（如职位获取、职务晋升）的教师在乡村学校的最短服务年限。第二，采取教师定期交流等途径，促进优秀教师在城乡之间进行“柔性”流动。第三，探索在城乡之间建立形式各样的学校联盟，以促进师资、课程等资源的共享。在城乡办学条件仍存在较大差距的情况下，这些阶段性举措有助于缓解乡村学校遭遇的师资困局，从而给乡村教育一个健康发展的契机。

### （三）关注教师发展需求，激发乡村教师的工作动力

乡村教师发展需求若长期得不到满足，其所面临的各种抉择便会接踵而至。为解决乡

---

① 劳凯声，蔡金花．教师法律地位的历史沿革及改革走向［J］．中国教育学刊，2009（9）．

村学校的师资困境，要在提高乡村教师物质待遇的同时，关注乡村教师的发展需求，帮助教师实现专业上的持续成长。要建立健全乡村教师激励机制，让乡村教师切实体会到工作中的责任感和成就感，不仅能“安心”奉献乡村教育事业，而且富有热情和“干劲儿”，感到“有奔头”。为此，要建立乡村教师荣誉制度，提高乡村教师教龄补贴，对扎根乡村的教师给予物质及精神奖励。要在专业技术职务评聘上向乡村教师倾斜，适度降低乡村教师难以企及的标准，增加乡村学校高级岗位设置的数量和比例。

不仅如此，要优化乡村学校的内部管理制度。要畅通渠道让教师参与学校重大问题的决策，增强教师工作的主观能动性以及对学校的责任意识。要通过公正、合理的评价制度，激励乡村教师奋发有为。要为乡村教师提供多样化、多层次的外出进修和专业发展的机会，并在经费支持和时间安排上予以保障。要通过制度建设和智力扶持等方式，切实提高乡村学校校本研修的质量和实效，以便乡村教师能够在教学实践中不断提升专业素养。教师只有收获了成就感，才愿意做得更好；教师只是收获了专业成长，才能够做得更好。

### （四）加强师德文化建设，滋养乡村教师的教育情怀

文化具有能动性，对教师行为有着潜移默化的影响。师德文化建设能够增加教师群体的凝聚力，促进教师对于学校工作的投入。在一些乡村学校，教师之所以养成“重物质、轻精神，重功利、轻奉献”的风气，工作缺乏积极性、主动性和责任感，一个重要原因在于教师职业道德及文化建设的缺失。为扭转这种局面，要加强教师文化建设，重视教师职业伦理与道德教育，尤其要注重培育良好的师德文化，滋养乡村教师的教育情怀。

要将师德文化建设融入教师管理的全过程。既要注重榜样示范等传统的师德教育方式，更要在乡村学校的生活和教学实践中积极开展师德文化活动，如引导教师与“后进生”结对子，号召每天为他人（同事、学生或家长等）做一件小事，经常性推选身边的楷模等。师德是鲜活、生动和具体的。如同杜威所指出的，最好的和最深刻的道德训练，恰恰是人们在工作和思想的统一中跟别人发生适当的关系而得来的。① 因而，学校要将师德文化建设与教师工作实践的方方面面相结合，将抽象的师德概念转化为教师工作中的具体行为，转化为教师对专业实践的体验与反思，转化为教师对学校的认同、对学生的热爱以及对乡村教育的使命感。

教师在工作实践中会面临许许多多的冲突和矛盾。基于鲜活实践的师德文化建设，应该在教师面临个人利益和教育责任的天平摇摆不定的时候，在责任的一方加上一粒砝码，让优秀教师“下得去、留得住、教得好”。要凝结、提炼现代乡村精神，将其植入学校文化建设的内核，增强教师对乡村的认同感。要丰富乡村教师的业余生活，提升乡村教师的幸福感和对学校的归属感。这样，师德教育便与学校文化建设有机结合起来，共同滋养、铸就乡村教师的奉献精神和教育情怀。如此，乡村教师才会更安心、更牢固地扎根在广袤的乡村大地上，用教育实现自我，用奉献超越自我。

乡村教师，犹如海岸线上的红树林，迎着风浪，用强大的根系，守护着乡村教育的滩涂。让他们安心生长，让他们枝繁叶茂，对于推进教育公平、新农村建设乃至国民素质提升，都有着重大而深远的意义。

---

① 杜威．杜威教育论著选［M］．上海：华东师范大学出版社，1981：4—5.

### （五）重视和加强县级教师进修学校建设

增加资金投入，确保建设与发展的经费。县级教师进修学校对一个县基础教育非常重要。它的功能发挥得好坏直接关系到一个县基础教育发展的快慢。因此，必须把县级教师进修学校纳入学校的管理范畴，同时，地方财政应确定专项资金投入机制。

坚持少而精，建设一支精干的专兼职教师队伍进修学校的教师要有较高的理论素养和较强的乡村教育实践能力。要建设一支人数少、素质高、能力强的专职教师队伍，并根据学校教师培训的需要，在县域范围内选择理论素质高、教学能力强的优秀学校教师作为兼职教师，此外，与高等院校建立紧密的业务联系，定期或不定期聘请高等学校的专家讲学，选派优秀教师到高等院校参加培训，最终形成一支校内外结合、专兼职结合、开放型的教师培训队伍。

择优选拔，加强县级教师进修学校领导班子建设要选拔理论水平高、业务能力强、管理经验丰富、懂得学校教师在职培训特点与规律的优秀人才；组建县级教师进修学校领导集体，提高县级教师进修学校领导班子的业务水平和管理水平。

提高研培水平坚持实效性、开放性原则，面向乡村学校广大教师，针对教学改革实际，提高教师进修学校的培训、教研和科研水平。教师进修学校应为每一位参加培训的教师创造更好的条件，使每一位教师都能“进得来、学得成、用得上”，做到培训、教研和科研有机结合，并提高现代教育技术与培训、教研和科研的整合水平，提高研培质量。县级教师进修学校必须紧紧围绕素质教育和课程改革，通过培训、教研、科研等活动，转变乡村学校教师的教育观、教学观、课程观，以培促改、以研促改。

### （六）在师资培训中加强人文教育

人文素养会深刻影响到一个社会的治乱、兴衰，而且通过塑造一个民族的文化品格和文化精神，对这个民族的发展产生深远的影响。乡村学校教师人文素质的高低直接影响着学生，会对民族的未来，产生深远影响。当前进行的课程改革，是一次深刻的教育变革，是一次教育的革命。任何一次变革，必须有正确的人文导向，否则课程改革就不会成功。

增强三种意识其一，在教师培训中要营造浓厚的忧患意识，增强全体教师的紧迫感。教师必须有深刻的忧患意识，才能培养出高素质的建设者和接班人。其二，教师要有创新意识，要克服传统思维不足，大胆探索新的教学方法，善于引导、诱导、疏导学生的思维，善于集中和调动集体思维的智慧，鼓励学生大胆想象，积极动手操作。其三，教师必须有超前的意识，在教学内容、方法、手段等方面进行创新，培养出的学生才能适应未来社会的需求。

加强人文知识的学习：第一，要加强优秀文学作品的阅读，把读书作为教师生活的组成部分，丰富教师的思想，对学生实现正确的精神导向。第二，要加强中国传统文化经典的学习，把经典的学习作为学校教师继续教育的一部分内容，重点学习《论语》《老子》等经典著作。第三，要加强思维科学和哲学的学习。

在教育教学改革中，教师要形成自己的风格、特色，除了大胆实践外，还必须不断提高理论思维；从学生学习的角度看，要提高学生的实践能力和创新精神，必须让学生掌握科学的思维方法。此外，要帮助教师更全面地认识客观世界，形成科学的世界观、价值观和方法论，提高学校教师的哲学素养。加强通识知识的培训随着自然科学、社会科学和科学技术发展不断加快，各学科相互交叉、相互融合不断密切，科学发展的这些特点已经越来越多地反映到学校教学中来。教师要站在时代的高度，多角度、多侧面、多层次、多方位地对学生进行相关知识的渗透，拓宽学生的视野，提高学生的综合素养和实践能力。

# 第九章　乡村公共文化建设研究

乡村建设不仅旨在建设乡村的自然环境，还旨在建设乡村的人文环境。美丽乡村的建设要利用乡村自身的人文环境与自然环境相互作用、彼此烘托，以达到整体建设好乡村的目的，从而全面提高农民生活的幸福指数。乡村的建设和发展要营造良好的文化氛围，而这都以公共文化的建设为依托。

## 第一节　乡村公共文化建设概述

### 一、乡村公共文化建设的特性

因乡村公共文化具有重要功能，乡村公共文化建设即成为必须。乡村公共文化建设，是指围绕乡村公共文化而展开的一系列建设活动和制度的总称。“建设”一词又包含摒弃、保护、传承、弘扬等含义在内。乡村公共文化建设可从以下方面进行深入理解。

#### （一）政治性

这是乡村公共文化建设的重要特性。我国乡村公共文化建设的政治性具体表现为意识形态性，因为反映统治阶级利益的是主流意识形态，作为社会主义国家，必须要用主流意识形态——马克思主义理论引领我国乡村公共文化建设，我国主流意识形态的核心是社会主义核心价值，它不仅是我国乡村公共文化建设的主要内容，也是我国乡村公共文化建设的根本方向。

#### （二）多元性

我国乡村公共文化建设的多元性表现为建设主体的多元和建设方式的多元两个方面。

从建设主体看，当前乡村公共文化建设的多元主体有基层政府、村镇党委、村委会、乡村企业组织、乡村志愿者组织、农民个体等。各级党委和政府是最重要的建设主体，起着决定性的引领作用，其他社会主体在党委政府的领导下发挥作用。当前我国社会力量的培育和塑造还是要依靠政府扶持。另外，我国的村民自治在实践中也遇到一些现实困难，农民的主体性作用没有真正发挥出来。虽然各个主体具体作用的发挥以及各自的职责区分，在实践运行当中需要逐步建构和体现，但乡村公共文化建设不是依靠单一主体，而是依靠多元主体协作，这已经成为社会共识。

从建设方式看，建设主体的多元决定了建设方式的多元，乡村公共文化建设的各个主体本身即有不同的建设方式，主体之间又建构了多元协作方式，这在实践中已经有所体现。未来还将会有更多的具有创新意义的乡村公共文化建设方式出现。

### （三）系统性

乡村公共文化建设的系统性包括两层含义，一是乡村公共文化建设与其经济建设、政治建设是紧密相关的，是互相协调和共同推进的系统过程。二是乡村公共文化本身即是有着复杂要素的系统，其建设也应该具有全面的系统性。

当前我国乡村公共文化建设包括物质设施、人才机构、资金投入、活动开展、公共文化服务等各个方面的建设，既要有硬件建设也要有软件建设。我国乡村公共文化建设的各项基础都比较薄弱，这就势必要求乡村公共文化建设既系统又全面。

### （四）主次性

乡村公共文化建设要全面推进．不过全面推进过程中应该重点突出、层次分明。比如，理念公共文化建设是乡村公共文化建设的核心和重点，物质公共文化建设和制度公共文化建设最终都是为理念公共文化建设服务的，也即要注重培养农民的公共意识、公共责任感和作为社会主义国家公民的集体主义价值和奉献精神等，这是乡村公共文化建设的旨归。

### （五）方向性

我国乡村公共文化建设应该具有方向性，方向性既提供了公共文化建设的指向，又提供了建设的动力，同时也是衡量建设效果的标准。有中国特色的社会主义乡村公共文化应该是我国乡村公共文化建设的总方向。有中国特色的社会主义乡村公共文化包括主流的社会主义公共文化、民族公共文化、传统公共文化、群体公共文化等，在不同历史阶段，公共文化的每一子系统建设要求、方向和目标也各不相同，建设主体应根据各自不同的发展特点设定合理可行的建设方向和目标，并采用相应的可行性措施，确保建设目标的实现。

## 二、乡村公共文化建设的主要内容

### （一）乡村公共文化的政策法规建设

政策和法规建设应该是乡村公共文化建设的重点，也是乡村公共文化建设效果的保证。但从现实状况看，政策大多是关于公共文化建设而非专门针对乡村公共文化建设的。换言之，乡村公共文化政策是涵盖于城市公共文化建设政策中的，服从的是城市发展逻辑，这违背了乡村作为独特场域的客观事实。“否认农民经济社会体系的独特性，试图按照从都市和工业现实出发建立的范畴和观念对它们进行分析。这种在知识体系上对农民的虚无化很值得细致分析。”① 乡村应该有针对性的公共文化发展的政策法规，而具体地域

① ［法］H·孟德拉斯．农民的终结［M］．李培林，译．北京：社会科学文献出版社，2010：5.

的基层农村还应因地制宜，出台与当地实情相符合的政策。

### （二）公共文化设施、机构与人才队伍建设

乡村公共文化设施建设包括农家书屋、老年活动中心、青少年活动中心、乡镇文化站、乡村公共文化事业单位、公营性文化团体、民营性文化团体等设施建设。在数量方面，乡村要实现公共文化设施从“无”到“有”和从“少”到“多”的转变；在管理方面，须注重公共文化设施的投入使用和运营情况；在建设效果方面，应注意收集农民的意见，并及时进行反馈，以便更好地发挥出机构和设施的基础性作用。人才队伍建设也应该引起重视。乡村公共文化人才总体还比较缺乏，文化管理机构的工作人员存在年龄偏大、文化素质偏低、工资待遇较差等问题，无法吸引和留住人才。传统公共文化也面临无人传承的困境。

### （三）乡村公共文化活动和项目开展

乡村公共文化活动的开展是乡村公共文化建设的重要组成部分，从形式、种类、数量、效果等各方面都要对乡村公共文化活动进行建设。例如，从形式看，公共文化活动有以政府为主体提供的文化活动；有农民群众自行组织的文化表演活动；有乡村文化市场提供的活动。以政府为主体提供的文化活动的次数、农民对活动的满意度，农民群众自行组织活动的次数、活动的主要内容，文化市场提供积极、健康、正面的公共文化的保证、公共文化活动中对社会主义核心价值观的弘扬，这些内容都是当前乡村公共文化活动建设的具体表现。

### （四）乡村公共文化建设主体的作用

乡村公共文化建设的主体主要分为政府、市场、社会、基层党委四大主体。政府类主体有乡镇政府、文化站等；市场类主体包含文化公司、影业公司、电影院等；社会类主体有村民委员会、学校、广播电视站、乡村志愿者组织和农民。四大主体在乡村公共文化建设过程中，职责应该各不相同，除了职能分工要明确，主体之间和主体内部还应该建立起有效的合作和协调机制。理论上，党委主要把握公共文化建设的主要方向。基层政府在党委领导下负责政策的制定和执行，调控和监管市场和社会主体行为，市场和社会在各自的领域发挥作用。但从实践层面看，四大主体的作用是随着历史发展的不同阶段而与时俱进的，与各主体自身的改革发展特点相一致，各主体的合理分工和有效协作在实践中还可能面临各种不确定性因素的影响，经受各种考验，从而发展和创造出创新模式。尤其需要指出的是，农民既是乡村公共文化的实施主体，又是乡村公共文化的建设主体，双重主体身份要求农民应该发挥出主体性、积极性、创造性。如何有效发挥出农民的主体作用因而成为乡村公共文化建设的又一重要内容。

### （五）乡村公共文化的资金投入和管理

充足的资金投入是顺利开展乡村公共文化建设的重要保障。乡村总体上都面临着资金短缺问题。很多乡村又分属于不同发展程度地区，乡村公共文化建设成效与当地的经济发展状况和资金投入程度密切相连。即使在经济发达地区的乡村，政府的专项财政投入也相

对较低，不发达甚至落后地区的乡村公共文化建设资金的来源已经成为公共文化建设的难题。在资金来源方式上，乡村如何发挥政府、市场、社会、个体的分担作用，利用自身优势吸引社会各类资金的加入就成了当前乡村公共文化财政建设的重要内容。

（六）乡村公共文化服务体系建设

作为乡村公共文化建设的重要内容，乡村公共文化服务体系建设包含乡村公共文化服务的政策法规、设施机构、人才队伍、资金投入、服务主体的多元化、服务模式的建构等体制建设。相比乡村公共文化建设而言，乡村公共文化服务体系建设更注重“服务”方面，突出强调农民的主体地位、农民参与文化活动的热情、农民对公共文化建设的满意度等。①

## 第二节　乡村公共文化基础设施建设

### 一、乡村公共文化基础设施概述

乡村公共文化基础设施是指乡村居民开展文化、艺术、科普、体育、娱乐等多种活动的场所和设备的总称。《中华人民共和国公共文化服务保障法》将公共文化设施定义为提供公共文化服务的建筑物、场地和设备，主要包括图书馆、博物馆、文化馆（站）、美术馆、科技馆、纪念馆、体育场馆、工人文化宫、青少年宫、妇女儿童活动中心、老年人活动中心、乡镇（街道）和村（社区）基层综合性文化服务中心、农家（职工）书屋、公共阅报栏（屏）、广播电视播出传输覆盖设施、公共数字文化服务点等。②

以上的定义指出了公共文化设施的作用以及类型，认为公共文化设施主要是指硬件设施。本文认为：乡村公共文化基础设施既指乡村居民开展文化活动、传承民族文化、展示文明成果所需的各类建筑物、场地和设备等硬件设施，主要包括文化站、农家书屋、综合文化服务中心、文化广场等公益性场所及其相关配置，还包括相关的软件设施，即用以保障这些场所正常运转的资金投入、人员配置、政策支持等。

因此，乡村公共文化基础设施的建设是一个系统而又持续的工程，不仅要完善实物建设，更要完善软件设施的建设，既包括前期的规划，也包括了后期建成后的维护和管理，只有通过综合的建设，才能有效实现科学配置。

① 纪丽萍．苏南乡村公共文化建设——理论和实践［M］．南京：南京师范大学出版社，2015：41.

② 《中华人民共和国公共文化服务保障法》（2016年12月25日第十二届全国人民代表大会常务委员会第二十五次会议通过）［EB/OL］，2016-12-25. http：//www. npc. gov. cn/npc/xinwen/2016-12/25/content_ 2004880. htm

## 二、乡村公共文化基础设施建设的意义及基本要求

### （一）乡村公共文化基础设施建设的意义

乡村文化振兴始终贯穿在乡村振兴战略进程中，并与其他部分相辅相成，形成良性循环状态，起保障作用。“乡村文化建设的内生机制与乡村建设的外在机制共同参与，凸显文化价值的作用，”① 通过文化引领，有利于推动乡村的全面振兴和发展。积极繁荣乡村文化，要大力振兴乡村文化，发展特色文化产业，促进形成具有带动效应的高质量文化产业，通过文化产业的振兴促进乡村多元产业融合发展，比如文化+旅游，从而形成产业兴旺的格局。保护和利用乡村传统文化，重塑乡村文化生态，意味着要更好地建设和保护乡村，因此，乡村公共文化基础设施将进一步被改造、完善，乡村人文环境和自然环境的和谐发展更加得到重视，有利于打造美丽乡村，实现生态宜居。广大农民群众不仅是公共文化服务的直接受益者，更是参与者，是乡村公共文化服务的主体，要丰富乡村文化生活，丰富公共文化服务及产品的供给，积极支持乡村地区自办文化，鼓励群众广泛参与乡村公共文化建设，提高政治意识，加强自治能力。

文化软实力已经成为经济发展的“助推器”、政治文明的“导航器”、社会和谐的“黏合剂”。② 而乡村公共文化服务是国家公共文化体系的重要组成部分，是乡村振兴战略格局中的文化议题，推动乡村文化建设，使乡风文明焕发新气象，是乡村振兴战略的“灵魂工程”，③ 不仅能满足和保障广大农民群众的文化权利，而且在秩序构建和价值认同上更具有深远的意义，有助于维护乡村文化秩序，推进乡村文明建设。④

作为乡村公共文化服务的重要内容，在乡村振兴的背景下，推进乡村公共文化基础设施建设具有重要意义。

首先，乡村公共文化基础设施是优化乡村思想文化的阵地。自实施乡村建设以来，乡村物质文明有了明显提升，但精神文明建设并没有同步跟上，有些地方仍保留着落后的观念习俗，如红白喜事大操大办、天价彩礼等，这些在一定程度上影响了乡村的进一步发展。而通过利用这个阵地，可以积极开展宣传社会主义核心价值观、解读乡村社会热点难点问题等活动，引导广大群众形成积极向上、理性的社会心态。

其次，乡村公共文化基础设施是传承乡村文化的载体。数千年的农耕文明孕育了乡村丰富的文化，随着经济的发展，一些传统文化在发展过程中面临着各种困境，如有些非物质文化遗产面临着后继无人的局面，具有文化特长的民间艺人缺少展示的舞台等，这使得一些传统文化艺术面临失传的危险。而加强乡村公共文化基础设施建设，不仅满足了群众的部分文化需求，更是为传承优秀文化提供了契机，为各种民间艺术和民俗表演活动提供场地，使传统文化技艺有了展示的舞台，可以吸引更多的民众去关注，甚至去热爱而后学习，从而使传统文化得以传承与发展。

---

① 周锦，赵正玉．乡村振兴战略背景下的文化建设路径研究［J］．农村经济，2018（9）．

② 习近平．之江新语［M］．杭州：浙江人民出版社，2013：10—12．

③ 王宁．乡村振兴战略下乡村文化建设的现状及发展路径［J］．湖北社会科学，2018（9）．

④ 曹爱军．乡村振兴战略中乡村公共文化建设检视［J］．开发研究，2018（4）．

再次，乡村公共文化基础设施是丰富乡村生活的重要途径。总的来说，以前的乡村生活是相对单调的，很多人一年四季都在田间地头忙活着，早出晚归是以前农民生活的真实写照，在有限的闲暇时间里，也基本都是在打牌或串门，但现在这种生活已经发生了很大的改变，随着打工潮的出现以及手机、网络等的覆盖，乡村社会关系变得相对淡漠。通过建设乡村公共文化基础设施，为乡村群众开展活动提供场所，他们可以读书、健身、参与文化活动、组织活动比赛等，从而丰富了业余生活。更重要的是在参与活动中，邻里之间可以促进沟通、增进友谊，有利于形成邻里守望的文明乡村。

### （二）乡村公共文化基础设施建设的基本要求

在乡村振兴战略背景下促进乡村文化的全面振兴，完善乡村公共文化基础设施建设，一是要坚持政府的主导作用。政府是乡村公共文化服务的供给主体，要完善职能，建立健全乡村公共文化服务体系。“发挥县级公共文化机构辐射功能，推进基层综合性文化服务中心建设，实现乡村两级公共文化服务全覆盖，提升服务效能”。①

当前乡村公共文化资源分散于不同的政府部门中，因此，一是要整合资源，政府由“掌舵”向服务转变，在政府主导和农民主体之间找到平衡点。既保证政府的主导地位，又促进群众的主动参与，以提升基层自治能力。

二是坚持乡村优先发展。当前城乡公共文化服务水平差距较大，乡村公共文化基础设施基础差、底子薄、发展滞后的现状不能在较短时间内获得改善，若差距继续扩大，文化发展成为乡村发展的短板，将严重影响乡村振兴战略的顺利推进，为此，要深入推进文化惠民，加强文化阵地建设，公共资源特别是财政资源、人才资源等重点向乡村倾斜，完善乡村公共文化服务的内容，并提高服务质量，从而建立起“有标准、有网络、有内容、有人才”的乡村公共文化服务，助力乡村振兴。

三是构建多元主体供给模式。由政府为主体提供的公共文化服务越来越不能满足基层群众的多元需要，供给内容单一、供需不匹配等现象比较普遍，而多元主体供给能提供多样化的服务和产品，更好地满足个性需求，因此，要构建多元主体供给模式，灵活运用权力行使方式，调动社会力量参与乡村公共文化服务供给。政府充分履行文化供给职能、多元主体积极参与供给，促进政府与社会的合理分工，如政府主要负责宏观调控，制定相应的法律、政策等，而社会力量主要负责提供产品和服务。对不同的服务内容或相同服务的不同层次采取不同供给方式，因地制宜地提供乡村公共文化基础设施，使设施供给兼具个性化与高效性。

## 三、乡村公共文化基础设施建设的现状

### （一）公共文化设施建设投资不足

项目少、种类单一、数量不足，是当前乡村公共文化设施的普遍状况，在乡村公共文化基础设施方面的投资远远不够。

① 《中共中央国务院关于实施乡村振兴战略的意见》[EB/OL]，2018年1月2日. http://www.moa.gov.cn/ztzl/yhwj2018/zxgz/201802/t20180205_6136444.htm

（二）闲置率高、利用率低

重前期投入，轻后续运行管理；闲置率高、利用率低、活动开展少且单一，个别地方甚至存在“不开门、难见人、没活动、没服务”的现象；乡村文化服务人才缺乏，农民群众参与公共文化活动的积极性和满意度不高等问题。诸如此类的现象几乎普遍存在，这就导致公共文化基础设施成为“摆设”“门面”的现象普遍存在。这样既浪费了公共资源，也损害了人民群众的身心健康。

（三）公共文化服务能力薄弱

习近平总书记在党的十九大报告中明确提出要完善公共文化服务体系，深入实施文化惠民工程，丰富群众性文化活动。乡村公共文化服务体系建设是我国实现公共文化服务现代化的重要举措，建立并完善乡村公共文化服务体系，为广大农民群众提供丰富的公共文化产品和服务，可以农民的文化需求，丰富农民的精神文化生活，充分实现广大农民群众的基本文化权利。同时通过这一体系的建设，优化基础服务设施和服务条件，增加文化产品的供给，让农民享受现代文化成果，改善城乡、地区之间文化资源不平衡的现象，推动城乡、地区之间公共文化服务均等化，缩小城乡、地区间差距。另外，建设乡村公共文化服务体系，也有利于向乡村群众普及科学知识，传播先进文化，促进我国乡村建设。

## 四、乡村公共文化基础设施的建议

乡村公共文化基础设施建设还存在很大发展空间，对此，提出以下几点建议。

（一）加大投资完善公共文化基础设施建设

首先，公共文化基础设施重点在“公共”二字，即“共同所有、集体所有、公有的财产”。因此，加大投资来完善公共文化基础设施建设是政府的职责和义务。其次，既然是共有财产，政府是主要投资者，为了人民日益增长的对美好生活的需求，政府应该加大投资力度，完善公共文化基础设施建设。将政策、资金向乡村倾斜是坚持以人民为中心的发展思想的必然要求；是重视、发展、繁荣乡村文化必然要求；是保留和发扬乡村优秀传统文化的必然要求。

（二）建立公共文化基础设施的机制

首先，公共文化基础设施最根本的就是要以体现群众的“主体性”，拒绝“摆设”为基本宗旨。严厉打击和惩戒利用修建、完善等名义贪污、挪用、套用公共资产的行为；严厉追究“豆腐渣”设施的责任；严格规范其使用和开发机制和体系。杜绝利用不合格、“缩水的”设施来损害党和政府的声誉、避免挫伤老百姓的信任和情感的行为发生。其次，优化乡村公共资源布局、配置，争取将文化体育设施与孩子教育、老人养老、科学防灾、休闲、科普等设施进行系统规划、建设与管理，实现一体化、综合服务于利用。

（三）乡村公共文化基础设施建设要加强创新

作为乡村振兴的一个重要环节，乡村公共文化基础设施建设要加强创新，体现新时代人民的意愿和党的宗旨。既然是乡村公共文化基础设施建设，那么，要以解决乡村需求和群中意愿为标准，而不是千篇一律的广场、文化站、图书馆等。习近平总书记明确提出“兴文化”的使命任务，就是要坚持中国特色社会主义文化发展道路，推动中华优秀传统文化创造性转化、创新性发展，继承革命文化，发展社会主义先进文化，激发全民族文化创新创造活力，建设社会主义文化强国。加强文化创新至关重要，而且要针对不同地区的突出需求解决问题。比如，面对留守儿童问题可以考虑修建村儿童乐园，给孩子们一片公共天地，面对留守妇女和老人问题，可以考虑加强手工业培训、定期免费体检等业务和健康方面的知识普及与培训。面对孤寡老人，相邻的村可以考虑联合修建养老院等。

#### （四）突出和体现不同地区文化特色与风格

要充分体现乡土性、地方性，突出不同地域的民族文化特色和乡村风俗。公共文化基础设施建设的初衷和目的就是要丰富群众文化生活、提高群众文化涵养。首先，各个地区乡村发展状况不一决定了群众对公共文化基础设施的需求各不相同。其次，各地区文化基础、元素存在差异一定程度上决定了群众对公共文化基础设施建设所要突出的主次不同。第三，民族成分不同决定了群众对公共文化基础设施的需求各不相同。因此，公共文化基础设施的建设则需要实地勘察与调研，真正体现人民群众的需要、突出文化特色与乡风民俗。①

## 第三节　乡村公共文化服务人才建设

### 一、乡村公共文化服务人才队伍建设存在的问题

#### （一）人才队伍结构不尽合理

1. 专业结构不合理

目前，文化队伍从业人员大多不是科班出身，专业不对口，也没有经过系统的培训，专业知识不扎实。大量的非文艺类人员进入了文化队伍，而急需的专业技术人才却招收不了，导致人才队伍专业结构不合理。在乡镇科班出身的声乐、演唱、舞蹈等人才几乎没有，在书法、绘画、演奏等方面有文艺特长的人员也比较少。

2. 乡村文化队伍人才老龄化严重

总体年龄偏大，年轻人较少，中青年比例失调，人才队伍出现断层，文化事业发展后劲不足。

3. 结构性矛盾尤为突出

后备高层次人才不足，专业化、高技能、复合型人才比例较低，表现为学历偏低，职

① 吕倩．完善乡村公共文化基础设施建设助力乡村振兴——以武威市为例［J］．甘肃农业，2020（02）．

称比例失衡。乡镇文化人员中大多数学历不高；在文化人才队伍中，高级职称基本没有，中级职称也少，初级和无职称的人员占大多数。①

### （二）文化工作人员难以集中精力抓文化建设

乡村文化队伍属于所在乡镇管理，上级文化主管部门仅在业务上进行指导，文化主管部门无法调配人员，人才无法流动。由于乡村工作多、任务重、人员少，普遍存在编不在岗，兼职抽调现象，造成文化工作人员很难集中精力抓文化建设，形成无人干事的局面。主要表现为一是临时性的工作过多，一遇到重要的临时性工作，文化人员常常被临时抽调借用。二是兼职工作较多，工作职责不清或过多，其他事务较多，占用时间较长，主业不专，副业过多，不能把精力放在文化工作上。三是有的文化人员直接被抽调到其他部门从事其他工作，长期不再从事文化工作，直接混岗使用，脱岗使用，在很大程度上使得文化工作不能正常有序开展。

### （三）管理机制不健全

1. 考核激励难

一方面因文化人员奖励由乡镇考核而定，在考核内容上对文化和从事的职责所占比重太小，其他事项考核比重较大，考核作用不大。另一方面考核因不与工资、晋升、任免挂钩而往往不被重视，难以达到考核的预期目的，考核激励效果差。

2. 人员流动和晋升机制不健全

乡村文化人员所在单位属于事业单位，在纵向上，人员晋升专业技术职务由于受到岗位编制、职称数量限制，大部分人员特别是年轻人受到论资排辈、平均主义的影响，失去了晋升专业技术职务的机会，大多数人只能评上初级职称，很少人能评上中级职称和高级职称，影响了人才创新发展的积极性；在横向上，人员流动可能性小，向文化馆、图书馆等上级文化部门和其他乡镇申请调动工作很难，文化人才发展空间有限。常年努力工作却得不到晋升，这极大地打击了人才工作积极性和进取心。

3. 职称设置不尽合理

目前对文化单位职称设置不合理，在乡镇级政府中，文化机构中高级职称岗位数因岗位和编制设置受到严格限制，其中镇级文化中心只有中级职称 1 人，没有设置高级职称，大多数人只有初级职称或没有职称。职称评定要求具备相应专业技术能力、业绩、成果、论文、著作等，职称评定对于乡村文化人员来说条件苛刻，存在困难，导致部分人员不思进取和高级人才进不来、难留住的现象产生，一定程度上制约了文化事业的发展。

4. 乡村文化队伍的培训学习机制不健全

如果政府不重视对文化工作人员的培训，就会使乡村文化队伍整体素质长期得不到提高，使得乡村文化队伍难以适应新形势下乡村文化工作的要求，从而影响整个地区的文化建设。表现在文化人才培训机会少，学习课时少，知识内容更新不及时更新慢；教育培训内容缺乏一定的针对性、系统性和实效性，旧的知识多，新的知识少；非文化类内容多、文化类内容少；自我学习多，教师专家指导少，学习培训难以达到预期培训目的。

---

① 侯波成．新时期乡村文化人才队伍建设存在的问题及建议［J］．现代农村科技，2018（07）．

## 二、乡村公共文化服务人才建设的对策

要加强当地文化的人才培养，并提出相关的人才扶持政策，设立专项资金，让文化人才可以积极地参与其中。另外，政府要帮助乡村引进人才，并对其制定相应的培养计划，创建一批属于自己的高素质、专业性人才队伍，定期进行相关工作人员的培训和指导，进而可以有效保证文化人才具有更高的综合素养和相关职业技能。

### （一）积极招揽人才，确保足够编制

人才保障是乡村公共文化建设的基本前提，这就要求各地文化主管部门及其各类乡村公共文化服务机构多方积极招揽人才，以充实乡村公共文化建设队伍。就当下的乡村公共文化建设人才招聘工作而言，面临的难题主要不在于人才难觅，而在于基层政府难以为乡村公共文化服务工作提供足够的岗位编制，这固然与有些地方经济发展水平偏低、政府财政收入较少等有关，但联想到许多基层政府冗官以及吃财政饭的闲杂人员比比皆是的事实，可知其根本原因乃在于地方和基层党委政府的认识偏差。在发展社会主义市场经济、建设服务型政府、构建社会主义和谐社会的背景下，文化事业的重要性是不言而喻的，这就要求地方基层党委政府在主动放弃许多不需管也管不好的事务的同时，为乡村公共文化建设腾出一定数量的岗位编制，并确保做到专职专岗。目前，相当多的地方实行兼职兼岗的做法，或者让一些文化业务技能差、属于乡村文化工作门外汉的干部同时担负乡村公共文化建设工作，或者让乡村公共文化服务机构的工作人员另外承担其他跨度很大、性质迥异的工作。前者因为无法一时很好地满足乡村公共文化服务专业性的要求，从而不利于提升乡村公共文化建设水平，后者则不利于调动乡村公共文化事业从业人员的工作积极性，不利于提高他们的素质和技能，因而同样制约了乡村公共文化事业的发展。

### （二）加强继续教育，学习新的知识和技能

专业素质也有一个与时俱进的问题，也就是说，从事乡村公共文化建设工作的人才在上岗之后依然完全有必要经常性地、及时地参加继续教育，学习新的知识和技能，以适应工作的需要，这在科学技术日新月异、文化工作创新不断的当今时代显得尤为突出。譬如，为了适应文化信息资源共享工程建设的需要，许多年龄较大的文化工作者必然面临着学习和掌握计算机、网络等现代知识和技术的迫切要求。此外，基层的乡村公共文化服务机构，其人员配置往往数量很有限，这也就愈加要求他们积极参加各类继续教育，增长和掌握新的知识和本能，唯有如此，方能更加有效地为农民群众提供各类公共文化服务，满足农民群众多样化的文化需求。为了使继续教育惠及更多的乡村公共文化工作者，一方面要求文化主管部门加大对乡村公共文化建设人才继续教育的财政支持力度，另一方面必须考虑将参加继续教育的情况纳入乡村公共文化服务机构工作人员的职称评定和评优评先工作之中。此外，还可通过文化技能竞赛等各类活动，以激发他们学习新技术、掌握新技能的积极性，最终实现其素质不断提升的目标。

### （三）规范乡镇文化人员队伍管理体制

1. 优化人才考核机制

强化文化工作考核力度，把工作能力、工作内容、成绩纳入考核体系中，做到考核有针对性，突出考核实绩，增强工作人员工作积极性和责任心。真正形成“重能力、重实绩”的用人评价标准，把“想做事、能做事、做成事”的人才推上群众文化工作的第一线。要把考核结果与人才职称晋升、岗位轮换、学习培训和物质奖励相挂钩，进一步调动他们创新文化工作、创作文艺精品的积极性。

2. 要进一步畅通乡村人才晋升渠道

尽快出台政策，畅通文化人才晋升通道。上级部门在选拔人才和职称晋升时要优先从乡镇优秀人才中进行选拔，要让那些服务乡村、扎根乡村，为乡村发展做出重大贡献的人得到提拔和重用；乡镇政府要积极推荐那些有能力、有担当、有成绩的优秀人才去上级部门和其他地方去锻炼和挂职、提拔当领导干部，营造惜才爱才重才的浓厚氛围，激发乡村文化人员工作的积极性。

3. 进一步规范乡镇文化人员队伍交流机制

要出台措施，积极争取上级有关部门的支持，鼓励文化人员不仅在各个文化站之间进行岗位交流，而且还可以与其他各部门的干部进行轮岗锻炼，这样既能把年纪轻、文化高、喜欢文化工作的同志选配到文化队伍中来，又能让一些适合其他工作的同志到最适应的岗位上去，提高个人技能和能力，达到双赢的目的。

4. 深化职称制度改革

强化工作能力和工作业绩取向，职称比例重点向一线的各类专业技术人员倾斜，增加高级职称和中级职称比例，取消不必要的计算机、外语、论文等要求，全面推行专业技术职务“评聘分开”，避免一评定终身现象，在平常的考核中执行绩效考核制度，对不履职、无实绩的人高职低聘或不聘，对实绩大的人员低职高聘，让工作称职的人能够评上职称，让那些干工作的人、有贡献的人能够评上职称。

# 第四节　乡村公共文化服务体系构建

## 一、乡村公共文化服务体系构建的理论视野

### （一）乡村公共文化服务体系构建的内涵与特征

所谓乡村公共文化服务体系建设，指的是由政府主导，以公共财政为主要依托，以满足广大农民群众基本文化需求、保障广大农民群众基本文化权益为目的，而开展实施的各类文化实践活动的总和。这一概念的界定表明，乡村公共文化服务体系建设是文化建设这一宏大系统工程的主体部分和主要内容，而非乡村文化建设的全部，因为后者还包括更丰

富的内容。譬如，在乡村还存在着种种由企业或农民个体等主体出资举办的文化设施和文化活动，它们就不属于乡村公共文化建设的范畴，而属于农民自创文化或社会参与文化建设的范畴。此外，乡村公共文化服务体系，与乡村公共文化建设这一较早出现的概念相比，两者的内涵基本一致，区别主要在于前者突出了建设服务型政府的语境和农民权利主体的本位。

一般来说，乡村公共文化服务体系建设具有三方面的基本特征，即主体的政府主导性，对象的平等性和开放性，内容的公益性和系统性。

1. 主体的政府主导性

这一特征意味着，乡村公共文化建设必须由政府承担着资金投入、规划制定、管理监督等责任，各类文化产品和服务应主要由政府通过公共财政的途径提供。乡村公共文化建设之所以在主体方面具有政府主导性的特征，主要是因为乡村公共文化建设中的各类文化产品和服务具有公共产品的性质，所以不能由以营利为目的的企业以及非政府组织、非营利组织来承担主要的资金投入责任，而必须由代表着社会公共利益、承担公共服务职能的政府主导，由政府担负起资金投入的主要责任。当然，主导不是唯一，政府主导并不意味着拒绝和排斥其他社会力量的参与，相反，乡村公共文化建设同样需要其他社会主体的积极参与和贡献，事实上也为各种社会力量参与乡村公共文化建设、履行社会责任、实现自身价值提供了机会和可能。

2. 对象的平等性和开放性

这一特征指的是，乡村公共文化建设中的各类文化产品和服务应该向所有人免费开放，每位村民都有权享受和参与。乡村公共文化建设是由政府主导，以公共财政为主要依托，为普及基本文化知识、满足农民的基本文化需求而实施的，对于提升整个民族的文化素质、确保国家意识形态的领导具有显著的正外部效应，因而乡村公共文化建设中的各类文化产品和服务属于公共产品之列，并相应地具有免费和开放的特征，乃无疑之事。倘若有文化站实行收费准入、有偿服务的做法，从而造成有钱人能享用、没钱人不能享用的不平等结果，那自然有违乡村公共文化建设的宗旨和本质。当然，如果某些公共文化服务机构的个别服务项目或其他某些公共文化产品的生产和提供成本过高，并无法内部消化，那么，适当地收取某些费用，实行微薄的有偿服务也未尝不可。譬如，文化信息资源共享工程的基层站点，以及乡镇文化站中的图书阅览室，便可对享受政府该项公共文化服务的农民一次性收取办证的成本费。不过，从本质意义上及长远角度看，各类公共文化产品和服务实行无偿提供、免费开放的做法是必需的，同时也是必然的。此外，对象的平等性与开放性这一特征也要求在确定和选择乡村公共文化建设的主体和受众的过程中，不应对本地人与外地人、城里人与乡里人加以区分，这是因为，如果这样做，那就直接背离了乡村公共文化建设的宗旨，在实践中也是极为有害的。

3. 内容的公益性和系统性

公益性是从内涵方面讲的，指的是在乡村公共文化建设中，各类文化产品和服务的内容必须健康有益，符合广大农民群众根本利益和国家长远利益的需要。乡村公共文化建设的内容之所以具有公益性的特征，主要是因为乡村公共文化建设是由代表着全体人民根本利益的政府所主导，以国家的公共财政做依托，因而必须并有可能做到超脱某些小群体或个人狭隘的利益需要或不健康的兴趣偏好，而从整个国家和民族的根本利益以及整个社会的长远发展的角度，进行文化产品的生产和文化活动的组织。

至于系统性，则是从外延上讲的，它要求乡村公共文化建设中的各类文化产品和服务应该具有各种形式，能够满足农民群众多方面的精神文化需求。譬如，中央已经确定实施的广播电视“村村通”、全国文化信息资源共享、乡镇综合文化站和基层文化阵地建设、电影放映、农家书屋建设五大乡村公共文化服务工程，就涵盖了电影、电视、广播、图书、戏剧、歌曲等多种内容，满足了农民群众有电影和电视看、有书报读、有文化艺术可欣赏、有文化活动可参加等多方面的基本文化需求。系统性特征主要源于乡村公共文化建设目标指向群体或受益对象——农民群众的精神文化需求丰富多样性，从感官需求的多样，到兴趣爱好的多样，到人的全面发展的需要，所以这些因素决定了人们的精神文化需求是多样的，因而也就决定了乡村公共文化建设中的文化产品和服务的形式及种类同样必须是丰富多样的，即使它们满足的仅是人们基本的精神文化需求。

当然，乡村公共文化建设内容的系统性也是相对的，也就是说，在乡村公共文化建设中，政府提供的文化产品和服务的种类也会随着政府财力的增长、科技的进步和人们认识的深化而不断发生变化。譬如，在过去电视机尚未进入寻常百姓家的时代，乡村公共文化建设就不可能提出电视“村村通”的目标；又如，在过去没有网络的时代，也不会有文化信息资源共享工程的提出，借助网络满足人们对各类文艺和信息知识的需求，只有在现代网络技术得到发展和普及之后才成为可能。①

### （二）构建新乡村公共文化服务体系的基本理论分析

#### 1. 公共服务供给理论

蒂伯特（Charles Tiebout）在 1956 年提出了地方政府提供地方性公共服务的理论模型，即“用脚投票”理论。他认为，人们会像选购商品一样挑选所愿意居住的辖区，并选择那种公共服务最能满足他们意愿而税收又最合理的辖区去居住。② 地方公共服务均衡模型突破了公共服务供给中政府垄断和消费者被动接受的思维禁锢，设计了地方公共服务的偏好显示机制，引入了“消费者选择”，从而在地方公共服务的供给中引入了竞争机制，对于探索解决公共服务供给不均等、提高公共服务供给效率具有很大帮助。

服务型政府建设不仅需要转变政府职能，而且需要创新公共服务体制。政府必须发挥在制度创新上的优势地位，提供“制度性的公共产品”，通过创新公共服务体制，支持社会组织参与社会管理和公共服务，创新社会管理体制，完善公共财政体系，逐步形成惠及全民的基本公共服务体系。公共服务是服务型政府的核心职能。公共服务有广义和狭义之分，广义的公共服务与私人服务相对应，属于市场失灵的领域，是“政府为满足社会公共需要而提供的产品和服务的总称”，它以“满足公众需要”和“公民平等享受”为主要特征。政府的经济调节、市场监管、社会管理和公共服务职能均能纳入广义公共服务的范畴。狭义的公共服务是指政府四大职能中，平行于“经济调节、市场监管、社会管理”的部分，包括教育、医疗服务、公共卫生、社会保障、就业服务、环境保护、科技服务等内容。本文所论述的公共服务是指狭义的公共服务。

① 黄生成．中国新乡村文化建设研究［M］．北京：中国政法大学出版社，2017：155．

② 张序．公共服务供给的理论基础：体系梳理与框架构建［J］．四川大学学报（哲学社会科学版），2015（04）．

公共服务体制是指公共服务的主体关系、组织建构、责权配置和运行机制，即解决公共服务的供给主体、供给方式和各级政府之间责权分工等问题。

公共服务的体制机制不健全是我国公共服务总量供给不足和结构失衡的重要原因，公共服务的供求矛盾本质上是一个体制机制问题，因此需要建立相应的公共服务分工和规范体制、财政支撑体制、多元参与机制和有效监管机制。在公共服务体制中，公共服务分工和规范体制取决于科学划分政府间职责分工，当前我国政府间公共服务职责分工取决于上一级政府，改革的难度较大；公共服务财政支撑体制依赖于分税制改革的深化，现行财政体制导致基层政府财力与事权严重不匹配，并难以在短期内加以改变；而公共服务监管机制与多元供给机制有着密切的逻辑联系，公共服务供给方式不同将导致监管方式也有所不同。相对而言，公共服务供给机制是不同层级政府和政府不同部门都必须面对的普遍性问题，政府的不同层级和不同部门都可以相对独立地进行操作和创新。在公共财力有限的情况下，如何高效地提供公共服务已经成为各级政府必须面对的紧迫问题。该理论将着重探讨公共服务的供给机制对湖北省新乡村公共文化服务体系的重要支撑作用，即如何通过体制和机制创新来提供优质、高效、方便、快捷的公共服务。

2. 城乡统筹发展理论

（1）从我国经济发展的阶段看，已具备统筹城乡发展的现实条件。城乡关系一般是与工业化进程密切相关的。工业化通常要经过三个阶段，即依靠农业积累建立工业化基础的初期阶段、工农业协调发展的中期阶段以及工业支持农业发展的实现阶段。工业化进入中期阶段后，国民经济的主导产业由农业转变为非农产业，经济增长的动力机制主要来自非农产业，不再需要从农业吸纳资本等要素。农业应获得与工业平等发展的机会与权利，并逐步成为接受“补助”“补偿”的部门，这个阶段就是二元经济结构向一元经济结构转换过渡，工农、城乡关系开始改善，由城乡分割走向城乡协调发展的关键阶段。如果发展战略和政策选择得当，工业化和城镇化的快速发展将为解决中国“三农”问题提供难得的机遇；如果继续将农民排斥在工业化和城镇化进程之外，中国经济的结构性矛盾将更加突出化和尖锐化，也会使解决“三农”问题的难度陡然增大。所以，在这一关键时期，党中央、国务院提出统筹城乡发展的思路，既与这一阶段我国城乡关系的基本特征相适应，又具有重要的战略意义。

（2）从我国解决“三农”问题的思路看，必须统筹城乡经济社会发展。长期以来，我国政府一直重视“三农”问题，“三农”问题是制约中国全面建设小康、实现现代化的难题。其主要原因是，过去解决“三农”问题的思路更多地注重于在考虑农业、农村和农民问题。这种思路的根本缺陷是割裂了农业、农村、农民问题与社会其他单元的有机关联，把“三农”问题作为一个孤立的系统单独加以研究，因而实现不了农业与工业、农村与城市、农民与市民之间的良性转换与互动。只有创新城乡发展战略，才能有效解决“三农”问题，加速全面小康社会的建设步伐。

3. 基本公共服务均等化理论

托宾（James R. Tobin）在 1970 年提出了“特定的平均主义”理论。他认为，一些稀缺性的公共服务如健康医疗、教育法律运用能力等应当与支付它们的能力一道实现平均分配。① 对于许多公共服务来说，完全通过私人或竞争的方式提供，可能会使市场分层分类，虽然会提高生产效率，但却变成只是迎合部分接受者的需要而无法真正体现公平，这导致许多公共服务的生产往往因考虑公平的因素而不得不采取低效率的生产组织方式。根据公共产品理论，在市场经济中，人们的经济活动是为了追求自身利益最大化，而这种最大化必须是有限度的，是利己不损人的，即必须依据等价交换准则进行。这一准则决定了政府为市场提供的服务必须是“一视同仁”的，也就是要实现公共服务的均等化供给。

基本公共服务均等化是指政府要为社会成员提供基本的、与经济社会发展水平相适应的、能够体现公平正义原则的大致均等的公共产品和服务，是满足人们生存和发展最基本的条件的均等。从我国的现实情况出发，基本公共服务均等化的主要内容包括：一是基本民生性服务，如就业服务、社会救助、养老保障等；二是公共事业性服务，如公共教育，公共卫生、公共文化、科学技术、人口控制等；三是公益基础性服务，如公共设施、生态维护、环境保护等；四是公共安全性服务，如社会治安、生产安全、消费安全、国防安全等。这些基本公共服务做好了，才能使全体社会成员共享改革开放和社会发展的成果。

经过前一阶段的经济快速增长和社会急剧转型，我国经济社会的基本需求发生了深刻变化，这不仅要求尽快转变经济发展方式，以应对生态环境恶化和能源资源短缺引发的严峻挑战，而且要求加快建立覆盖全体社会成员的基本公共服务体系，逐步实现基本公共服务均等化，以应对基本公共需求全面快速增长所带来的新的挑战。我国在 21 世纪初开始由生存新生活向发展型社会过渡。在这一进程中，广大社会成员的公共需求全面、快速增长同公共产品短缺、基本公共服务不到位的问题成为日益突出的阶段性矛盾。由此可见，推进基本公共服务均等化已经成为我国经济社会发展的紧迫任务。

社会发展的基本宗旨是人人共享、普遍受益。而推进基本公共服务均等化是实现人人社会发展成果的必然选择。当前，通过实现基本公共服务均等化，让人民共享改革发展成果，是解决民生问题、化解社会矛盾、促进社会和谐、体现社会公平的迫切需要。现实生活中存在的诸多不和谐因素，有的是发展不够的问题，有的则是共享不够的问题，即没有很好地让全体人民公平公正地享受到社会发展的成果。由此，处在强势群体中的人，与处在弱势群体中的人，对社会的关系是不一样的。强势群体由于得到很多利益，认为这个时候好，希望维持现状，对社会认同感较高；而处在弱势群体中的人，由于地位下降或利益受损，对社会有一种不满情绪，甚至希望改变现状，因而对社会的认同感较差。这种复杂的情况必然导致社会矛盾和冲突的产生。所以，必须针对影响社会和谐的突出矛盾，以解决人民群众最关心、最直接、最现实的利益问题为重点，真正把改革发展成果体现在人民的生活质量和健康水平的不断提高上，体现在人民的思想道德素质和科学文化素质的不断提高上，体现在人民享有的经济、政治、文化和社会等各个方面权益得到充分保障上，以此来促进和谐社会建设。②

### （二）乡村公共文化服务体系构建的价值取向

在社会主义乡村建设中，乡村文化建设是一项复杂的综合系统工程，担负着凝聚共

① 刘雅莉．基本公共服务均等化的理论探讨［J］．中国科技博览，2016（19）．

② 孙士鑫．构建新乡村公共文化服务体系的基本理论分析［J］．当代经济，2011（13）．

识、强化认同、调控秩序、提高素养、重构价值体系的重要使命①，不仅涉及农民生活意义上的文化娱乐的满足，也涉及政治意义上的权利平等、哲学意义上的主体价值重塑等问题。在当前物质基础薄弱、资金投入不足的现实下，乡村文化建设只有寻找一个有效的路径加以推进才能迅速扭转空乏局面。因此马永强提出，乡村文化建设的核心是要通过公共文化服务体系的构建、公共文化空间的培育，推动广大农民的文化自觉和新的乡村文化形态的形成②。正是在这一背景下，构建乡村公共文化服务体系受到农民的认可和欢迎，并被中共中央提到乡村社会建设的战略高度。公共文化服务的内在功能、乡村文化的历史传统、乡村社会的现实问题及乡村建设的未来使命，共同赋予了当前乡村公共文化服务体系构建的价值取向。

1. 满足农民精神文化需求

农民需要健康、高质量的文化充实生活、提升人生追求，但当前中国乡村文化活动衰落，农民文化生活匮乏是不争的事实，其负面影响不仅仅表现在文化领域，而且已经渗透于社会发展层面：如迷信与色情文化的滋生、赌博活动的泛滥等。随着物质生活提高，农民的文化需求日益增长、文化权利意识逐步萌发，农民对文化需求日益提升，这为乡村公共文化服务体系建设提供了价值指向和现实动力。农民文化需求的有效满足，既需要乡村经济的持续发展，也需要国家政策的强力支持，但经济发展是一个长期过程，因此，在国家政策支持下构建完备的乡村公共文化服务体系就成为满足农民文化需求最快捷、最现实的方式。公共文化服务体系的核心目标之一就是最大限度地向公众提供数量多、质量高的公共文化产品，不断满足人民群众日益增长的文化需求，让全体人民共享文化发展成果。因此，满足农民文化需求是当前公共文化服务体系构建最直接的价值体现。首先，公共文化服务体系把文化产品定位回归到公共产品性质，这样既体现了文化的公益性，也有利于提高供给效率和利用效率；其次，公共文化服务体系把农民的文化娱乐与精神提升合为一体，有利于解决当前乡村低俗文化泛滥的问题；第三，公共文化服务体系以国家供给的方式提供文化产品，能够以社会效益为前提，坚持积极的价值导向和品位追求；第四，公共文化服务体系能够以文化促进公共生活的恢复，其积极意义将超越文化领域，有利于促进农民自身的全面发展，推进乡村和谐社会构建。

2. 实现公民文化权利公平

文化是人类共同创造的财富，参与文化活动、从事文化创造、享受文化成果是人的基本权利。《世界人权宣言》《经济、社会和文化权利国际公约》等公约均以法律的形式给予确认。早在20世纪90年代，"文化权利"在中国学术界得到了广泛关注，党和政府十分重视公民文化权利的实现。"文化权利"的核心是公平性。然而，由于中国长期实行的城乡二元结构发展模式，文化建设落后于城市，农民的文化权利没有得到有效的保障，既不利于"三农"问题解决，也有悖于社会公平。

实现文化公平，保障乡村文化权利，必须有相应的保障措施，如物质保障、人才保障、政策保障等。这就要求乡村文化建设必须是一项综合性工程，傅才武认为"在哲学

① 荆晓燕．提升基层公共文化服务水平的路径研究［J］．行政论坛，2013（04）．

② 马永强．乡村文化建设的内涵和视域［J］．甘肃社会科学，2008（06）．

理念上，公共文化服务体系是一种以保障公民基本文化权利为出发点的制度体系”①。这样，现实需求把构建完备的乡村公共文化服务体系提上日程，而哲学理念上的诉求，使公共文化服务赋予了保障文化权利公平这一价值取向。关注弱势群体的文化权利、保证最低收入群体能享有基本公共文化服务是公共文化服务体系的重要社会职能。它可通过协调地区之间、城乡之间以及不同阶层的文化资源配置，防止公共文化资源过分集中于发达地区、城市与高收入群体，确保公共文化资源均衡分配。健全的乡村公共文化服务体系还可以调动农民对公共文化及其他公共事物参与管理的积极性，借此实现管理公共事物的权利。因此，乡村公共文化服务体系构建不仅可以有效保障乡村公共文化产品和服务供给，而且利于统筹城乡文化建设，实现城乡均衡发展，实现文化权利公平。

3. 重建乡村社会体系

对农民而言，乡村社会既是一个世俗的物质世界，也是一个文化的精神世界。物质世界与精神世界共同组成了这个乡村社会体系。如果说物质世界有很大的共性，那么这个精神世界则有着明显的独特性。这个精神世界需要特定价值体系来维持，即对未来的共同追求，对现世的积极肯定；这个精神世界需要特定道德体系来规范，规范人们的思想和行为；这个精神世界还是特定的公共空间，它将人在这里有机地团结起来，可以享受现实中和精神上的公共生活；这个公共空间需要一种共同的历史经验和共享的文化符码构建公共记忆，强化认同，以使之延续。因此，农民在这里表达其认同时，也吸收了一组相同的符号资源来构建群体认同，这些符号资源的构建就是通过一些公共文化活动来完成的，通过公共文化服务体系传播。否则乡村社会体系将出现断层，甚至不复存在。

当前，我国处于深化改革的关键时期，如何推动乡村社会持续发展是一个重大的现实问题。而乡村公共文化服务体系的构建在解决上述问题上具有很强的天然功能和优势。首先，乡村文化是乡村社会体系的外在体现，即表明了乡村社会的未来目标、价值认同、社会规范，道德体系，具有评判、导向、整合社会成员个体行为的社会功能；其次，公共文化活动具有公开性和开放性，所有社会成员都能够参与其中。这有利于为人与人的交流搭建一个公共性平台，人们在这里享受文化娱乐的同时，就共同关心的问题展开讨论，增强相互了解，促进人际交往，形成舆论效应；第三，公共文化服务活动可以架起沟通社会与农民之间的心灵桥梁，人在这里统合意见，形成利益诉求，并反映到相关机构，有利于缓解社会心理危机、化解社会矛盾，促进乡村社会的和谐发展。当前，乡村社会体系在市场经济影响下，正处于转型与重构的过程中，公共文化服务体系在这一过程中必将发挥积极的作用。因此，重建乡村社会体系是时代赋予公共文化服务体系的价值取向。

4. 引导农民构建新的生活方式

中国乡村传统的生活方式是以小规模的土地经营、简单的生产方式为基础的，具有鲜明的等级秩序和“家”的色彩。但随着生产力发展、经济体制转轨和社会转型，尤其是现代平等观念、个人主义思想的渗透，乡村社会传统的生活方式日益呈现出与现代社会发展不相适应的一面，面临着转型的压力。为此，社会主义乡村建设把“乡村文明”作为总要求之一，其内容则是通过加强文化建设促进农民的思想观念、道德规范、文化修养、行为操守与时俱进，培育现代新型农民，并引导其构建适应现代社会发展要求的新型的生

① 傅才武．国家公共文化服务体系建设的价值评估及政策定位［J］．江汉大学学报（人文科学版），2010（06）．

活方式。完善的乡村公共文化服务体系能够为农民提供优秀的文化产品和文化服务，并通过相应的文化、艺术形式鞭挞社会丑恶现象，这不仅能够丰富农民的文化生活，而且有利于农民接受文化熏陶，帮助农民划清科学与迷信、文明与愚昧的界限，促进农民养成健康、文明的生活方式。同时，农民还通过对公共文化活动的积极参与来表达精神诉求，例如，农民可以以喜闻乐见、富于乡土特色的文化、艺术形式，表达对现世生活的感悟、对未来生活的憧憬、对人生价值的追求，从而实现凝聚社会共识和精神利益共享，引导农民构建积极、乐观的生活方式。

### （三）乡村公共文化服务体系构建的意义

公共文化服务体系构建的积极意义不仅仅在于文化需求的满足，而且已经扩展到社会治理、政治发展、主流意识形态构建等领域。在此背景下，构建完备的公共文化服务体系对乡村建设、和谐社会构建及政治体制改革必将产生重要意义。

1. 促进社会主义乡村建设

社会主义乡村建设不同于一般意义的村庄改造，是经济建设、政治建设、文化建设、社会建设“四位一体”的综合体现。构建公共文化服务体系是乡村建设的重要组成部分，也是促进乡村建设的重要手段。公共文化服务能够培育积极的乡村精神，为乡村建设提供精神动力；公共文化服务能够提高农民的文化素质，为乡村建设提供人力资源与智力支持；公共文化服务能够塑造良好的社会风尚，为乡村建设提供思想保障和舆论支持；公共文化服务体系能使广大农民充分享有文化建设成果，真正体会社会主义的优越性。

2. 增强党和国家在乡村的政治动员能力

乡村公共文化服务是连接国家与乡村社会、农民的桥梁，是国家传达党政国策，对农民进行思想教育的课堂，也是农民了解国家法律法规的窗口，因而具有凝聚社会认同、构筑意识形态的功能，是乡村社会自我整合和国家政治动员的重要手段。1978 年以后，中国乡村开启了村民自治化进程，国家对乡村的社会治理与政治动员开始趋向于非政治手段，公共文化服务在其中的重要性日渐凸显。在此背景下，构建完善的公共文化服务体系，通过公共文化服务的方式进行国家政策宣传，主流意识形态构建，有着独特的优势，更利于增强农民对党和国家政策的认同，促进乡村建设。

3. 继承和传播社会主义先进文化

公共文化服务体系是精神文明建设、传播先进文化的重要载体。社会主义先进文化有利于培养人们积极向上的精神风貌、健康文明的生活方式。完备的乡村公共文化服务体系能够以文化产品和文化服务为载体，传递特定的思想文化和政治主张，倡导社会主义先进文化，积极构建社会主义核心价值观，引导广大农民崇尚科学、破除迷信、移风易俗、抑制腐朽文化，提高思想道德水平和科学文化素质，使积极健康的文化占领乡村文化阵地，形成文明建康的生活方式和社会风尚，为乡村建设提供良好的文化氛围。

4. 维护乡村的社会稳定、促进和谐发展

乡村公共文化服务体系不仅可以向农民提供文化产品和文化服务以满足文化娱乐需求，同时，还能够通过大众参与公共文化活动的方式，促进人与人之间的交流，密切的人际交流能够使农民摆脱社会孤独感，能够形成大众认同的道德规范和舆论导向，为农民的情感沟通、时事评判、思想交流提供了现实平台和心灵桥梁，有利于缓和社会心理危机，化解社会矛盾，维护乡村社会的稳定和长治久安，促进乡村社会和谐发展为乡村建设提供良好的社会环境。

## 二、乡村公共文化服务体系构建面临的问题

乡村公共文化服务体系是我国公共服务体系的重要组成部分，乡村公共文化服务体系建设必须置于一定的经济、政治、社会条件下加以认识和推进。目前，我国已经处于经济体制深刻变革、社会结构深刻变动、利益格局深刻调整、思想观念深刻变化的社会转型时期，乡村经济、社会和文化急剧变革，使乡村公共文化服务体系建设面临着一系列新的问题。

一是随着社会转型的加快，农民群众的文化需求日益趋向多样化。20 世纪 90 年代以来，我国乡村经历着急剧的社会变革：一方面，乡村人口的跨区域、跨城乡大规模流动以及现代传媒技术在乡村社会的广泛应用，使城乡之间和区域之间的互动日益频繁，计划经济时代封闭的乡村社区日益走向开放；另一方面，随着社会主义市场经济的发展，乡村的经济成分、就业方式、分配方式日益多样化，社会内部的分层日趋复杂，农民群众的价值观念、思维方式和行为模式日益多样化。当前，乡村文化呈现出城市与乡村、传统与现代、东方与西方交织的复杂形态，农民群众的文化生活需求也日益趋向多样化，从单纯的娱乐需要转变为综合的“求知、求乐、求富”。这些变化对乡村公共文化服务的内容、形式和供给机制提出了新的要求。

二是随着民主观念和权利意识的增强，农民群众对公共文化服务的认识逐渐从“文化福利”转向“文化权利”。随着社会主义市场经济的发展和以村民自治为主的基层民主制度在乡村的广泛实施，农民群众的民主观念和权利意识不断增强，对公共文化服务的认识逐渐由国家提供的“文化福利”转变为个人的“文化权利”。农民群众对公共文化服务认识上的转变对文化工作提出了两个方面的要求：一是要求政府采取有效措施促进基本公共文化服务均等化，实现文化上的公平与正义；二是要求建立开放的公共文化服务参与机制，确保农民群众的知情权、参与权和监督权。

三是随着社会主义市场经济的发展，公共文化产品的政府单一供给结构逐渐分化为政府、市场、社会三元结构。在计划经济体制下，我国社会分化程度较低，没有政府、市场与社会的功能区分，文化产品和服务主要通过计划手段实行部门化的供给，文化管办不分。随着社会主义市场经济的发展，我国传统的整体性社会组织结构逐渐分化为政府、市场、社会三个领域，除政府和公共文化机构以外，企业和一些社会文化组织也成为公共文化产品生产的重要主体。这种分化必然要求加快转变政府职能，明确政府、企业和社会组织在乡村公共文化服务中的角色和定位，建立由政府主导的多元化公共文化服务供给机制，实现由“办文化”向“管文化”转变。

四是随着现代信息技术的发展，文化产品的内容、形式和传播方式不断出现新的变化。文化与科技的互动和融合是人类文明发展的主旋律。当前，互联网等现代信息技术的快速发展，不仅极大地改变着文化产品和服务的内容、形式和载体，催生出新的文化业态，而且还带来数字化、智能化、及时性的文化传播方式，扩展着文化的传播边界。信息技术发展所催生的文化产品内容、形式和传播方式的变革，必然要求采用现代信息技术丰富乡村公共文化服务的内容和形式，构建技术先进、传输快捷、覆盖广泛的文化传播平

台，建立适合乡村特点的公共数字文化服务体系，提升乡村公共文化服务的信息化水平。①

## 三、乡村公共文化服务体系构建的路径

在社会主义乡村建设持续推进的大背景下，乡村公共文化建设逐步进入一个黄金发展时期。为了顺利推进乡村公共文化建设的历史进程，促进乡村公共文化事业持续快速健康发展，应遵循这样一条现实路径：加大乡村公共文化建设资金投入→大力生产和供给乡村公共文化产品→加快推进乡村公共文化设施网络建设→确保乡村公共文化建设人才队伍→建立健全乡村公共文化建设组织领导机制→构建科学而权威的乡村公共文化建设效果评估体系。

### （一）加大乡村公共文化服务体系建设的资金投入

1. 建立乡村公共文化建设专项资金，将主要的乡村公共文化服务项目纳入地方政府财政预算

鉴于乡村公共文化建设属于政府固有的公共服务职能之一，且必具持续性，方可健康发展，取得成效，因而应首先建立乡村公共文化建设专项资金，将当地政府所实施开展的面向乡村的基本公共文化服务项目纳入政府财政预算，并确保政府对乡村公共文化建设的财政投入随着政府财政收入的增长而逐年增长，前者的增幅不低于后者的增幅。这是健全政府投入机制的基本要求，也是解决政府对乡村公共文化建设投入偏少或不稳定问题的治本之策。一旦这一做法得到认真实施，则那些与农民群众基本文化需求满足、基本文化权益保障密切相关的持续实施的公共文化服务项目，或者以年度为周期固定开展的其他公共文化服务项目，如乡镇文化站的维护和管理费用、电影放映工程等，所有这些都将获得稳定且充足的政府财政资金支持；在此范围之外，那些具有短期性或以数年为周期的公共文化服务项目，如文化场馆的新建扩建、两年一次的文体赛事等，则通过纳入非专项资金的政府财政预算予以解决。至于纳入政府专项资金的基本公共文化服务项目的确定，则由各地政府在确保中央要求的公共文化服务项目的前提下，根据自身财力和本地居民的文化需求状况而确定。

2. 通过多种形式，吸引社会资金广泛参与乡村公共文化建设

相比于社会资金对乡村教育等其他社会事业以及农民自办文化的参与，社会资金对乡村公共文化建设的参与和贡献明显要少得多、小得多，这既有多年来社会捐赠资金使用情况不透明等普遍原因，也有乡村公共文化建设的公益性不如教育等特殊原因。当然，即便如此，也并不意味着吸引社会资金参与乡村公共文化建设是不可能的；相反，这方面的前景是十分广阔的，关键在于各地的积极探索。由于社会资金往往是基于扩大知名度、树立新形象的目的而投身于公益事业的，因而在乡村公共文化建设过程中，应尽可能地针对社会资金的需求偏好，广泛创造各类可行形式，以吸引社会资金积极广泛地参与到乡村公共文化建设之中。譬如，由企业资助并独家冠名一些有影响力的乡村公共文化活动或乡村公共文化服务项目，像讲故事比赛、篮球赛等公共文化活动或服务项目，即可通过此类形式

① 于群．加快构建乡村公共文化服务体系［J］．行政管理改革，2012（03）．

而获得社会资金的支持。此外，尽可能利用各种媒体向社会各界人士积极宣传乡村公共文化建设的重大意义，假以时日，包括企业家在内的社会各界对乡村公共文化建设重要性的认识必然逐步提高，对乡村公共文化建设的参与也会变得更加积极、踊跃，这样既充分发挥了社会资金对乡村公共文化建设的积极作用，又满足了农民群众对公共文化服务的迫切需要。

### （二）大力生产和供给乡村公共文化产品

1. 拓宽民主参与渠道，充分发挥农民群众在公共文化产品生产与供给中的主体作用

由于乡村公共文化建设属于政府公共服务的范畴，对应于广大农民群众的基本文化权益，因而在整个乡村公共文化建设过程中，应尽可能地让他们参与进来，并发挥他们的主体作用。具体在公共文化产品的生产和供给这一环节，可将许多公共文化产品和服务的选择决定权交给农民群众，由他们根据自身的利益需要和兴趣爱好而选择确定政府应该为他们提供的公共文化产品的数量、质量和种类。譬如，乡村文化站、村文化活动室的功能设置，以及图书的购买，都可通过组织村民代表商议或实施调查问卷的形式，获得充分代表民意的主导性意见。总之，在乡村公共文化建设过程中，农民群众的民主参与不仅是必要的，而且其参与的具体途径和形式应该多样化、广泛化，当然，这并非意味着所有的公共文化产品都由农民群众根据自己的利益需要和兴趣爱好来确定，这里还有一个基本前提，那就是农民群众的利益需要和兴趣爱好必须符合国家、民族或地方集体根本和长远利益的需要。

2. 采用新技术，提高乡村公共文化产品生产供给效率

在当今时代条件下，公共文化产品和任何其他性质和形式的产品一样，越来越多地受到了科学技术的影响和推动。为了提高公共文化产品生产供给的效率，使广大农民群众获得更多的公共文化产品和服务，就必须在乡村公共文化建设过程中尽量引进和采用先进的技术手段。例如，推广数字电影放映技术，改造和取代传统的胶片放映，可以全面提升放映质量，降低放映成本，更好地满足农民群众看电影的文化需求。可以说，新电视村村通、乡镇综合文化站和基层文化阵地建设、文化信息资源共享、农家书屋、电影放映等主要公共文化服务工程中的不同环节都存在着使用先进技术的需求，这就要求各级文化主管部门和各类乡村公共文化服务机构密切跟踪科技发展动态，及时引进推广新的技术，从而提高公共文化产品生产供给的效率，造福于广大农民群众。

3. 借助多种途径，提高乡村公共文化产品生产供给能力

在乡村公共文化建设过程中，政府固然是乡村公共文化产品和服务的主要提供者，但这并不意味着政府是所有面向乡村和农民的公共文化产品的生产者，也就是说，生产与供给是有区别的，二者并不等同。例如，中央电视台购买国外的优秀电视节目在农业频道播放，生产者来自国外，但供给者仍然是我国政府。这也就表明，国家在乡村公共文化建设过程中，既可以直接组织公共文化产品的生产，也可以通过购买的形式交由其他主体生产，只要这些途径或形式是以公共财政做依托的，就都属于政府提供公共文化产品的范畴。前者的典型如国办剧团下乡送戏演出、建设乡镇文化站为当地农民提供文化服务等，而政府出资购买由民办剧团送戏下乡则属于后者。政府自身直接生产公共文化产品，对于持续性地满足广大农民群众日常性的基本文化需求，传播社会主义先进文化和增强党在乡

村的凝聚力、影响力等具有显著的积极作用，因而应该成为面向乡村提供公共文化产品的主要途径。但与此同时，政府也应该根据实际情况的需要，根据成本效益的比较，尽可能地通过政府购买的途径为农民群众提供公共文化产品，这是因为，由非政府的社会主体生产某些文化产品，有时成本更低，且更加合乎农民群众的兴趣偏好。

### （四）建立健全乡村公共文化服务体系建设组织领导机制

1. 适应时代要求，建立体现科学发展观的政绩考核体系

鉴于乡村公共文化建设以政府为主导，因而建立健全相应的组织领导机制乃是乡村公共文化建设的应有之义，唯有如此，有关部门承担的规划编制、政策法规制定、督察考核等职责方能得到有效实施。而为了实现这一目标，最根本的莫过于建立一套体现科学发展观、针对各级领导干部的政绩考核体系。对于各级党委政府来说，政绩考核体系就是他们施政的指挥棒。发展乡村公共文化事业，建立乡村公共文化服务体系，乃是落实以人为本的科学发展观的必然要求，是推进城乡和经济社会统筹发展的重要途径，这也就意味着，以科学发展观为指导的政绩考核体系的制定和实施，必然要求各级党委政府将乡村公共文化建设作为政府工作的重要职责之一，纳入政府的重要议事日程，纳入经济和社会发展规划，从而使乡村公共文化建设获得有力有效的领导组织保障，进而促进乡村公共文化事业持续健康发展。

2. 细化领导责任，建立乡村公共文化建设目标责任制

建立体现科学发展观的领导政绩考核体系，仅是从宏观层面为乡村公共文化建设提供了组织领导机制的保障，在具体实践中，乡村公共文化建设的顺利推进还有赖于一系列微观组织载体和责任机制的建立。由于乡村公共文化建设总体属于精神文明建设范畴，其涉及的部门大多属于宣传文化系统，因而可将它列入各级党委政府成立的精神文明建设领导小组的职责之中，由这一领导小组机构承担起乡村公共文化建设的规划、协调、督察等领导职责，而不必另外建立专门的领导小组等类似的组织领导机构。在此基础上，建立乡村公共文化建设目标责任制，将乡村公共文化建设的具体目标责任进一步落实到文化、广电、新闻出版等政府部门的工作考核目标之中，以确保乡村公共文化建设的各项工作任务在有关部门的组织领导之下顺利开展和圆满完成。

### （五）构建科学而权威的乡村公共文化服务体系建设效果评估体系

1. 多元主体结合，科学评估乡村公共文化建设成效

在以往的乡村公共文化建设实践中，虽然不乏一些文化主管部门牵头组织的考核评比活动，但由于这些考核评比不同程度地具有维度单一、内容狭窄、方法简单等弊端，因而往往不能全面科学地对整个乡村公共文化建设的成效做出评估。作为政府履行公共服务职能的一部分，乡村公共文化建设接受科学评估的必要性是毋庸置疑的，其关键在于如何确定评估的科学性和权威性，而这就需要从根本上改变存在弊端的原有评估方法，推行多元主体共同参与的科学评估方法。首先，这种评估需要作为乡村公共文化服务的对象——农民群众的参与。为此，可考虑通过选择具有一定数量并具有广泛代表性的农民代表，对乡村公共文化服务机构以及重要的乡村公共文化服务项目进行评估，其评估内容主要是乡村公共文化服务机构的环境、设施、工作人员态度、服务效率和受益程度等方面，还包括重

要服务项目的内容质量、惠及面大小、农民群众的受益程度等。

其次，这种评估需要各级党委政府有关部门的参与，其评估内容主要涉及乡村公共文化建设是否纳入议事日程、经济和社会发展规划、政府财政预算、政绩考核体系等情况，还包括乡村公共文化建设的进程以及完成上级党委政府所交付的任务等情况。再次，这种评估还需要专家学者的参与，其评估内容主要包括乡村公共文化建设的创新、成本效益比较等方面。总之，只有实行多元主体结合，才能从多个维度、多个方面，全面地、科学地评估乡村公共文化建设的总体状况。

2. 充分利用评估成果，促进乡村公共文化建设持续健康发展

乡村公共文化建设成效的评估，其意义不在于评估本身，而在于总结经验，发现问题，推动创新，激发群众参与，促进乡村公共文化建设持续健康发展，这就需要对乡村公共文化建设的评估成果加以充分利用。利用评估成果包括两个方面：一是将农民群众、专家和政府官员一致认可的好做法、好经验推广到其他地方的乡村公共文化建设实践中，使更多的农民群众受益；二是将各方评估尤其是农民群众评估的结果，与涉及的乡村公共文化服务机构和乡村公共文化服务项目的领导干部奖惩升降和经费的增减紧密挂钩，使农民群众以及其他主体参与评估的最终结果，影响到乡村公共文化服务机构和乡村公共文化服务项目的领导干部奖惩升降和经费的增减，从而促进各级党委政府更加重视并认真做好乡村公共文化建设工作，以满足农民群众的基本文化需求，造福于广大农民群众，从而实现村风文明、社会和谐的目标。

# 第十章 乡村文化遗产保护研究

乡村文化遗产保护工作是一个复杂的系统工程，需要全社会的共同努力才能够做好。随着经济全球化和我国城市化进程加快，特别是我国新乡村建设的全面铺开，乡村文化遗产保护亟待进行。本章将对乡村文化遗产保护的现状进行分析，阐述乡村文化遗产保护发展理念，探析乡村文化遗产保护体制机制，讨论乡村文化产业的发展与创新。

## 第一节 乡村文化遗产保护现状

### 一、乡村文化遗产保护意识不强

有的地方把“新乡村建设”理解为“新村庄建设”，存在“求新求洋”的“洋乡村实践”的倾向，乡村领导极少考虑地方、民族、乡土文化的保护与传承，造成了一些地区出现乡村、民族、地域特色丧失的局面。由于有关部门对古村落保护宣传力度不够，作为保护古村落的主要力量的村民，对古村落在新乡村建设中的作用和价值认识模糊，大多数人保护意识淡薄。不少人把老民居、古村落视为贫穷落后的象征，随意毁坏、拆除。正如冯骥才指出的那样：“如果这样继续发展，十几年后，民族的、传统的历史记忆和传承就将丧失。”① 实际上“千村一面”的现象已经出现。

有的地方在新乡村建设中搞“政绩工程”“形象工程”，置古村落文化遗产的真实性于不顾，擅自在古村落内进行迁建、复建或兴建人造景观，破坏了古村落和谐的人文和自然环境。有的地方在农田改造、水利、道路等基础设施建设、农民生活设施建设以及村容整治中，忽视乡土建筑保护的重要性，以致一些乡土建筑原有的生态环境、历史风貌格局被肢解、破坏，甚至建筑本体也难逃被拆毁或迁移的命运，这些行为已直接威胁到中国古村落乡土文化的安全。

文化遗产保护专家认为，民众意识的觉醒是文化遗产最有力的保障，文化遗产保护不仅需要文物工作者和文物管理部门的努力，更重要的还是要提高全社会对文化遗产保护的认识。②

---

① 牟新艇，卓成华．冯骥才 传统村落才是我们乡愁安放的地方［J］．中国老年，2015（10）．

② 佟玉权．农村文化遗产保护的几个认识误区［J］．大连海事大学学报，2010（4）．

有的地方政府古村落文化遗产保护意识十分薄弱，对乡土建筑价值的认识仅仅停留在旅游开发层面上，而对于乡土建筑丰富的历史、科学、社会、艺术等价值知之甚少。在一些地区. 片面追求乡土建筑的经济价值，重开发利用、轻保护管理的现象相当普遍。一些具有重要价值的乡土建筑，因为过度开发利用或保护管理不善而遭损毁

一些地方乡村干部对文化遗产保护的重要性认识不足，对上级开展的古村落乡土文化遗产保护工作存在抵触情绪。由于乡村干部与村民接触最多、关系紧密，乡村干部的这种情绪也直接影响到村民对文化遗产保护工作的态度，最终造成文保单位或乡土建筑所在地的村委会和村民对文保工作的漠视、不支持，甚至拆除、破坏、转卖古建筑及其构件，或以此为借口来要求文物部门支付经费。

由于国家实行严格的土地政策，尤其是退耕还林后，个别村落和群众将目光瞄向所谓“闲置”的文化遗址，或将遗址划成开发基地，在上面盖起了具有现代风范的高楼大厦，或将遗址当成“荒地”开垦，还说是“有效利用土地资源”；也有的乡镇政府和村委会任由遗址荒芜；甚至嫌“遗址”碍事，竟将其拆除或重建。

## 二、经济发展与文化遗产保护存在矛盾

文化生态是文化遗产赖以生存的环境和基础条件，文化遗产环境受到严重威胁排在首位的因素，依然是新乡村建设和城镇化中的建设与保护的矛盾。

### （一）一味追求经济发展，破坏文化遗址

有的工程单位为了追逐经济利益而无视国家法律，甚至为赶工程工期而不惜毁坏文化遗址。如松花江大顶子山航电枢纽工程附属公路上的纪家屯金代1号遗址，对复原金代平民生活具有极高的研究价值，虽然政府曾责成黑龙江省文化厅基建考古办公室与大顶子山航电枢纽工程指挥部签订了《松花江大顶子山航电枢纽工程涉及古遗存进行抢救性考古发掘协议书》，由黑龙江省文物考古研究所承担大顶子山航电枢纽工程施工区等8处遗址的考古发掘。可施工方项目部经理为赶工期，强行施工，使大顶子山航电枢纽工程附属公路上的纪家屯金代1号遗址遭到了毁灭性破坏，被挖掘机损毁的带有鱼纹、花边的陶片随处可见，已失去任何考古价值。

### （二）没有全面理解乡村文化遗产保护内容

一些地方片面理解保护古代遗址和保护古城古村落就是恢复历史遗迹，热衷于重建古建，修庙盖塔；新建传统特色街，以致拆了真古董去建假古董；有的部门认为保护古城只是为了发展旅游需要，一味追求经济回报，以致出现许多无知的破坏行为。

造成这种现象的根源是有关方面没有摆正开发建设与文化遗产保护的关系，其结果是把文化遗产保护看作是发展的障碍，把保护与建设看作是一种不可调和的矛盾，认为在历史古城中建设性破坏是必然的；看不到文化遗产的潜在价值，把传统特色看作是落后的、与现代化不相容的东西。① 一些地方对新乡村建设中历史文化遗产保护的宣传不够，也缺少统一的乡土建筑保护标准和评价指标，在一定程度上存在“新乡村建设就是新村庄建

① 于春敏．论新时期农村文化遗产保护的困境与对策［J］．广西师范大学学报，2010（4）.

设"的认识偏差，许多人认为"旧城旧村"就是历史留下的烂摊子，要建设就要"破旧立新"。

由于目前涉及文化遗产的重大工程建设项目的审批制度还不够完善，有的地方政府部门法制观念不强，片面强调经济建设的重要性，忽视乡村文化遗产保护，没有把文化遗产保护作为乡村工程建设项目的重要组成部分，因此各级文物部门在工程立项审批过程中，多是配合性地对工程涉及的地方进行考古发掘，对部分文物开展保护。一些大型工程建设怕耽误施工进程，未采纳文物部门的合理化保护意见，致使一些重要文化遗存被破坏。

（三）土地政策和产权问题没有良好普及

按照国家有关土地法规，我国乡村实行"一户一宅"政策，旧宅基地（即旧民居）不拆，土地部门不批新的宅基地，结果迫使村民拆旧建新，导致众多传统民居被毁。同时，古村落里的无序建设也肢解了文化价值很高的原有格局、风貌，很多传统民居、村落周围兴建起大量新建筑、现代建筑，破坏了和谐的自然景观。乡土建筑内大部分房屋产权属于集体和村民个人所有，少数属于国有，使得管理和保护工作很难进行。有些房屋分属几户、十几户，保与拆、修与不修难以统一，从而造成其自然损毁。

（四）开发与保护的权衡

游人的增多，不可避免地带来对长城的破坏。由此带来了一个问题，是旅游开发好，还是继续让它"野"下去？每年十万人、几十万人去攀爬数百年未修的段落，破坏力可想而知。因此，有人认为，与其把长城暴露在游客面前遭踩踏，不如让它继续"养在深闺"，躲过人为破坏的一劫。

但另一种建议正好相反，他们认为适当合理地开发长城恰恰是保护长城。秦皇岛市长城开发公司董事长徐国华说，散布在边远地区的长城每年也有很多探险者，另外长城边上的群众对未经保护的长城破坏也很严重，经过保护开发后，告诉游客哪段是濒危长城不可以爬，哪段可以爬，游客旅游有序了，村民的破坏行为也被制止住了。①

这几年来，长城保护比以前要好得多。好多野长城每年有十多万的攀爬者，这实际上反映了大家的一种精神需求，堵不如疏，政府要做的是顺应这一需求，但开发建设的前提是以保护长城为原则，而不是单纯以营利为目的掠夺性开发，目前更需要关注的是名为长城开发，实为破坏长城的行为。

## 三、乡村文化遗产严重流失

中国是世界上文化遗产非常丰富的国家，同时也是世界上文物流失较为严重的国家之一，盗窃、走私文物犯罪活动十分猖獗。由于不断加大打击力度、打击文物犯罪常态化，大大遏止了走私、盗卖文物的行为。但是文物市场收藏、交易热度仍居高不下，加之中国文物在海外的价格不断走高，都将刺激文物犯罪行为。目前文物犯罪已出现高技术化和国际化的倾向。

---

① 佟玉权．农村文化遗产的整体属性及其保护策略［J］．江西财经大学学报，2010（3）．

### （一）监管能力有限，盗窃走私猖獗

山西是全国古建筑遗存最多的省份：近年来受相关法律细则缺失、基层管理能力不足等因素影响，大量村落内的古建及构件被盗窃或买卖。有关专家表示，此类现象不仅造成古建筑资源流失，还破坏了村落的原始风貌和地域特色，建议采取措施加强监管，留住即将逝去的“乡愁”符号。

据不完全统计，在47个国家的200多个博物馆里有中国文物大约100多万件。由于大量中国文物流失海外，部分国外博物馆成为重要的中国文物收藏地。现阶段国家只能重点收购少量有代表性的、文物艺术价值极高的珍品：对于流失海外的数量庞大的文物来说，这只不过是九牛一毛。究其原因，是文物走私者追求经济利益而置国家利益于不顾导致的。

### （二）自然与人为的破坏

风雨侵蚀、人为破坏、缺乏维护管理，一些地区文化价值较高的明代长城文字砖被偷盗、拆解、贩卖的现象屡见不鲜。

1. 风雨侵蚀对文化遗产造成破坏

自然环境保护不力导致文化遗产遭受损害。如周口店文化遗址是第一批全国重点文物保护单位，是世界上唯一的从70万年前至1万年前的古人类遗址群，同时又是世界上同时期古人类遗址中内涵最丰富、材料最齐全和最有研究价值的古人类及古生物遗址，是我国古人类学、旧石器时代考古学和第四纪地质学等多学科的研究基地。但是，目前周口店遗址的保护状况不容乐观：生态环境恶劣，周边企业生产对遗址造成严重污染，从而影响了文物本体的保护；同时铁路震动对遗址影响严重，遗址所在村镇用地严重威胁遗址保护，博物馆建筑设施相对落后。

稍微碰触城墙，就会有薄土落下，不少烽火台的砖瓦脱落，部分墙体出现倾斜，有些城墙经风雨侵蚀已被掏空，留下数个大洞，可能一场暴雨就会坍塌，这是河北境内部分古长城的现状。中国长城学会副会长董耀会表示，真正的砖石结构长城大部分分布在河北和北京境内，即使这些长城是砖石结构，也经不住常年的风吹雨打，不少城楼已经摇摇欲坠，夏季一场暴雨就可能被冲塌，对于这些即将坍塌的危楼，建议有关部门要尽快普查，修缮越早，消失的就越少。[①]

除了夏季暴雨，长在城墙缝里的树已成了这些地段长城最大的危害。不少城墙缝里都长出了树，有些甚至长在了城楼上，墙体被树撑坏的现象十分严重。当地百姓表示，如果不清理，这些树根经过雨水的作用会继续生长，墙体会继续被撑开，直至撑裂城楼。

2. 人为破坏加重乡村文化遗产损坏程度

由于有关部门对文化遗址保护不力，致使文化遗址遭受人为破坏。我国的万里长城就因保护不力遭受破坏。抚宁区长城保护员张鹤珊指出，除去地震、风雨侵蚀等自然因素，人为破坏仍是长城生存的一大威胁，长城砖被盗、被贩卖现象时有发生，加之近年来的野长城旅游热，都加快了古长城被损坏的速度。在河北卢龙县刘家营乡东风村，村里房屋多

---

① 李洪勤，王英勋，田永德．农村文化遗产保护开发研究——以山东潍坊为例［J］．人文天下，2015（14）．

是低矮破旧的建筑，但房屋本体和院墙使用的多是青灰色的长厚砖：村里老百姓表示，村子比较穷，所以早些年从长城上拆下这些长城砖来盖房，近年来当地老百姓保护意识有所提高，拆长城砖盖房的现象已有所减少。

另外，卢龙县东风村背后的长城上有一些砖比较特殊，砖上刻有文字即文字砖，破坏、盗窃文字砖的现象还时有发生。东风村村民自己家里面就有文字砖，砖上刻着左、中、右等字，市场价多是四五十元钱一块，如买卖，可便宜至 30 元钱一块。这些文字砖具有不可替代的文物价值，但历经数百年自然侵蚀，加上人为的破坏，目前正在渐渐消失。

近年来，到野长城旅游探险的游客越来越多，但这些长城目前多处于自生自灭的状况，这些年催生的野长城热实际上已经超过了长城的承载能力，目前部分地区对野长城的破坏比已开发的长城景区要严重得多。

3. 乡村传统无形文化没有得到保护

目前，中国仍存在对依附个体存在的、口口相传的无形文化传统抢救不力的现象。目前掌握一定传统艺术技能的民间艺人已为数不多，出现传承后继乏人的现象，大量罕见的民间文艺、民俗技艺随着前辈艺人的去世而销声匿迹，每天都在重复着“人亡艺绝”的态势；民间傩戏、皮影、年画等经典民俗文化技艺随着生存环境的变化而悄然逝去；由于乡村文化遗产保护缺少政策和资金支持，保护工作举步维艰，许多非物质文化遗产如剪纸、口传史诗、糖画等也在悄无声息地消失。

日本学者稻烟耕一郎认为，中国民间保存着令世界惊叹的多彩原始面具和原始文化，可惜这些原生态的资源正在受到不同程度的破坏。[①] 一些古老的面具因未得到有效保护而变质、损坏，与此同时，粗制滥造的仿制品却大量流传，使中国傩文化变调、变味，在某种程度上破坏了它的学术价值。非物质文化遗产是民族最基本的文化符号，是传承民族生存的生命线，如果不加以重视，它就会不可避免地走向消亡，而这种消亡从一定意义上说意味着民族个性及特征的消亡，意味着我们民族“文化种群”的退化。

### （三）过度开发旅游资源，消耗乡村文化遗产

许多古村落试图通过发展旅游业来带动当地经济，促进新乡村建设。不可否认，旅游资源的合理开发和利用对古村落保护有一定的促进作用，但如果过度开发，其弊端也是显而易见的。许多原生态的古村落开发为旅游景区后，缺乏科学的规划，盲目建设餐饮、宾馆和道路等配套设施，从而导致古村落整体景观不协调，建设性破坏严重。

此外，为追求经济利益，不限制游客人数，大大超过了古村落环境人口容量。而过于浓重的商业气息，严重破坏了古村落的生态及其独有的宁静和谐的生活氛围。更令人担忧的是，当古村落成为景区后，不可避免地会受到现代文明的冲击和异地文化的入侵，古村落所特有的乡风民俗正在受到外来观念的威胁和破坏，进而影响古村落的原貌和人文魅力，这种现象在很多古村落都有加剧的趋势。

---

① 韩璐．论文化农村与文化遗产的传承与保护［J］．中共青岛市委党校．青岛行政学院学报，2011（4）．

## 四、乡村文化遗产保护的资金、管理存在缺口

资金缺乏问题。目前乡土建筑的保护资金、改善基础设施的资金投入严重不足，导致维修保护工作严重滞后。由于乡土建筑数量多，维修规模大，所需费用极高，仅凭居民、村镇和地方政府的力量难以承担，不少乡土建筑失修失养。另外，部分老建筑的维修费用甚至高于新建筑的费用，居民对投资维修的积极性普遍较低。而按照现行文物保护资金使用政策，专项资金不能补贴产权属于私人的古民居，造成大量亟待维修的民居自然损毁态势依然存在。

管理和维修问题。乡土建筑保护不同于一般的文物保护单位，新旧建筑杂处，保护对象和周边环境十分复杂，居住人口众多，仍为民众日常生活生产使用，缺乏统一规划与合理管理，产权关系又不太清晰，与情况相对简单、产权相对清晰的一般文物保护单位差别较大。相较之下，管理和保护工作的难度也更大：要么无人管束、乱拆乱建，甚至在周围兴建起大型水泥厂、化工厂等污染项目，直接加剧了水源、空气污染，在不同程度上破坏了原有生态系统；要么基础设施落后，缺乏必要的卫生、排水等公共设施，生活条件极差，居民缺乏保护文物的积极性，任其失修、垮塌，使乡土建筑直接面临着生存危机。

# 第二节 乡村文化遗产保护发展理念

## 一、乡村文化遗产保护发展的目标

### （一）我国乡村文化遗产保护的发展目标

围绕建设社会主义文化强国的宏伟目标，全面落实到2020年文化改革发展总体部署，“十三五”时期，我国乡村文化遗产改革发展的主要目标是①：要形成较为完善的乡村文化遗产保护体系，具有历史、文化和科学价值的遗产及文物得到全面有效保护：保护乡村文化遗产和文物成为全社会的自觉行动，为实现文化遗产大国向文化遗产强国的转变奠定坚实的基础。建立健全具有中国特色、与世界接轨的乡村文化遗产保护理论体系；形成科学完备、保障有力的法律体系；形成高效的文物博物馆管理体系，联动响应、监管到位的遗产保护安全体系；形成政府主导、惠及全民的乡村文化遗产公共服务体系：形成结构优化、技术过硬的保护人才体系；形成不断创新的科技支撑体系：形成多方协力、共建共享的乡村社会参与体系；以及形成布局合理、覆盖广泛的遗产保护传播体系，加快乡村文化遗产保护事业发展步伐。

---

① 宋炯，盛志伟．江苏文化遗产解读的探索与思考［J］．乡村规划建设，2015（2）．

### （二）我国乡村文化遗产保护实施的九大目标

1. 处于乡村境内的世界文化遗产和重大遗址的保护规划编制启动率达到100%。乡村境内世界文化遗产和重大遗址、国家一级博物馆的文物安全监测平台建设率达到100%；每三年完成一轮世界文化遗产监测巡视工作。

2. 乡村博物馆总数达到2300家。免费开放博物馆、纪念馆占比达到25%；法人治理结构规范化、管理专业化的民办博物馆建设率达到10%。乡村博物馆年均举办陈列展览达到7800次以上，年接待观众达到3亿人次以上。乡村国有博物馆一级文物的建账建档率达到100%。每个地市级以上中心城市拥有1个功能健全的博物馆，每个乡村少数民族的文化遗产和民族文化都能通过博物馆得到全面保护、研究和展示。

3. 县区级文物行政执法机构建成率达到15%（省级文物行政执法机构建成率达到70%，地市级文物行政执法机构建成率达到30%），建成5至10家国家乡村文化遗产和文物安全综合管理实验区（示范单位）。

4. 第一至六批乡村重点文物保护单位的重大险情排除率达到100%。第七批乡村重点文物保护单位的重大险情排除率达到50%。建成10至20个国家级文物标本库房；乡村文物博物馆一级风险单位中文物收藏单位的防火、防盗设施达标率达到100%。

5. 文物保护行业重点科研基地总数达到10家；组建5家乡村文化遗产保护技术创新联盟和5个文物保护科技区域创新联盟。培育2至4家文物保护科研机构进入国家重点实验室序列；制定30至50项乡村文化遗产和文物保护行业标准。

6. 全国文物进出境审核机构总数达到20家，文物进出境责任鉴定员总数达到200人。

7. 实施10项处于乡村境内的大遗址保护重点工程。建成若干国家考古遗址公园和5至10个大遗址保护管理机构；建设5至10个遗址博物馆。

8. 县级及以下可移动文物保护设计和修复资质单位总数达到20家。开展包括国家文物保存环境监测中心、区域文物保存环境监测中心、文物保存环境监测站在内的全国珍贵文物保存环境监测网络建设工作。完成若干个包括文物保护综合技术中心、文物保护修复区域中心、馆藏文物保护修复技术和成果推广服务站在内的县级可移动文物保护修复架构体系建设。建成若干个考古现场文物保护移动实验室。

9. 开展大规模乡村县级及以下文物博物馆干部培训，培训总数达到2000人次。重点开展全国县级文物部门负责人培训；专业技术人员培训1500人次；县级及以下文物行政执法人员培训1000人次。

## 二、乡村文化遗产保护发展的原则

### （一）保护为主，抢救第一

政府有关部门，要把保护文物、传承文明作为乡村文化遗产保护事业加速发展的根本。保护是事业发展的前提，利用是事业发展的过程，管理是事业发展的手段，传承是事业发展的目的。[①] 要坚持依法保护和科学保护的原则，遵循遗产保护规律，保护文化遗产的真实性和完整性，保护遗产的自然环境和人文环境。建立科学保护遗产的长效机制，推进遗产抢救性保护与预防性保护的有机结合。加强遗产的日常保养，监测遗产保护状况，改善遗产和文物的保存环境。

### （二）保护与利用统筹兼顾

各级政府要把经济社会发展作为乡村文化遗产保护事业加速发展的前提和基础。合理利用好遗产资源，构筑遗产保护的新优势和新动力。充分释放文化遗产资源潜能，充分挖掘遗产资源价值，使文化遗产保护事业成为促进新乡村建设、优化乡村面貌、彰显文化魅力、改善生态环境、提高人民生活质量的重要内容和有力支撑。

各级政府要把提高质量作为乡村文化遗产保护事业加速发展的核心任务。统筹兼顾遗产保护的规模发展和内涵利用，更加注重遗产保护理念的转变，更加注重遗产管理体制和运行机制的改革，更加注重文物保护模式和利用途径的创新，更加注重遗产保护的制度建设，有效提升遗产保护管理的精细化、规范化和信息化水平，确保文化遗产和文物安全并永续传承；提高遗址和博物馆公共文化服务质量，更好地满足大众多层次多样化的文化需求。

### （三）推进改革与创新

各级政府要把改革与创新作为乡村遗产保护事业加速发展的强大动力。加快构建遗产保护事业科学发展的体制机制，重视改革的顶层设计和总体规划，提高改革决策的科学性，增强改革创新的协调性，力求在保护的管理、科技等重点领域改革上取得突破；推进观念创新、体制机制创新、科技创新、传播手段创新、保护传承方式创新，促进文化遗产保护事业在参与创造物质财富和精神财富的实践中焕发出新的活力，充分发挥遗产资源的综合效益。

### （四）建立乡村文化遗产保护示范工程

各级政府要着力培育一批乡村遗产保护利用的示范工程、关键技术、品牌活动、先进机构、领军人才，引领乡村遗产保护事业在创新中发展。发挥乡村重点文物保护单位、世界文化遗产、国家遗址公园、国家一二三级博物馆的示范作用。创建全国文物工作先进县、乡村遗产保护科技创新奖、全国乡村遗产安全综合管理实验区、遗产保护优秀工程、十大考古新发现、文化遗产日、国际博物馆日、国际古迹遗址日等文物工作品牌，形成示范和引领乡村遗产保护事业发展的矩阵。

## 三、乡村文化遗产保护发展战略

### （一）倾力建设乡村文化遗产保护能力

中央政府要建立乡村遗产资源调查的长效机制，加强县级及以下地区的革命文物、水

---

① 冯莉．现代性建构：乡村非物质文化遗产保护的未来［J］．大众文艺，2017（9）．

下文物、乡土建筑、文化线路和村镇景观等不可移动文物的调查登记工作。开展国有可移动文物普查工作，推进乡村国有馆藏文物的认定、登记和建账建档工作。推动建立乡村民间收藏文物调查、认定、登记、流转制度；开展流失文物调查、登记和建档工作；提高信息技术在遗产资源调查中的应用。①

中央政府要着力实施一批重大乡村文化遗产抢救性保护工程，构建有中国特色的乡村遗产维修保护理论体系和文物保护工程管理体系。实施元代以前早期建筑、明清古建筑群等一批重大文物保护工程；加强全国重点文物保护单位中石窟寺石刻、古村落古民居的现状调查、规划编制、维修保护和环境整治工作；加强历史文化名镇名村和少数民族地区重要文物保护单位的维修保护工作。规范遗产保护工程勘察、设计、施工、监理、验收的流程管理。

中央政府要提高新乡村基本建设考古项目的审批效率。研究编制乡村地区考古规划，完善考古技术标准。推行地下文物埋藏区认定公布制度，研究建立乡村基本建设项目文物影响评估制度和考古项目监理制度。健全遗产考古机构，建设遗产和文物标本库房，配置出土文物现场保护设备；加强现代物探技术、数字化测绘技术在乡村考古中的应用。

中央政府要做好乡村地区世界文化遗产保护工作。健全保护管理法规，改革世界文化遗产保护管理体制，研究提升世界遗产保护管理的行政层级。完善监测巡视机制，建立定期发布监测报告制度。建立中国世界文化遗产保护监测中心，实现世界文化遗产保护的动态监控和信息化管理；实施世界文化遗产保护维修工程，加强世界文化遗产地工程管理。加强世界文化遗产地历史环境景观保护和建设控制地带划定工作。完善中国世界文化遗产预备名单动态管理制度；促进世界遗产地旅游业的可持续发展。

### （二）促进乡村文物博物馆的标准化、规范化

中央政府要推动乡村文化遗产保护的法规建设，推动中国基本形成全面覆盖、协调配套、科学合理、实施有力的乡村特色文物和遗产保护法律体系。推动制定《中华人民共和国不可移动文物和乡土建筑保护法规》，深入执行《中华人民共和国文物保护法》《文物保护法实施条例》《中华人民共和国水下文物保护管理条例》；落实实施《博物馆条例》。健全县级遗产和文物保护单位、地下文物、水下文物、馆藏文物、社会文物、文物安全、大遗址保护等法规制度。

未来几年，中国要基本建立面向应用、重点突出、科学规范、便于操作的乡村遗产和文物保护标准体系。构建遗产保护技术标准体系框架，指导文物行业标准化工作。健全遗产和文物保护的技术标准、管理标准、工作标准和基础标准，推进文物保护技术实施和管理工作的制度化、规范化、科学化。各级政府要加强文物保护标准的宣传、实施和推广。

### （三）完善乡村文化遗产的督察制度

中央政府要推动建立乡村遗产督察制度，研究设立国家文物局直属区域性文物督察派出机构；制定遗产和文物行政执法机构建设标准，健全县级及县级以下文物行政执法机构。推行文物安全与执法巡查制度。建设以世界文化遗产、重大遗址、全国重点文物保护

---

① 陈慧英．乡村文化遗产资源开发与乡村振兴互动研究［J］．中国管理信息化，2020（5）．

单位为重点的文物违法预警监管系统。

有关部门应建立“文化遗产和文物安全工作联席会议”制度，健全部门间联合执法长效机制，严厉打击乡村文物违法犯罪行为。健全乡村文化遗产和文物安全责任制度，落实文物安全责任制，实行文物安全事故责任追究制度；建立乡村文物安全评价体系，创建国家文物安全综合管理实验区和示范单位。完善乡村文化遗产和文物安全检查工作机制，定期发布文物安全形势报告；加强乡村文化遗产保护平安工程，开展乡村博物馆风险单位安全防护设施达标建设，推广应用文物安全防护新设备、新技术和新工艺。①

### （四）壮大乡村文化遗产保护人才队伍

各级政府要充分重视乡村文化遗产保护队伍建设，进一步优化乡村遗产和文物保护人才队伍，培养一批熟悉文化遗产工作、懂经营善管理的复合型人才；培养一批善于运用现代科技手段保护和利用文化遗产的科技型人才；培养一批熟悉和掌握传统工艺技术的专业型人才；培养一批历史文化知识丰富、具有世界眼光、熟悉外语的外向型人才。各级政府应注重培养遗产保护规划、文物保护工程、文物修复、水下考古、出水文物保护、文物鉴定、陈列展示设计、文化创意、国际交流合作等方面紧缺的专门人才。以提高专业水平和创新能力为重点，注重培养文物保护科学家、科技领军人才、工程技术专家和创新团队。

注重培养文物保护乡村一线青年人才。加快培养一支门类齐全、技艺精湛的乡村遗产和文物修复人才队伍，以及职业化、专业化的文物博物馆公共文化服务人才队伍；稳步壮大乡村地区文物保护员队伍和文物博物馆志愿者队伍。实施、建立文物保护修复执业资格制度；建立乡村文物博物馆行业人才信息数据库；建立健全文物博物馆机构资质准入制度和文物博物馆专业人员资格准入制度。推进乡村文保人员培训在内容上与文化遗产重大保护项目、重点工程、重点工作相衔接，与乡村文物博物馆工作岗位职责相对接，增强培训的针对性、实用性和有效性。

### （五）借助科技力量推动乡村文化遗产保护发展

未来几年，中国应基本形成以技术体系为核心、以制度体系为保障的乡村文化遗产保护行业创新体系，重点突破制约遗产保护科技发展的瓶颈问题。组织实施以中华文明探源工程及相关文物保护关键技术研究、指南针计划——中国古代发明创造的价值挖掘与展示、遗产风险预控技术体系研究与示范、水下文化遗产保护关键技术研发、遗产保护传统工艺科学化研究、遗产保护修复专用装备研发为重点的重大科技专项。

推进遗产和文物保护关键技术提升计划和文物保护基础研究推进计划。挖掘和抢救濒临失传的乡村文物保护传统工艺和技术。健全乡村博物馆科研组织体系，加强国家级文物保护科研机构、国家文物局重点科研基地、国家工程技术研究中心、国家重点实验室和国家文物分析检测中心建设。支持乡村博物馆机构与社会科技力量共建科研联合体，建立一批文物保护技术专业创新联盟。

加强科学技术在乡村文化遗产保护中的应用，应加强现代信息技术特别是物联网技术在乡村文化遗产保护行业中的推广应用，提高文化遗产保护各领域信息化水平。各级文化

① 易敬亭．乡村文化遗产的保护与利用策略探索［J］．中国高新区，2017（24）．

遗产保护部门应建设乡村遗产和文物资源基础数据库、文物预防性保护信息平台、遗产公共服务平台和文物安全监测平台。开发文物地理信息系统。建设文物保护、考古发掘、陈列展示、监测预警、安全防范、公共服务、动态管理与辅助决策的信息技术支持系统，推动乡村文化遗产保护重要信息系统的互联互通、资源共享和业务协同。推进数字博物馆工程；加强文物信息的社会化服务和传播普及工作。

中央和地方各级政府有关机构应构建文物保护科技基础条件共享平台，建立乡村遗产保护科技基础数据库（群）。促进乡村地区遗产保护科技成果的转移扩散。加强乡村遗产保护基础理论、发展战略和政策法规研究，推动遗产保护学科建设，为乡村文化遗产保护事业的创新发展提供有效支撑。

## 第三节　乡村文化遗产保护体制机制

### 一、乡村文化遗产保护激励机制

#### （一）鼓励物质文化遗产的发现上交行为

根据我国《文物保护法》的规定，发现文物及时上报或者上交使文物得到保护的，将由国家给予“精神鼓励或者物质奖励”。[①] 这种奖励只是“名义上”或者“象征性”的。韩国法律规定，发现文物必须上报有关权力机关：对发现者的补偿视文物发现地的权属而定。如果发现地属国有土地，则发现人获得文物价值一半的补偿数额；如果土地属私人财产，则土地所有人和发现人各得文物价值一半的补偿额。有人认为，政府给予发现人较高的价格补偿是阻止走私和非法交易的最好方法。中国也应通过激励机制向文物的善意发现者支付合理的现金补偿，杜绝黑市交易和非法收益。还应充分发挥社会力量，多方筹措遗产和文物保护资金。对积极上交文物者还应通过媒体大力宣传，物质奖励和精神奖励并行。

#### （二）税收政策革新促进文化遗产保护

为丰富公众特别是收藏爱好者的精神文化需求，同时为使个人博物馆成为国有收藏机构的有益补充，应通过经济杠杆如减免税收等措施激励个人博物馆向公众提供优质的服务甚至免费开放。另外，为进一步鼓励流失海外的中国文物艺术品回流，促进其他国家的文物艺术品进入中国市场，国家应降低艺术品进口的关税。

目前大多数国家，尤其是经济发达和文化发达国家均采取了低关税，甚至是零关税的措施来鼓励艺术品的引入。因此，降低艺术品进口关税，最理想的是实行零关税，可以逐年递减；对于从香港、澳门地区进口的艺术品实行零关税制度；对海外回流的艺术品免征

---

① 万婷婷．法国乡村文化遗产保护体系研究及其启示［J］．东南文化，2019（4）．

关税、进口环节增值税，对于购买海外回流艺术品的机构和个人免除各种消费税等。降低艺术品进口关税，有利于引进更多的国外优秀艺术品，有利于海外中国文物和艺术品的回流。

## 二、乡村文化遗产保护经费制度

《中华人民共和国文物保护法》第三十一条的规定尚未设定违反法律规定应当承担的法律责任和处罚标准，而且该规范规定的基本建设文物保护经费在时间上也相对滞后。[①] 针对这两方面内容，应采取如下举措：

第一，应规定文物调查、勘探、发掘及迁建应在基建项目用地前进行，没有文物部门出具的基建占地范围，无文物埋藏的证明书，计划部门不予立项、土地部门不办理征地手续、建设管理部门不发放施工许可证，只有从立法层面补充这些内容，才能从源头上增强基建单位执行《中华人民共和国文物保护法》的自觉性，彻底制止由基本建设带来的破坏文物事件的发生。

第二，加大处罚力度。对不执行《中华人民共和国文物保护法》关于调查、勘探、发掘、迁建的有关规定而造成破坏文物后果的，要增加应承担的法律责任和处罚条款，如此可使《中华人民共和国文物保护法》既有对基建单位设定的法律义务，又有违反这一规定应当承担的法律责任，进而达到增强可操作性的良好效果。

第三，加大对基本建设文物保护经费的投入。国家财政也应当加大对基本建设文物保护经费的投入。大幅度增加文物保护经费，并建立稳定的文物保护经费增长机制，从而使各级文物部门有能力将本行政区域内文物特别是地下文物普查清楚、公布于众，避免基建单位选址在地下文物丰富的地段，继而负担沉重的文物保护经费。对配合保护基本建设过程中发现的重要文物者进行经费补助，尽量减轻基建单位的负担，从而缓解基本建设与文物保护的矛盾。

根据《文物保护法》第十条第四款“国家鼓励通过捐赠等方式设立文物保护社会基金，专门用于文物保护，任何单位或者个人不得侵占、挪用”[②] 的规定，建立各级文物保护基金，所筹基金除用于各级文物保护单位的维修、加固外，应适时对基本建设文物保护经费进行补充。可以发行文物彩票，将收入的一定比例用于文物保护事业。

可以参照意大利等国做法，个人可以指定其缴纳的所得税特别用于文物保护事业，实现个人对社会公益事业的纳税志愿：并进一步明确对各级文物保护单位及发掘项目的捐赠可以抵税，使社会各界对文物事业的捐赠向常态化和规范化方向发展，从而为文物事业的发展提供稳定的经济来源。

## 三、乡村文化遗产保护税费制度

第一阶段，按照投资额的百分比向基建单位开征文化遗产保护税，最终实现由费改税。

① 于静．论新文物保护法的制度创新及其立法完善［J］．办公室业务，2016（21）．
② 单霁翔．新视野·文化遗产保护论丛 文化遗产保护社会动员［M］．天津：天津大学出版社，2017：153.

第二阶段，降低文化遗产保护税的缴纳比例。调查费可结合一、二、三次全国文物普查的办法由政府提供；由于勘探在发现文物的同时，兼具发现地道、枯井、窨穴等对文物保护不利的地质现象的功能，因此发掘及迁建费应按照国际通行惯例由各级财政、基金会等共同承担，最终实现以国家保护为主，全社会包括基建单位共同承担经费的格局。

第三阶段，在我国经济发展到一定高度时，基建单位所交的调查、勘探、发掘及迁建等费用可抵税款。

第四阶段，按照国际惯例，国家全额直接支付基本建设项目所需的各项文物保护费用。

## 四、乡村物质文化遗产保护、出口、回流制度

### （一）健全墓葬保护体系

从《刑法》的内容来看，关于古墓保护的规定不可谓不严，量刑不可谓不重，但都是事后惩处，犯罪类型也多是结果犯。《中华人民共和国文物保护法》对文物保护的法律责任规定得较为详细，但也多是文物、古墓等遭到破坏后的责任。而对于不符合文物保护安全管理制度的行为包括不符合古墓保护要求的行为，处罚较轻。如《文物保护法》第七十条规定："文物收藏单位未按照国家有关规定配备防火、防盗、防自然损坏的设施尚不构成犯罪的，由县级以上人民政府文物主管部门责令改正，可以并处二万元以下的罚款。"①

另一方面，中国目前在国家立法层级上还没有单独的古墓保护法律法规。而文物保护的相关法律法规的内容政策性表述较多，很多要求并不具体，使文物管理工作开展较为困难，古墓保护的形势亟须颁布单独的古墓保护法律法规。

现阶段文物保护方面投入严重不足，特别是乡村文化遗产分布众多增加了保护的难度，一些地区受经济等条件限制，资金与人员的投入明显不足。同时，目前盗掘古墓犯罪往往具有国际犯罪背景，实施犯罪时一般是集团化，装备有精良的交通工具、通信工具、盗窃工具和野外作案的生活用具。这些盗墓者利用现代化的金属探测仪和传统的洛阳铲相结合，采用爆破或挖掘的手段，进行盗掘。

有关部门要建立健全文物保护单位人防系统，建立健全三级文化遗产和文物保护网，调动墓葬周边农民的保护积极性，把田野文物安全、古墓葬安全保护纳入乡村综治工作职责范围，正确处理文物保护中的职责，对文物保护当中出现的问题实行层层问责制。对于古墓葬的保护来说，有了真正的防范和保护措施才是最重要的。

要加大保护古墓葬的科技投入，建立起古墓葬的科技保护防范设施体系，文物保护专家李晓东曾研究出"地震原理设备"，安放在河南虢国墓地，效果理想；后又在全国重点文保单位湖北荆门楚汉古墓群做实验，起到很好的保护作用。② 巩义县采用声控设施，效果良好。

---

① 白玲．论如何贯彻实施文物保护法［J］．才智，2015（2）．

② 倪皓．探论考古学思潮对中国文物保护法的影响［J］．常州文博论丛，2017（0）．

### （二）规范文化遗产的收藏和拍卖

我国的《文物保护法》专门规定了民间收藏、流通文物的规范，但由于《文物保护法》是规范文物行为的法律总称，对文物收藏规定不详尽。因此，有必要尽快出台《文物收藏法》，建立民间文物收藏鉴定、登记和转让制度，规定只有进行过鉴定、登记的文物才能进入流通领域进行合法交易。从国际上看，大部分国家特别是文物资源丰富的国家，为了保护本国的文化遗产以及维护文物市场和民间收藏的正常秩序，都对文物的买卖和收藏实行鉴定、登记和转让制度。

根据《文物保护法》的规定，拍卖企业拍卖文物，未按照国家有关规定做出记录或者未将所做记录报文物行政部门备案的，由县级以上人民政府文物主管部门“责令改正”，这远远不能对未做记录或做虚假记录的拍卖企业起到震慑作用，完全有可能使非法来源文物通过拍卖“漂白”了身份。① 尽管法律要求文物行政主管部门应当加强对经营文物拍卖的拍卖企业的监督检查，但在文物拍卖市场的监管问题上，尚存在不健全的地方，使得国家对文物拍卖的管理从标的来源到拍卖的全过程缺乏有效的监管，以致某些拍卖企业在具体业务中违规经营、超限经营、暗箱操作等问题比较严重。

规范文物拍卖对形成健康有序的文物流通秩序和文物市场、促进文物的保护和管理工作具有极为重要的意义。因此，必须严格规范文物拍卖许可证制度和专业人员资格考核制度；为保护古遗址、古墓葬等不受破坏，国家应对经营第一类文物从严控制；在拍卖企业申领许可证后，可暂时批准其经营第二、三类文物；另外，应对取得文物拍卖许可证的拍卖企业和取得文物拍卖专业人员资格证书的人员进行年审，如果发现违规现象，文物部门应吊销其文物拍卖资格。

此外，还要完善文物拍卖鉴定制度。文物拍卖的核心是鉴定。一些拍卖业内人士建议，由拍卖协会出面，设立民间的、非营利的专业机构，定期对拍卖公司进行公正、客观地评估，定期对社会公布。重要拍品的鉴定，可以直接由非营利的专业机构完成。进一步加强文物拍卖行业自律，尽快建立一套由买家、卖家、拍卖公司和鉴定人员共同遵守的职业道德信誉机制。

### （三）加强物质文化遗产出口管理

解决文物走私的问题，需要尽快健全的文物进出口政策，尽管《文物保护法》从法律上明确承认了文物的私人所有权和中国文物市场存在的必要性，但这并不意味着国内外市场对中国文物的需求就因此可以得到满足。根据现行法律，进入市场流通，可以交换和转让的只能是传世的文物，出土文物和馆藏文物是不能买卖的；而且《文物保护法》规定的“交换”是物与物之间的交换，不是买卖行为；“依法转让”指的是有偿转让，公民可以将其收藏的文物卖给文物商店或国有文物收藏单位，还可以到具有拍卖文物资格的文物拍卖企业委托拍卖，不能私下转让。②

建议应允许公民个人收藏的文物在公民之间进行流通，改变现在的拍卖合法、市场交

---

① 古丽夏提．对文物保护法贯彻落实情况进行检查［J］．新疆人大，2016（11）．

② 黄明玉．文化遗产概念与价值的表述——兼论我国文物保护法的相关问题［J］．敦煌研究，2015（3）．

易合法而民间买卖和私下交易违法的规定。一般文物的流通，只要其来源合法，且不是以走私或其他非法形式进行交易的都不应被禁止。有意见认为应尽快开放国内文物市场以遏制文物走私，减轻文物保护重负，同时也可以增加财政收入。

20 世纪 90 年代以来中国文物管理领域最重要的进展之一，就是国家逐步放宽了实行多年的严格的文物交易政策。从世界范围来看，文物需求旺盛的国家一直坚持认为，文物资源丰富的来源国的出口立法应允许文物国际交流和租借，也应在一定的范围内允许将不太重要或重复多余的文物投放市场。一旦合法市场需求得到满足，也就切断了非法贩运的获利来源。

#### （四）革新物质文化遗产回流制度

我国 1999 年 6 月颁布的《中华人民共和国公益事业捐赠法》，将博物馆、纪念馆、文物保护单位机构接受的社会捐赠定为公益性捐赠，但国家同时又规定内资企业只有向 12 家非营利机构的社会公益事业捐赠，才允许在税前的应纳税所得额中全额扣除，而这 12 家机构中不包含任何一家文物、博物馆机构，这无异于给原本就不太平坦的国内文物捐赠之路又增添了一道障碍。[①] 也是目前我国文物、博物馆类非营利机构募捐水平低下、社会捐赠能力弱化的症结所在。为使文物回流更加顺畅，机制更加完善，建议财政部、税务总局、海关放宽用于公益文化事业捐赠的所得税优惠幅度，鼓励和引导社会资金投入。

## 第四节　乡村文化产业的发展与创新

### 一、乡村文化产业的发展策略

#### （一）规范乡村文化资源评估

1. 文化资源调研机制

文化是一种态度。在浩瀚的几千年历史长河中，人们将积极向上、追求美好和平生活态度寄予一些物品或者活动上，形成流传至今的民间工艺、民俗活动、古建筑等多姿多彩的传统文化资源。如中国结正是中华古老文明中的一种文化体现，“同心结”是中国人民追求“白头偕老，永结同心”美好生活的态度。文化资源是在一定生活态度作用下，凝结了人类无差别劳动成果的精华和丰富思维活动的物质和精神的产品或活动。

由此可见，文化资源具有精神和物质双重属性。乡村文化资源是指在乡村区域范围内的文化资源，同样具有精神和物质双重属性。乡村文化调研是指在乡村区域内，在一定时间段，调查者系统收集、记录、整理、分析和总结文化资源极其相关因素的信息资料，以

---

① 付莹．从立法视角审视“文物”概念：以《文物保护法》的修订为契机而展开［J］．中国文物科学研究，2014（1）．

确定文化资源的开发情况、存量情况、濒危情况（包括文化传承人）、保护情况等，为文化市场规划、开发、决策者提供依据的活动。乡村文化调研时应该考虑到文化资源的双重属性。

建立乡村文化资源调研机制具有重要的意义。

一是完善的乡村文化资源调研机制，可以分析出乡村文化资源的趋同性、延续性、精神的和象征的崇拜等情感价值，可以分析出乡村文化资源的历史价值、考古价值、美学价值、建筑艺术价值、文献价值等文化价值，可以分析出乡村文化资源的休闲娱乐功能、带来经济效益和社会效益、带来政治功能和教育功能等使用价值，从而提高乡村发展文化产业的自信心和自觉性。

二是完善的乡村文化资源调研机制，可以摸清乡村区域的文化资源存在情况，对这些资源进行归类汇总，经过评估后具有开发潜能的文化资源将成为文化资本，为文化市场评估、产业规划布局、产业决策制定提供最基础最原始素材，对改善乡村文化产业的小、散、乱局面，为开发新产品，开拓新市场提供支持和帮助，对乡村文化企业走抱团取暖路线有重要的指导意义。

三是完善的乡村文化资源调研机制，可以发现乡村文化资源的价值特征、空间特征、时间特征、经济特征、文化特征及其特征成因和背景，为乡村文化产业发展过程中存在的问题解决方案，促进文化管理部门更新管理机制和管理理念，使管理更科学、更现代化。四是完善的乡村文化资源调研机制，可以建立和完善乡村文化资源数据库，实时了解乡村文化资源开发进展情况、被破坏程度、濒危程度、保护情况等，推动乡村文化产业的可持续发展。

乡村文化资源调研必须坚持一定的原则。解放和发展文化生产力不是凭空制造的一种生产力，也不是以旧换新的生产力，而是生产力一场革命，更是一场发生在乡村区域的知识革命。根据马克思主义生产力理论，生产三要素是劳动者、生产资料和劳动对象，乡村文化资源属于乡村文化生产要素的生产资料范畴。这场知识革命必须对生产资料要素—乡村文化资源进行调研。这次革命必须坚持马克思主义中国化的原则，坚持实事求是原则。只有对乡村文化生产材料的全面调研，解放和发展乡村文化生产力才有“发言权”，才能对乡村文化产业进行合理的规划。

如何进行鉴别和归类乡村文化资源？

首先，在某些文化资源特别丰富的少数民族乡村所在的县、州，成立相应的文化资源调研领导小组，由县长任组长，将乡村文化产业发展提到更高的战略地位，由县级文化管理部门主导文化资源日常调研工作，向县一级政府直接汇报文化资源开发和调研情况。

其次，做好乡村古民居、古建筑等物质文化普查工作，对民间艺人性别、年龄、特长、村落等入库保存，登记好各类文化资源历史时间、现存量及其类似文化资源乡镇、村居进行归类汇总，对该辖区相似文化资源进行比对，做好文化资源相似的村寨数据库备份，并对其进行归类，既服务于辖区内乡村文化产业整体规划，又可以与周边地区寻找文化产业合作机会。

再次，要动态调研，对已经登记在册的文化资源进行监管，进行文化立法，对已经开发的文化资源进行保护跟踪，在进行文化资源归类工作之后，需要对记录在册的文化资源进行责任到位的保护，对已经开发的文化资源进行监督，防止过度开发，对未开发文化资源由县、州政府统一权责保护。及时更新文化存储量和生存状态，对未开发的文化资源和民间艺人进行实时更新，包括年龄、死亡情况等，且建立长效的文化资源调研机制，发现新的文化资源。

最后，对每个乡镇、村寨进行文化资源特色宣传，由县级定一个周期进行文化资源展示，加强各乡镇文化交流，加强县际文化交流，为乡村文化产业合作搭平台、扩渠道。

2. 文化资源评估机制

文化资源的评估具有重要意义。中国乡村文化资源丰富，但文化资源丰富不等于文化资本雄厚。没有文化资源的评估就无法认清自身资源优势，出现文化资源的争夺和同质化竞争，导致重复建设和资源的浪费。文化资源的评估可以促进文化产业的整体布局和文化产业的结构调整，较大程度上改善乡村文化产业的小、散、乱格局，打造文化精品项目。

乡村文化产业评估需要坚持一定的原则。评估文化资源价值考虑的因素很多，也是一个复杂的系统工程，不同的资源具有不同的个性化测量标准，因此，文化资源的评估结果只要是相似的、符合实际情况的，可以说是合理的评估结果。要得到合理的评估结果，必须坚持客观性原则、无宗教性原则、数量化原则和可比性原则。

客观性原则是文化资源评估的首要原则，要求在进行文化资源评估时，尽量避开本乡镇人员评估本地文化资源，达到评估结果的客观性。无宗教性原则要求在评价一个带有宗教色彩的文化资源时，必须使这种资源的本质属性得以客观反映，而不是主观性地得到一个有失偏颇的评价。数量化原则是对文化资源进行评估时，通过获得数量化评价的指标体系和相应的分析方法来获得相对客观和准确的评价结论。可比性原则是针对不同的文化资源要进行类比，从中获得简化的评价思路。

建立城市对乡村文化资源评估帮扶体系。城市在文化资源评估上积累不少经验，帮助附近郊区或郊县制定文化资源评审维度，提升乡村文化的甄别能力，修正乡村文化企业发展轨迹并给出建设性意见。首先，每个村派出年轻大学生或者领悟能力较强的年轻人到就近的城市或者文化产业发展较好的城市学习，寻找文化资源评审维度制定方法。其次，引进就近城市的文化评审专家到乡村支援，现场授课，并初步制定乡村文化产业评估维度方法。再次，通过一带十的方法，将相似的方法带到邻村去评估。最后，制定符合村情的乡村文化各个评审维度。

3. 组建文化资源研究智囊团

文化资源研究智囊团在国内被称为“艺术智囊团”，在欧美国家被称为“艺术顾问团”，主要职能是为当地文化定位、策划等。在欧美、日本都成立大量诸如“艺术顾问团”的文化研究和推广机构，形成人才聚集效应和品牌聚集效应。日本东京设立大量文化研究和推广机构，寻找世界性文化元素，整合文化资源，这与美国文化资源整合类似，如美国的电影《功夫熊猫》是通过整合中国的功夫和熊猫这两种中国元素。

为了更好统筹规划乡村文化产业发展，建议在县政府主导下，统一成立民间文化资源研究机构，专门调研各乡镇、村文化资源情况。然而，在县城要成立像城市那么完善的“文化资源智囊团”难度较大，主要体现在几个方面：一是大部分县域经济发展远比城市落后，存在经济基础薄弱，拨划文化产业发展经费不足，请不起知名专家加盟，专业水平有限；二是大多数乡村文化企业待遇差，缺乏对各类文化产业人才的吸引力；三是极具特色的民间手工艺濒临后继无人窘境，在20世纪八九十年代号称“打铁村”的福建省漳浦县院前村，至今打铁铺所剩无几；四是乡村文化自信心不足，很难燃起文化创业激情。

在县城成立“文化资源研究智囊团”建议做以下努力，克服这些困难。

第一，寻找各村退伍军人、退休干部、德高望重、热爱公共事业的村民，由他们初步组成文化资源研究智囊团的“原始人马”。

第二，以县政府名义，邀请城市“艺术顾问团”到县城指导，将“文化资源研究智囊团”的民间手工艺人才、乡村文化策划人才、乡村文化经营人才、乡村文化产业管理人才的标准讲授给“原始人马”和村里领悟能力较强的“年轻人”，并进行现场招聘示范，从“‘草根’文化资源研究智囊”团起步，经过调研规划各村文化资源，待文化资源转为文化资本后，吸引外地专家，成长为“‘专家’文化资源智囊团”。

第三，对经过文化资源评审并获得开发许可的乡村加大财政倾斜，改善就业环境和提高就业待遇，如通过使用乡村文化产业股份机制，按人才特点和贡献按比例入股等方式。

第四，将民间手工艺、民俗文化、乡村农业生态旅游等乡村特色元素融合起来，抱团取暖，拯救乡村特色元素。

第五，公布乡村文化资源调研结果，加大相似文化资源成功发展乡村文化产业案例宣传，提高农民的文化自信心，解放思想，学习村先进特色文化元素构成本村文化产业深层文化基础。

### （二）优化乡村文化产业布局

#### 1. 发展乡村优势文化资源产业

不同乡村地域文化资源特色不一样，在进行乡村文化产业布局时，要避免“眉毛胡子一把抓”，也要避免“捡了芝麻丢了西瓜”，要有大局观，做好资源整合。通过政府引导与市场调节，有效融合县级政区文化资源，合理开发利用，避免结构趋同，减少重复建设，形成各区域特色明显、优势行业合理分布的格局，同时也要支持乡村文化企业的跨县区、跨市投资、生产和经营，拓展空间。

在发展乡村优势文化资源产业时，需要进一步完善文化产业项目库，培育和扶持拥有自主知识产权和文化创新能力、主业突出、核心竞争力强的文化产业集团，形成良好的产业凝聚力、品牌影响力，打造多层次文化产业体系，对民族民间文化、历史文化资源和生态文化资源进行保护性开发，促进资源向资本的转化，形成多层次区域文化产业特色体系。整体来讲，发展乡村优势文化资源产业，需要结合未来经济、文化发展目标以及文化消费市场，列出产业重点和支柱产业。支柱产业是产业发展中基础较好、总量较大、速度较快、成长性高、发展空间较大、产业链较长，对整个地区文化产业具有推动和引导作用的先导性行业门类。

发挥最具差异性竞争力的文化资源优势，走乡村文化产业品牌化、规模化、集约化发展道路。如贵州省遵义市乡村长征文化资源丰富，把握浓郁长征文化气息的红色文化文脉，以遵义会议会址、红军街、红军山以及娄山关红军文化遗址为核心，发挥文学艺术创作人才与高等院校的学科、人才优势，加强文学艺术创作与现代传媒、新业态结合，积极推进网络、影视和动漫产业发展，丰富和提升长征文化服务体系，实现长征文化产业系列化开发。

以乡村旅游开发为契机，加快生态产业发展，带动文化地产项目建设。积极吸纳乡村富余劳动力，促进乡村社区与文化创意地产的互动发展，形成具有文化特色的浓郁乡村文化氛围，错位发展，协调布局，形成古镇原生态文化产业集群。

加强区域旅游合作，联合各区域旅游开发，用文化元素润色景区景点，发展民族民俗文化产业，打造特色文化生态旅游。结合新乡村建设项目，发展茶文化产业和乡村度假产业，开发类型多样、层次丰富、满足不同文化消费需求的乡村文化产品，完善乡村文化体验设施和服务体系，形成田园体验式文化产业带。

在民间文化底蕴深厚的乡村，优先建立民间文化基地。培育历史文化产业，涵养文化资源，提升产业内涵。对于拥有丰富的民族民间文化资源的地区，尤其是工艺资源特色鲜明地区，如莆田木雕、惠安石雕、华安玉雕、宁德竹编、临沂柳编等，已形成一定的品牌影响力。

充分挖掘民族民间优势文化资源，开发民族民间文化产品，培育民族民间文化产业，是丰富完善文化产业结构，促进传统文化的保护与传承，带动地方经济发展的需要。提升创意内容和技术含量，形成具有特色的标识性民族民间工艺品、旅游纪念品；设立民族民间传统文化研究中心、民族民间工艺研发中心，建立民族民间工艺大师评级、奖励政策及机制，培养民族民间工艺传承人；设立专项资金，鼓励和扶持民俗工艺产品生产加工企业，借助文化旅游、文博会展、博物馆、纪念馆和文化产业项目推介会等平台，促进民族民间工艺品的生产和销售；鼓励民俗工艺品生产企业自主创新，延伸民俗工艺产品产业链。

积极培育与扶持创意文化产业，对推动中小文化企业和文化个体户，发挥高等学校、地方文化研究机构与地方文学艺术人才的优势，发掘地方历史文化，活跃文化市场，提供更多的就业岗位具有重要的意义。挖掘地方历史文化、地方文化、生态文化资源，策划具有创意性的系列节庆、会展、休闲生活方式等文化活动，发展文化创意产业；依托长征文化和地方民族文化，鼓励演艺团体和艺术人才，创意具有市场潜力的长征文化、民族文化和地方特色的演艺节目，带动文化创意产业的发展；充分利用地方农产品资源和丰富多彩的民族工艺，大力发展具有创意性的工艺产品。

2. 着力发展乡村创新型文化产业

创新型文化产业具有高附加值、高创意、高流通等特点，它借助人的知识、技能和智慧创意，通过科技手段、创新文化资源利用方式，从而产生高附加值产品或提供高效益服务，是为社会创造财富和提供广泛就业机会的一种新兴业态，是现代文化产业的高端和前沿。[①] 我国乡村文化产业尚属于萌芽阶段，科技创新含量较低，着力发展创新型乡村文化产业，需要与时俱进、解放思想、实事求是，提高创新意识和科技含量，重在营造创意环境，建立创新机制，打造创新品牌，提高科技含量。具体来讲，建议从以下四个方面展开。

首先，营造创意环境，提升文化产业品位。工业化的技术体系为文化产业提供了技术基础。积极推进创意环境建设，大力提倡以创意为现代文化发展的核心理念，营造创意氛围，鼓励创意创造，鼓励创意与其他各行业互相融合与推进，在现有的文化资源基础上，抢占战略性发展先机。

---

① 李军红．文化产业助力乡村振兴战略：机理·模式·路径［J］．齐鲁艺苑，2019（3）．

其次，建立创新机制，加速文化资源向文化资本转化。乡村文化资源经过调研、评审后，符合开发的乡村文化资源如果没有市场化的创新机制，就不能转化文化资本。浙江省永康市五指岩每年在重阳节举办农民文化艺术节，连续19年，文化旅游发展未取得突破性发展，之后通过考察研究，结合五指岩坡度较高特点适合于攀岩运动，在文化节增加了此项活动，收效明显。花木兰是中国四大巾帼英雄之一，却被美国人经过美国人的“创新”思维，改编为卡通巨片《花木兰》，在全球获得了3亿美元以上的票房收入。功夫是中国传统文化元素，熊猫是中国国宝，却被美国“创新”改造为《功夫熊猫》风靡全球。中国乡村在文化资源的利用上缺乏创新意识，很多是发展低端的自然观光旅游，需要尽快建立创新机制，完善创意机制，从丰富的文化资源中深层次的挖掘、提炼出最能切入大众文化心理、精神诉求且最有“卖点”的文化精品。

再次，打造创新品牌，加快文化品牌聚集效应。英国百分之八十五以上的时尚设计师集中在伦敦，优秀品牌设计团队纷纷迁往伦敦，三分之一以上的设计机构也集中在伦敦，日本的日产汽车和福特公司也选择伦敦作为公司设计中心的总部。在中国乡村，文化品牌意识较淡，形成乡村的文化品牌较少，尚未形成品牌聚集效应，目前可以通过已经发展起来的文化产业，如中国东方演艺歌舞团协助蓉中村发展乡村文化产业，以南音、高甲戏、惠安服饰表演等地方特色发展蓉中文化品牌，聚集福建歌仔戏、民族文化等乡村文化品牌，产生品牌效应。

最后，增加乡村文化的科技含量，走乡村文化产业高端路线。动漫技术、自动化、数字化、网络化、已经成为当前文化产业发展的科技主导，各种科技技术的融合提高产业竞争力，使文化富有新的生命活力，由此产生和扩大新的文化经济增长点。

3. 走集约型乡村文化产业发展道路

乡村文化产业发展大多属于资源粗放型。乡村文化产业发展的粗放型主要集中体现在文化资源条块分割、部门分割严重，区域化争斗，同质化竞争现象严重，重复开发现象，资源浪费现象严重。福建省南靖土楼和华安土楼曾经为争夺“土楼王”展开同质化竞争，重复开发土楼资源，造成资源浪费。

我国乡村文化产业应该顺应经济转型潮流，适应转型期“三个转变”发展思路，整体规划，避免同质化竞争，走差异化竞争，改变文化资源粗放型发展模式，转变为文化资源集约化发展模式，加大培育形成一批具有发展活力的中小微企业，构建专、精、尖、特的文化产业集群，提高文化资源的市场配置效率，实现从规模扩张到质量提升的转型之路。

1. 提高乡村中小微企业支持力度，激活乡村文化市场活力

全国范围内，文化创意产业区别于一般产业的显著特征是中小微企业构成文化产业的主体，尤其是中小企业是文化产业的主力军。在乡村，文化产业处于起步阶段，存在大量的小微企业，要激发文化市场活力，需要增加对小微企业支持。技术支持可以通过引进城市文化产业人才到乡村小微企业现场指导，帮助分析乡村文化产业资源的优劣、发展现状、小微企业技术优化点等进行合作式协助。

资金支持方面，当地乡村合作社为小微企业做好信用评价，通过多维度评估，拓宽可抵押资产范围。税费方面积极探索优惠税收政策，可以在前三年免税，前五年上升到一定营业额税率降低至某个标准，提高小微企业的创业激情。

2. 促进文化资源要素自由流动，整合乡村优势文化资源

我国乡村蕴含丰富的文化资源，各文化资源表现形式更是千奇百态，文化要素琳琅满目。乡村文化产业发展需要突破藩篱，邻村互取优势，交易各类文化资源要素，形成文化资源要素市场，整合乡村各类文化资源优势，实现共享、共赢。

在促进文化资源要素的自由流动方面，应着重从国民经济社会系统的整体发展中进行改革设计，创新各部门协同合作的体制机制，打破行政主导、行业壁垒和利益垄断，促进文化资源要素的自由流动，营造各类文化市场主体公平竞争和发展的良好环境。云南大关县有苗族、彝族、回族等15个民族资源，有原始森林、悬崖瀑布等自然资源，大关县正确促进这些文化资源要素流动，整合乡村优势文化资源发展村寨旅游脱贫致富。

3. 走乡村文化产业集群之路，提高资源利用率

文化产业集群，又称“文化产业集聚”，是指众多相互关联的文化企业或机构共处一个文化区域，形成产业组合、互补与合作，以产生孵化效应和整体辐射力的文化企业群落或产业集聚。①

核心产业集群主要包括新闻出版业、广播电视业、电影业、娱乐业、艺术业、广告业等六大产业。文化产业集群有两种模式：地域型文化产业集群和主导产业型文化产业集群。无论是哪种模式，文化产业集群在本质上就是一种能够降低交易费用的中间性经济组织，是为了节约交易费用，提高经济效益，提高文化企业抗风险能力的需要而产生的。

未来文化产业的竞争，必将是区域对区域、集群对集群的竞争。山东省临沂市乡村柳编工艺品产业集群包括种柳、编柳、贩条、称条、蒸条、上里子（把手）、柳编工艺品中间商、柳编工艺品经销商等成熟的柳编完整产业链，辐射到的产业有集装箱运输、纸箱包装、纺织品加工、油漆、纸张、胶带、印刷业等，形成柳编产业集群。在该集群中，利用编柳过程产生的废弃柳条用于纸张生产，发展纸箱包装业和印刷业，利用编柳艺人做纺织品加工，借柳条运输发展集装箱运输业等等，整个产业集群大大提高资源率，节约交易费用、提高经济效益、提高文化企业抗风险能力，是乡村文化产业集群化成功的案例。

### （三）革新乡村文化产业机制

1. 转企改制，企事分开

在广大乡村区域，政府办文化现象仍然比较普遍，乡村文化产业和公共文化事业界限比较混乱，需要进一步的明晰，若不进行界限的明晰，文化体制机制改革就难以最终取得理想效果，就很难激活乡村文化市场活力，繁荣乡村文化。

2. 完善文化管理体制

乡村文化产业发展中乡镇政府作用是关键，对于乡镇政府来说必须增强服务理念，服务应该成为乡镇政府的一种执政理念，使管理与服务统一起来。健全基础管理、内容管理、行业管理以及网络违法犯罪防范和打击等工作联动机制，健全网络突发事件处置机制，形成正面引导和依法管理相结合的网络舆论工作格局。

加强各级党委对乡村文化产业发展的领导，加强政府与党委之间的协调沟通，理顺党政领导交叉任职问题，建立党委政府双重领导，以党委为主的大文化建设发展委员会机

① 詹绍文，王敏，段太阳．乡村特色文化产业发展的价值逻辑［J］．大众文艺，2019（19）．

构，从宏观上完善行政管理体制。

整合各种行政管理资源，清理不同部门之间的交叉职能，将原来的专业管理和条块管理合并成综合管理，多部门联动，加大乡村文化市场的“扫黄打非”力度，建立大行政管理体制，提高乡村文化产业服务管理的协调、管理效率。

3. 拓宽乡村文化产业融资渠道

资金问题是乡村文化产业发展“老大难”，完善文化经济政策，扩大政府文化资助和文化采购，降低社会资本进入门槛，建立多层次文化产品和要素市场，借鉴英国等国的做法，鼓励社会捐赠发展乡村文化产业，调动各方面的积极性，鼓励金融资本、社会资本、文化资源相结合，鼓励非公有制文化企业发展，支持各种形式小微文化企业发展，促进投融资方式多元化，逐步形成完善的企事业单位运转高效、灵活、创新能力强的体制机制。

4. 提高乡村文化开放水平

乡村相对城市，传统文化在乡村得以保存较完好，很大程度上与乡村的自给自足的乡村自然经济模式有关，也与乡村的封闭性有关。乡村文化产业在较长时间内发展滞后，也与上述乡村的封闭性和自给自足的乡村经济模式有关，需要突破这种经济状态。

坚持培育外向型文化企业，支持文化企业到境外开拓市场。鼓励社会组织、中资机构等参与孔子学院和海外文化中心建设，承担人文交流项目。积极吸收借鉴国外一切优秀文化成果，引进有利于我国文化发展的人才、技术、经营管理经验，切实维护国家文化安全。

### （四）创造良好的乡村文化产业发展氛围

1. 加大政府对乡村文化产业扶持力度

我国文化产业从一种“自在”走向“自为”，但是，乡村文化产业的发展仍然处于起步阶段，需要政府进一步加强对乡村文化产业发展政策上的倾斜。

首先，搭建多渠道融资平台。对于乡村公共文化事业及服务，形成政府主导，国家文化基金会、地方政府资助，提倡个人、慈善机构捐助。对于乡村文化企业，通过乡村信用社等金融机构进行乡村文化评估，为小微型文化企业提供贷款服务，并建立贷款信用体系建设。

其次，帮助乡村进行信息化建设。乡村信息化建设包括帮助建立乡村文化资源数据库、文化传承人数据库、市场需求数据库、网络营销平台。

再次，政府努力通过教育，将乡村文化走进课堂。乡村文化尤其一些民俗文化、民间戏曲、民间手工艺可以让小学生增加了解，在大学里面增加乡村文化管理专业、乡村文化营销等专业，针对性较强地培育各类乡村文化人才。全美有多所大学开办了艺术管理专业，培养本科生、硕士生和博士生等文化管理人才，提高了文化管理水平。

最后，政府有针对性地加强乡村文化市场法律体系建设。通过法律法规和政策杠杆来鼓励各企业集团、乡村社会对文化艺术支持，对非营利性文化团体和机构免征所得税，并减免资助者的税额。乡村文化产业是国家文化发展薄弱环节、也是全国文化市场中的薄弱环节，政府需要加强乡村文娱版权法、知识产权法、文化安全法等相关法律的建设。

2. 提高文化企业文化安全意识

一个国家是否安全，和这个国家的综合实力有关，即国力。克莱因（Ray S. Cline）

提出国力是由物质因素和精神因素构成，国力因素分为物质要素和精神要素，精神要素包括战略意图和国家意志；软力量又称为软实力，是“精神要素”的体现。① 硬力量是一个国家经济购买力和军事胁迫的能力，而软力量则是通过文化和意识形态来吸引的能力，如有吸引力的文化、意识形态和制度等。软实力在很大程度上来自某个国家的价值观，这些价值观通过某个国家的文化、奉行的国内政策和在国际上的所作所为表现出来。

20 世纪 90 年代以来的美国历届政府在制定美国的国家安全战略时，都无一例外地把美国的民主和价值观作为美国国家战略的重要内容。因此，从这个意义上来说，软力量理论的提出，一方面反映了世界战略形态变动的趋势，另一方面也突出了国家安全形态内在结构的转移，国家安全文化战略随着软力量的提出而进入了一个更加重要的力量：国家安全战略层面。

文化战略成为一种国家战略需求。早在春秋时期，中国军事家孙子就提出了“不战而屈人之兵”的大战略理论，正是体现了文化作为一个国家力量在克敌制胜中的作用。

一个国家的文化安全最核心内容包括文化立法权、文化管理权、文化制度和意识形态选择权、文化传播和文化交流的独立自主权等。于当今的世界文化已经不能脱离文化产业这样具体的文化形态而存在。因此，对于文化产业的开发和市场的争夺，也就成为当今世界文化发展变化和软力量竞争的重要内容和领域。

发展文化产业在解决国家文化安全起到十分重要的作用，在我国和平稳定的发展环境中，发展乡村文化产业的过程中需要注意的两大核心的文化安全问题是国家文化主权和国家文化生态平衡，这是规定一个国家合法性与合理化存在的全部文化基础和依据，这两方面中的任何一个发生危机，都会构成国家文化安全问题。

首先，乡村文化企业发展建立以国家利益为最高利益的文化发展价值观。西方文化霸权通过文化产品传播意识形态，主流价值观，特别是针对没有辨别文化优劣的乡村，影响更大；外部文化渗透乡村的速度加快，乡土文化趋于边缘化，家庭意识趋于淡化，恋土情节趋于弱化，延续几千年的乡土文化有逐渐消失的危险；在电视、互联网等现代传媒作用下，外部文化对乡村的影响越来越大，乡土文化被人们下意识地视为可以遗弃的对象。因此，在乡村文化产业发展过程中，乡村企业要以社会主义核心价值体系为指导，以乡土文化为资源依托，以国家利益为最高利益的价值观发展乡村文化企业，自觉与侵蚀、诋毁、破坏社会团结的文化做斗争。

其次，政府为乡村文化企业建立文化安全预警体系。预警体系指标包括文化主权监测预警、文化生态预警、文化意识形态监测预警、文化产业监测预警、公共文化安全监测预警、文化主权监测预警、文化生态预警、文化意识形态监测预警、文化产业监测预警和公共文化安全监测预警。②

再次，乡村文化企业要树立文化生态安全意识，确保文化资源可持续发展。按照国际社会的公认标准，构成世界文化遗产安全的主要有四大因素：一是公共和私人工程的威胁；二是城市或旅游业迅速发展造成的遗产消失的危险；三是土地的使用变动或易主造成的破坏；四是武装冲突的爆发或威胁。除了第四个因素在我国尚不存在以外，其他三个已

① 刘晓冉．乡村文化产业对乡村经济发展产生的影响［J］．现代经济信息，2018（12）．

② 张庭栋，王瑞豪．乡村文化的产业化发展道路［J］．企业导报，2016（1）．

经现实地成为构成当前我国文化生态安全的主要方面。网络文化崛起可能会带来数字化侵害，乡村文化企业在发展过程中，要注意自身文化信息的安全，若有需要求助政府相关部门做安全管理，需要主动提出申请，确保不存在文化信息安全漏洞。

最后，以公共的力量构筑国家文化安全体系。经济上的支配性力量衍生出文化权势，进而文化上的霸权主义和强权政治。这是全球化的一个特点。由于全球化，进而文化全球化在产业形态和精神形态两个层面上构成了对一个主权国家文化存在和发展的现实威胁。构筑国家文化安全体系，更是需要公共力量，需要实施文化产业民营化战略，但不是要实行文化产业私有化。再者是要在文化核心产业实行投资主体多元化、社会化和公共化。

民营化并不意味着可以取代国家文化垄断，并不意味着可以将纯粹的商业利益追求至于社会与文化效益上。在中国，国有文化企业在整个文化产业中当然依然占据主导地位，是维护国家文化安全的主力军。以国企文化企业单位为主导企业，借助公共文化力量，为乡村文化企业加上必要的“藩篱”来防范“不速之客”的“入围”，造成危害我国乡村文化产业的发展，危害我国文化安全。

3. 实施文化惠民工程

文化惠民工程是满足人民日益增长的精神需求的体现，尤其是在传统文化日渐式微、文化娱乐项目极度缺乏、赌博盛行的乡村重要性尤其突出。文化惠民工程包括广播电视村村通工程、全国文化信息资源共享工程、乡村电影放映工程、农家书屋工程、西部开发助学工程和电视进万家工程等重点项目。其中西部开发助学工程是基础，列宁说过“首先应当削减的不是教育人民委员部的经费，而是其他部门的经费，以便把削减下来的款项用于教育人民委员部”。

在乡村，尤其是西部乡村要发展文化产业，更要注重乡村文化教育。教育是乡村文化产业发展之根本，只有把文化指导的一元化和文化建设的多样性统一起来，解放和发展文化生产力，支持健康有益文化，努力改造落后的乡村文化，才能推进中国社会主义文化蓬勃发展、繁荣兴旺。

在落后的乡村优先发展教育事业同时，要拓宽乡村信息传播和文化资源共享渠道，保证每村广播数量，落实好电视进万家工程，建立文化资源库，播放诸如电视节目《致富经》和电视剧《乡村爱情变奏曲》，拓宽农民视野，了解自身村庄文化资源优势，村际共享文化资源，做到资源互补。

乡村电影放映工程可以结合“送娱乐下基层”做法，做好“送娱乐入村”工作。“送娱乐入村”是一种文化的融合和升华，既满足农民文化需求，又可以结合民间文化特色，融入城市先进的文化技术，可以再次开发乡村文化，又可以增强乡村文化产业参与主体的文化素质，长期助推乡村文化产业发展，其践行模式可以与“送欢乐下基层”融合。

地方政府一方面引导文化单位、企业、村委会积极开展面向农民的文化娱乐活动，面向乡村提供流动服务、网点服务，推动媒体办好乡村版和乡村频率频道，做好主要党报党刊在乡村基层发行和赠阅工作；一方面鼓励扶持文化企业以连锁方式加强基层和乡村文化网点建设，推动电影院线、演出院线向乡村延伸，支持演艺团体深入基层和乡村演出；最后建立以城带乡联动机制，合理配置城乡文化资源，鼓励城市对乡村进行文化帮扶，把支持乡村文化建设作为创建文明城市基本指标。

为保障农民群众最基本的文化权益，切实解决广大农民群众“买书难、借书难、看书难”的问题。我国在全国范围内实施“农家书屋”工程。农家书屋工程按照“政府组织建设，鼓励社会捐助，农民自主管理，创新机制发展”的思路组织实施，把各部门、各地区在乡村文化建设中的类似项目结合起来，相互补充，同步推进，实现资源整合，同时，广泛动员社会力量参与，鼓励国内外各界采用多种形式、多种渠道进行捐助，农家书屋建立之后，将按照农民自主管理、自我服务的模式进行管理和运行，具备条件的书屋，政府将鼓励支持其开展出版物经营活动，通过经营收入进一步支持“农家书屋”的良性发展。农家书屋涉及民间工艺，民间习俗，法律知识，医学常识等各个门类，将会极大提高农民自助解决问题的能力，促进新乡村建设和社会和谐。

“四进社区”“送欢乐下基层”等活动经常化。引导企业、社区积极开展面向农民工的公益性文化活动，尽快把农民工纳入城市公共文化服务体系。建立以城带乡联动机制，合理配置城乡文化资源，鼓励城市对乡村进行文化帮扶，把支持乡村文化建设作为创建文明城市基本指标。鼓励文化单位面向乡村提供流动服务、网点服务，推动媒体办好乡村版和乡村频率频道，做好主要党报党刊在乡村基层发行和赠阅工作。

扶持文化企业以连锁方式加强基层和乡村文化网点建设，推动电影院线、演出院线向市县延伸，支持演艺团体深入基层和乡村演出。中央、省、市三级设立乡村文化建设专项资金，保证一定数量的中央转移支付资金用于乡镇和村文化建设。

## 二、乡村文化产业的创新模式

### （一）创新型人才培养

互联网普及使乡村文化产业发展处于人才短缺与技术需求相互矛盾的状态。一方面网络技术在乡村的渗入促进众多新兴产业的产生，另一方面，乡村现有劳动力不足且多为低素质劳动力。在当前人才自由流动的情况下，对于乡村创业人才的培养不仅是针对村民，也是针对有意到乡村创业的城镇人口。

乡村互联网产业作为一片有待开发的净土，有利于吸引更多优质人才和高校大学生，同时，随着乡村大量电子商务平台以及信息化网站的出现，也有助于鼓励和引导村民多层次多角度地踊跃加入，促使国家将更多的政策倾向于乡村，培养创新型人才。

### （二）商业模式渗透

随着我国对于乡村经济文化等一系列政策的推进，乡村人民生活水平实现质的飞跃，而互联网技术的渗入对于追求更高生活质量的乡村居民来说仿佛又打开了一扇新的窗口，传统的销售模式已经难以满足新生代的消费群体，人们渴求通过互联网开辟一片新的天地，寻找新的致富之路。

乡村电子商务、“淘宝村”等商业模式的出现预示着微商时代的到来，村民应对纷繁复杂市场环境的能力也随着这种便捷高效的信息互动而得以提高，在互联网条件下，乡村文化产业经济蕴含着巨大的商业价值，有助于形成新的竞争优势。

### （三）乡村旅游开发

目前，我国乡村旅游的发展仍然受到基础环境、乡村经济以及服务配套措施等客观因素的影响，但乡村文化的价值正在被重新挖掘与定义。乡村旅游主要通过互联网大数据对信息资源进行有效利用与整合，从而对闲置的旅游资源进行不断地开发与创新，有助于迎合市场需求并满足游客的个性化体验。

在网络技术迅速发展的大背景之下，“互联网+乡村旅游”已经成为乡村文化产业发展的新常态。① 如智慧乡村住宿、乡村公园、科技观光游等，它并不是一家一户的各自为战，而是在实现资源共享的基础上进行整体化营销，打造村庄整体的“乡村旅游名片”。

### （四）休闲农业与养老结合

随着生活水平的提高，我国目前已经迈入老龄化社会，老年人将成为发展乡村文化产业的新兴群体，快节奏的城市生活对于渴求平静祥和的老一辈人来说难免充满不适，乡村生活已成为他们安享晚年的重要选择。因此，在休闲农业中融入养老元素将成为一条充满发展前景的创新路径。

未来可以考虑在乡村中发展适合老年人长期养老的休闲农业，建立具有乡土风情的房屋供老年人居住，利用互联网发展老年人社区文化，甚至可以成立老年人知识协会，向其普及养生文化与耕种采摘经验，打造独立于大都市之外的世外田园。

① 邵菲菲，林杰．“互联网+”乡村旅游发展现状探析［J］．农村经济与科技，2019，30（21）．

# 第十一章　乡土文化复兴研究

文化的复杂性决定了对文化进行类型学研究的必要，在界域层面上，乡土文化和城市文化两种文化类型的二元对立，是当代中国文化发展所面临的主要问题之一，我国当下所进行的文化改革，其本质包含了乡土文化从传统形态向现代转型的过程。如何在中国乡村文化建设中进行文化改革，实现乡土文化复兴，是现阶段中国文化发展的主要问题之一。本章对乡土文化复兴问题进行了简要介绍与总结。

## 第一节　乡土文化概述

### 一、文化的内涵

#### （一）界定文化

文化是人类在社会发展过程中所创造的可代代相传的物质财富和精神财富的总和①。文化包括三个层次：首先是器物层次，包括生产、生活工具和生产方式；第二，是组织层次，包括社会、经济、政治组织；最后是精神层次，指的是人的伦理、价值取向等。

#### （二）文化的特征

1. 文化的时代性

任何文化都是在历史发展演变的过程中产生的，因而，不同的时代有着不同的文化。原始人创造了文字，驯养、繁殖动物，种植植物，引导远古人类进入了古代文化的发展时期，从而创造了原始文化；蒸汽机的发明，产业革命的完成，推动了人类进入近代文化历史阶段，这一时期称之为资本主义文化。文化的依次演进，是一个“扬弃”的过程，是对既有文化的批判、继承和改造的过程。在先前的历史时期看来是先进的文化，在后来的历史时期就失去了它的先进性，而被更为先进的文化所取代。

文化发展的基本趋势是随着时代的前进而进步的，但也不排除在某个历史阶段上会出现“倒退”现象。然而，这不过是文化发展过程中的暂时现象，它改变不了文化随着时

---

① 范印华．变革中的理性思考［M］．北京：解放军出版社，2010：106.

代的发展而不断进步的历史趋势。其他，如服装的变化，流行歌曲的变化等等，则更反映出这种文化潮流强烈的时代性。

2. 传承性

文化是人类社会特有的现象，它是一个历史的、动态的概念。每一种文化都是对特定时代的反映。任何一种文化若想获得不竭的发展动力，被历史一代代传承下去，就必须与时代接轨，实现思想观念、知识结构、价值体系和行为方式的时代转型。文化的生命力不仅在于继承、保存、传播前人在生产活动和社会实践中积累的一切优秀文明成果，而且需要人们结合变化了的时代要求，吐故纳新，赋予文化丰富的内涵和新的特点，不断发现和创造新的文化。

3. 文化的民族性

文化不可能凭空产生和存在，它植根于人类社会，而人类社会总是以相对集中聚居并有共同生活历史的民族为区分单位的，因此一定的文化总是在一定民族的机体上生长起来的。不同的自然条件和地缘因素的共同作用使人类形成不同的价值系统、思维模式和行为倾向，由此便会产生区别于其他群体的文化特质。事实上整体的文化正是由许多互有差异的具体文化类型所组成。

文化，按其产生与存在而言，原本都是民族的。越是古老的社会，文化的民族性就越鲜明，因为民族是一种社会共同体。斯大林指出，一个民族，一定要有共同的地域，共同的经济，共同的语言及表现共同心理的共同文化。这里强调的共同地域、共同经济、共同语言、共同心理都是重要的文化元素。民族群体是民族文化的土壤和载体，文化的疆界通常总是和民族的疆界相一致，民族的特征除了体貌特征之外就是文化的特征，所谓民族性主要也是指文化上的特性。比如同为上古文明，古希腊、古印度、古埃及和古代中国的文化各有独特性；同为当代发达国家，日本和美国、欧洲各国之间在文化上也存在着差异。各个民族都有着体现本民族特色的文化，例如新疆维吾尔族能歌善舞，蒙古族善骑马射箭等。中华民族是以汉民族为主体的多民族共同体，正是共同的文化使56个民族统一为一个民族——中华民族。各民族文化的民族性是人性的特殊性，同时也包含着人类的普遍人性内容。虽然文化的共同性决定了某些文化能够为全人类所有，然而，文化首先是民族的，其次才是人类的。我们一定要首先爱自己本民族的文化，体现在翻译上就是要尽可能地提高翻译的准确性，用更生动贴切的语言传播自己本民族的文化，做文化传播的使者。

4. 区域性

文化具有一定的区域性，是一定地域里培养的具有该地域氛围特点的文化，它完全是由自然和社会这个文化根植土壤的特质决定的。例如，在古代和近代，由于受到这种地域条件的影响培养出古代文化的四大“文明古国”：埃及、印度、中国、巴比伦。同样，近代也产生了四大“文明区”：由埃及、希腊、巴比伦等构成的东地中海文明区；由印度、巴基斯坦、尼泊尔等构成的南亚次大陆文明区；由玛雅、印加等构成的印第安文明区；由中国、日本、朝鲜等构成的东亚文明区。各区域又由于地域上的差异，又分化出众多的文化小格局。众多的文化小格局。比如在中国这块东临大海、西接高原的土地上，因区域的差异，形成了文化多样、流派纷纭的“百家争鸣”格局。仅就学术上，古代就有齐鲁、三晋、荆楚、关中、巴蜀、吴越等派系，闻名于中外的儒家、法家、道家就诞生在齐鲁、三晋、荆楚的三系之中。这些都正是根基于中华内陆型和海岸型文化特质的影响，也都是因地域而得名，显示了地域性文化分野的特征。

## 二、乡土文化的内涵

### （一）乡土文化的概念

乡土文化是在农业社会中，农村文化、思想观念在世代传承的过程中，不断沉淀与发展而形成的具有特色的乡土文明，是广大农民群体处理各种人与自然关系，人与人之间关系过程中形成的智慧与结晶。①

不同的乡土文化代表了特定区域农民的生活习俗、追求信仰、文化积淀，是意识形态的重要体现。任何形式的乡土文化都是在长期的文化融合、沉淀过程中形成的本土文明。

### （二）地域文化与乡土文化

1.“地域文化”的含义

地域文化不仅是一个简单的空间概念，更是一个时间与空间相互交错的概念。地域是按历史、地理、语言和一般文化等条件人为地划分出的大地区。“文化”这个在现代社会处处可见的词其实并没有一个确定的概念。

地域文化是最能体现一个区域或一个空间范围的文化特点的文化类型。它不是今天才被创造出来的新名词，在《史记》中司马迁就对早期的地域文化做出了“百里不同风，千里不同俗”的概括，这种差异就是地域文化。“风”，就是流行；“俗”是习惯，就是在流行很长时间后被积淀下来的东西。在今天，我们已经把它们合为一个词“风俗”，用来描述特定区域范围内的人继承的历史上遗留下来的行为和思维模式。

综上所述，地域文化是指在特定的（按历史、地理、语言和一般文化等条件划分的）空间场域，由地理、气候、生活的人的行为和思维模式，经过较长时间的积累、叠加后，积淀保留下来的物质和精神财富。地域文化大抵可以分为物质和精神两个层面。物质层面比较容易理解，就是指历史遗留下来的人类所创造的物质。精神层面可以表现一定时期，一定范围（如民族、区域）内人的行为生产活动、思想活动的特征，也可以表现经过长时间不断叠加、沉淀、积累后，呈现出的人类活动习惯和特征以及思想、思维模式。

2. 地域文化与乡土文化的区别

“地域文化”和“乡土文化”是两个不同的概念。和地域文化相比，“乡土文化”是一个使用较为广泛，同时容易引起歧义的概念。我们从日常生活用语和专业术语两个角度对“乡土文化”进行探讨。

为了更好地说明“乡土文化”概念，首先探讨“乡土”二字。我们首先考察“乡土”一词的来源。在我国，“乡土”概念的产生和“乡村”有着天然的联系。“乡土”的根在于一个“土”字。“乡土”通常指一个人长期居住和生活（特别是幼年时期长期居住和生活）并与之有密切联系的地方。在其空间范围上，则因人而异。“乡土文化”具备日常生活用语中“指一个人长期居住和生活（特别是幼年时期长期居住和生活），并与之有

---

① 张乃清．海派乡土文化［M］．上海：中西书局，2018：58.

密切联系的地方"[①] 这一含义，但是在实际使用中，我们可以发现，多数情况下其空间范围是以行政区划为依据的。人们通常把"乡土文化"作为和某一行政地区相对应的文化实体。

植根于土地的自给自足的小农经济生产方式、生产关系，孕育出相应的宗族制度，并由此孕育出相应的"乡土意识"，形成了"安土重迁"的民族心理特征。随着工业化的发展，现代化的生产方式割断了人与土地的紧密联系，然而，绵延数千年的农业经济，使得"乡土"情节积淀至深，一方面，乡土事实上不断被城市所占据，乡土的空间外延随之发生变化，而"乡土意识"却以变化了的形式仍然影响着中国人的心理和行为。

"地域文化"和"乡土文化"存在着明显的区别，我们可以着重从两个方面对两者加以区分。[②]

第一，划分依据不同。

地域文化的划分有着严格的标准，依据各个文化要素及其相互之间的联系进行区分，在"地域文化"研究领域，地域文化是一个由紧密联系、具有因果联系的各个文化要素整合而成的文化复合体。比如，齐文化、东夷文化、中原文化各自有不同的文化内涵，而各个文化内部的文化要素和文化形态是相互整合而为一体的。

乡土文化的划分则并没有严格的标准，在实际使用中，多依据行政区划划分。如齐鲁文化、吴越文化、关中文化等等。

第二，空间范围不同。

地域文化的空间范围有着较为明确而稳定的界定，不能任意而定。由于人们在使用"乡土文化"概念时，通常以作为行政区划单位的地方作为空间范围，因此，"乡土文化"和"地域文化"的空间范围可能一致，也可能不一致。比如，同一个行政区内可能存在若干个地域文化。比如，作为行政区划的陕西省内包括陕北榆林文化、关中文化、陕南文化等几个地域文化地域文化的确定应以文化地域的相对独立性为依据，行政区虽然多是历史的形成，但它和文化地域并非完全一致，因此不能作为划分地域文化的条件和准绳，而必须尊重文化自身发展的逻辑。

### （三）全球化与乡土文化

20世纪90年代，随着冷战结束，科技、信息高速发展，跨国资本在全球范围内快速流动，经济全球化逐渐形成，进而形成全球性的文化体系。不同民族之间的文化交往愈加广泛，地域界限日趋模糊。无论是文化的生产、消费，还是传播、交流，都是全球性的了。互联网更是将全球信息一网打尽，人们足不出户即可随心所欲浏览天下大事，瞬间知晓世界风云，也可以超越时空无所顾忌地沟通与交流。但是全球信息流量中，90%以上为西方发达国家所控制。他们"不断传播最富有社会所特有的知识、技能、美学趣味，以至处世之道等等，每占统治地位，其结果，使社会的非地方化，经济、社会和文化方面的世界性日益增强"[③]，从而造成世界范围内广泛的文化趋同。伴随资本在全球的流动和扩

① 郑奇志．乡土文化的守望者［M］．长春：吉林文史出版社，2015：73．

② 李素梅．中国乡土教材的百年嬗变及其文化功能考察［M］．北京：民族出版社，2010：215．

③ 吴良镛．广义建筑学［M］．北京：清华大学出版社，1989：62．

张，传统迅速消退，个性慢慢湮没，乡土文化和鲜活的民间艺术渐行远去。大街上到处可以看见麦当劳、肯德基、必胜客的金字招牌，小巷里货郎挑担沿街的叫卖声却随风而逝。人们面临着“不知身在何处”的尴尬境遇，“千城一面”“千镇一面”，原本特色鲜明的城镇正在退化成为“失去记忆的城镇”。

“在全球化的文明演进中，城市的面貌和生活方式从没有像现在这样雷同和千篇一律。因而，保存和营建城市独特的文化魅力，不仅是属于历史的、地域的、民间的文化的自我拯救，也是城市现代化建设中的一个严肃课题，一个重大的挑战。”①

面对席卷而来的强势文化，如果不对传统文化、乡土文化加以自觉的保护和传承，中华民族就有可能失去内在的文化精髓，没有了根，就不知道自己来自哪里，也不知道自己将去向何方。党和政府十分重视传统文化和乡土文化的保护，党的十八大报告明确指出“建设优秀传统文化传承体系，弘扬中华优秀传统文化，加大对农村和欠发达地区文化建设的帮扶力度，繁荣发展少数民族文化事业”。习近平同志强调，慎砍树少拆房，让居民记得住乡愁。

古镇名村是时间累积的结果、地域文化的象征。在它的沧桑变化中，不仅蕴涵着古今人事，也是当地人民世世代代的集体记忆，体现了人类文化发展历程和社会经济发展过程。关注我们自己脚下的这片土地，尊重我们的传统和历史，积极主动地探寻属于我们自己的地域传统文化，是尊重古镇名村发展规律的必然。

## 三、乡土文化的再认识

### （一）乡土文化谱系构建

谱系学研究的重点是追寻历史本源，它被广泛运用到社会与文化研究中。乡土文化是乡村建设与发展的内生基因，正确认识并挖掘乡土文化是乡村建设的前提与基础。因此，构建乡土文化谱系能够更加系统地对乡土文化资源进一步梳理，更好地挖掘乡土文化的价值，为乡村建设提供发展思路。

根据文化层次理论，乡土文化可以划分为物态、制度、行为、精神四个层次，这四个方面共同构成了乡村整体的文化形态。其中，物态文化是有形的，制度、行为、精神等文化都需要由一定的物质载体来呈现，是无形的。物态文化指有具体的物质实体能够实际触知的文化事物，是乡村不同于城市的显性现象之一。制度文化是乡村发展中基于自身稳定与关系协调所构成的规范体系。行为文化是居住于乡村中的人群在日常的生活和生产过程中逐步形成的习惯。精神文化是村民在日常生活和劳作生产中慢慢形成的价值观念。乡土文化四个层次有着密切的联系，它们相互影响、相互制约、相互依存，共同组成有机的整体，构成乡土文化谱系。②

---

① 杨东平．城市季风［M］．上海：上海三联书店，1998：11.

② 吴次芳．土地整治与美丽乡村建设［M］．杭州：浙江大学出版社，2018：98.

### （二）乡土文化谱系解析

1. 物态文化

物态文化通过外在物品而表现，其特征是具有可感性。具有物态实体的文化事物，能够给人强烈的直接冲击，让人感受到文化的存在和力量，是文化创造的基础和表现。物态文化主要包含自然景观与人文景观。物态文化既是乡土文化的主要构成部分，也是乡土文化中其他部分的载体，对其进行保护和合理利用，能够创造经济和社会效益。

2. 行为文化

行为文化包含民间艺术文化、风土人情文化两大类，是维系乡村人际关系、慰藉人的心灵、丰富人的精神生活的重要内容，在乡村发展与村民生产生活中具有不可替代的影响。

民间艺术文化目前比较盛行的是以舞蹈戏曲为主的民间文艺表演以及民间艺术项目。民间艺术文化在乡村富有生长性，由于表演内容素材源于当地，比外来艺术更具生命力。[①] 民间艺术之乡是民间的艺术和文化传承的载体，不仅能够很好的保护当地的民间传统文化品牌，还能走向经济市场，为乡土文化的保护和传承提供动力。全国许多地市都分布着特色民间艺术项目。

风土人情文化主要包含节日庆典、民风民俗等内容。重大节日、纪念日、民族民间传统节日，既是促进乡村文化繁荣的有益平台，也是民俗文化的重要传承载体。如广东的南狮艺术、飘色艺术展演；杭州的雷公庙会；绍兴市的赛龙舟以及在开渔和丰收时的祭祀活动。此外，还有依据当地乡土文化为而开发的新节日，通过节日的打造，推广当地传统文化，实现地方影响力的扩大与知名度的增加。

3. 制度文化

制度文化主要包含村规民约、非正式组织等。村规民约是村民结合本村实际情况，以地缘和血缘关系为基本依托，为了统一的目标设立的一系列生产生活规范，是基于村民之间互利互惠的人际互动，是乡村治理中的非正式制度形式的共同约定。传统的村规民约是乡村社会治理的重要组成部分，起到教育村民、改善乡治、促善惩恶、维护乡村社会秩序等作用[②]。如今，村规民约作为村民自我约束的价值体系主要承担着规训与引导集体行动的职责。内容上不断完善，从之前的礼仪道德，到现在涉及乡村经济建设、社会治理和乡村营建等多个方面[③]。云南部分乡村有良好精神文明与伦理道德传统，完善的社会治理机制，村规民约在其中起到了重要作用。

乡村的非正式组织多为自发产生，属于内生性组织，主要包含服务型、文化型和娱乐型等。对于非正式组织要辨证看待，当它和正式组织很好地融合时能够起到推动组织创新作用。相反，就会出现负面的影响，阻碍正式组织正常发挥作用。由于各地的经济、文化传统以及受城市影响程度不同，非正式组织差异明显，需要结合实际情况给予正确引导。

---

① 艾莲．乡土文化：内涵与价值——传统文化在乡村论略［J］．理论参考，2010（10）．

② 吴理财，魏久朋，徐琴．经济、组织与文化：乡村振兴战略的社会基础研究［J］．农林经济管理学报，2018，17（4）．

③ 毕凌岚，刘毅，钟毅．多方互动的乡村营建中乡规民约作用机制研究［J］．城市规划，2017，41（12）．

4. 精神文化

精神文化包含家族文化、宗族文化、乡贤文化、孝道文化及民间信仰五个方面。家族文化与宗族文化在中国的传统乡村中发挥了长久、重大的作用。家族文化以家族榜样的言传身教与家风家训的代际传承为主要形式，对村民产生潜移默化的影响。

宗族作为农耕文明中具有深厚根源的文化，在传统时期是乡村的精神支柱。近年来，部分地区宗族文化开始复兴，具体表现为立宗祠、修家谱、祭祀、恢复宗族家法等。此现象在东南沿海地区最为突出。族人通过宗教活动得到聚集，提升了组织化程度。但是在这过程中需要进行合理引导，规避负面影响，发挥积极效应。

乡贤文化依托于乡村内部的乡贤。乡贤能够用经验、学识、专长等参与乡村建设，教化村民，是精神文化的主体。乡贤文化的发扬有利于地方精英与新乡贤的培养，在乡村规则建立、内生组织能力增强等方面起到重要作用。孝道文化作为积极、优秀的乡土文化，有利于推动乡风文明建设、构建和谐乡村社会。乡村的民间信仰与土地密不可分，它根植于当地的乡土环境和历史以及当地村民对生命、生存的感悟。罗伯森认为，在现在这个传统被逐步蚕食，金钱和物质处于支配地位的社会，人们还是可以运用那些残存的文化资源，采取合适的手段来加强传统①。如今重现的一些民间仪式较多成为商业性演绎，助推经济增长。

# 第二节　乡土文化在乡村建设中的意义

## 一、乡村建设中乡土文化的现状

### （一）观念层面的乡土文化价值在农村发展过程中有所弱化

随着市场经济的发展，农业结构的不断升级调整、农民收入增加也不再仅仅依靠农田这一途径，呈现出多元化的趋势。

部分农民为了增加收入，开始离开农村到大城市务农，农村人口逐渐流失，给农村乡土文化的传承与传播带了一定的障碍，阻碍了农村公益文化的繁荣。同时，由于部分农民文化素质的不同，对于乡土文化的概念认识不清，认为参加文化活动在一定程度上浪费时间。农村文化活动缺乏一个有效、完善的体系，具有地方特色的代表性文化逐渐在流逝，这在一定程度上淡化了乡土文化在乡村建设过程中的重要作用。②

### （二）物质层面的乡土文化建设忽略了传统村落的价值

农村村落与古遗址，作为看得见的乡土景观，属于乡土文化的重要组成部分，是乡土

① 李友梅．快速城市化过程中的乡土文化转型［M］．上海：上海人民出版社，2007：82.

② 谭贤楚，刘伦文．乡村建设中的乡村文化发展研究［J］．商业现代，2008（10）.

文化的生命载体。不同的村落布局、建筑风格，均承载了不同的当地生活习俗、乡土文化与历史文明。

新时期随着乡村建设步伐的加快，为了营造一个全新的村容村貌，村落开始变革，传统村落的布局逐渐被忽视；传统古建筑在修整、翻新的过程中遭到了不同程度的破坏；由于自然环境而形成的文化认同逐渐在流逝。可见，乡村建设忽视了传统村落的价值。①

## 二、乡土文化在乡村建设中的价值意义

### （一）历史价值意义

历史价值是指乡土文化在历史上的地位与在今天的作用。乡土文化是在乡村长期发展过程中逐步沉淀而成的，是感悟地方精神特质的重要渠道，体现了地域特定时期的发展背景、社会组织结构与生活方式，以及人与人之间的关系等，见证了乡村发展的历史。任何乡土文化的历史形成，都提供了特定的历史信息，也因此具有了特定的历史价值。如通过木板年画的制作过程和工艺，可以认识到祖辈对过年习俗的崇拜与敬意，对岁时节令的重视程度以及美好祝愿。通过制作手艺的相传，可以了解到当时社会师徒制的传承与继承方式等社会关系或经济关系。

### （二）经济价值意义

商品的经济价值在于独特性与稀缺性，乡土文化是人们对几千年来乡村生活与生产方式的积淀、传承，本身便拥有稀有性以及独特性，同时还具有历史意味。因此具有一定的经济价值，可以为经济发展提供动力。

乡村的发展需要大量人力、物力、财力的支撑，需要特色资源的支撑，同时也需要将文化资源有效利用。乡土文化转变为经济效益主要有三种方式：有关乡土文化的产品、景观与经济活动。在乡村建设进程中，乡土文化具体转换途径为：乡土建筑、历史遗址等物态的乡土文化，这些物态的乡土文化能够成为文化产品的生产空间与消费空间，直接带来经济效应；部分乡土文化能够进行合理开发进，从而营造出一种文化氛围吸引资本或者文化消费，带来外部效应；将乡土文化与产业发展结合，建立特色品牌等途径为乡村发展增加特色与附加值，可为经济活动增添文化内涵，也能提升经济效益。

### （三）社会价值意义

乡土文化在一定的地域范围具有群众基础，能够增强人们的认同感和归属感。宗教信仰、家族文化等乡土文化，凝聚村民的价值认同，团结乡村中不同阶层的群体，是乡村共同体形成的重要基础。

具体而言，乡土文化的社会价值通过村民参与到文化行为中产生，村民的互动促进了他们的交往，有利于社会网络的形成和人力资本的积累。传统意识形态则能够调解纠纷、化解矛盾，对村民进行道德约束，实现乡村社会的自组织调解。在由乡土文化凝聚的群体中，个体受相同文化氛围的熏陶，不强调差异性。人们拥有共同的思想道德观、价值观与

① 麦朗，罗蔚．论传统民居文化与现代住宅设计［J］．佛山科学技术学院学报（社会科学版），2007（4）．

信仰，利于形成和谐的人文环境，提高乡村的凝聚力。

### （四）美学价值意义

文化与美学向来是相互关联的。每一种文化均有其特殊性，与文化的创造者、传承者、发展者居住的环境、历史传统、精神追求等有关。乡土文化包含自然景观与乡土景观，既是自然环境与人文环境的有效结合，也是传统风俗与地域特色的有机统一。特有的山水环境、聚落形态、乡土建筑、建筑与环境的融合以及建筑的空间组合方式都具有重要的美学价值，体现了浓厚的地方乡土特色①。

地域特色的不同造就了独有的乡土文化要素，呈现出了丰富多彩的乡土文化，反映了不同乡村独具的生产与生活方式。乡土文化中的艺术作品则是按照当时社会的审美风尚所创作的，是艺术家形象表达他们对世界态度、认识、评价等的载体，揭示了当时的生活状况、社会活动以及社会关系，也体现了不同村民的艺术创造方式、艺术特点和艺术成就。

### （五）情感价值意义

在乡村日常活动中，村民们形成了归属于当地独有的集体记忆。无论是年代久远、具有漫长历史的乡土文化，还是当代与村民每天日常生活相关的乡土文化，都具有无形的情感价值。自然山水、农田、民居、祭祀建筑等是村民的情感寄托，民俗活动、社会习俗、特有的语言是村民情感交汇与释放的载体。乡贤、宗族、孝道精神文化则融合着村民的情感。因此，无论是乡土景观、风土人情还是精神文化都是情感价值的体现。

## 三、乡土文化在我国城镇化进程中的意义

在城镇化进程背后，“乡土”始终是中国社会的底色，生发于乡土社会的乡土文化承载的是我们民族的发展轨迹与历史传统，今土文化对于维系农村社会的生存和发展，对农民寻求普遍的文化心理认同，以及维护基层社会稳定等都发挥着重要的作用。的确，在城镇化进程中农村正在迅速的衰落，乡村在急剧地消失，而作为乡村生活积淀的乡土文化正在面临断裂与消解的危机，这就使恪守乡土文化的农民无论在思想意识上还是生活方式上都遭遇巨大的冲击，城镇化所带来的文化的断层是导致农村社会生活的困顿的主要原因。因此，传承与保护乡土文化对于提升城镇化建设水平，稳步推进新型城镇化进程具有重要的价值意义。

### （一）乡土文化是城镇化建设的文化支撑

文化是支撑民族生存和发展的重要力量，人类社会的每一次跃进，人类文明的每一次升华，都伴随着文化的历史性进步。特别是对于有着五千年文明历史的中华民族来说，独具特色、博大精深的传统中华文化是中华民族生生不息的强大的精神动力。不可否认，城镇化建设是我国现代化进程的新一轮城镇化建设深化发展的主体内容。

新型城镇化建设的核心是人的城镇化，而提到人就不可避免的提到文化，在自上而下

① 卢渊，李颖，宋攀．乡土文化在“美丽乡村”建设中的保护与传承［J］．西北农林科技大学学报（社会科学版），2016，16（3）．

的城镇化建设过程中，只有直面传统乡土文化与城镇文化之间的冲突与对抗，纠结与迷茫，在追溯乡土历史文化传统的过程中，传承乡土文化的精华，正视乡土文化的缺陷，以高度的文化自信来彰显中华民族的优秀历史文化传统，并理解、接纳城镇文化，消除对城镇文化的误解与偏见。近年来，随着城镇化进程的不断加快，城市的高楼林立与旧村落的荒凉破败，城市人口大爆炸与偌大村落仅仅留守一两人或将渐渐消失的现状形成了鲜明的对比，而这也正是乡土文化与城市文化在当代发生断裂的基本表征。因此，在新型城镇化建设的大背景下，乡土文化、乡村生活究竟应该何去何从，是我们必须认真思考、严谨对待的重大问题。

正如习近平总书记在文艺座谈会上的讲话中提到的，“实现中华民族伟大复兴需要中华文化繁荣兴盛，……当高楼大厦在我国大地上遍地林立时，中华民族精神的大厦也应该巍然耸立。”① 由此可见，文化尤其是独特的民族文化，对于民众民族身份的认同、民族凝聚力的形成，对于一个国家的独立强大有着十分重大的意义，虽然一个民族在从传统走向现代本身就是对自身传统的一种解构，但是这样的“传统”绝不会消失殆尽，它只是遵循着自身的内在逻辑，以一种潜移默化的方式延伸在当下及未来的社会生活中。千百年来，中国社会在本质上始终是与“乡土中国”有关，作为中华文化摇篮的乡土文化在城镇化建设中理应得到保护与传承。

人们逐渐认识到，城镇化建设不应该只停留在片面追求城市规模在空间上的扩张，以及城市人口在数量上的扩大，更不应该为了实现城镇化而与“乡土文化”彻底决裂，城镇化进程中更应注重独特乡土文化的保护与传承，打造具有人文精神和文化内涵的人性化城市生活。

城镇化建设是我国经济社会发展过程中的必然选择，而并非是违背社会发展规律的人为追求。乡土文化作为传统中华文化的重要根基，是在长期的乡土生活中积累下来的文化因子，是农民群体在祖辈的生活过程中积淀下来的包括价值观、语言习惯、生活习俗、民俗信仰等文化意识。乡土文化在涵盖中华传统文化的共性因素的同时，又具有极其鲜明的地域特征，正是具有不同地域特征的乡土文化促成了传统中华文化的包罗万象，同时，乡土文化维系着一定地方乡村生活的稳定，保持着村民在情感上的交流与融合，彰显了一定地域的独特的文化品格。

乡土文化是城镇文化发展的根基，在城镇化的过程中如果不重视乡土文化的保护与传承，城镇在发展中就不会形成自己的文化特色，最终导致“千城一面”的尴尬局面。乡土文化是滋养城镇文化生存的血脉，新型城镇化建设需要从乡土文化中汲取养料，在城镇化进程中，要正视乡土文化的危机，改变在城乡二元对立框架下形成了对乡土文化的偏见与无视，要注重保护与传承乡土文化，而不是将乡土文化与城镇生活彻底割裂，传承与保护乡土文化的精华对于以人为本的新型城镇化建设，对延续中华文化传统、增强城市的凝聚力、形成独具特色的城市形象具有深远的意义。②

---

① 中共中央宣传部．习近平总书记在文艺工作座谈会上的重要讲话学习读本［M］．北京：学习出版社，2015：19.

② 邹丽萍．新型城镇化进程中的文化融合问题研究［M］．北京：中国言实出版社，2016：55.

### （二）新型城镇化对乡土文化的催化

乡土文化是人类社会进入农耕文明时代的产物，乡土文化发端于农业社会，根植于农村。乡土文化是一种归属于农民群体的文化体系。这种体系富有中国传统文化的精髓，对传统文化的继承和发扬发挥着重大作用乡土文化涉及范围极广，宗教信仰、民俗习惯、地方语言等文化基因共同构成乡土文化。乡土文化经历数千年的发展，在农耕文明的影响下，形成了数代人的智慧结晶。乡土文化在农村源远流长，发展至今，形成了与城市文化相对而又互补的个性特色。风光旖旎的山水景象、别具风格的传统村落、匠心独具的民间工艺、各具特色的民族服饰、风情万种的地方节日、千变万化的特色方言以及别出心裁的民间技艺共同构成了颇具个性特色的乡土文化。农村是乡土文化得以创造的发源地，也是乡土文化得以继承和发展的载体。

在中国，具有深厚影响力的儒家文化在农村受到重视并具有深厚的群众基础。这就为农村民众打造了共同的文化认知和身份认同，这对维系农村的稳定和村民的关系起到了重大作用。但是，农村不可避免的先天封闭性和保守性使得农村发展相对滞后，在与现代社会接轨方面显得尤为乏力。在新型城镇化的进程中，必然产生城市文化对乡土文化的巨大冲击和催化。新型城镇化建设打破农村封闭的格局，一方面促进了农村经济的增长，另一方面促进了农村变革的发生。“社会生产要素包括人口、非农产业、资本、市场等社会要素，也由分散的农村向现代城市集中并逐渐增长，农村生产方式、生活方式、思维方式和行为方式发生城市性的大变革。”①

随着新型城镇化的进一步实施，大量农村人口流向城市，从而造成他们身上原本具有的乡土文化特质消失，之前的风俗习惯、行为方式也随着他们进入城市而逐渐走向消亡。与此同时，乡土文化自身具有的保守性、封闭性和落后性使得其存在的空间越来越小。在很多人看来，乡土文化应当随着新型城镇化的推进而顺势抛弃。其实不然，乡土文化尽管有其自身的局限性，但是，乡土文化同样具有个性特色，是千年历史积淀的传统文化，具有乡土特色，是人类社会宝贵的文化遗产。新型城镇化建设不应是不加选择地推进，而应该把乡土文化作为新型城镇化建设中的一个组成部分，克服乡土文化中的不利因素，将其优秀的文化元素融入现代城市建设。新型城镇化与乡土文化应当是融合共生的关系而非对立的关系。

---

① 颜廷平．近十年来我国农村城镇化若干问题研究综述理论与当代，2011（1）．

## 第三节　乡土文化推进乡村文化建设的机制

### 一、充分利用乡土文化元素提升美丽乡村视觉形象

#### （一）乡土文化融到美丽乡村视觉形象中的必要性

首先，有助于乡土文化的有效推广。众所周知，随着我国城镇化进程的不断加快，我国城市地区与农村地区在经济发展上存在较大差距，经济发展的不平衡性导致农村大部分年轻劳动力涌入城市。因此，将乡土文化融到美丽乡村视觉形象中，有助于激发人们对这片土地的热爱之情，让农村人感受到家乡的美好，并热衷于传承乡土文化，找寻文化的根脉，一旦村民们对乡土文化产生热爱之情，那么其就会自发地去推广乡土文化，乃至代代相传。

其次，有利于乡土文化的保护与深度挖掘。农村劳动力的流失使得乡村文化的传承受到威胁，而我国传统文化中强调的落叶归根，如今在青年群体中已经逐渐淡化。在我国乡村建设大背景下，我们要从视觉形象设计的角度出发，重视乡土文化在美丽乡村视觉形象中的重要作用，并善于从农村建设中挖掘更多的乡土文化，以使得乡土文化得到最大限度的传承和发展。①

#### （二）乡土文化在美丽乡村视觉形象提升中的应用策略

首先，乡土文化是美丽乡村视觉形象提升中应遵循的基本原则。将乡土文化融入美丽乡村视觉形象提升中，需要注意以下几项原则②。第一，保护与创新融合。乡土文化的构成元素有很多，既包含了民风民俗、民间传说，也包含了美术、音乐等其他的文化艺术形式。此外，乡村的土木工程建筑也属于该地区独一无二的建筑风格，是地方特色的一种形式。对于一些拥有悠久历史的古村落，我们要以历史沿革为基础，并坚持整体性原则，做好保护和创新工作。无论是从古村落的色彩方面，还是从古村落的布局方面，都要做到有效的创新，充分地彰显其独一无二的视觉形象。第二，在遵循文化资源传承规则的基础上，推动文化资源的健康、可持续发展，加强对乡土文化资源的保护和利用，并兼顾眼前利益和长远利益，不能为了追求眼前利益而浪费资源，破坏生态环境。

其次，具体应用与创新的对策。近年来，经过政府和党的共同努力，农村地区的经济建设水平逐年提升。在乡村建设中，要坚决杜绝视觉形象千篇一律的尴尬局面，需要根据不同的乡土文化特点，把地方的特色巧妙地融到乡村建设中，这样才能使得乡土文化获得

---

① 卢渊，李颖，宋攀．乡土文化在“美丽乡村”建设中的保护与传承［J］．西北农林科技大学学报（社会科学版），2016，16（3）．

② 方斐．乡土文化在“美丽乡村”建设中的保护与传承［J］．建筑与装饰，2016，16（5）．

有效的传承与发展。①

## 二、加强乡土文化品牌建设

### （一）乡土文化品牌建设的内涵

1. 乡土文化品牌内涵探析

美国市场营销协会认为，品牌是用以识别一个或一群产品或劳务的名称、术语、象征、记号或设计及其组合，以和其他竞争者的产品或劳务相区别。②

乡土文化品牌，包含三类内涵。一是品牌形象的鲜明性。即乡土文化品牌与当地经济文化社会等地域特色相一致；二是能够使品牌代表的组织和其他组织相区别，即乡土文化品牌和其他基层组织的品牌存在差异性；三是品牌可以使组织成为同类产品服务的典型代表，即打造的乡土文化品牌可以形成品牌效应，对内促进农村文化建设，提升农民的认同感和凝聚力，对外促进当地形象传播，促进当地政治、经济、社会、生态文明建设的整体推进。

2. 现阶段乡土文化品牌建设内涵

党的十九大报告提出乡村振兴战略，将乡村全面振兴作为我国实现“两个一百年”奋斗目标、实现中华民族伟大复兴中国梦的重要举措之一。报告指出，乡村振兴战略要按照产业兴旺、生态宜居、乡风文明、治理有效、生活富裕的总要求部署。结合乡土文化品牌内涵的分析，从以下维度考察乡土文化品牌建设的现状和存在的不足③。

（1）品牌定位是否鲜明。品牌元素是否具有鲜明标识性，能够反映地域文化特色，与其他地域乡土文化相区别，同时与地域经济发展相互促进。

（2）品牌产业的带动效果。品牌建设对带动农村经济，促进品牌产业化与农村一二三产业融合等产业兴旺方面的效用。

（3）品牌建设对农村思想文化建设的促进情况。考量目前的传播方式是否可以对内提升民众归属感与凝聚力，对外提升品牌影响，在目标地域范围提升地域的知名度与影响力，实现文化品牌对乡风文明、乡村振兴的促进。

### （二）乡土文化品牌建设容易出现的问题及分析

文化具有较广的传播性，同一文化元素可能在多个地域出现，如七仙女下凡地，除了江西仙女湖，广东西岩山、安徽安庆、湖北孝感等地都宣传是七仙女下凡的地方。这一问题是乡土品牌建设中比较突出的问题之一。

乡土文化元素具有较强的季节性，突破季节限制，实现持续传播是选取历史文化作为主打品牌形象的又一难点。季节性中断成为制约品牌发展的重要因素，对品牌认知、品牌标识强化，特别是对乡村文化品牌产业发展带来较大的影响。④

---

① 孙凤明．乡村景观规划建设研究［M］．石家庄：河北美术出版社，2018：79.

② 建设部村镇建设办公室．发达国家乡村建设考察与政策研究［M］．北京：中国建筑工业出版社，2008：83.

③ 李友梅．快速城市化过程中的乡土文化转型［M］．上海：上海人民出版社，2007：95.

④ 唐沈鑫，樊敏，汪永奇．乡土文化视野下的地方品牌塑造研究［J］．采写编，2017（2）.

（三）加强乡土文化品牌建设策略

1. 审视乡土文化内涵，打造反映地域特色的大乡土品牌集群

（1）积极吸取经验，形成完善的乡村文化品牌建设领导机制

在品牌定位时，借鉴其他地方优秀的乡村文化品牌建设经验，改变以行政村组为基本单位建设乡土文化品牌做法，由市级机构牵头统一规划，从经济文化角度进行超越行政自然村落的大品牌专业建设，在大品牌范围内，各村落进行第二层、第三层的品牌形象差异定位，与第一层次的大品牌相呼应，在形象定位上形成品牌集群。

（2）挖掘地域经济文化特色，实现乡土品牌与当地经济民生的相呼应、相促进

整合现有的乡土品牌元素、辖区内现有产业资源，在文化层面对品牌形象进一步拓展，丰富品牌内涵与外延。

2. 整合现有微信传播平台，创新品牌叙事方式，促乡村治理成效

（1）重视微信公众号质量建设，整合现有微信传播平台，发挥微信传播平台在乡村治理中的作用

建议在微信公众号层次上，改市、区县、乡镇、村组四级微信公众号体系为三级，以乡镇或者乡土大品牌作为微信公众号的最基层单位；在微信公众号功能建设上，进一步强化便民服务功能，提高公众号对村民生活的参与程度，在村民外出打工较多的情况下，考虑拓展公众号村民文化活动中心的功能，与村落的村民活动中心在功能上形成补充，开通水电缴费、学校家访、就医预约等服务。在信息类型上，增强村民关心的信息类型发布，如粮食补贴的发放通知，村组重要决议、学校重要通知、学校活动报道、村民活动报道等。加强公众号内容与村民切身利益的黏性，吸引村民自觉主动关注、使用公众号，关注家乡变化，提升村民对家乡的归属感与认同感。

（2）创新品牌叙事形式

在现有品牌推广经验基础上，策划形式多样的品牌推广活动，谋求新闻报道、影视作品、休闲娱乐产品、组织活动等全方位多角度的品牌叙事。在现有的季节性休闲旅游基础上，开拓参与式旅游等品牌传播方式，从而培育品牌文化内涵、提升品牌叙事厚度、增强品牌传播的持续性，带动乡村旅游产业繁荣。

3. 优化产业布局，推进乡土文化品牌的产业规模与集群经营

（1）理顺品牌建设机制，走专业品牌打造之路

借鉴特色小镇建设经验，建立政府主导、企业主体、村民参与的建设机制。在市级层面统筹辖区内不同区域的产业发展规划，促进辖区内品牌产业的科学合理布局，促进产业特色、品牌特色的有序建设，促生态宜居乡村建设。①

（2）优化大品牌地域内部产业布局，提升品牌产业经营规模，发挥产业集群合力，以品牌建设促乡村产业兴旺

可根据乡村及其周边村组产业情况，理顺旅游主景区、生活区域、生态农业等不同产业的关系构建，进而进行大品牌内的产业布局与协调。根据不同村组的实际情况，层次化地规划布局相关产业。建设特色鲜明、带动力强、覆盖面广的大品牌产业集群，促进同品

① 郑伟红．河北省乡土文化品牌创新开发问题及对策研究［J］．才智，2013（20）．

牌不同村落间的同类产业整合，扩大产业经营规模，提升品牌产业经营效果。

4. 贯彻落实农村土地制度改革，保障农民财产权益，推进土地有序流转

不管是大品牌专业建设还是微信公众号的深度整合、还是品牌产业布局的统筹优化等改进举措，实施基础都指向可供适度规模经营，便于统筹协调的土地资源。

土地流转和适度规模经营是发展现代农业的必由之路，也是科学有效建设乡土品牌的重要基础。2015 年 7 月中共中央办公厅、国务院印发了《关于引导农村土地经营权有序流转发展农业适度规模经营的意见》，虽然乡村外出打工人数较多，但是转让土地的情形较少，多数农户依然保持农忙种田，农闲打工的传统，土地经营权依然分散在家庭农户手中，制约农业产业体系、生产体系和经营体系构建，影响乡土文化品牌建设的整体效果。

党的十九大报告明确指出，“深化农村土地制度改革，完善承包地‘三权分置’制度。”“深化农村集体产权制度改革，保障农民财产权益”。从制度层面为农村土地流转，农民财产权益保障提供了现实路径，贯彻落实农村土地制度改革和农村集体产权制度改革，推进土地有序流转，夯实乡土文化品牌建设土地基础。

## 第四节　复兴乡土文化

### 一、通过乡土文化教育复兴乡土文化，加大乡土课程开发

#### （一）乡村振兴背景下的乡风文明与乡土文化教育

乡村振兴战略对乡风文明提出了新的要求，乡风文明的发展基于乡土文化，乡土文化教育是促进乡风文明发展的根本途径。

1. 乡风文明是乡村振兴的保障

乡风是特定乡村社区的村民在生活中共同遵循的规范或行为模式，包括人们的价值观念、风俗礼节、精神风貌和行为习惯等，是特定乡村社区文化的集中体现。① 乡风是乡村的灵魂，乡风文明是乡风在新时代发展到较高阶段或层次的状态。

2. 乡土文化是乡风文明的根源

乡土文化是中华传统文化的摇篮和珍贵的文化遗产，也是乡风文明继续生长的丰厚土壤。乡土文化承载的是乡村的历史传统和发展轨迹，对农民寻求文化心理认同，维护乡村社会的稳定和发展等都发挥着重要作用。

乡土社会蕴含的勤俭节约、重义轻利、仁爱互助、忠义孝悌、家国相依等价值规范，也是现代乡风文明建设的根基。在乡村振兴的背景下，需继承优秀乡土文化，使其成为乡风文明发展的源头活水。

3. 乡土文化教育是乡风文明发展的基本途径

---

① 范玮．乡土文化：教育的根基［J］．好家长，2019（12）．

乡土文化教育是对生活在乡村社区的少年和农民进行的具有本地区文化特征和优秀传统文化特色的教育活动。乡土文化教育在传承优秀传统乡土文化、培养乡土文化人才，促进乡村少年和农民对于乡土文化的认知、激发其乡土文化认同和热爱家乡的情感，提升乡村文明程度等方面具有重要意义。新时代，必须建立健全乡土文化教育体系，推动乡风文明发展。

### （二）乡土文化教育促进乡风文明发展的基本取向

现代化、城市化和全球化是当前我国乡风文明建设的时代背景，决定着乡土文化教育促进乡风文明发展的基本取向。

1. 在传统与现代文化的交融中促进乡风文明发展

在乡土文化教育中要有历史视野，在传统与现代文化的交融中促进乡风文明发展。

首先，要对传统乡土文化进行挖掘、梳理和阐释。乡土文化是乡村文明的精神之源，需要薪火相传、代代守护。在乡土文化教育中，要对乡村发展史上以及散落在乡间、隐含在人们观念和行为中的文化进行挖掘和整理，取其精华、去其糟粕，形成具有本地特点的乡土文化体系并发挥优秀传统乡土文化在道德教化中的价值。

其次，要做好乡土文化的创造性转化和创新性发展。在乡土文化教育中，继承和发扬乡土文化以促进现代乡风文明发展，需要使其与当前农村的生产生活状况相适应，推陈出新，赋予其时代内涵和现代表达形式。

另外，要促进乡土文化与现代文化的交融。在乡土文化教育中，要挖掘农村传统道德规范、家风家训、村规民约等教育资源，将其与现代社会公德、职业道德、家庭美德、个人品德建设相结合；注重普法教育，提高乡村少年和农民的法治素养，增强他们遵法、学法、守法、用法意识，将传统乡村的德治文化与现代法治文化相结合；注重挖掘乡村具有地方特点的价值观念和伦理道德，充分发挥它在培育和践行社会主义核心价值观中的重要意义。① 这有利于推进乡土文化与现代文化的融合，激发乡土文化的生命力，促进乡风文明发展。

2. 在城乡文化融合中促进乡风文明发展

在乡土文化教育中要有区域视野，在城乡文化融合中促进乡风文明发展。首先，明确乡土文化与城市文化的平等地位。在乡土文化教育中，应使人们重新审视乡村和乡土文化的价值。其次，积极吸纳城市文化反哺乡村文化。新时代的乡土文化与现代生活方式不能割裂。乡土文化教育应立足现代乡村人的培养，以乡土文化为基础，积极吸纳城市文化，滋养乡风文明发展。另外，实现乡土文化与城市文化的融合。乡土文化教育要促进乡土文化与城市文化的融合，加快城乡文明一体化进程。在融合过程中，二者的差异会形成文化的张力，乡风文明也会在张力中获得新的生机。

3. 在中西文化会通中促进乡风文明发展

在乡土文化教育中要有国际视野，在中西文化会通中促进乡风文明发展。

首先，坚定乡土文化认同和自信。中华乡土文化绵延着五千年文明传统的精华，并受到社会主义先进文化的滋养，凝结着中国经验和中国智慧。在此背景下，乡土文化教育要

① 纪德奎，刘灵鸽．乡土文化教育开发：模式与流程［J］．当代教育与文化，2018（1）．

促进社会成员对本土文化的认同和自信，使其既具有世界文化视野，又保持本土文化基因，为现代乡风文明建设打下浓重的中国底色。

其次，研究和借鉴西方乡风文明。在乡土文化教育中，将西方发达国家的乡土文化和乡风文明建设经验作为重要的内容，为我国乡风文明建设提供借鉴。另外，扩大中国乡风文明的世界影响。中华乡土文化彰显中国传统智慧，其敬畏自然、顺应自然、保护自然、利用自然的和谐生态文明以及无比丰富多彩的习俗和艺术等，具有超越时空的价值。① 要扩大对外文化交流，推动中华文化走向世界。在乡土文化教育中，要注重扩大中国特色乡风文明的国际影响。

### （三）乡土课程的价值取向

乡土课程是乡土文化的承载体，对乡土文化的维系与传承负有责任感和使命感，同时也是培养学生知家乡、爱家乡、建家乡的实践路径。笔者认为，在乡村振兴战略背景下，我们需要在现代化农村教育中融入乡土文化教育，将乡土课程作为国家课程的补充，推进乡村建设和满足乡村个体的发展。

1. “离农”教育中乡土文化缺失，乡土文化价值被剥离

从我国农村教育的发展历程来看，它其实一直是“离农”教育。随着社会的不断转型和发展，城乡二元结构和农村撤点并校促使农村人口流向城市，农村学校的教育功能趋向为城市服务。乡村建设运动的代表人晏阳初针对我国乡村“愚、穷、弱、私”的现状，提出“文艺教育、生计教育、卫生教育、公民教育”，研读晏阳初先生的著作可以看出，乡村教育的思想和做法其实来源于对城市教育的借鉴与模仿，基于对城市教育的追赶心理。② 有学者认为，乡村教育的价值选择不能锁定在为乡村发展培养建设人才的目标上，而应确定为培养能适应现代社会生活和社会发展需要的具有现代文明素质的公民。③ 可见，“离农”教育主张农村教育的培养定位在于让农村学生适应城市生活和现代化发展。

一直以来提倡的“素质教育”更多的是为城市学生预设，农村学生在“走出农村”的心态驱使下，更多地注重智育的培养，遵循着应试教育的模式。同时，选用的教材缺乏对乡土文化的介绍，乡土文化课程的开发也困境不断。现代教育体制在设计上以“城市化”和“现代化”为取向，迫使乡土文化边缘化，并且学校教育在价值层面给学生灌输了“离农”意识。农村学生作为乡土文化的主要传承者，但教育的功利性致使乡土文化价值被埋没，乡土课程不能被有效挖掘和开发，乡土文化的传承面临断层。“离农”教育在客观层面是有利于农村学生适应学校主流价值，能够为学生继续升学，流入城市更好发展做准备。农村学生向城市流动是现代社会发展的需要，也是农村学生个体的意愿所在。但一味地强调“离农”教育割裂了教育与乡村社会的关系，“城市本位”是“离农”教育的唯一定位，这只能使乡村青年流失，乡村发展愈加落后。

2. “为农”教育脱离现代化发展，农村个体发展受阻

“为农”倾向的学者倡导乡土文化的回归和乡村教育的复兴。20 世纪 30 年代兴起的

---

① 张永勇．对“乡土文化”教育的思考与探索［J］．河南教育（基础教育版），2019（5）．

② 晏阳初．平民教育与乡村建设运动［M］．北京：商务印书馆，2014：400．

③ 瞿振元．全面实施素质教育推进高等教育现代化［J］．重庆高教研究，2016（5）．

乡村建设运动的代表人物之一梁漱溟主张创建乡农学校、乡学、村学等，此类学校的学生不仅要学习普通知识、乡建理论、儒学文化等，还要学习适合本地农业生产的科学知识，如改良种子、树木种植等。[①] 现如今，主张乡土文化回归和乡土课程开发的呼声渐长。“乡土文化是乡村学生具体的生活场景，乡村生活场景涵养了他们的性情，使他们从乡村生活源泉中找到生存的自信与生命的价值。乡土文化具有人格教育功能，并且能够完成道德教化，传承道德教化的精髓，使其拥有积极乐观的生活价值观。”[②] “乡村学校的课程以城市化为导向，乡村文化的荒漠化以及由此而来乡村教育文化基础的瓦解，使乡村学生触摸不到乡土价值的深层滋养，导致自我存在文化自信缺失与生命根基浅薄。”[③] “为农”教育的学者看到乡土文化对乡村发展的重要作用，并注意到乡土文化对乡村学生的独特价值。

“为农”教育呼吁乡村教育应包含多元的教育内容，培育乡村学生理性的人生价值和独特的文化个性，并进行乡土课程资源的开发，既能传承乡土文化又能振兴乡村。但“为农”教育提倡让乡村学生掌握乡村生产生活经验，主张让学生返回或留在乡村发展，这在一定程度上阻碍了乡村学生向城市流动，个体发展机会受阻，不利于维护社会公平。

3. 统一“离农”与“为农”教育，消减农村教育价值之悖论

乡村振兴战略是我党继统筹城乡发展和建设社会主义新农村之后提出的又一重大战略。它从乡村发展入手，发挥乡村的内在价值，建立起城乡共同发展的新理念。“离农”教育从城市本位出发，强调了“离农”带来的好处；“为农”教育从乡土教育出发，描绘了一种理想的农村社会发展蓝图，两者在农村教育价值取向上存在一种悖论关系。无论是“离农”还是“为农”，解决农村教育价值取向问题首要任务是弥补二者的不足，通过开发乡土课程来衔接两种背离的乡村教育价值取向，使二者在一定范围内得到统一。因此，在现代农村教育中融入乡土文化教育既可以满足乡村个体进入城市发展的愿望，又可以通过对乡土文化的传承与保存来发挥乡土文化的价值，推进乡村建设。

新时代乡村振兴战略背景下，需认识到我国社会的主要矛盾已经转变，乡村人民追求的生活体现在教育上更多的是教育的内在丰富性、地域性、差异性和时代性。乡村教育需打破城乡二元对立的局面，切实考虑到乡村个体和社会发展的共同需求。乡村教育所培养的学生一方面可以“离农”，升入高等教育继续接受教育；另一方面也可以“为农”，使得乡村学生愿意和乐意回到家乡发展。因此，只有将乡土课程融到现代农村教育课程体系中，统一“离农”和“为农”教育思想，实现乡土课程正式化，才能在一定程度上打破城乡教育二元对立局面，让学生接受丰富的乡土文化教育。乡土课程承载着乡土文化，乡村传统文化的价值不容忽视。乡土课程作为国家课程的补充，只需每周少量课时就可以让学生学到乡土知识，感受到乡土文化的魅力，培养学生独特的文化个性，也能够让学生在进入城市发展时依然热爱家乡，憧憬家乡，激活乡村社会生活。

### （四）乡村文化边缘下乡土课程开发的路径选择

乡土课程资源是乡村教育较城市学校教育所具备的主要优势之一。然而，由于乡村教

① 梁漱溟．乡村建设理论［M］．上海：上海人民出版社，2005：184-186.

② 李长娟，王珏璟，赵准胜．乡村学校教育视域下乡土文化的断裂与传承［J］．教学与管理，2016（15）.

③ 刘铁芳．回归乡土的课程设计：乡村教育重建的课程策略［J］．现代大学教育，2010（6）.

育发展走向中一直存在的“离农”和“为农”教育价值取向争议问题，使得乡土课程的开发并不理想。乡土课程的价值就在于它能够解决以“城市本位”的现代农村教育中乡土文化在农村教育缺失的问题。乡土课程目的在于培养学生热爱家乡、建设家乡，因此乡土课程的内容设计应结合农村学生身心发展特点，促成学生的乡土意识和文化认同。

1. 在方案上需具体可操作，保障乡土教育目标实现

在确认乡土教育培养目标后，乡土课程开发的模式应具体化、可操作化，以此保障乡土教育目标的实现。

教育相关部门和学校应该选择合适的乡土课程开发模式，纪德奎总结出三种乡土文化教育开发模式：“整体推进式”“根植式”“以点带面式”，三种模式同样适用于乡土课程开发。“整体推进式”开发模式，要求教育主管部门所开发出的乡土文化教材能够普遍适用于学校实际，具有操作性和可行性，便于应用；“植根式”开发模式需要学校具备较强的科研能力，能够进行系统的乡土文化教育开发、实施和完善，对学校的课程领导力提出较高要求；“以点带面式”开发模式需要政府部门精心挑选有一定科研水平并具备乡土文化教育开发的基础条件。① 因此，各地方教育部门和学校可以根据地方和学校实际情况，选择适合本地本校的乡土课程开发模式。

相关组织还需要构建相应的支持系统，乡土课程开发需要立足本地，服务本地，因此社会地方乡村各界都需要适时适切地参与进来，提供一定的支持与服务。首先，课程开发主体应设置专门的机构研究和构建课程开发体系，制定和完善乡土课程开发模式、开发团队、课程评价体制、课程开发宣传工作等等，为课程开发提供坚实的支持系统。其次，社会地方应建设乡土课程开发的信息化系统，以大数据、互联网为载体，借助网络来进行课程内容挖掘、课程规划、课程评价等。最后，乡土课程开发支持系统不仅要具有本土性，还需注重开放性，课程开发主体应该具有差异性和多元性，重视本土乡土文化教育组织的参与，这样才能保证所开发课程得到各界的支持认可。

2. 在内容上挖掘优秀传统文化，与现代文化相结合

乡土课程的开发离不开教材的开发，乡土教材的内容集中体现了乡土文化的精髓，乡土文化选择的过程就是确立乡土课程开发的目标。因此，在这一部分要注重乡土文化资源的搜集和整理，对本土自然景观、民俗风情、历史沿革、传统技艺等进行广泛、深入的调查分析，选取具有可弘扬、可流传、价值不朽的特色文化进行乡土课程资源开发。教材内容能够符合乡村学生认知水平和身心发展特点，不脱离乡土实际，能够根据教材内容进行教育实践活动，在实践中培养学生的乡土认同，使乡土文化传承和学生发展相统一。

乡土文化不仅包括传统优秀文化，也包含现代文化。我国现阶段处于社会主义建设的关键期，现代文化引领社会的发展。乡村学生学习现代文化是个人提升和社会进步的必然途径，但在学习现代文化的同时需要用优秀的乡土文化来塑造自身，通过乡土文化的学习充实自己的精神世界，健全人格，实现全面和谐的发展。乡土课程需要以现代教育为导向，用乡土文化来充实现代文化，弥补学校教育的不足，构建多元的文化教育内容，尊重文化的差异性，实现学生乡土认同和社会认同的统一。

3. 在实施上转变管理观念，培养乡土教育的师资

① 纪德奎，刘灵鸽．乡土文化教育开发：模式与流程［J］．当代教育与文化，2018（1）．

教师在乡土课程的研制、开发和实施方面扮演着主体角色，但是，传统的学校管理体制在一定程度上束缚了教师的自主创造力，致使教师在课程开发中的创造精神不能突显。因此，学校应该转变传统的管理观念，形成民主的管理方式，给予教师更多的自主权，充分调动学校教师的内在动力，激发他们的教育智慧，努力开发本土的乡土课程资源，为乡土课程建设贡献自己的力量。

乡村学生对乡土文化的认识最直接的来源是教师的传授。以往乡土课程是由本校教师负责，而这些教师往往缺少乡土情怀和乡土意识。在乡村社会，乡土文化的传承者大多是本土具有乡土情怀的民间艺人、非遗传承人等，学校需充分认识到这些人对于乡土文化传承的价值。乡土课程的教师不应局限于学校教师，可以将民间艺人请进课堂，使得乡土课程的实施更具本土性。同时，也需要加大学校乡土课程教师的培训力度，重视教学方式的灵活多样，培训需有实际效果，不能注重形式，浪费培训资源。

4. 在评价上注重全面多样性，建立可持续的评价机制

乡土课程评价在主体上要调动学生、教师和乡村成员主动参与评价的积极性，改变评价主体的单一性，实现评价主体的多元化；在评价方法上注重多次评价和随时性评价、“档案袋”式等评价方法，确保评价方法适当适时；课程评价结果需要进行详细科学地分析，征求本土意见，给予中肯的反馈。逐步建立以学生成长为目标，以教学效果、专职教师、教学计划与方案、具体的课程设置为核心的评价标准，以适应新课改和国家三级课程管理的要求。① 在教育评价、课时安排、人才培养与考核方面，建立可持续的机制，成为常态的校本研修，以保障乡土教育成为新课程改革中不可或缺、充满活力的部分。② 以乡土课程的开发改善乡村教育的现状，能在一定程度上为乡村建设做出积极贡献。

## 二、乡土文化在乡村民俗中的回归与复兴

### （一）民宿的乡土文化内涵

民宿发源于乡村，乡土文化是民宿的灵魂。梳理民宿乡土文化根基的目的在于推动乡村旅游业、增加农民收入，同时，保护与传承中国传统乡土文化，而非简单的“文化搭台，经济唱戏”③。

1. 民宿地理区位的天然乡土性

无论是欧洲、日本还是中国台湾地区的民宿，最早几乎都诞生于乡野，尤其是观光资源丰富的城郊或者乡村，这样的地理区位使得民宿天然带上了乡土文化的基因。现阶段国内的民宿大多也集聚于农村、风景旅游区或者环绕周边，苏雅婷、马元柱对家庭旅馆的地理位置作了整理：家庭旅馆主要分布于乡村、自然风景区、林区、牧区、农区和城市。④ 按照地理学的视角，民宿的乡土区位所带来的地域文化正是民宿的核心竞争力，胡敏通过

---

① 杨兰．构建乡土教育课程促进乡村文明回归——以贵州长顺县乡土教育实践为例［J］．教育发展研究，2013（15）．

② 张业强．以中小学课堂为基地构建乡土教育体系［J］．贵州师范大学学报（社会科学版），2013（2）．

③ 王仲莘．对外宣传初论［M］．福州：福建人民出版社，2000：130．

④ 苏雅婷，马元柱．中国家庭旅馆研究进展及展望［J］．云南地理环境研究，2013（2）．

实证分析也得出："经营者和乡村风情是民宿主要的竞争优势来源。"①

2. 民宿物质和精神形态的乡土韵味

国内大多数乡村民宿是在当地农民闲置房屋上改造而成的，在建筑形态上具有浓厚的乡村生活风貌，作为一种视觉符号，传递着不同地域的乡土文化特色。比如浙江莫干山很多民宿刻意保留农村夯土小屋的韵味，打造地道的乡村审美景观。在产品内容上，一些民宿还提供农业采摘、捕捞、种植等农家田园乐趣。而那些专业设计师、职业文创工作者设计的精品民宿则具有"现代乡土"的特点，所谓现代乡土是指："那些由当代建筑师设计的，灵感主要来源于传统乡土建筑的新建筑，是对传统乡土方言的现代阐释。"②

除此以外，民宿主人与客人之间存在较多互动，对于民宿的大多住客而言，与以民宿老板为代表的"当地人"谈天说地是住在民宿期间非常惬意的一件事情。不少民宿提供管家服务，将客人视为到民宿来做客的朋友，力图打造家庭式服务与细节关怀，这种人情味浓厚的主客互动正是根植于乡土文化的朴素人际交往形式。由于地缘和亲缘关系，乡土文化在农村人心目中一直存有一种朴素道义和情感义务，而这种乡间社会的人际关系在人们转向城市生活以后就不复存在了。③ 民宿的服务提供方式在主客之间产生一种很强的情感联结，很多游客乐于选择民宿也是出于这种富有人情味的独特体验。

3. 民宿业主的乡土情结

目前国内民宿业主大体分为两类：第一类是曾经外出求学、打工，如今顺应乡村旅游发展态势，返乡将自家闲置房屋拿来改造运营的当地村民；第二类是从城市里来的租赁农村宅基地进行民宿搭建、改造的外来投资者。这两类人投资民宿，回归乡野，与现代农村年轻人的"离土"行为方向相反，体现着不同的乡土文化追求。

第一类群体返乡是对自我身份的认同，他们在观察、参与民宿的发展过程中，发现原来自己从小熟悉、热恋，却在城市化的过程中被边缘化的夯土小屋、农耕器械等，现在不仅可以带来经济效益，还成为城市人所热衷、向往的文化符号。这强化了他们的地方自我认同意识，强化了作为农村人的自尊心，是一种无意识的文化自觉行为。

第二类人群大多数是已经具备一定身份、获得成功的都市金领，他们投身民宿业，除经济利益驱动以外，还由于厌倦嘈杂、快速、高压的城市生活，向往宁静、舒缓、悠然的乡村景象。因此，他们将这种情怀寄托于民宿的投资运营上，体现出一种对乡土文化的眷恋。

### （二）民宿传承非物质文化，实现乡土精神回归

乡土文化中的非物质文化体现为乡村的价值观念、民俗风情、生活方式、宗教制度文化、地方行为标准等。"非物质文化的传承一般是以口头讲述的方式或者是亲身行为等动态的方式来进行表现和传承的。"④ 与物质文化不同，非物质文化必须以"活态"的方式予以传承。

---

① 胡敏．乡村民宿经营管理核心资源分析［J］．旅游学刊，2007（9）．

② 单军．批判的地区主义批判及其他［J］．建筑学报，2000（11）．

③ 刘晓峰．我国乡土文化的特征及其转型［J］．理论与现代化，2014（1）．

④ 包婷婷．苏州美丽乡村建设中的文化传承研究［D］．苏州：苏州科技学院，2014．

民宿是乡村非物质文化传承的重要载体，依托民宿主人，展示、继承乡土文化。民宿主人是民宿的灵魂，主人与游客的沟通交流颇为重要。很多民宿主人往往亲手给游客烹调美食，把游客当作朋友，分享自己的生活经历，还会亲自带着客人游览，解说当地人文生态。"传统村落的情是指基于血缘关系基础上的、以宗法观念为核心的村落中人们和谐生存的社会关系，它主要体现在同宗同源的血浓于水，和谐互助的友邻关系，人与人德业相劝、过失相规、礼俗相交、患难相恤。"① 民宿塑造的"家"一样的氛围正是深层次乡土精神的体现。

### （三）民宿吸引农村原住居民的回归，引发乡土文化自觉

由于农产品收入比较低，很多农村青壮年都到工业化程度较高的城镇工作。近几年民宿的兴盛发展吸引了很多农村原住居民回归，他们在经营民宿的过程中体会到了乡土文化的价值所在，并且引以为豪。

保护乡村原有的自然景观与文化遗产需要依靠农民自管、自建来实现。1997 年，费孝通提出"文化自觉"的概念，认为文化自觉首先是要"各美其美"："对各自文化有自知之明，明白它的传统、特色，并且欣赏自己的文化传统。"② 通过还原真实的乡土文化，发展民宿经济，让原住居民对传统文化产生自豪感，引发他们对乡土文化的认同，从而最终实现乡土文化的保护与传承。

### （四）民俗构建乡村文化

随着城镇化的建设改造，在一些经济发展比较迅速的农村，传统的乡村景象正在逐渐消退。而乡村旅游带来的城市文化的冲击，使得"乡村地区正从专事农业生产的区域转变为多功能消费的后现代空间"③。以中国台湾地区为例，一些乡村旅游从业者将现代文明的舒适与优雅注入乡村的自然与人情，构建了一种为现代都市人逃离城市牢笼而消费的"诗意田园"，这类乡村在中国台湾地区被称为"后乡村"（post-rural）④。在民宿经营的过程中也发生农业文明和工业文明相互交融、妥协的现象，使传统乡土文化逐渐发生变化。"当前乡土文化正在经历着一场前所未有的变迁过程，这一变迁是随着整个中国社会的转型而发生的。"⑤ 中国乡村出现的很多"洋家乐"民宿正是乡土文化与现代文明交流互动后产生的乡土文化重构的结果。

1. 吸收城市资本与文明形态，构建后乡土生活范式

"洋家乐"的业主大多来自城市，作为城市新贵，衣食无忧，收入颇丰。原本并非专业的酒店管理者或者投资人，到乡村投资建造"洋家乐"看重的是原生态的乡村田园风光。这些人当中不乏专业设计师，他们将现代文明植入原生态的莫干山，大多选择隐匿的方式。在内部装潢上，将现代风格、当地的乡土材料、西方化的陈设软装结合在一起，既体现当地的文化特色，又呈现出一种适应时代的生活方式。这些"洋家乐"十分重视本

① 邓春凤，刘宝成．乡土重建——村落可持续发展的模式［J］．小城镇建设，2009（7）．

② 费孝通．师承·补课·治学［M］．天津：天津人民出版社，1985：360．

③ 阙河嘉，苏冠铭．消费清境：再现另类乡村意象［J］．农业推广学报，2009（26）．

④ 阙河嘉，苏冠铭．消费清境：再现另类乡村意象［J］．农业推广学报，2009（26）．

⑤ 刘晓峰．我国乡土文化的特征及其转型［J］．理论与现代化，2014（1）．

土环境、感官体验、行为习俗的呈现，恢复周边田地，聘请当地人作为房屋管家，在生活方式、饮食文化上尽可能呈现后乡村的韵味。

可以说，“洋家乐”民宿发展中所构建的后乡村生活范式是对传统乡土文化的重构，通过融入现代化的技术或者生产生活方式，使乡村的历史风貌得到活的延续，并且注入新的文化内涵。

2. 民宿业主寻求精神归属，带来农村新移民文化

人本主义地理学一直关注移民的归属感问题，因为变化的地点关联着家的重新定义与情感空间的置换。

“洋家乐”导致一部分城市新贵移民到农村，这部分人群由于经营民宿而长期居住在乡村，与农村人口“离土”的方向相反，他们来到乡村，是都市人情感深处对淳朴民风与自然本身所代表的乡土文化向往心理驱使的结果。他们将现代文明与乡土文化糅合在一起，推动两种文化的交流，并且没有产生强势或者弱势文化的对比结果，实现了新文化的交融形态，既追求传统乡村淳朴、简约、自然的价值观念，也保有现代文明积极、开放、高效的思维理念。

由于民宿业主十分依恋乡村的文化意象，虽然不时往返于城乡之间，但在某种程度上已经成为农村新移民。他们更迷恋乡土文化所带来的精神归属感，在日常生活中主动融入本地，努力淡化外乡人的形象；但是在经营民宿时，又希望与当地封闭、短视的价值观念有所区别。他们在身份认同、情感归属、行为规范等方面存在城市与乡村的交叠，正在逐步形成农村新移民文化，成为后乡村文化的构成部分。

# 参考文献


[1] 把增强，夏文峰．美丽乡村建设中的传统文化保护［J］．领导之友，2016（06）．
[2] 蔡文成．基层党组织与乡村治理现代化：基于乡村振兴战略的分析［J］．理论与改革，2018（03）．
[3] 曹爱军．乡村振兴战略中农村公共文化建设检视［J］．开发研究，2018（04）．
[4] 陈青红．浙江省“美丽乡村”景观规划设计初探［D］．杭州：浙江农林大学，2013．
[5] 陈锡文，罗丹，张征．中国农村改革40年［M］．北京：人民出版社，2018．
[6] 陈锡文，赵阳，陈剑波，罗丹．中国农村制度变迁60年［M］．北京：人民出版社，2009．
[7] 陈昭．现代化视角下乡村治理的柔性路径——基于江宁的观察［J］．城市规划，2017（12）．
[8] 程正治．深入贯彻党的十九大精神走好乡村振兴道路实现农业农村现代化［J］．环渤海经济瞭望，2018（03）．
[9] 杜润生．杜润生自述：中国农村体制变革重大决策纪实［M］．北京：人民出版社，2005．
[10] 傅才武．国家公共文化服务体系建设的价值评估及政策定位［J］．江汉大学学报（人文科学版），2010（06）．
[11] 桂华．面对社会重组的乡村治理现代化［J］．政治学研究，2018（05）．
[12] 韩俊．中国经济改革30年：农村经济卷［M］．重庆：重庆大学出版社，2008．
[13] 郝弋．乡镇综合文化站职能创新的探索［J］．四川戏剧，2011（06）．
[14] 贺雪峰．农民价值观的类型及相互关系［J］．开放时代，2008（03）．
[15] 胡锦涛．坚定不移沿着中国特色社会主义道路前进 为全面建成 小康社会而奋斗［M］．北京：人民出版社，2012．
[16] 黄大金．中国乡村社区化建设研究［M］．北京：经济科学出版社，2013．
[17] 黄生成．中国新农村文化建设研究［M］．北京：中国政法大学出版社，2017．
[18] 黄映晖．如何搞好乡村文化建设［M］．北京：中国农业出版社，2011．
[19] 纪丽萍．苏南农村公共文化建设——理论和实践［M］．南京：南京师范大学出版社，2015．
[20] 江苏省住房和城乡建设厅．乡村规划建设［M］．北京：商务印书馆，2016．
[21] 焦倩．培养新型职业农民为重点，发展农村现代化职业教育的实践探索［J］．现代职业教育，2018（16）．
[22] 荆晓燕．提升基层公共文化服务水平的路径研究［J］．行政论坛，2013（04）．

[23] 匡显桢，兰东．美丽乡村的内在品质表现为“四美”[J]．理论导报，2014（01）.
[24] 郎义成．浅谈乡镇文化站在农村建设中的阵地作用[J]．中国外贸，2011（08）.
[25] 黎宾．基于乡村振兴背景下的现代农业体系建设[J]．现代农业研究，2019（02）.
[26] 李昌平．我们的新农村建设[J]．中华环境，2015（09）.
[27] 李灵娥．农业现代化视域下新型职业农民培养研究[J]．科技视界，2017（05）.
[28] 李美华．农村群众文化活动的机制与形式创新[J]．老区建设，2008（04）.
[29] 梁漱溟．乡村建设理论[M]．北京：商务印书馆，2015.
[30] 梁晓．基于新型农业现代化发展培养新型职业农民策略研究[J]．吉林农业科技学院学报，2016（01）.
[31] 刘娟．浅谈新常态背景下的小城镇发展[J]．建筑与文化，2017，（01）.
[32] 刘奇．准确把握乡村文化建设的理念[J]．中国发展观察，2019（24）.
[33] 刘圣臣．传统村落在美丽乡村建设中的保护与发展途径研究[D]．苏州：苏州科技学院，2015.
[34] 吕德文．乡村治理70年：国家治理现代化的视角．南京农业大学学报（社会科学版）[J]．2019（04）.
[35] 吕倩．完善农村公共文化基础设施建设助力乡村振兴——以武威市为例[J]．甘肃农业，2020（02）.
[36] 罗国盛．农村乡镇文化站现状与改革发展之我见[J]．大众文艺（理论），2008（Z1）.
[37] 罗平汉，卢毅，赵鹏．中共党史重大争议问题研究[M]．北京：人民出版社，2013.
[38] 罗平汉．农村人民公社史[M]．福州：福建人民出版社，2006.
[39] 罗平汉．农业合作化运动史[M]．福州：福建人民出版社，2004.
[40] 马永强．农村文化建设的内涵和视域[J]．甘肃社会科学，2008（06）.
[41] 毛泽东．毛泽东文集（第七卷）[M]．北京：人民出版社，1999.
[42] 毛泽东．毛泽东选集（第四卷）[M]．北京：人民出版社，1991.
[43] 宁海县委办公室．文化建设助推乡村治理的“小汀模式”[J]．宁波通讯，2017（13）.
[44] 秦晖．公社之谜——农业集体化的再认识．传统十论[M]．上海：复旦大学出版社，2003.
[45] 人民日报评论员．准确把握国家治理现代化[N]．人民日报，2014-02-20（01）.
[46] 申端锋．中国农村出现伦理性危机[J]．中国老区建设，2007（07）.
[47] 石伟伟．乡村治理现代化面临的问题、原因及路径探析[J]．城乡建设与发展，2018（11）.
[48] 史清华，晋洪涛，晋鹏程．中国农村文化市场发展研究[M]．北京：中国农业出版社，2012.
[49] 孙士鑫．构建新农村公共文化服务体系的基本理论分析[J]．当代经济，2011（13）.
[50] 孙玉娟，佟雪莹．推进我国乡村治理现代化的路径选择[J]．知与行，2018（01）.

[51] 王宁．乡村振兴战略下农村文化建设的现状及发展路径［J］．湖北社会科学，2018（09）．
[52] 王旭峰，任重．美丽乡村建设的深生态内涵：以安吉县报福镇为范例［J］．浙江学刊，2013（01）．
[53] 王志刚．走创新驱动乡村振兴发展道路［J］．农家书屋，2018（11）．
[54] 韦顺国．广西桂西资源富集区乡村文化建设研究［D］．西安：陕西师范大学，2014.
[55] 吴家庆，苏海新．论我国乡村治理结构的现代化［J］．湘潭大学学报，2015（03）．
[56] 吴一文．文化多样性与乡村建设［M］．北京：民族出版社，2008.
[57] 习近平．走好乡村振兴大棋 建设现代化经济体系［J］．中国老区建设，2018（03）．
[58] 严凤华，罗黎明．壮行天下·壮族卷［M］．南宁：广西民族出版社，2010.
[59] 杨修洁．全面依法治国背景下乡村法治文化建设探究［J］．经营者，2018，32（3）．
[60] 于群．加快构建农村公共文化服务体系［J］．行政管理改革，2012（03）．
[61] 余益中，刘士林，等．广西桂西资源富集区文化发展研究［M］．南宁：广西人民出版社，2012.
[62] 张小林．我国农村体育公共产品供给制度分析与创新［M］．北京：民族出版社，2014.
[63] 赵泽鸿，成华威．现代化冲击视阈下的乡村治理路径探讨——以治理A村的“二元”环境为例．西北农林科技大学学报［J］．2010（01）．
[64] 周少来．乡村治理：制度性纠结何在［J］．人民论坛，2019（1下）．
[65] 朱霞，周阳月，单卓然．中国乡村转型与复兴的策略及路径——基于乡村主体性视角［J］．城市发展研究，2015（08）．
[66] 朱新山．中国乡村治理体系现代化研究［J］．毛泽东邓小平理论研究，2018（04）．

